JOACHIM RIECKER

»DAS GEHEIMNIS DER FREIHEIT IST MUT«

JOACHIM RIECKER

»DAS GEHEIMNIS DER FREIHEIT IST MUT«

Antike Vorbilder
in der amerikanischen Außenpolitik
von Theodore Roosevelt bis Bill Clinton

FERDINAND SCHÖNINGH

PADERBORN · MÜNCHEN · WIEN · ZÜRICH

Titelbild:
Die Freiheitsstatue in New York / Der Oberste Gerichtshof in Washington
(aus: Traumland Amerika, ARCADE, Frankfurt/M. 2000)

Der Autor:
Joachim Riecker, Dr. phil., geb. 1963, ist leitender Redakteur der
»Märkischen Allgemeinen Zeitung«, Potsdam.

Bibliografische Information der Deutschen Bibliothek

Die Deutsche Bibliothek verzeichnet diese Publikation in der Deutschen Nationalbibliografie;
detaillierte bibliografische Daten sind im Internet über http://dnb.ddb.de abrufbar.

Umschlaggestaltung: Evelyn Ziegler, München

Gedruckt auf umweltfreundlichem, chlorfrei gebleichtem
und alterungsbeständigem Papier ∞ ISO 9706

© 2006 Ferdinand Schöningh, Paderborn
(Verlag Ferdinand Schöningh GmbH & Co. KG, Jühenplatz 1, D-33098 Paderborn)
Internet: www.schoeningh.de

Alle Rechte vorbehalten. Dieses Werk sowie einzelne Teile desselben sind urheberrechtlich geschützt. Jede Verwertung in anderen als den gesetzlich zugelassenen Fällen ist ohne vorherige schriftliche Zustimmung des Verlages nicht zulässig.

Printed in Germany. Herstellung: Ferdinand Schöningh, Paderborn

ISBN 3-506-71384-1

INHALT

DANKSAGUNG 11

EINLEITUNG 13
  I. Fragestellungen 13
  II. Quellenlage 13
  III. Methodik 14

ERINNERUNG AN DIE WURZELN DES WESTENS
Rezeption der Antike in Europa und Amerika
  I. Rezeption der Antike in Mittelalter, Renaissance
     und früher Neuzeit 17
  II. Die Antike und die amerikanischen Gründerväter 19
  III. Rezeption der Antike im 19. und 20. Jahrhundert 24
  IV. Amerika und die Antike im 20. Jahrhundert 26
  V. Amerika, das neue Rom? 28
    1) Das Reich und die neuen Barbaren 28
    2) Die einzige Weltmacht 31
    3) Der Feind im Zweistromland: Das Partherreich und der Irak 34

ROM ALS VORBILD FÜR AMERIKA
Theodore Roosevelt und der Aufstieg zur Weltmacht
  I. Theodore Roosevelts Bildungshorizont 37
  II. Wirtschaftskraft und Weltmachtambitionen 39
  III. Der 100. Jahrestag des »Louisiana Purchase« 41
    1) Die unvergängliche römische Straße: Rede am 29. April 1903 41
      a) Inhalt 41
      b) Der Verweis auf die Antike 42
    2) Griechenland, Rom und Amerika: Rede am 30. April 1903 43
      a) Inhalt 43
      b) Der Verweis auf die Antike 45
    3) Der Welt einen Stempel aufdrücken: Rede am 13. Mai 1903 48
      a) Inhalt 48
      b) Der Verweis auf die Antike 49

IV. Der Untergang Roms – Arthur Balfour und Theodore Roosevelt . 51
   1) »Die gewaltigste Katastrophe«: Balfours Vorlesung am 25. Januar 1908   51
   2) »Etwas hat die Völker verlassen«: Roosevelts Antwortbrief
       vom 5. März 1908 54

V. Historische Traditionen 57
   1) Edward Gibbon 57
   2) Deutungen des Untergangs Roms im 20. Jahrhundert 60

VI. Roosevelt und Balfour über den Untergang Roms 61
   1) Arthur Balfour 61
   2) Theodore Roosevelt 63

VII. Klage über die »Pax Americana«
    Deutsche Intellektuelle 1918–1920 65
   1) Im Kampf gegen den römischen Westen: Thomas Mann 66
   2) Wie Griechenland zur römischen Kaiserzeit: Georg Simmel 66
   3) Ein neues römisches Imperium: Friedrich Naumann 68
   4) Unser Schicksal gleicht dem der Griechen: Ernst Troeltsch 69
   5) Wie nach der Schlacht von Pydna: Friedrich Meinecke 69
   6) Empörung über die »Deditio«: Ulrich Kahrstedt 71

»NOVUS ORDO SECLORUM«
Franklin D. Roosevelt und der Zweite Weltkrieg

I. Franklin D. Roosevelts Bildungshorizont 75

II. Isolationismus oder Intervention 77

III. Keine Rückkehr zur antiken Sklaverei: Rede am 11. November 1940   78

IV. Historische Traditionen 80
   1) Verheißung des goldenen Zeitalters: Die 4. Ekloge Vergils 80
   2) Das Staatswappen (»Great Seal«) der Vereinigten Staaten 81

V. Der Verweis auf die Antike 83

VI. Das antike Erbe Amerikas
    Artikel in der Zeitschrift »Foreign Affairs« 1941 86
   1) Charles Howard McIlwain über das Römische Recht 87
   2) Frederick H. Cramer über Demosthenes 88

VII. Xerxes gleich Stalin
     Harry S. Truman über historische Parallelen zur Gegenwart 1951   90

DIE LEHRE DES PELOPONNESISCHEN KRIEGES
George Marshall und das Hilfsprogramm für Europa

I. George Marshalls Bildungshorizont 93

II. Konflikt oder Kooperation mit Stalin 94

III. Der Fall Athens als Menetekel: Rede am 22. Februar 1947	96
1) Inhalt	96
2) Wirkung	97
IV. Historische Traditionen	98
1) Die Gründerväter über den Peloponnesischen Krieg	98
2) Die Gefährdung der Demokratie im Peloponnesischen Krieg	103
V. Der Verweis auf die Antike	105

KEIN FRIEDEN IM STILE ROMS
John F. Kennedy und der Beginn der Entspannungspolitik

I. John F. Kennedys Bildungshorizont	108
II. Eskalation oder Entspannung	110
III. Absage an eine »Pax Americana«: Rede am 10. Juni 1963	111
1) Vorbereitung	111
2) Inhalt	112
3) Wirkung	114
4) Historische Traditionen	115
a) Pax Romana in der Antike	115
b) Tacitus	116
c) Wahrnehmung der Pax Romana im 19. und 20. Jahrhundert	117
d) Nehru	118
e) Symmachus	119
5) Der Verweis auf die Antike	120
IV. Thukydides und die Einheit des Westens: Rede am 25. Juni 1963 ..	121
1) Inhalt	121
2) Historische Tradition	123
a) Thukydides / Perikles	123
3) Der Verweis auf die Antike	124
V. Civis Romanus sum – Ich bin ein Berliner: Rede am 26. Juni 1963	125
1) Inhalt	125
2) Historische Traditionen	126
a) Paulus	126
b) Lord Palmerston	127
3) Der Verweis auf die Antike	128
VI. Kennedy und die Antike	129
VII. Amerika herrscht über ein Imperium Arnold Toynbee, Harold Macmillan, Ronald Steel	130
1) »Amerika und die Weltrevolution« von Arnold Toynbee	130
2) Wie die Sklaven des Claudius: Harold Macmillan	133
3) »Pax Americana« von Ronald Steel	133

»UND WIR SEHEN, WAS BLIEB – NUR DIE SÄULEN«
Richard Nixon und der Rückzug aus Vietnam

I. Richard Nixons Bildungshorizont 136
II. Die Überdehnung einer Weltmacht 137
III. »Und wir sehen was blieb – nur die Säulen«: Rede am 6. Juli 1971 . 138
IV. Historische Traditionen 140
    1) Edward Gibbon 140
    2) Oswald Spengler und Arnold Toynbee 141
    3) Dwight D. Eisenhower 142
V. Der Verweis auf die Antike 144
VI. Cannae und Carrhae gleich Vietnam
    »Die amerikanische Strategie« von Ekkehart Krippendorff 146

WARNUNG VOR DEM SCHICKSAL GRIECHENLANDS
Henry Kissinger und der Konflikt mit Europa

I. Henry Kissingers Bildungshorizont 149
II. Konflikt mit Europa 150
III. Europa und die griechischen Stadtstaaten:
    Rede am 11. März 1974 152
    1) Inhalt 152
    2) Wirkung 153
IV. Historische Traditionen 155
    1) Die Gründerväter über den Untergang
       der griechischen Stadtstaaten 155
    2) Die Unterwerfung Griechenlands durch Rom 159
V. Der Verweis auf die Antike 168
VI. Die Fehler der Griechen vermeiden
    »Roms Aufstieg zur Weltmacht« von Hans Erich Stier 170

TROST BEI PERIKLES
Jimmy Carter und die Geiselkrise in Teheran

I. Jimmy Carters Bildungshorizont 174
II. Ohnmacht und Demütigung 175
III. Männer, die nach Ehre strebten:
    Trauerbotschaft vom 27. April 1980 176
IV. Historische Traditionen 176
    1) Die Totenrede des Perikles 176

    2) Die Totenrede des Perikles bei anderen US-Präsidenten 179
    3) Die »Gettysburg Address« von Abraham Lincoln 181
V. Der Verweis auf die Antike 181

»DAS GEHEIMNIS DER FREIHEIT IST MUT«
Ronald Reagan und der Kampf gegen den Kommunismus

I. Ronald Reagans Bildungshorizont 184
II. Reagans Kampf gegen den Kommunismus 185
    1) Ost-West-Beziehungen 185
    2) Nicaragua 186
III. Mit Perikles gegen die Sandinisten: Rede am 7. März 1988 186
IV. Historische Traditionen 188
    1) Perikles / Thukydides 188
    2) Richard Nixon 189
V. Der Verweis auf die Antike 190
VI. Gegen die Logik der Abschreckung
    »Pax Romana« von Klaus Wengst 192

ERINNERUNG AN 2500 JAHRE DEMOKRATIE
Bill Clinton in Pearl Harbor, Athen und Washington

I. Bill Clintons Bildungshorizont 195
II. Weltmacht ohne Feind 196
III. Bill Clinton über Perikles 197
    1) Perikles und Pearl Harbor: Rede am 2. September 1995 197
       a) Inhalt 197
       b) Der Verweis auf die Antike 198
    2) Mit Perikles für den Kosovo-Krieg: Rede am 20. November 1999 198
       a) Inhalt 198
       b) Der Verweis auf die Antike 200
    3) Perikles und die Werke des Geistes: Rede am 5. Dezember 1999 201
       a) Inhalt 201
       b) Der Verweis auf die Antike 201
IV. Historische Tradition: Erinnerung an Kleisthenes 202
V. Plauderei über die Pax Romana: Rede am 6. Mai 1998 204
    1) Inhalt 204
    2) Der Verweis auf die Antike 205
VI. Rom als Vorbild für Amerika
    George F. Will und Zbigniew Brzezinski 206
    1) »When acting as Rome...« von George F. Will 206
    2) »Die einzige Weltmacht« von Zbigniew Brzezinski 207

ZUSAMMENFASSUNG 210

LITERATUR 216

PERSONENREGISTER 224

DANKSAGUNG

Dieses Buch ist die leicht erweiterte Fassung meiner Dissertation, die im Mai 2004 von der Geisteswissenschaftlichen Fakultät der Technischen Universität Berlin unter dem Titel »Novus Ordo Seclorum – Antike Vorbilder in der amerikanischen Außenpolitik im 20. Jahrhundert« angenommen wurde.

Mein ganz besonderer Dank gilt Prof. Dr. Werner Dahlheim. Er hat diese Dissertation auf vorbildlichste Weise betreut. Von der ersten Anregung bis zur letzten Durchsicht des Manuskripts stand er mir mit Rat und Tat zur Seite, gab mir immer wieder wichtige Hinweise und äußerte, wenn es sein musste, auch ebenso harte wie konstruktive Kritik. Ohne sein unermüdliches Engagement über Jahre hinweg wäre diese Arbeit nicht entstanden.

Mein Dank gilt ferner Prof. Dr. Volker Hunecke, der das Zweitgutachten anfertigte. Ganz herzlich danken möchte ich Prof. Dr. Jan Hollm, der das Manuskript durchsah und mir wertvolle Hinweise gab.

Wichtige Ratschläge insbesondere zur amerikanischen Geschichte erhielt ich von Dr. Andrea Mehrländer; auch ihr gilt mein Dank.

Ich danke schließlich meiner Ehefrau Beata für ihr Verständnis und ihre Geduld vor allem in der Schlussphase der Arbeit.

Berlin, im Juni 2005 *Joachim Riecker*

EINLEITUNG

I. Fragestellungen

Die Arbeit geht von der zentralen Frage aus, wann und warum amerikanische Präsidenten und Außenminister im 20. Jahrhundert auf antike Vorbilder oder Zitate zurückgegriffen haben, um außenpolitische Ziele oder Ansichten mit historischer Anschauung zu füllen. Zunächst wird untersucht, ob und in welchem Maße der jeweilige Politiker durch seinen familiären Hintergrund, seine Ausbildung oder durch Reisen mit der griechischen und römischen Geschichte vertraut war. Dem schließt sich die Frage an, durch welche historischen Traditionen der jeweilige Verweis auf die griechische oder römische Geschichte beeinflusst war. Ein besonderes Augenmerk fällt dabei auf die Antike-Rezeption der amerikanischen Gründerväter.

Des weiteren wird untersucht, ob es sich bei dem jeweiligen Verweis auf die Antike um eine tiefgründige oder zumindest schlüssige Interpretation des historischen Stoffes handelt. Dies führt schließlich zu der übergreifenden Fragestellung, inwieweit bei den Bezügen amerikanischer Spitzenpolitiker auf die Antike eine zunehmende Tendenz zur Verflachung festzustellen ist. Da die antike Tradition im Laufe des 20. Jahrhunderts in allen westlichen Gesellschaften stark an Bedeutung verloren hat, liegt die Vermutung nahe, dass sich diese Tendenz auch in den Bezügen amerikanischer Politiker auf die Antike widerspiegelt. Zum Abschluss fast aller Kapitel werden Texte von Wissenschaftlern, Politikern oder Publizisten vorgestellt, in denen sich Grundgedanken oder Motive des zuvor behandelten historisches Verweises oder Zitats direkt oder indirekt wiederfinden.

In einigen der untersuchten Reden nehmen die Verweise auf die Antike einen vergleichsweise kleinen Raum ein. Dies bedeutet jedoch nicht, dass diese Aussagen nur untergeordnete Bedeutung hätten. Im Gegenteil: Der Verweis auf die Antike stellte häufig einen zentralen Gedanken der Rede dar, der anschließend von Beobachtern auch entsprechend erfasst wurde.

II. Quellenlage

Die Reden und sonstigen öffentlichen Äußerungen amerikanischer Präsidenten sind in den »Public Papers of the Presidents of the United States« umfassend dokumentiert. Sie erscheinen seit 1957 in einer standardisierten Form, sind aber auch für Präsidenten aus früheren Jahren verfügbar. Ein Teil der

»Public Papers« ist mittlerweile auch im Internet publiziert.¹ Zwar gibt es zahlreiche Untersuchungen zur Rhetorik amerikanischer Präsidenten,² doch wurden Bezüge zur Antike dabei bislang nicht berücksichtigt. Es existiert auch keine entsprechende Quellensammlung. Die Indices der »Public Papers« wurden deshalb systematisch nach Stichworten durchsucht, die auf einen Bezug zur Antike hinweisen könnten: Athens, Pax (Romana und Americana), Peloponnesian War, Pericles, Rome, Roman Empire, Sparta, Thucydides und Tacitus. Fast alle der aufgeführten Verweise und Bezüge zur Antike wurden erstmals wissenschaftlich untersucht.

In jeweils eigenen Kapiteln wurden Äußerungen von sieben Präsidenten berücksichtigt: Theodore Roosevelt, Franklin D. Roosevelt, John F. Kennedy, Richard Nixon, Jimmy Carter, Ronald Reagan und Bill Clinton. In Unterkapiteln wurden Zitate von Harry S. Truman und Dwight D. Eisenhower berücksichtigt. Von Woodrow Wilson, dessen öffentliche Äußerungen noch nicht systematisch im Internet erfasst sind, war trotz intensiver Suche keine passende Äußerung zu finden. Wegen ihrer besonderen Bedeutung wurde jeweils ein Kapitel zu einem Verweis auf die Antike von George Marshall und Henry Kissinger aufgenommen. Die Hinweise Marshalls auf den Peloponnesischen Krieg 1947 und Kissingers auf den Untergang der griechischen Stadtstaaten 1974 fanden in Deutschland eine nachhaltiges Echo. Es war daher gerechtfertigt, Funktion und Bedeutung dieser beiden Verweise näher zu untersuchen, zumal bei ihnen auch zahlreiche Bezüge zu den amerikanischen Gründervätern deutlich werden.

Die öffentlichen Reden amerikanischer Außenminister wurden von 1939 bis 1989 im »Department of State Bulletin« veröffentlicht. Darin findet sich auch die untersuchte Ansprache George Marshalls. Die Kissinger-Rede wurde hingegen nicht in die offizielle Publikation des State Departments aufgenommen, da sie bei einem nichtöffentlichen Anlass gehalten wurde. Ihr Inhalt konnte nur über einen Zeitungsbericht in der »New York Times« rekonstruiert werden.

III. METHODIK

Methodisch orientiert sich die Arbeit an der grundlegenden und ihrer Zeit weit vorauseilenden Untersuchung von Harold T. Parker »The Cult of Antiquity and the French Revolutionaries«.³ Sie ging vor allem zwei Fragen nach: Was dachten die Revolutionäre auf ihrem Weg von der Schule bis zur Guillotine

---

[1] Public Papers of the Presidents of the United States, Government Printing Office, Washington D.C. www.presidency.ucsb.edu/ www.gpoaccess.gov/pubpapers/search.html
[2] Grundlegend dazu: Jeffrey K. Tulis, The Rhetorical Presidency, Princeton 1987. Vergl. auch Karlyn Kohrs Campbell; Kathleen Hall Jamieson, Deeds Done in Words: Presidential Rhetoric and the Genres of Governance, Chicago 1990. Einen guten Überblick vermittelt: Paul Goetsch, Presidential Rhetoric and Communication since F. D. Roosevelt: An Annotated Bibliography, Tübingen 1993.
[3] Harold T. Parker, The Cult of Antiquity and the French Revolutionaries. A Study in the Development of the Revolutionary Spirit, Chicago 1937.

über die Antike, und wie beeinflusste das, was sie dachten, ihr Bewusstsein und Handeln.[4] Parker untersuchte die Lehrpläne an den kirchlichen und weltlichen Schulen Frankreichs in der zweiten Hälfte des 18. Jahrhunderts.[5] Es gelang ihm, eine unmittelbare und sogar in Tabellenform darstellbare Verbindung zu ziehen zwischen diesen Lehrinhalten und den späteren Verweisen der Revolutionäre auf die Antike.[6] Er stellte beispielsweise fest, dass die späteren Protagonisten der Revolution in ihrer Jugend fast ausschließlich Autoren wie Sallust, Livius, Tacitus oder Plutarch lasen, die ihrer Gegenwart höchst kritisch gegenüberstanden. »Je dunkler sie ihre Gegenwart schilderten, desto leuchtender malten sie die Vergangenheit.«[7] Insgesamt sei die französische Antike-Rezeption in den Jahrzehnten vor der Revolution von einem sehr »schmeichelhaften Bild der Helden und Institutionen antiker Republiken« geprägt gewesen.[8] Ihre Vorbilder fanden die späteren Revolutionäre vor allem in der frühen römischen Republik und in Sparta; Antike war für sie gleichbedeutend mit »Freiheit, Gleichheit, und Tugend; Armut, Strenge, Sparsamkeit und Mut; und einer aufopfernden Liebe für die Heimat, die Gleichheit und die Freiheit.«[9]

Des weiteren untersuchte Parker, wie antike Vorbilder in den verschiedenen Stadien der Revolution von ihren führenden Vertretern für politische Ziele instrumentalisiert wurden. Ihren Höhepunkt fand die idealisierende Sicht der griechischen und römischen Geschichte in der Zeit des Terrors 1793/94, als Robespierre und Saint-Just die antiken Helden in ihren Reden »in makellose, leblose Symbole abstrakter Tugenden verwandelten, wie Charaktere in einem Mirakelspiel«.[10] Nach dem Sturz des Terrorregimes und dem Tod führender Girondisten und Jakobiner im Sommer 1794 fand der politische Antikenkult in Frankreich ein abruptes Ende.

Parkers Untersuchung hatte für zahlreiche Arbeiten zur Antike-Rezeption vom 16. bis 19. Jahrhundert Vorbildfunktion. Autoren wie Paul A. Rahe, Meyer Reinhold oder Carl J. Richard haben den methodischen Ansatz auf die amerikanische Revolution und Verfassungsdebatte übertragen.[11] Sie haben ebenfalls untersucht, was die amerikanischen Gründerväter in ihrer Jugend über die Antike gelernt haben und wie sie dieses Wissen später politisch nutzten und instrumentalisierten.

Zwischen diesen Untersuchungen und der vorliegenden Arbeit gibt es allerdings einen grundlegenden Unterschied: Vom 16. bis zum 19. Jahrhundert

---

[4] Ebenda, S. VIII.
[5] Ebenda, S. 8–36.
[6] Ebenda, S. 18 f.
[7] Ebenda, S. 22.
[8] Ebenda, S. 34.
[9] Ebenda, S. 62.
[10] Ebenda, S. 165.
[11] Paul A. Rahe, Republics Ancient and Modern: Classical Republicanism and the American Revolution, Chapel Hill 1992. Meyer Reinhold, Classica Americana. The Greek and Roman Heritage in the United States, Detroit 1984. Carl J. Richard, The Founders and the Classics, Greece, Rome, and the American Enlightenment, Cambridge/Mass. London 1994.

waren die Angehörigen der europäischen und dann auch der amerikanischen Eliten von einem Bildungskanon geprägt, der grundlegende Kenntnisse über die griechische und römische Geschichte umfasste. Das war im 20. Jahrhundert nicht mehr der Fall, weder bei führenden Politikern noch bei ihrem Publikum. Daher war bei der vorliegenden Arbeit eine Art archäologischer Methode anzuwenden: Sowohl in den Äußerungen als auch in den Lebensläufen der amerikanischen Präsidenten und Außenminister musste zunächst nach den oft versteckten Berührungspunkten mit der Antike gesucht werden. Der Blick allein auf die Schul- und Universitätsbildung reichte in den meisten Fällen nicht aus, um die Frage zu beantworten, welche Vorstellung ein amerikanischer Präsident oder Außenminister im 20. Jahrhundert von der griechischen und römischen Geschichte hatte und wie dieses Bild seine Verweise auf die Antike prägte.

Methodisch abzugrenzen ist diese Arbeit auch von dem grundlegenden Buch »Weltmacht Amerika. Das neue Rom«, das Peter Bender im Herbst 2003 veröffentlichte.[12] Bender analysiert von außen Parallelen und Unterschiede im Aufstieg von Rom und Amerika zu Weltmächten. Das Hauptaugenmerk dieser Arbeit liegt hingegen auf der Innensicht führender amerikanischer Politiker.

---

[12] Peter Bender, Weltmacht Amerika. Das neue Rom, Stuttgart 2003. Vergl. S. 33 f.

ERINNERUNG AN DIE WURZELN DES WESTENS

Rezeption der Antike in Europa und Amerika

I. Rezeption der Antike in Mittelalter, Renaissance und früher Neuzeit

Die westliche Welt hat ihre antiken Wurzeln nie ganz vergessen. Auch wenn nach dem Untergang Roms im fünften Jahrhundert vieles vom geistigen, kulturellen und materiellen Reichtum der Antike unwiederbringlich verloren ging, bildeten lateinische Sprache und christliche Religion eine Tradition, die das Europa des Mittelalters zutiefst prägte. Als sich Karl der Große im Jahr 800 vom Papst zum Kaiser krönen ließ, geschah dies in jener Stadt, von der aus die römischen Imperatoren jahrhundertelang über ihr Reich geherrscht hatten. Das Siegel des fränkischen Kaisers trug fortan die Umschrift »Renovatio Imperii Romani«.

Die karolingische Renaissance war eine wichtige Voraussetzung dafür, dass die Erinnerung an Rom fest in den Köpfen der Europäer verankert blieb und ihre traditionsstiftende Rolle über Jahrhunderte hinweg nicht verlor.[1] Mehr als 350 Jahre nach der Krönung Karls wurde Friedrich Barbarossa von den Chronisten seiner Zeit als der einundneunzigste Kaiser seit Augustus gezählt.[2] Jedem bibelkundigen Christen war der Name des ersten römischen Kaisers ohnehin aus der Weihnachtsgeschichte vertraut. Und das ganze Mittelalter hindurch wölbte sich über die Sprachen und Dialekte der Völker »das Latein als selbstverständlicher Ausdruck der Politik, des Glaubens und der Weltweisheit, und in den Klöstern beugten sich die Mönche immer noch über die Schriften des Boetius und Ciceros«.[3]

Noch bis ins hohe Mittelalter hinein lebten die Menschen in dem »unklaren, aber völlig sicheren Bewusstsein eines ungebrochenen Zusammenhangs,

---

[1] Vergl. Percy Ernst Schramm, Kaiser, Rom und Renovatio. Studien zur Geschichte des römischen Erneuerungsgedankens vom Ende des karolingischen Reiches bis zum Investiturstreit, 2 Bde., Leipzig 1929 (ND Bd. 1, Darmstadt 1984). Michael v. Albrecht, Rom: Spiegel Europas. Texte und Themen, Heidelberg 1988.
[2] Werner Dahlheim, Die Antike, Paderborn 1994, S. 679.
[3] Hagen Schulze, Staat und Nation in der europäischen Geschichte, München 1994, S. 19 f. Vergl. Ders., Die Identität Europas und die Wiederkehr der Antike. Bonn 1999. www.zei.de/down_load/zei_dp/dp_c34_schulze.pdf Teilweise wortgleich zu Ders., Die Wiederkehr der Antike. Renaissancen und der Zusammenhang der europäischen Geschichte, in: Tomas Nipperdey u.a. (Hg.), Weltbürgerkrieg der Ideologien. Antworten an Ernst Nolte, Festschrift zum 70. Geburtstag, Berlin 1993, S. 361-383.

der sie mit dem römischen Altertum verbindet«.[4] Hannah Arendt unterscheidet zwischen dem antiken Bild, das in der mittelalterlichen Tradition seit dem Ende des Imperiums erhalten blieb, und der Antike selbst, die in der Renaissance durch die Wiederentedeckung vor allem der römischen Texte zu neuem Leben erwachte.[5] Erst dieser Schritt machte möglich, dass man mit der Tradition brach und die Antike »als eine von der Gegenwart abgeschnittene, durch tiefe und dunkle Zeitgräben abgetrennte, in sich abgeschlossene Epoche« verstand, wie Hagen Schulze schreibt. »So erst konnte sie sich zum ersehnten Ideal wandeln.«[6]

Das mittelalterliche Grundgefühl einer existenziellen Hilflosigkeit des Menschen und eines Ausgeliefertseins gegenüber dem Walten Gottes wurde in der Renaissance abgelöst von dem wachsenden Bewusstsein, das menschliche Schicksal auch durch menschliches Handeln beeinflussen zu können. »Jedes dem Vergessen entrissene Wort, jede den armseligen Resten abgerungene Erkenntnis diente als Anklage gegen die Tradition und als Rechtfertigung eines neuen Weges in die Zukunft.«[7] Anders als etwa die Jurisprudenz oder Theologie lieferte die Antike den gebildeten Zeitgenossen nicht bloß Doktrinen oder Methoden, sondern prägte seit der Renaissance auch nachdrücklich ihre Bildwelt und ihren Vorstellungshorizont.[8] »Selbst dort sah man antike Schriften, Kunst- und Bauwerke, antike Mythen, Taten und Formen als höchste Muster an, wo man sie zu überbieten suchte. Kurz: Die Antike war nicht irgendwie Epoche, sondern schlechthin ideales Goldenes Zeitalter politischer Größe, Tugend und Weisheit.«[9]

Seit der zweiten Hälfte des 17. Jahrhunderts und verstärkt im 18. Jahrhundert entwickelte sich allerdings ein Bewusstsein für die tiefen strukturellen Unterschiede zwischen antiken und modernen Lebenswelten. So stellte 1687 Charles Perrault an der Académie Francaise die Autorität der Antike mit dem Argument in Frage, »dass die Modernen den Alten voraus sein müssten, da sie ja in den Künsten und den Wissenschaften alle Errungenschaften, die der menschliche Geist je gemacht hätte, für sich beanspruchen

---

[4] Schulze, Identität Europas, S. 5.
[5] Hannah Arendt, Fragwürdige Traditionsbestände im politischen Denken der Gegenwart, Frankfurt/M. 1957, S. 23 ff.
[6] Schulze, Identität Europas, S. 6. Vergl. Robert R. Bolgar (Hg.), Classical Influence in European Culture (1500 – 1870), 3 Bde., Cambridge 1971 – 1979.
[7] Werner Dahlheim, Verwehte Spuren. Die Wurzeln des modernen Europa, in: Deutsche Akademie für Sprache und Dichtung, Jahrbuch 1997, S. 111 – 122, S. 113 f.
[8] Vergl. Jean Seznec, Das Fortleben der antiken Götter. Die mythologische Tradition im Humanismus und in der Kunst der Renaissance, München 1990. Roberto Weiss, The Renaissance Discovery of Classical Antiquity, Oxford 1969. Zur Antike-Rezeption in der Literatur seit der Renaissance siehe: Gilbert Highet, The Classical Tradition. Greek and Roman Influences on Western Literature, (1949), Neuausgabe London Oxford New York 1967. Herbert Hunger (Hg.), Geschichte der Textüberlieferung der antiken und mittelalterlichen Literatur I, Zürich 1961 (darin grundlegend der Beitrag von Horst Rüdiger, Die Wiederentdeckung der antiken Literatur im Zeitalter der Renaissance, S. 511 – 580). Volker Riedel, Antikerezeption in der deutschen Literatur von Renaissance-Humanismus bis zur Gegenwart, Stuttgart Weimar 2000.
[9] Gerrit Walther, Adel und Antike, Zur politischen Bedeutung gelehrter Kultur für die Führungselite der Frühen Neuzeit, in: HZ 1998, Bd. 266, Heft 1, S. 359 – 385, S. 362.

dürften«[10]. Der Streit ging als »Querelle des Anciens et des Modernes« in die Geschichte ein. Und gut siebzig Jahre später konstatierte 1759 der Mitherausgeber der ersten Enzyklopädie, Jean Lerond d'Alembert, »einen sehr tiefen Wandel unserer Ideen« gegenüber früheren Zeiten und sprach der Antike damit einen uneingeschränkten Vorbildcharakter für die Gegenwart ab.[11]

II. Die Antike und die amerikanischen Gründerväter

Als sich die amerikanischen Gründerväter seit Mitte des 18. Jahrhunderts von der britischen Kolonialmacht lösten und schließlich 1776 ihre Unabhängigkeit erklärten, taten sie dies in einem Land, in dem es anders als im Süden und Westen Europas keine architektonischen Hinterlassenschaften der Griechen und Römer gab. Außerdem fehlte die traditionsstiftende Rolle der katholischen Kirche.[12]

Wegen der Übertragung des britischen Bildungssystems auf die Kolonien waren jedoch seit dem 17. Jahrhundert auch amerikanische Schüler von früh an mit der Antike vertraut. Die meisten der späteren Gründerväter hatten im Alter von sieben oder acht Jahren entweder auf einer »Grammar School« oder bei einem Privatlehrer ihre ersten klassischen Texte gelesen. Zu den Schriften, die am häufigsten im Unterricht verwendet wurden, zählten die Briefe und Reden Ciceros, Vergils Äneis, Texte von Isokrates und Xenophon sowie das griechische Neue Testament.[13]

Die Aufnahmebedingungen für die amerikanischen Colleges blieben von der Mitte des 17. bis zum Ende des 19. Jahrhunderts nahezu gleich. Als der spätere zweite Präsident der Vereinigten Staaten, John Adams, 1751 sein Studium in Harvard begann, musste er unter anderem in der Lage sein, Cicero, Vergil sowie Isokrates und das Neue Testament im Original zu lesen. Ähnliche Aufnahmebedingungen galten am King's College, der heutigen Columbia

---

[10] Dahlheim, Antike, S. 702.
[11] Zit. n. Michael Stürmer, Scherben des Glücks. Klassizismus und Revolution, Berlin 1987, S. 14.
[12] Zur Antike-Rezeption der amerikanischen Gründerväter siehe insbes.: Paul A. Rahe, Republics Ancient and Modern, a.a.O. Meyer Reinhold, Classica Americana, a.a.O. Carl J. Richard, The Founders and the Classics, a.a.O. Louis Cohn-Haft, The Founding Fathers and Antiquity: A Selective Passion, in: The Survival of Antiquity. Smith College Studies in History, Vol. XLVIII, Northampton/Mass. 1980, S. 137 – 153. Richard M. Gummere, The American Colonial Mind and the Classical Tradition: Essays in Comparative Culture, Cambridge/Mass. 1963. Wolfgang Haase; Meyer Reinhold, (Hg.), The Classical Tradition and the Americas, Bd. I: European Images and the Classical Tradition, Berlin New York 1994. Heinz Hofmann, Die Geburt Amerikas aus dem Geist der Antike, in: International Journal of the Classical Tradition, Bd. 1, Spring 1995, S. 15 – 47. Susan Ford Wiltshire, Greece, Rome and the Bill of Rights, London 1992.
[13] Vergl. Richard, S. 12 ff.

University, das beispielsweise von den Autoren der »Federalist«-Artikel Alexander Hamilton und John Jay besucht wurde.[14]

Die Gründerväter empfanden eine große Bewunderung für republikanische Tugenden, die sie insbesondere in der Frühzeit der Römischen Republik zu finden glaubten. Parallel dazu wuchs allerdings auch bei ihnen die Erkenntnis, dass die politischen Modelle der Griechen und Römer aufgrund der anderen Lebensverhältnisse in der Antike nur sehr eingeschränkte Vorbildfunktion für die Gegenwart haben konnten.

Besonders deutlich machen lässt sich diese Ambivalenz an Äußerungen von John Adams. Am 18. Mai 1781 gab er seinem Sohn John Quincy Adams, dem späteren sechsten Präsidenten der USA, den häufig zitierten Ratschlag: »In der Gesellschaft von Sallust, Cicero, Tacitus und Livius wirst du Weisheit und Tugend lernen ... Du wirst dich immer daran erinnern, dass der ganze Zweck des Studiums darin liegt, aus dir einen guten Menschen und einen nützlichen Bürger zu machen.«[15] In diesen Sätzen schwang noch die jahrhundertealte Überzeugung mit, »der Mensch, seine vergangene und jede zukünftige Geschichte seien grundsätzlich gleichartig und die Geschichte könnte daher als Lehrmeisterin des Lebens befragt werden«.[16] Doch nur fünf Jahre später gab John Adams in der Einleitung zu seiner »Defence of the Constitutions of Government of the United States« zu bedenken, dass »die technischen Erfindungen, die Entdeckungen in der Naturwissenschaft, der Seefahrt und im Handel, und der Fortschritt von Zivilisation und Menschlichkeit« zu Veränderungen im Zustand der Welt und im menschlichen Charakter geführt hätten, »von denen selbst die am meisten entwickelten Nationen der Antike überrascht wären.« Die politischen Modelle der Antike könnten daher nur wenig Relevanz für die Verfassungsdiskussion der Gegenwart haben.[17]

Auch die Autoren der »Federalist«-Aufsätze hüllten sich nach den Worten Paul A. Rahes »in die Toga von Plutarchs Publius Valerius Publicola – doch trotz der Aura republikanischer Tugend, die sie sich damit aneigneten, zeigten sie keinerlei Bewunderung für die so weit zurück liegende Vergangenheit«.[18] Das Pseudonym, unter dem die Aufsätze 1787/88 veröffentlicht wurden, bezog sich auf den legendären Publius Valerius, der nach Plutarch zusammen mit Lucius Brutus 509 v. Chr. den letzten römischen König Tarquinius Superbus vertrieben und die Republik gegründet haben soll.[19] Ausge-

---

[14] Ebenda, S. 19.
[15] L. H. Butterfield (Hg.), Adams Family Correspondence, Bd. IV, John Adams to John Quincy Adams, May 18, 1781, S. 117.
[16] Dahlheim, Verwehte Spuren, S. 116.
[17] John Adams, Works, hg. v. Charles F. Adams, Bd. IV, Boston 1850 – 56, S. 283. Vergl. Wilfried Nippel, Republik, Kleinstaat, Bürgergemeinde. Der antike Stadtstaat in der neuzeitlichen Theorie, in: Theorien kommunaler Ordnung in Europa, hg. v. Peter Blickle, München 1996, S.225 – 247. Ders., Mischverfassungstheorie und Verfassungsrealität in Antike und früher Neuzeit, Stuttgart 1980. Gustav Adolf Lehmann, Die Rezeption der achäischen Bundesverfassung in der Verfassung der USA, in: Wolfgang Schuller (Hg.), Antike in der Moderne, (Xenia, Heft 15), Konstanz 1985. S. 171 – 182.
[18] Rahe, Republics, S. 581.
[19] Plut., Publius, 1-3.

wählt wurde es vermutlich vom Hauptautor der Artikel, dem späteren ersten US-Finanzminister Alexander Hamilton, der auch zahlreiche Aufsätze unter Pseudonymen wie Catullus, Camillus oder Horatius veröffentlichte.[20] Auch er schrieb bereits 1782, die Bedingungen der Welt hätten sich seit der Antike so stark verändert, dass es »ebenso lächerlich wäre, in den einfachen Zeiten von Griechenland und Rom Vorbilder zu finden, als sie bei den Hottentotten oder Lappen zu suchen«.[21]

Diese distanzierte Haltung zu den aus der Antike überlieferten politischen Modellen mag erklären, warum sich die amerikanischen Gründerväter vorwiegend mit weitgehend mythischen Figuren aus der Frühzeit der römischen Republik identifizierten wie etwa Brutus, Camillus oder eben Publius. Der erste Präsident George Washington erkor sich den legendären Quinctius Cincinnatus zum Vorbild. Als die Veteranen des Unabhängigkeitskrieges 1783 eine Vereinigung gründeten, wählten sie ebenfalls Cincinnatus zu ihrem Namenspatron. Washington ließ sich zum ersten Präsident dieser »Society of the Cincinnati« wählen, die 1790 auch der Stadt in Ohio ihren Namen gab.

Laut Livius hatte ihn der Senat im Jahr 458 v. Chr. direkt von seinem Feld weg zum Diktator und Heerführer ernannt, um der bedrängten Stadt im Krieg gegen die Aequer zum Sieg zu verhelfen. Nach vollbrachter Tat legte er bereits nach 16 Tagen sein Amt nieder und kehrte als einfacher Bürger auf sein Gut zurück.[22] Über römische Herrscher wie etwa Sulla oder Diocletian, die sich ebenfalls freiwillig von ihrem Staatsamt ins Privatleben zurückzogen, wusste man zu viel, um sie in gleicher Weise idealisieren zu können.

Die Parallele zur Französischen Revolution ist offensichtlich: David wählte für seine berühmten Gemälde ebenfalls weitgehend legendäre Figuren wie die Horatier oder Iunius Brutus, und im Nationalkonvent standen die Statuen von Camillus, Publius, Brutus und Cincinnatus.[23] Nur solche mythischen, von einer widersprüchlichen Lebenswirklichkeit ganz unberührte Figuren konnten auch den Antike-Kult der Jakobiner nähren, der in Ausrufen gipfelte wie jenem Robespierres vom 25. Oktober 1793: »Heben wir unsere Herzen empor zu den republikanischen Tugenden und den Vorbildern der Antike!«[24]

Einig waren sich die französischen und die amerikanischen Revolutionäre auch in ihrer Ablehnung der römischen Kaiserzeit. So wie Camille Desmoulins im Dezember 1793 die Terrorherrschaft des Wohlfahrtsausschusses mit

---

[20] Richard, S. 41.
[21] The Continentalist, No. 6, (Juli 1782), in: Alexander Hamilton, Papers, Bd. III, S. 103. Zit. n. Rahe, S. 225.
[22] Liv. III, 26, 8 – 12; 29, 7.
[23] Vergl. Parker, S. 146 ff. Zum Vergleich der Antike-Rezeption in der amerikanischen und der Französischen Revolution siehe: Wilfried Nippel, Antike und moderne Freiheit, in: Ferne und Nähe der Antike. Beiträge zu den Künsten und Wissenschaften, hg. v. Walter Jens u. Bernd Seidensticker, Berlin New York 2003
[24] Vergl. zum Antikekult der Französischen Revolution neben Parker, The Cult of Antiquity, a.a.O. und Lynn Hunt, Politics, Culture, and Class in the French Revolution, London 1986, S. 87 – 119, bes. die Forschungssynthese von Claude Mossé, L'Antiquité dans la Révolution Francaise, Paris 1989.

»jenen Strömen von Blut, jenen Kloaken von Korruption und Unrat« verglich, die unter den römischen Cäsaren nie ausgetrocknet seien,[25] so empfanden auch die amerikanischen Gründerväter gegenüber Cäsar und den meisten seiner Nachfolger eine tiefe Abneigung. Die beiden ehemaligen und miteinander befreundeten Präsidenten John Adams und Thomas Jefferson, die beide am 50. Jahrestag der Unabhängigkeitserklärung, dem 4. Juli 1826, starben, waren sich in ihrem Briefwechsel 1819 sogar einig, die Römische Republik sei an ihrem Ende bereits so korrumpiert gewesen, dass auch Cicero, Cato oder Brutus nicht in der Lage gewesen wären, »ihr Volk in eine gute Regierung zu führen«. Eine entsprechende Feststellung Jeffersons beantwortete Adams mit den Worten, er kenne kein Beispiel dafür, dass in einer »durch und durch korrumpierten Nation anschließend die Tugend wiederhergestellt wurde, und ohne Tugend kann es keine politische Freiheit geben«. Jefferson hatte in seinem Brief allerdings einen Unterschied gemacht zwischen verschiedenen Arten römischer Kaiser: Die »Titusse, Trajane und Antonine« hätten den Willen zu einer besseren Regierung gehabt, seien aber an ihrem eigenen Volk gescheitert. »Gute Regierung kann es nur unter Kontrolle des Volkes geben, und ihr Volk war so demoralisiert und degeneriert, dass es zu einer wirksamen Kontrolle nicht in der Lage war.« Doch selbst wenn die gutwilligen Kaiser erfolgreich gewesen wären, hätte es »viele Neros und Comodusse gegeben, die den ganzen Prozess wieder zunichte gemacht hätten«.[26]

Ähnlich ambivalent war die Haltung der amerikanischen Revolutionäre und Staatsgründer zum alten Griechenland. Zwar erkannten sie die großen kulturellen und politischen Leistungen vor allem Athens an, beklagten aber immer wieder, dass die griechischen Stadtstaaten wegen des Fehlens einer starken Zentralmacht nicht in der Lage waren, sich gegenüber den Bedrohungen durch Makedonien und Rom zu behaupten. Dieses Argument spielte insbesondere im Streit zwischen Föderalisten und Anti-Föderalisten um die Verfassung eine wichtige Rolle.[27]

Die verbreitete Skepsis gegenüber dem Vorbildcharakter antiker Modelle änderte jedoch nichts daran, dass die meisten Gründerväter seit ihrer Schulzeit mit der Antike sehr vertraut waren und regelmäßig griechische oder römische Autoren lasen. Im Briefwechsel von Jefferson und Adams lassen sich beispielsweise Exkurse über griechische Metrik und ciceronisches Vokabular sowie Anmerkungen zu Dionysios, Isokrates oder Hesiod nachweisen.[28] Auch die Benennung der Legislative als Senat und ihres Tagungsortes als Kapitol belegt die Verbundenheit der amerikanischen Gründerväter mit der Antike. Schließlich finden sich auch in der 1788 verabschiedeten Verfassung der USA unverkennbare Züge des römischen Staatsrechts: der periodische Wechsel von Amtsträgern aufgrund des Volkswillens, die Unabhängigkeit der Richter oder

---

[25] Zit. n. Dahlheim, Antike, S. 722.
[26] The Adams-Jefferson Letters, The Complete Correspondence between Thomas Jefferson and Abigail and John Adams, hg. v. Lester J. Cappon, Chapel Hill 1959, S. 548 – 551.
[27] Vergl. S. 155-159.
[28] Margarita Mathiopoulos, Amerika: Das Experiment des Fortschritts, Paderborn 1987, S. 88.

II. Die Antike und die amerikanischen Gründerväter

das System von »checks and balances«, in dem »das Prinzip der römischen Intercession (vor allem der Volkstribune) wiederauflebte«.[29]

Großen Einfluss hatte die Antike schließlich auch auf die Architektur der amerikanischen Gründungszeit.[30] Als wohl herausragendstes Beispiel neoklassizistischer Architektur in den USA gilt das Kapitol in der Hauptstadt Washington D.C., das im Wesentlichen zwischen der Grundsteinlegung 1793 und der Vollendung der gegenwärtigen Kuppel 1863 gebaut wurde.[31] Der Name des Gebäudes geht direkt auf den Hauptautor der Unabhängigkeitserklärung und späteren dritten Präsidenten der USA, Thomas Jefferson, zurück.[32] Wie andere Gründerväter verfügte auch er über eine umfassende Kenntnis klassischer Sprachen und klassischer Literatur. Während seiner Tätigkeit als US-Botschafter in Paris von 1785 bis 1789 unternahm er ausgedehnte Reisen unter anderem durch Frankreich und Norditalien, wo ihn die antike Architektur begeisterte. Ganz besonders galt dies für die Maison Carrée in Nîmes, die Jefferson offenbar stundenlang »wie ein Liebhaber seine Geliebte« betrachtete.[33] Sein Alterssitz Monticello gilt ebenso als Paradebeispiel neoklassizistischer Architektur in den USA wie die von ihm entworfenen ersten Gebäude der Universität von Virginia in Charlotte.

Als Präsident berief Jefferson 1803 mit Benjamin Henry Latrobe (1764-1820) einen Bewunderer insbesondere der griechischen Antike zum zweiten Architekten des Kapitols. Latrobe stimmte seine Entwürfe für das Gebäude eng mit dem Präsidenten ab. Bei allem Respekt für die antiken Vorbilder nahm er sich mit Zustimmung Jeffersons auch die Freiheit, seine Entwürfe an die amerikanische Umgebung anzupassen und beispielsweise Tabak- und Baumwollpflanzen oder Maiskolben als Motiv für die Kapitelle zu verwenden.

Die Bemerkung, mit der Jefferson 1812 gegenüber Latrobe die vorläufige Fertigstellung des Gebäudes kommentierte, bringt viel von der Mischung aus Respekt und Überlegenheitsgefühl zum Ausdruck, mit der die amerikanischen Gründerväter der Antike gegenüberstanden: Jefferson bezeichnete das Kapitol als »den ersten Tempel, der der Souveränität des Volkes gewidmet ist und im Geschmack Athens den Weg einer Nation schmückt, die weit über das Schicksal Athens hinausblickt«.[34]

---

[29] Dahlheim, Antike, S. 719. Vergl. Mortimer N.S. Sellers, American Republicanism. Roman Ideology in the United States Constitution, New York 1994.
[30] Vergl. Richard, S. 43 ff.
[31] Paul F. Norton, Latrobe-Klasizismus. Der klassische Stil des amerikanischen Kapitols in seiner Ausprägung durch Latrobe und Jefferson, in: Martin Warnke (Hg.), Politische Architektur in Europa vom Mittelalter bis heute, Köln 1984, S. 336 – 352. Ein guter Überblick über die Baugeschichte findet sich unter www.aoc.gov/cc/capitol/capitol_construction.htm
[32] Norton, S. 340.
[33] Ebenda, S. 339.
[34] Jefferson to Benjamin H. Latrobe, July 12th 1812, in: Writings of Thomas Jefferson, hg. v. Albert E. Bergh, 1905, Bd. 13, S. 179.

IV. Rezeption der Antike im 19. und 20. Jahrhundert

Hatten sich die Jakobiner an den »republikanischen Tugenden« aus der mythischen Frühzeit Roms berauscht, bediente sich einige Jahre später Napoleon noch einmal antiker Symbole, diesmal allerdings des Römischen Imperiums. Der »Erste Konsul«, wie er sich nach seinem Staatsstreich 1799 nennen ließ, träumte von »der Wiederauferstehung des weströmischen Reiches mit seinem Kaiser, seinen Senatoren und seinen Legionsadlern«.[35] Für Franz Schnabel war diese Anlehnung des Empire »an eine als Ideal gedachte Antike, an ein strenges und nüchternes Römertum mehr als nur Form; sie war der notwendige und letzte Ausdruck einer Kulturentwicklung, die in ununterbrochener Nachwirkung der Antike sich vollzogen hatte und schließlich in rationalistische Bahnen eingemündet war«.[36]

Es sind vor allem zwei Faktoren, die im Laufe des 19. Jahrhunderts dazu beitrugen, dass die Antike ihren verbindlichen Vorbildcharakter vollständig verlor: die Industrialisierung und die Entstehung der wissenschaftlichen Geschichtsforschung. In Preußen wurde die Verwissenschaftlichung der Antike-Rezeption Anfang des 19. Jahrhunderts maßgeblich von Barthold Georg Niebuhr (1776-1831) beeinflusst. In Frontstellung gegen die revolutionären Bewegungen der jüngsten Vergangenheit bemühte er sich um den für ihn beglückenden Nachweis, »dass die Ackergesetze der römischen Volkstribune mitnichten eine revolutionäre Umverteilung des Bodens in dem Sinne dargestellt hatten, wie er 1795/96 vom ›Volkstribun‹ Gracchus Babeuf evoziert worden war«.[37] Niebuhr, seit 1810 Professor an der neu gegründeten Berliner Universität, wandte sich gegen die aus seiner Sicht irrige Übertragung antiker Vorbilder auf die Gegenwart.

Mit ihm setzte sich durch, »was bis heute als kategorischer Imperativ die historische Forschung bestimmt: Über kein Ereignis der Vergangenheit kann eine vernünftige Aussage gemacht werden, wenn nicht vorher die Überlieferung kritisch nach den Grenzen ihres eigenen Wissens und nach ihren Absichten befragt wird«.[38] Die einstigen Helden der Antike verwandelten »sich in Menschen aus Fleisch und Blut und verloren bereits wenige Jahre nach ihrem letzten Triumph in Revolution und Klassik ihren unsterblichen Glanz«.[39] Die Überzeugung, die Antike sei in der Französischen Revolution politisch miss-

---

[35] Werner Dahlheim, Ratlose Erben: Die Erinnerung an die Antike und die Zukunft Europas, in: Imperium Romanum. Festschrift für Karl Christ zum 75. Geburtstag, hg. von Peter Kneissl u. Volker Losemann, Stuttgart 1978, S. 105 – 122. S. 110. www.tu-berlin.de/fb1/AGiW/Hospitium/Dahlheim.htm
[36] Franz Schnabel, Empire und Klassizismus, in: Deutsche Geschichte im 19. Jahrhundert, Bd. 1, Freiburg 1929, S. 159.
[37] Nippel, Republik, Kleinstaat, Bürgergemeinde, S. 236. Vergl. auch: Karl Christ, Römische Geschichte und deutsche Geschichtswissenschaft, München 1982. Alfred Heuss, Barthold Georg Niebuhrs wissenschaftliche Anfänge, Göttingen 1981.
[38] Dahlheim, Antike, S. 728.
[39] Dahlheim, Verwehte Spuren, S. 117.

braucht worden, war nicht auf Preußen beschränkt. »Die falsche Imitation der Antike hat uns zum Terror geführt«, klagte beispielsweise 1862 der französische Historiker Fustel de Coulanges.[40]

Die industrielle Revolution tat ein Übriges, um die Distanz zur Antike zu vergrößern. Gab es zwischen den agrarisch geprägten Lebensverhältnissen des Altertums, des Mittelalters und der frühen Neuzeit noch zahlreiche Parallelen, so veränderte die Industrialisierung die Lebensbedingungen der Menschen so nachhaltig, dass die Antike auch aus diesem Grund zu einer Vergangenheit wurde, die ihre Autorität verloren hat. Dies schloss jedoch keineswegs aus, dass sie bis weit ins 20. Jahrhundert hinein politischen Bewegungen aller Art einen reichen und nahezu beliebig verwendbaren Schatz von Symbolen und historischen Vorbildern zur Verfügung stellte.

Denn obwohl die Antike ihren Vorbildcharakter weitgehend eingebüßt hatte, blieb die klassische Bildungstradition zunächst noch intakt. An höheren Schulen und Universitäten gehörten die alten Sprachen sowie der mit der Antike beginnende Geschichtsunterricht bis weit ins 20. Jahrhundert hinein zum festen Lehrprogramm.[41] Politische Bewegungen aller Art konnten daher entsprechende Kenntnisse voraussetzen, wenn sie sich in die Tradition der Antike stellten oder sich deren Symbolik zunutze machten. Einige wenige Beispiele mögen in diesem Zusammenhang genügen: Seit Januar 1916 nannten Rosa Luxemburg und Karl Liebknecht die von ihnen herausgegebenen illegalen Streitschriften gegen den Krieg »Spartakusbriefe« und stellten sich damit in die Tradition des Führers des römischen Sklavenaufstands. Auch die von ihnen gegründete Gruppe innerhalb der USPD, aus der Ende 1918 die KPD hervorging, nannte sich »Spartakusbund«.

Von den totalitären Herrschern des 20. Jahrhunderts berief sich Benito Mussolini besonders intensiv auf antike Symbolik. 1914 wählte der ehemalige Sozialist für seine neue politische Bewegung das Rutenbündel der römischen Liktoren, die fasces, als Symbol. Seinen »Marsch auf Rom« begann er am 28. Oktober 1922, dem Jahrestag von Konstantins Sieg an der Milvischen Brücke im Jahre 312 n. Chr. Bald nach seiner Machtübernahme erklärte er das Mittelmeer unter Berufung auf die Römer zum »mare nostrum« und proklamierte 1936 nach dem Überfall auf Abessinien sogar die Wiederaufrichtung des »Imperium Romanum«. Am 23. September 1938 ließ er schließlich auf pompöse Weise den 2000. Geburtstag des Augustus feiern.[42]

Anders als die USA im 20. Jahrhundert und für einige Jahre auch das napoleonische Frankreich am Beginn des 19. Jahrhunderts konnte das faschistische Italien allerdings niemals eine auch nur annähernd so große Machtfülle wie das Römische Reich erlangen, so dass Mussolinis Adaption der Antike stets der Bezug zur politischen Wirklichkeit fehlte. Sie unterschied sich kaum von

---

[40] Zit. n. Nippel, Republik, Kleinstaat, Bürgergemeinde, S. 238.
[41] Vergl. Manfred Fuhrmann, Latein und Europa. Geschichte des gelehrten Unterrichts in Deutschland von Karl dem Großen bis Wilhelm II., Köln 2001. Friedrich Paulsen, Geschichte des gelehrten Unterrichts auf den deutschen Schulen und Universitäten vom Ausgang des Mittelalters bis zur Gegenwart, 2 Bde. 1919 – 1921, ND Berlin 1960.
[42] Vergl. Alexander Demandt, Hitler und die Antike, in: Berliner Zeitung, 16. Dezember 2000.

den populären Nationallegenden anderer Länder, »die sich auf Germanisches, Keltisches oder Slawisches beriefen, sofern sie die Deckung ihres Vergangenheitsbedarfs nicht, wie die Erben der russischen Oktoberrevolution, aus einer klassenlosen Urgesellschaft bezogen«.[43] Deutlich wird diese Austauschbarkeit auch in einer Passage in Adolf Hitlers »Mein Kampf«, in der er die Antike gleich zweimal mit den Worten »ganz groß« in Verbindung brachte. Hitler schrieb, man solle »im Geschichtsunterricht sich nicht vom Studium der Antike abbringen lassen«. Römische Geschichte, »in ganz großen Linien richtig aufgefasst«, bleibe die beste Lehrmeisterin für alle Zeiten. »Auch das hellenische Kulturideal soll uns in seiner vorbildlichen Schönheit erhalten bleiben.« Bei dem Kampf, der heute tobe, gehe es um »ganz große Ziele: eine Kultur kämpft um ihr Dasein, die Jahrtausende in sich verbindet und Griechen- und Germanentum gemeinsam umschließt«.[44]

War der Verlust der Antike im 20. Jahrhundert nach Hagen Schulze »eine der Bedingungen für den Weltbürgerkrieg zwischen Kommunismus und Faschismus«,[45] so waren auch die Verbrechen Hitlers und Stalins mit den überkommenen Kategorien politischen Denkens nicht mehr zu begreifen und haben »die so lange gesicherte Kontinuität der abendländischen Geschichte wirklich durchbrochen.«[46] Faschismus und Nationalsozialismus zeigten, dass die traditionelle humanistische Bildung keinen Schutz gegen Zivilisationsbrüche dieser Art bot. In den Abgründen des 20. Jahrhunderts liegen »auch die alten Ideale des deutschen Gymnasiums begraben« – wie auch die von »der überkommenen humanistischen Ausbildung tief geprägte Vorstellung, die Antike könne einen Ersatz für das verlorene christliche Weltbild oder zumindest den Orientierungspunkt bei der Suche nach einer Moral und Ethik abgeben, die nicht mehr die Gebote Gottes, sondern die eigenen Fähigkeiten bestimmen sollten«.[47]

V. Amerika und die Antike im 20. Jahrhundert

Ähnlich wie in Europa hatte die Antike auch in Amerika nach dem 18. Jahrhundert ihre normative Kraft weitgehend verloren.[48] Hinzu kam, dass es nach John Quincy Adams, der 1829 aus dem Amt schied, im 19. Jahrhundert keinen amerikanischen Präsidenten mehr gab, der die Bildungstradition der Gründerväter weiterführte. Erst Theodore Roosevelt, der 1901 sein Amt antrat, konnte auch im Bewusstsein seiner Zeitgenossen an diese Vorbilder wie-

---

[43] Schulze, Identität Europas, S. 22.
[44] Adolf Hitler, Mein Kampf, München 1937, S. 470.
[45] Schulze, Renaissancen, S. 380.
[46] Arendt, Traditionsbestände, S. 24.
[47] Dahlheim, Verwehte Spuren, S. 117.
[48] Vergl. Nippel, Republik, Kleinstaat, Bürgergemeinde, S. 232.

der anknüpfen.⁴⁹ Der traditionell europäische Bildungskanon mit der Betonung alter Sprachen und alter Geschichte bestimmte allerdings bis weit ins 20. Jahrhundert hinein auch die Lehrpläne an den höheren Schulen Amerikas. Präsidenten wie Theodore Roosevelt, Franklin D. Roosevelt oder John F. Kennedy wurden von ihm geprägt.

Seit dem 19. Jahrhundert gibt es in zahlreichen Museen und Galerien Amerikas Zeugnisse des europäischen Altertums, so dass die Erinnerung an die Antike an diesen öffentlichen Orten lebendig blieb.⁵⁰ Überlebt hat die antike Tradition auch in zahlreichen »State-Mottos«. Neben der Hauptstadt Washington D.C. (»Justitia Omnibus«) verfügen zwanzig US-Bundesstaaten über ein lateinisches Motto wie »Ad astra per aspera« (Kansas), »Salus populi suprema lex esto« (Missouri) oder »Sic semper Tyrannis« (Virginia). Hinzu kommt der griechische Wahlspruch Kaliforniens »Eureka«.⁵¹ Besonders präsent ist das Erbe der Antike – oder zumindest des antikisierenden Palladio-Stils – in der Architektur amerikanischer Städte bis zur Mitte des 20. Jahrhunderts. »Postämter, Justizpaläste und Regierungsgebäude aller Art sind im Stil des Parthenon errichtet oder prunken mit dem Säulenpomp des athenischen Tempels des olympischen Zeus«, wie Johannes Urzidil schreibt.⁵²

In Nashville/Tennessee steht seit 1897 sogar eine originalgetreue Kopie des Parthenon von Athen. 1982 beschloss der Stadtrat die Anfertigung einer möglichst genauen Kopie der um das Jahr 400 n. Chr. verloren gegangenen Athena-Statue des Phidias. Sie wurde weitgehend mit Privatspenden finanziert, 1990 eingeweiht und 2002 sogar vergoldet.⁵³ Beispiele dieser Art stehen für einen eher spielerischen Umgang mit der Antike, wie er in den USA häufig anzutreffen ist. In diese Kategorie fällt auch die Hotelkette »Caesar's Palace«. Das Haus in Atlantic City wirbt mit dem Spruch »Ziehen Sie sich zurück in die Opulenz des alten Rom« und preist die besonders saftigen Steaks in »Nero's Grill« an. Sein Pendant in Las Vegas wurde in einer bizarren antikisierenden Wolkenkratzer-Architektur errichtet. Dort können die Gäste ihre Drinks in einer schwimmende Bar namens »Cleopatra's Barge« (Kleopatras Kahn) nehmen, dem Nachbau eines Schiffes, mit dem laut Hotel-Werbung »die Königin Ägyptens in der Zeit Cäsars den Nil befuhr«.⁵⁴

Auch amerikanische Filmregisseure griffen immer wieder auf antike Stoffe zurück: Mervyn LeRoys »Quo vadis« von 1951, William Wylers »Ben Hur« (1959), Stanley Kubricks »Spartacus« (1960) und erst vor wenigen Jahren Ridley Scotts »Gladiator« (2000) gehören zu den bekanntesten Produktionen Hollywoods.⁵⁵

---

⁴⁹ Barbara Schöttler, Das Geschichtsbild Theodore Roosevelts, Köln 1973, S. 6. Leider bleibt Roosevelts Verhältnis zur Antike in Schöttlers Arbeit unerwähnt.
⁵⁰ Vergl. William L. Vance, America's Rome, Bd. 1 Classical Rome, New Haven London 1989.
⁵¹ www.statehousegirls.net/resources/symbols/mottos/
⁵² Johannes Urzidil, Amerika und die Antike, Zürich Stuttgart 1964, S. 52. Vergl. auch Wolfgang Pehnt, Rom am Potomac. Washington und der Geist Roms – Zur Ikonographie einer Stadt, in: Frankfurter Allgemeine Zeitung, 26. März 1988.
⁵³ www.nashville.gov/parthenon/
⁵⁴ www.parkplace.com/caesars/
⁵⁵ Vergl. Jon Solomon, The Ancient World in the Cinema, New York 1978 (ND 2001).

Die meisten Amerikaner dürften Kleopatra vor allem mit Liz Taylor identifizieren, die diese Rolle 1963 unter der Regie von Joseph L. Mankiewicz an der Seite von Richard Burton als Antonius spielte.

Darüber hinaus gibt es auch in der amerikanischen Alltagskultur zahlreiche Beispiel dafür, dass man vom Erbe der Antike zehren kann, ohne viel davon zu wissen. Der weltweit größte Hersteller für Sportbekleidung, die in Beaverton/Oregon beheimatete Firma Nike, trägt beispielsweise seit 1971 den Namen der griechischen Siegesgöttin. Das zur selben Zeit von einer Designstudentin entworfene Logo der Marke entspricht den stilisierten Flügeln der antiken Figur. Auf der offiziellen Homepage von Nike, wo die Firmengeschichte und die Entstehung des Logos ausführlich geschildert werden, findet sich allerdings keinerlei Hinweis auf den antiken Hintergrund von Firmennamen und Markenzeichen.[56]

Und seit 1935 Franklin D. Roosevelt die Vorder- und Rückseite des amerikanischen Staatswappens (»Great Seal«) auf die Ein-Dollar-Note drucken ließ, trägt jeder Amerikaner, der im Besitz eines solchen Geldscheins ist, drei lateinische und von Vergil abgeleitete Zitate mit sich – obwohl nur wenigen dies bewusst sein dürfte.

V. Amerika, das neue Rom?

1) Das Reich und die neuen Barbaren

Seit dem Fall der Mauer und dem Untergang der Sowjetunion in den Jahren 1989 bis 1991 sind die Vereinigten Staaten die einzige verbliebene Weltmacht. Dies legt den Vergleich mit der Weltmachtstellung Roms in der Antike nahe. So häufig griffen Politiker und Publizisten insbesondere in den vergangenen Jahren diese Analogie auf, dass die Fülle solcher Äußerungen mittlerweile unüberschaubar ist. Einige wenige prominente Bespiele sollen an dieser Stelle genügen.

Bereits 1991 veröffentlichte der französische Arzt und Politikwissenschaftler Jean-Christophe Rufin eine Analyse der neuen weltpolitischen Lage unter dem Titel »Das Reich und die neuen Barbaren«.[57] Er vertrat darin die These, dass sich die westliche Welt unter Führung der USA nach dem Wegfall der kommunistischen Bedrohung in einer ähnlichen Situation befinde wie Rom nach der Zerstörung Karthagos 146 v. Chr. »Die ideologische Umwälzung, die Rom nach der Niederlage Karthagos erlebt hat, ist jener vergleichbar, die heute an die Stelle der Ost-West-Konfrontation einen Gegensatz zwischen Norden und Süden treten lässt.«

---

[56] www.nike.com
[57] Jean-Christophe Rufin, L'empire et les nouveaux barbares, Paris 1991. dt.: Das Reich und die neuen Barbaren, Berlin 1993.

Wie der Westen unter Führung Amerikas mit der Sowjetunion habe auch Rom Mitte des 2. Jahrhunderts mit Karthago den letzten Feind verloren, »der an Einheit und Macht mit ihm wetteifern konnte. Von nun an sieht es sich ganz allein gestellt der restlichen Welt gegenüber, das heißt einem Nichts, einem Staubhaufen uneiniger Völker, die zugleich schwach und gefährlich, turbulent und ohnmächtig sind.« Unter Berufung auf Elias Canetti schreibt Rufin, dass jede Masse zu ihrem Erhalt den »Anblick oder die starke Vorstellung einer zweiten Masse« brauche, um nicht zu zerfallen. Bis zum endgültigen Sieg über Karthago 146 v. Chr. habe Rom zunächst in Italien und später im Mittelmeerraum immer wieder eine solche »Gegenmasse« gefunden. In den Jahrzehnten zuvor habe sich die Stadt »nur von einem einzigen Streben leiten lassen: zu überleben, ihre Sicherheit zu gewährleisten.« Als Karthago in Schutt und Asche sank, sei Scipio Aemilianus der Wegfall dieser Daseinsberechtigung intuitiv bewusst geworden: Er brach in Tränen aus und berichtete Polybios von seiner Angst, dass Rom einst das gleiche Schicksal drohen könnte wie dem brennenden Karthago.

Dem beklemmenden Bild eines Rom, das sich ganz allein einem Vakuum gegenübersehe, habe Polybios daraufhin »die begeisternde Idee einer imperialen Verantwortung, einer universellen Mission« entgegengesetzt.

Durch seine eigenen Überlegungen habe Polybios seine Gesprächspartner, insbesondere Scipio Aemilianus, schließlich dazu gebracht, lange vor Cäsar und Augustus »erstmals das Römische Reich zu erfinden«. Der griechische Historiker habe den Römern das Bewusstsein dafür vermittelt, das ihr Aufstieg kein Zufall war, sondern Teil eines höheren Daseinszweckes war: »Rom hat von Anfang an den Auftrag, ein Werk des Friedens, der Gerechtigkeit und der Weisheit zu vollbringen.«

Mit dem gleichen Gedanken wurde elf Jahre nach dem Erscheinen von Rufins Buch in der Nationalen Sicherheitsstrategie der Vereinigten Staaten vom September 2002 auch das Recht der USA auf Präventivkriege begründet. Präsident George W. Bush schrieb im Vorwort dieses Dokuments, Amerika werde »die Gunst der Stunde nutzen,« – gemeint ist der 11. September 2001 – »um die Vorzüge der Freiheit in der ganzen Welt zu verbreiten. Wir werden uns aktiv dafür einsetzen, die Hoffnung auf Demokratie, Entwicklung, freie Märkte und freien Handel in jeden Winkel der Erde zu tragen.«[58]

Nach Rufins Worten befanden sich aus römischer Sicht alle Gebiete außerhalb des Reiches »in beklagenswerter Lage: jenen Barbaren gebricht es an Zivilisation. Rom hat die Pflicht, sie ihnen zu bringen oder aber sie zu bekämpfen, falls sie auf ihrem Archaismus beharren und es zu bedrohen suchen.«

Reich und Barbarei bildeten laut Rufin auf allen Gebieten ein Gegensatzpaar. »Rom versteht sich als Garant des Friedens und der Harmonie; die Barbaren führen ständig Krieg. Rom ist eine Republik, in der das Volk herrscht; jene gehorchen gewalttätigen Monarchien. Rom wird zusammengehalten

---

[58] www.whitehouse.gov/nsc/nssintro.html

durch seine Kultur und seine Sprache; jene sind zersplittert und können sich nicht miteinander verständigen. Rom ist rational, und seine Religion trägt zur Ordnung im Gemeinwesen bei, jene sind von Fanatismus ergriffen. Rom übt Gerechtigkeit und achtet das Recht; sie lassen sich nur mit Gewalt zügeln.«

Das von Polybios propagierte Begriffspaar Reich/Barbaren hat laut Rufin sechs Jahrhunderte überdauert bis zum Untergang Westroms. Auf den Trümmern dieses Reiches sei anschließend eine neue Welt entstanden, »beherrscht von der Frage der Kräftebalance gleichwertiger Mächte, eine Welt à la Metternich, die bis in unsere Tage fortdauern und ihren Gipfel im globalen Ost-West-Gegensatz finden wird.« Doch nach dem Fall der Mauer vollziehe sich »eine neuerliche polybische Revolution«, bei der dem Süden die Rolle der Barbaren zufalle, während der Norden »als wiedervereinigt, als imperial, als Wahrer der universellen Werte der freiheitlichen und demokratischen Zivilisation vorausgesetzt wird.« Zum Reich des Nordens rechnet Rufin neben Amerika auch Europa, Russland und Japan.

So wie die Römer in der Antike errichte auch der moderne Norden zum Schutz vor den Barbaren einen Limes. Er habe nicht nur militärische Bedeutung, sondern sei zunächst vor allem »die ideologische Grenze zwischen dem, was das Reich als zu sich gehörig anerkennt, und dem, was es als fremd ablehnt«. Gegenüber den Ländern jenseits des Limes sei »das Ideal universeller Entwicklung« abgelöst worden von einer selektiven Politik, die nur jenen Staaten Hilfe gewähre, »die sich längs des Limes befinden und seine Stabilität gewährleisten sollen.« Direkt am Limes angesiedelte Konflikte lösten eine massive Intervention des Nordens aus. »Die übrigen liefern der gleichgültigen Öffentlichkeit das kostenlose Schauspiel von Gemetzeln, bei denen nichts auf dem Spiel steht.«

Ähnlich wie heute die Staaten des Nordens habe auch Augustus die äußeren Grenzen des Reiches durch Militär und Diplomatie gesichert und jenseits des Limes einen Kordon von Pufferstaaten errichtet. »Gegenüber den sie bevölkernden Stämmen wird eine Diplomatie entfaltet, die Stabilität anstrebt, Stabilität beruhend auf ökonomischer Abhängigkeit und Bestechung, auf Kontrolle der Bevölkerung und fruchtbarem Austausch.«[59] Anders als in der Antike sei in der Gegenwart allerdings nicht mehr nur die geographische Nähe einer Region zum Reich ausschlaggebend, sondern deren politische, wirtschaftliche und militärische Bedeutung für die Länder des Nordens.

Zugleich konstatierte Rufin im Süden die zunehmende Bereitschaft »zum Bruch mit dem westlichen und rationalen Denken, auch dem marxistischen«.[60] Diese »Ideologie des Bruchs« sei gekennzeichnet durch die konsequente Negation aller »griechisch-lateinischen Werte: wissenschaftliche Bildung, technischer Fortschritt, Menschenrechte, politische Demokratie, Freizügigkeit der Sitten und vor allem ökonomische Rationalität«.[61] Die gewaltsame Aktion ge-

---

[59] Ebenda, S. 212 f.
[60] Ebenda, S. 96.
[61] Ebenda, S. 106.

gen die Unterdrücker sei das zentrale Ziel dieser neuen revolutionären Bewegungen, die sich von allen rationalen, dem Westen entlehnten Denkmodellen verabschiedet hätten. Rufin zitiert in diesem Zusammenhang das 1961 erschienene Buch »Die Verdammten dieser Erde«[62] des in der Karibik geborenen Sozialphilosophen Frantz Fanon (1925 – 1961): »Wenn ein Kolonisierter einen Diskurs über die westliche Kultur hört, dann zieht er seine Machete.«[63] Der gewaltsame Ausbruch der Kolonisierten werde getrieben von dem Wunsch, »vom Verfolgten zum Verfolger« zu werden und »die koloniale Welt in die Luft zu jagen, in die verbotenen Städte einzutauchen«.[64] Als Beispiele dieser neuen revolutionären Bewegungen nannte Rufin unter anderem den islamischen Fundamentalismus Ajatollah Khomeinis im Iran und die peruanische Terrorbewegung »Leuchtender Pfad«. Ihnen allen gemeinsam sei die radikale Abkehr von den »griechisch-lateinischen Werten«. Die Taliban oder die Al-Qaida konnte Rufin 1991 noch nicht kennen. Schon damals prophezeite er allerdings, dass der Norden »von jetzt an im Rhythmus dieser Konfrontation« mit dem Süden leben werde, »so wie wir vierzig Jahre lang im Banne der Ost-West-Konfrontation gelebt haben«.[65]

2) Die einzige Weltmacht

1997 veranstaltete die »Alfred Herrhausen Gesellschaft für Internationalen Dialog« in Berlin ein prominent besetztes Kolloquium mit dem Titel »Pax Americana?«, bei dem ebenfalls mehrfach eine Parallele zu Rom gezogen wurde. So sagte der ehemalige US-Außenminister James A. Baker, die Machtstellung Amerikas sei so herausragend, »dass die Historiker bis zum römischen Weltreich zurückgehen müssen, um eine geeignete Parallele zu finden«.[66] Zugleich betonte er jedoch die Unterschiede. So sei die wichtigste Quelle amerikanischer Macht die »Wertegemeinschaft« mit seinen Verbündeten. »Rom kannte lediglich Verbündete der mehr oder minder vorübergehenden Art; die unterworfenen Völker waren mehr oder minder rebellisch gesinnt.« Die USA könnten sich hingegen »auf wahre Freunde verlassen – auf Nationen, die uns nicht nur durch einen formellen Vertrag oder die Mitgliedschaft in Organisationen verbunden sind, sondern durch den gemeinsamen Glauben an die Unantastbarkeit menschlichen Lebens und an die Unabdingbarkeit menschlicher Freiheit«.[67] Bei der gleichen Veranstaltung hielt der Althistoriker Christian Meier einen Vortrag über Parallelen und Unterschiede zwischen der Pax Romana und der Pax Americana.[68]

---

[62] Frantz Fanon, Les Damnés de la Terre, Paris 1961, dt.: Die Verdammten dieser Erde, Frankfurt/M. 1962.
[63] Rufin, S. 105.
[64] Ebenda, S. 103.
[65] Ebenda, S. 25.
[66] James A. Baker, Die USA und die Ordnung der Welt, in: Pax Americana?, hg. von der Alfred Herrhausen Gesellschaft für internationalen Dialog, München Zürich 1998, S. 17 – 53. S. 20.
[67] Ebenda, S. 33f.
[68] Christian Meier, Von der Pax Romana zur Pax Americana, in: Pax Americana?, S. 95-124. Vergl. S. 115-118.

Den kulturellen Aspekt amerikanischer Machtentfaltung betonte im Sommer 2001 der deutsch-amerikanische Publizist Josef Joffe. Amerikas Hoch- und Populärkultur verfüge weltweit über eine Anziehungskraft, »wie man sie zuletzt in den Tagen des Römischen Reiches sah«, schrieb Joffe in einem Aufsatz für die außenpolitische US-Fachzeitschrift »The National Interest«. Während der kulturelle Einfluss Roms und auch Sowjet-Russlands an den jeweiligen militärischen Grenzen geendet habe, herrsche Amerikas kulturell über »ein Reich, in dem die Sonne niemals untergeht«.[69] Im gleichen Jahr empfahl der amerikanische Publizist Robert Kaplan in seinem Buch »Warrior Politics« der US-Regierung, sie solle sich in ihrer Außenpolitik an dem römischen Kaiser Tiberius orientieren, der seine außenpolitischen Ziele mit einer Mischung aus Diplomatie und militärischem Druck erreicht habe.[70]

Die Krise um den Irak löste geradezu eine Welle von Vergleichen zwischen der Weltmachtstellung Roms und Amerikas aus. So sagte einer der besten Kenner der amerikanischen Außenpolitik in Deutschland, der Bonner Politikwissenschaftler Christian Hacke, zu Beginn im Juni 2002 im Bergedorfer Gesprächskreis: »Ich sehe uns zu Beginn des 21. Jahrhunderts in einer Entwicklung, die gut vergleichbar ist mit der allmählichen Herausbildung der Pax Romana, die das Gleichgewichtssystem der griechischen Stadtstaaten als antike Weltordnung Zug um Zug ablöste.« Ob die Europäer in der Lage sein würden, »der sich herausbildenden globalen Pax Americana Gleichgewichtselemente anzufügen«, hänge von ihren Eigenanstrengungen ab.[71]

Diese Eigenanstrengungen forderte wenige Wochen vor Beginn des Irak-Krieges Altkanzler Helmut Schmidt von Frankreich und Deutschland ebenfalls mit Hinweis auf die Übermacht Roms in der Antike. Zum 40. Jahrestag des Elysée-Vertrages verlangte Schmidt in der Wochenzeitung »Die Zeit« von beiden Ländern, sich nicht »zu Instrumenten amerikanischer Weltpolitik« machen zu lassen und stattdessen die Europäische Union zu stärken. Ansonsten würden »weder Frankreich noch Deutschland den globalen Bedrohungen standhalten können« und müssten sich bestenfalls auf die übermächtigen USA verlassen. »Allerdings würden wir so in die unbedeutende, hilflose Rolle Athens zu Zeiten des Imperium Romanum abrutschen.«[72]

Der Publizist Alexander Gauland schrieb wenig später, Amerika sei »das neue Rom, ein amerikanisches Imperium, das die Welt nach seinen Vorstellungen ordnen möchte und immer weniger geneigt scheint, auf die Interessen, kulturellen Überlieferungen und historischen Traditionen anderer Rücksicht zu nehmen.« Dies sei ein Punkt, »an dem die alten Reflexe der Gleichgewichtspolitik wieder einsetzen«. Es sei Bundeskanzler Gerhard Schröder nicht vorzuwerfen, dass er ihnen in der Irak-Krise folge; »vorzuwerfen ist ihm, dass er

---

[69] Josef Joffe, Who's Afraid of Mr. Big?, in: The National Interest, Summer 2001, S. 43 – 52. S. 43.
[70] Robert Kaplan, Warrior Politics: Why Leadership Demands a Pagan Ethos, New York 2001.
[71] 124. Bergedorfer Gesprächskreis. Konturen einer »Neuen Weltordnung«? – Amerikanische und europäische Perspektiven, Hamburg 2003, S. 146.
[72] Helmut Schmidt, Freunde ohne Ziele. Chirac und Schröder fehlt ein Europa-Konzept, in: Die Zeit, 23. Januar 2003.

ihnen aus innenpolitischen, dem Machterhalt dienenden Gründen, nicht aus historischer Kenntnis und historischem Verständnis folgt«.[73]

In seinem im Herbst 2003 erschienenen Buch »Weltmacht Amerika. Das neue Rom« ging der Publizist und Althistoriker Peter Bender erstmals systematisch der Frage nach, ob es »zwischen der antiken und der gegenwärtigen Weltmacht substantielle Ähnlichkeiten« gibt, und zwar »sowohl zwischen ihren Wegen zur Weltmacht als auch in ihrem Verhalten als Weltmacht«.[74] Bender skizzierte zunächst die Frühphasen des Aufstiegs von Rom und Amerika. Geschützt vom Meer, konnten sie sich zunächst weitgehend ungestört auf ihrer jeweiligen »Insel« ausbreiten, Rom in Italien, die USA in Nordamerika. Rom machte seine früheren Gegner zu Verbündeten, die USA gründeten immer neue, unabhängige Staaten, die der Zentralmacht verbunden blieben.

Nur zögernd und widerwillig hätten beide erkannt, dass ihre Küsten keinen vollkommenen Schutz boten. Rom zog zunächst in die punischen Kriege, Amerika in die beiden Weltkriege. Beide brauchten laut Bender genau 74 Jahre, um von einer Regionalmacht zur einzigen Weltmacht ihrer Zeit aufzusteigen: »Rom geriet 264 vor Christus in den ersten Krieg mit Karthago, 201 hatte es Karthago zum zweitenmal besiegt und war zum Herrn des gesamten westlichen Mittelmeergebiets geworden. Elf Jahre später hatte es die Könige von Makedonien und Syrien geschlagen, danach gab es im Ostteil der Alten Welt keine Großmacht mehr«, beschreibt Bender den Aufstieg Roms. »Die Vereinigten Staaten gerieten 1917 in den Ersten Weltkrieg und entschieden ihn. Mit dem Sieg im Zweiten Weltkrieg wurden sie 1945 zum stärksten Staat des Globus, und mit dem Zusammenbruch ihres Rivalen Sowjetunion avancierten sie 1991 von der ersten zur einzigen Weltmacht.«[75]

Der vergleichenden Schilderung des Aufstiegs Roms und Amerikas folgt die Darstellung von Ähnlichkeiten und Unterschieden im Grundcharakter beider Völker. Parallelen sieht Bender in der großen Bedeutung der Religion für die römische und die amerikanische Gesellschaft, in ihrem ausgeprägten Praktikabilitätsdenken, ihrer Energie, Moral und ihrem Selbstbewusstsein: »Beide, Römer wie Amerikaner, überragten Freunde und Feinde nicht nur durch ihre Kräfte und ihre Mittel, sie fühlten sich ihnen auch moralisch überlegen und wurden damit nochmals stärker.«[76] Der Hauptunterschied bestehe darin, dass die Römer »die Welt nicht bessern, sondern beherrschen« wollten; »die Welt nach dem eigenen Bilde zu formen war und blieb der politische Traum der Amerikaner«.[77]

Amerika hat laut Bender »nur die erste Stufe der Weltmacht erreicht: Es kann gegen den Protest der halben Welt so ziemlich alles tun, was es will«. Die zweite Stufe der Weltmacht, die Rom erreichte, bleibe für Amerika unerreichbar: »Es kann nicht alle zwingen zu tun, was es will.«[78] Unter Verweis auf Alfred

---

[73] Alexander Gauland, Der amerikanische Alb, in: Frankfurter Allgemeine Sonntagszeitung, 16. März 2003.
[74] Bender, a.a.O., S. 21.
[75] Ebenda, S. 60.
[76] Ebenda, S. 211.
[77] Ebenda, S. 191.
[78] Ebenda, S. 256.

Heuss, der Roms weltgeschichtliche Bedeutung darin sah, der griechischen Zivilisation eine »politische Hülle« gegeben und dadurch vor dem Untergang geschützt zu haben,[79] kommt Bender am Ende des Buches zu einer recht optimistischen Voraussage. Amerika könne zu einem neuen Rom werden – »nicht durch ein Rom-ähnliches Empire, das es nicht schaffen kann und wohl auch nicht will, sondern weil es die Zivilisation des Abendlandes schützt und gemeinsam mit Europa bewahrt«.[80]

3) Der Feind im Zweistromland: das Partherreich und der Irak

Der Irak-Krieg im Frühjahr 2003 inspirierte den in Oxford lehrenden Althistoriker Michael Sommer zu einem Vergleich mit dem Parther-Feldzug des römischen Kaisers Trajan (98 – 117).[81] Zumindest indirekt legte Sommer damit den Schluss nahe, dass den Amerikanern im Zweistromland zwischen Euphrat und Tigris eine ähnliches Schicksal drohe wie der Supermacht Rom in der gleichen Region knapp 1900 Jahre zuvor: Nach einem schnellen militärischen Sieg von einem Aufstand in dem eroberten Gebiet zermürbt zu werden.

»Die Kommandierenden Generale in diesem Golfkrieg hießen nicht Tommy Franks und Brian Burridge, der Gegner nicht Saddam Hussein, die Chronisten waren nicht die Reporter von CNN und Al Dschazira, die Waffen nicht Tarnkappenbomber und Marschflugkörper«, schrieb Sommer einleitend. »Die Soldaten stürmten nicht mit Abrams-Panzern und Bradley-Kampffahrzeugen vorwärts, sondern zu Pferd und zu Fuß. (...) Angreifer war die militärisch stärkste Supermacht der damaligen Welt, ein beinahe konkurrenzloser Global Player: Rom.«

Im Streit um Armenien habe Rom den Parthern im Winter 113/114 v. Chr. ein Ultimatum gestellt, »das diese nicht akzeptieren konnten«. Im Frühjahr rückten die Legionen Trajans in das Partherreich ein, und nach zweijährigem Krieg – »für die Antike eine sensationelle Leistung« – schien der jahrzehntelange Angstgegner Roms endgültig unterworfen zu sein. »Trajan lag nun der Weg zum Persischen Golf zu Füßen. Wie ein zweiter Alexander der Große stand er bei Spasinou Charax (beim jetzt umkämpften Basra) am Ufer und blickte den Schiffen nach, die gen Indien segelten – Raum für weitere Eroberungen?«

Doch im Herbst brach im bereits befriedet geglaubten Hinterland ein Aufstand gegen die Römer aus. »Könige, die kniefällig Trajan ihrer Loyalität versichert hatten, fielen von ihm ab oder wurden beseitigt, der Nachschub drohte zu versiegen.« Trajans Versuch, die strategisch wichtige Stadt Hatra in der Region von Saddam Husseins Heimatstadt Tikrit von den Aufständischen zurückzuerobern, scheiterte. »Eine unbarmherzige Sonne und Wassermangel,

---
[79] Alfred Heuss, Die Römer: Eine Bilanz, in: Karl Büchner (Hg.), Latein und Europa, Stuttgart 1978, S. 313 – 339.
[80] Bender, S. 264.
[81] Michael Sommer, Frühjahr 114. Krieg im Irak, Frankfurter Allgemeine Zeitung, 29. März 2003.

dazu permanente Nomadenüberfälle setzten seinem Belagerungsheer so zu, dass er den Kampf abbrechen musste.« Kaiser Trajan starb auf der Rückreise nach Rom, sein Nachfolger Hadrian gab die Eroberungen auf dem Gebiet des heutigen Irak wieder auf.

Der Misserfolg Roms an Euphrat und Tigris ist laut Michael Sommer leicht zu erklären. Der rasche Vormarsch von Trajans Legionen habe im Hinterland riesige, kaum zu kontrollierende Nachschubwege geschaffen. »Das Vertrauen auf militärische und technologische Übermacht erwies sich als trügerisch.« Überdies seien die Römer mit den Umweltbedingungen nicht vertraut gewesen und hätten die Mentalität ihrer Feinde falsch eingeschätzt. Das Machtgeflecht zwischen lokalen Königen, Scheichs und Stammesgruppen sei ihnen ein Rätsel geblieben. »Sie hatten nicht mit einem Gegner gerechnet, der den Zusammenbruch jeglicher Kommunikation und Befehlsstruktur, die Zersplitterung selbst in kleinste regionale Einheiten überlebt, ohne in seiner Kampfbereitschaft Schaden zu nehmen.« Nach dem Sieg über den parthischen König hätten ihnen lokale Warlords, Kleinkönige und Stammesführer mit ihrer Taktik des »strike and disappear« so lange zugesetzt, bis nur noch der Rückzug geblieben sei.

Schon vor Trajans am Ende erfolglosem Feldzug war das Partherreich für mehr als 150 Jahre der Angstgegner Roms gewesen. 55 v. Chr. marschierte der Konsul Licinius Crassus mit einer gewaltigen Armee in das Partherreich ein, um dort den militärischen Ruhm zu erringen, der ihm im Gegensatz zu seinen Mit-Triumvirn Cäsar und Pompeius bislang verwehrt geblieben war. Doch im Juni 53 wurden seine Legionen bei Carrhae vernichtend geschlagen. Die Parther töteten rund 20.000 Römer, darunter auch Crassus und seinen Sohn, nahmen weitere 10.000 Legionäre in Gefangenschaft und eroberten die Feldzeichen des römischen Heeres.

Auch Marcus Antonius wurde bei seinem Feldzug gegen die Parther 36 v. Chr. zu einem äußerst verlustreichen Rückzug gezwungen; er selbst konnte sich allerdings mit einem Teil seiner Armee vor dem Feind retten. Julius Cäsar hatte für das Jahr 44 v. Chr. ebenfalls einen Angriff auf das Partherreich geplant, war jedoch kurz vor seinem geplanten Aufbruch ermordet worden.

Die Parther-Frage blieb auch nach dem Ende des Bürgerkriegs und der Konsolidierung von Octavians Herrschaft im Jahr 30 v. Chr. aktuell. Die öffentliche Meinung Roms erwartete von dem neuen Herrscher, dass er die bei Carrhae verlorenen römischen Feldstandarten zurückerlangen würde und die im Osten noch immer festgehaltenen Kriegsgefangenen in die Heimat zurückkehren könnten. »Nach römischen Denken war es unvorstellbar,« so Jochen Bleicken, »dass man die Sache auf sich beruhen ließ.«[82] Anders als Crassus und Antonius vermied Augustus jedoch eine riskante militärische Auseinandersetzung mit dem Reich im Zweistromland und ging stattdessen auf ein Verständigungsangebot des parthischen Königs Phraates IV. ein. Im Mai des Jahres 20 v. Chr. kam es zwischen beiden Mächten zu einer recht umfassenden Verständigung. Auf Grundlage des Status Quo wurde der Euphrat als Gren-

---

[82] Jochen Bleicken, Augustus, Berlin 1998, S. 356.

ze der jeweiligen Einflussbereiche festgelegt. Außerdem erklärte sich der parthische König bereit, die römischen Feldzeichen zurückzugeben und auch die überlebenden Kriegsgefangenen freizulassen.[83]

Gerade der Irak-Feldzug von George W. Bush hat zahlreiche Vergleiche zwischen Rom und Amerika provoziert. Es ist aber nicht erkennbar, dass sich der Präsident selbst oder führende Mitglieder seiner Administration mit dieser Analogie auseinandergesetzt oder gar irgendwelche Schlüsse daraus gezogen hätten. Als etwa die damalige Sicherheitsberaterin von Bush, Condoleezza Rice, im August 2003 vom deutschen Fernsehsender ZDF gefragt wurde, ob sich die heutige amerikanischen Position in der Welt mit derjenigen des Römischen Reichs in der Antike vergleichen lasse, lehnte sie diese Analogie mit dem knappen Hinweis ab, die USA hegten »keine imperialen Absichten« und ging zur Rechtfertigung des Irak-Krieges über. Zwar besäßen die USA eine militärische Ausnahmestellung, eine starke Wirtschaft und großen Einfluss rund um den Globus. Aber Amerika sei Teil einer Allianz von Staaten, »die sich seit dem Ende des Zweiten Weltkrieges auf der richtigen Seite der Geschichte befinden, die sich Werten verschrieben haben – Demokratie, dem Recht auf freie Meinungsäußerung, Religionsfreiheit und Wohlstand auf der Basis von Menschenwürde«. Als mächtigster Staat dieses Bündnisses verfolge Amerika das Ziel, »dass die Länder dieser Wertegemeinschaft gemeinsam ihre Werte dorthin exportieren, wo es sie noch nicht gibt – oder sie noch nicht richtig Fuß fassen konnten.«[84]

---

[83] Dio, 54. 7-8; Justin, 42.5.10-11; zu den römisch-parthischen Beziehungen siehe: K.H. Ziegler, Die Beziehungen zwischen Rom und dem Partherreich, Wiesbaden 1964.
[84] www.whitehouse.gov/news/releases/2003/07/20030731-7.html
www.zdf.de/ZDFde/inhalt/7/ 0,1872,2062919,00.html

ROM ALS VORBILD FÜR AMERIKA

Theodore Roosevelt und der Aufstieg zur Weltmacht

I. Theodore Roosevelts Bildungshorizont

Theodore Roosevelt (1858 – 1919) wurde als Sohn eines wohlhabenden Glasgroßhändlers in New York geboren. Seine Mutter stammte aus einer angesehenen Farmerfamilie Georgias. Wie seine drei Geschwister erhielt auch er eine sehr sorgfältige Erziehung. Körperliche Schwächen wie starkes Asthma und Kurzsichtigkeit versuchte er unter Anleitung seines Vaters durch intensives Sporttreiben auszugleichen. Auch als Präsident blieb er ein leidenschaftlicher Boxer, Reiter, Wanderer und Jäger. Die Erfahrung, gesundheitliche Probleme durch Disziplin und Anstrengung überwinden zu können, hat nach Überzeugung vieler seiner Biographen auch sein politisches Denken nachhaltig geprägt.[1]

Theodore Roosevelt, der als Kind nur von Privatlehrern unterrichtet wurde, begleitete seine Eltern bereits als Neunjähriger und später im Alter von 14 Jahren auf ausgedehnten Reisen durch Europa und den Nahen Osten. Den zweiten Aufenthalt 1872/73 bezeichnete er in seiner Autobiographie als »wichtigen Abschnitt meiner Erziehung«.[2] Nach einer Kreuzfahrt nilaufwärts besuchte die Familie Palästina, Syrien, Griechenland und Konstantinopel. Anschließend verbrachte der spätere Präsident mit seinen Geschwistern mehrere Monate bei einer deutschen Gastfamilie in Dresden.

Nach der Rückkehr in die Vereinigten Staaten bereitete ihn ebenfalls ein Privatlehrer auf die Universität Harvard vor. »In Naturwissenschaft, Geschichte und Geographie sowie unerwarteterweise auch hier und da im Deutschen und Französischen war ich gut beschlagen, aber sehr schwach in Latein, Griechisch und Mathematik.«[3] Im Herbst 1876 trat er in Harvard ein, wo er im ersten Jahr Latein, Griechisch, Mathematik, Chemie und Physik studierte. Später kamen noch Fächer wie Geschichte, Rhetorik, Englisch und Philosophie hinzu.[4] Wie schon als Schüler interessierte er sich auch in Harvard vor allem für Naturwissenschaften, während ihn Alte Geschichte eher langweilte. »Ich war noch nicht entwickelt genug, als dass ich mich hätte zwingen sol-

---

[1] Zu Theodore Roosevelts Werdegang siehe u.a.: Edmund Morris, The Rise of Theodore Roosevelt, New York 1979. Carleton Putnam, Theodore Roosevelt: The Formative Years, 1858–1886, New York 1958.
[2] Theodore Roosevelt, An Autobiography, New York 1913. dt.: Aus meinem Leben, Leipzig 1914, S. 15.
[3] Ebenda, S.18.
[4] Henry F. Pringle, Theodore Roosevelt, New York 1931, S. 37.

len, einigen der mir zugewiesenen Themen, z. B. dem ›Charakter der Gracchen‹, ein verständiges Interesse abzugewinnen. (...) An den Gracchen arbeitete ich verdrossen, weil ich es musste, und mein gewissenhafter und wirklich bedauernswerter Professor schleppte mich mit Gewalt durch das Thema hindurch, während ich mich blöde und völlig denkfaul auf das heftigste sträubte.«[5]

Bereits in Harvard, das er 1880 mit einem akademischen Abschluss verließ, erwachte allerdings sein Interesse an Geschichte, so dass er dort mit einer detailreichen Schilderung des amerikanisch-britischen Seekriegs von 1812 begann, die 1881 als Buch erschien.[6] 1895 schrieb er das Vorwort für das Buch »Das Gesetz der Zivilisation und des Verfalls« des Historikers Brooks Adams, eines Enkels des sechsten US-Präsidenten John Quincy Adams.[7] Der Autor hielt die Einheit von Natur- und Geschichtsvorgängen für erwiesen und entwickelte in seinem Buch die These, in jeder Kultur werde der idealistische und religiöse Mensch durch den ökonomischen Menschen verdrängt, mit dessen Vorherrschaft unvermeidlich der Niedergang einsetze. Rom sei vor allem an der Sklaverei und der Konzentration von Kapital in den Händen weniger zugrunde gegangen.[8] Roosevelt vertrat in seinem Vorwort hingegen die Auffassung, dass Amerika kein ähnlicher Niedergang wie Rom drohe und begründete dies mit der Abschaffung der Sklaverei und dem technischen Fortschritt.

1889 veröffentlichte er das Buch »The Winning of the West«, in dem er die amerikanische Expansion nach Westen verherrlichte.[9] Er begann dieses Werk mit einem kurzen historischen Rückblick auf die Völkerwanderung. 200 bis 300 Jahre, nachdem »Hermanns wilde Krieger«[10] die Gefahr der Romanisierung ihres Landes abgewendet hätten, seien die Germanen aus »ihren sumpfigen Wäldern« selbst zur Eroberung aufgebrochen. Er bezeichnete die Zeit nach dem Fall Roms als »allgemeinen Zusammenbruch der Zivilisation«, betont jedoch zugleich, die »Zufuhr nördlichen Blutes« habe die Völker des Mittelmeeres so weit gestärkt, dass sie für eine Zeitlang wieder zu den Führern Europas aufgestiegen seien.[11]

Nachdem er bereits 1881 für die Republikanische Partei in das Parlament des Staates New York gewählt worden war, wurde Roosevelt 1897 von Präsident William McKinley zum Marinestaatssekretär (Assistant Secretary of the Navy) ernannt. Als die USA Spanien im April 1898 den Krieg erklärten, quittierte Roosevelt den Dienst und rekrutierte ein eigenes Bataillon, die »Rough

---

[5] Roosevelt, Aus meinem Leben, S.18 f.
[6] Theodore Roosevelt, The naval War of 1812 or the history of the United States Navy during the last war with Great Britain, to which is appended an account of the battle of New Orleans, New York London 1910.
[7] Brooks Adams, The Law of Civilization and Decay, New York 1895.
[8] Vergl. Alexander Demandt, Der Fall Roms. Die Auflösung des Römischen Reiches im Urteil der Nachwelt, München 1984, S. 442.
[9] Theodore Roosevelt, The Winning of the West, New York 1906. www.artsci.wustl.edu/~landc/html/roosevelt.html
[10] Ebenda, S. 18.
[11] Ebenda, S. 20.

Riders« (Raue Reiter), das er mit großer publizistischer Begleitung nach Kuba ins Gefecht führte. Auch wenn seine eigentliche militärische Leistung bescheiden blieb, avancierte er »zum Kriegshelden und einem der bekanntesten Männer der USA.«[12]

1898 zum Gouverneur des Staates New York gewählt, machte ihn Präsident McKinley wegen seiner Popularität wenig später zum Vizepräsidentschaftskandidaten. Nach dem Wahlsieg der Republikaner wurde er im März 1901 Vizepräsident der USA. Als McKinley am 14. September 1901 an den Folgen eines Attentats starb, wurde Roosevelt im Alter von 42 Jahren als 26. Präsident der Vereinigten Staaten vereidigt.

Roosevelt galt bereits seinen Zeitgenossen als Präsident, der seit mehr als siebzig Jahren wieder an die Bildungstradition der Gründerväter anschließen konnte.[13] Als Autoren, die »ein Staatsmann lesen sollte«, empfahl er in seiner Autobiographie neben den »hebräischen Propheten« und »griechischen Dramatikern« auch die britischen Historiker Edward Gibbon und Thomas Macaulay, die deutschen Historiker Theodor Mommsen und Leopold von Ranke und die antiken Historiker Herodot, Thukydides und Tacitus.[14]

II. Wirtschaftskraft und Weltmachtambitionen

In der Zeit vom Ende des Bürgerkriegs 1865 bis zur Jahrhundertwende hatten sich Wirtschaftskraft und Bevölkerungszahl der Vereinigten Staaten stürmisch entwickelt. Die Kohleproduktion war um 800 Prozent, die Produktion von Eisenbahnschienen um 567 Prozent und die Getreideproduktion um 256 Prozent gestiegen. Die Bevölkerung hatte sich im gleichen Zeitraum verdoppelt und wuchs durch die Einwanderung weiter sprunghaft an. 1885 hatten die USA Großbritannien in der Industrieproduktion überflügelt; 1900 verbrauchten sie mehr Energie als Deutschland, Frankreich, Österreich-Ungarn, Russland, Japan und Italien zusammen.[15]

Politisch und militärisch spielte Amerika jedoch bis Ende des 19. Jahrhunderts eine marginale Rolle. Die Armee umfasste lange Zeit nur 25.000 Mann und stand bis 1890 an fünfzehnter Stelle in der Welt, noch hinter Bulgarien.[16] Außenpolitisch beschränkte sich das Land auf seine Vormachtstellung in der

---

[12] Ragnhild Fiebig-von Hase, Theodore Roosevelt 1901 – 1909. Repräsentant des »modernen« Amerika, in: Jürgen Heideking (Hg.), Die amerikanischen Präsidenten. 41 historische Portraits von George Washington bis Bill Clinton, München 1995, S. 254 – 269, S. 258.
[13] Schöttler, Geschichtsbild Roosevelts, a.a.O., S. 6.
[14] Roosevelt, Aus meinem Leben, S. 258.
[15] Vergl. Henry Kissinger, Diplomacy, New York 1994, S. 37. Paul Kennedy, Aufstieg und Fall der großen Mächte, Frankfurt/M. 1987, S. 368-378.
[16] Kissinger, Diplomacy, S. 37.

westlichen Hemisphäre und hielt sich von Konflikten in Europa und Asien konsequent fern. Die USA folgten damit dem Vermächtnis ihres ersten Präsidenten George Washington, sich nicht in die Händel anderer Länder verstricken zu lassen.[17]

Theodore Roosevelt war der erste US-Präsident, der die Chancen und Verpflichtungen des ungeheuren Machtzuwachses seines Landes erkannte und in praktische Politik umsetzte.[18] In seiner ersten Ansprache als Vizepräsident sagte er am 4. März 1901: »Nach Osten und Westen sehen wir über zwei große Ozeane das Leben der größeren Welt, an dem wir, ob wir wollen oder nicht, einen immer größeren Anteil werden nehmen müssen.«[19] Als Präsident führte Roosevelt die Vereinigten Staaten auf die weltpolitische Bühne und brach dabei mit dem Isolationismus, der Amerikas Außenpolitik von Beginn an geprägt hatte.

1905 vermittelte er im russisch-japanischen Krieg den Frieden von Portsmouth. Im gleichen Jahr nahmen die USA in Algeciras erstmals an einer Konferenz teil, die mit der Marokko-Krise einen europäischen Konflikt betraf. Früh erkannte er Deutschland und Japan als mögliche Gegner in einem Krieg und förderte auch deshalb massiv den Flottenbau. Der von ihm erzwungene Bau des Panamakanals sollte nicht zuletzt die schnelle Verlegung von Kriegsschiffen zwischen Atlantik und Pazifik ermöglichen. Roosevelt war fest davon überzeugt, dass nicht Abrüstung, sondern allein die eigene militärische Stärke den Frieden sichere. »Nichts würde zu mehr Ungerechtigkeit führen ... als wenn sich freie und aufgeklärte Völker ... freiwillig wehrlos machten, während jeder Despotismus und jede Barbarei bewaffnet bliebe«, erklärte er 1906.[20] Sein ehrgeiziges, zum Teil auch mit der bewussten Dramatisierung internationaler Krisen durchgesetztes Flottenprogramm war eine wichtige Voraussetzung für den Eintritt der USA in den Ersten Weltkrieg 1917.

Die Monroe-Doktrin erweiterte er dahingehend, dass die Vereinigten Staaten das Recht hätten, in der Karibik als »internationale Polizei-Macht« aufzutreten. Roosevelt rechtfertigte diese Politik nicht nur mit machtpolitischen Interessen, sondern auch mit einer zivilisatorischen Mission gegenüber unterentwickelten Ländern. Diese konnten aus seiner Sicht ihre Unabhängigkeit nur bewahren, wenn sie verantwortungsvoll damit umgingen. Auch wenn Roosevelt »kein Rassist im strengen Sinne der zeitgenössischen Rassentheorie« war, so prägte ihn doch ein »tiefer Glaube an die Überlegenheit der angelsächsischen und germanischen Zivilisation«.[21]

---

[17] George Washington's Farewell Address, September 19, 1796, in: The Writings of George Washington, hrsg. v. John C. Fitzpatrick, Bd. 35, Westpoint/Conn. 1970, S. 214 – 238, S. 234.
[18] Zur Außenpolitik Roosevelts: John M. Blum, The Republican Roosevelt, 2. Aufl., Cambridge/Mass. London 1977. Howard K. Beale, Theodore Roosevelt and the Rise of America to World Power, Baltimore 1956. Frederick W. Marks, Velvet on Iron: The Diplomacy of Theodore Roosevelt, New York 1979. Weitere Literaturangaben bei Heideking (Hg.), Die amerikanischen Präsidenten, a.a.O. S. 438 f. und bei Willi Paul Adams, Die USA im 20. Jahrhundert, München 2000, S. 237.
[19] Zit. n. Fiebig-von Hase, S. 258.
[20] Zit. n. Blum, Republican Roosevelt, S. 137.
[21] Fiebig-von Hase, S. 262.

III. Der 100. Jahrestag des »Louisiana Purchase«

1903 jährte sich der Erwerb von Louisiana durch die Vereinigten Staaten zum hundertsten Mal. Am 30. April 1803 hatten die USA vom napoleonischen Frankreich für die vergleichsweise geringe Summe von 15 Millionen Dollar die riesige Fläche von mehr als 2,1 Millionen Quadratkilometern gekauft. Das Gebiet Louisiana, das damals vom Mississippi bis zu den Rocky Mountains und vom Golf von Mexiko bis zur kanadischen Grenze reichte und aus dem später 13 Einzelstaaten gebildet wurden, verdoppelte mit einem Schlag die Fläche der USA. Diese Gebietserweiterung schuf die territoriale Grundlage für die spätere Entwicklung Amerikas zur Weltmacht.

Rund um dieses Jubiläum verwies Roosevelt im Frühjahr 1903 in drei Reden auf die Antike, um seine politischen Anliegen den Zuhörern deutlich zu machen. Eine ähnliche Häufung von Bemerkungen zu diesem Thema findet sich in seinen Reden und Schriften ansonsten nicht.

1) »Die unvergängliche römische Straße«: Rede am 29. April 1903

a) Inhalt

Am Tag vor der Eröffnung einer Ausstellung zum 100. Jahrestag des »Louisiana Purchase« in St. Louis, Missouri, hielt Präsident Roosevelt am selben Ort eine kurze Ansprache vor einem Kongress zur Förderung des Straßenbaus, der »National and International Good Roads Convention«.[22] Er begann seine Rede am 29. April 1903 mit den Worten: »Wenn wir beschreiben wollen, was große Reiche und die Männer, die diese Reiche groß machten, besonders auszeichnet, kommt man unweigerlich darauf, dass diese Reiche gute Straßen bauten.« Wenn man über die Römer spreche, »sprechen wir über sie als Herrscher, als Eroberer, als Verwalter, als Straßenbauer«. Während andere Reiche über Nacht entstanden und über Nacht verschwanden, ohne eine Spur ihrer früheren Existenz zu hinterlassen, hätten die Römer bis heute tiefe Spuren ihrer Herrschaft hinterlassen und sowohl die Sprache und die Sitten der Menschen als auch den Boden selbst geprägt. »Wenn man mehr als 15 Jahrhunderte nach dem Ende der römischen Herrschaft durch Britannien reist, sind die Grundzüge der römischen Straßen noch immer zu erkennen.« Das gleiche gelte für Italien, »wo seit der Zeit, als der Herrschaftssitz römischer Kaiser von Rom nach Byzanz verlegt wurde, eine Macht nach der anderen emporwuchs, blühte und verschwand – wenn man also nach dem Langobarden, dem Go-

---

[22] At Odeon Hall, St. Louis, Mo., before the National and International Good Roads Convention, April 29, 1903, in: Presidential Addresses and State Papers of Theodore Roosevelt, Part 1, Reprint New York 1970, S. 336–341.

ten, dem Byzantiner und all den Völkern des Mittelalters, die das Land beherrschten, durch Italien reist, ist es die unvergängliche römische Straße, die ins Auge fällt.«

Roosevelt fuhr fort, dass die Kunst des Straßenbaus ein entscheidendes Kriterium für dauerhafte Größe einer Nation sei. »Allein unter dem Gesichtspunkt dieser historischen Parallele haben wir das Recht zu fordern, dass dieses Volk, das einen Kontinent bezwang, das ein Land schuf mit einem Kontinent als Grundlage, das sich mit Recht die mächtigste Republik nennt, die die Welt je gesehen hat, das, wie ich fest glaube, in dem nun beginnenden Jahrhundert zu einer Position der Vormacht und Führung emporwachsen wird, wie sie bislang noch keine andere Nation erreicht hat – allein von dieser historischen Analogie her haben wir das Recht zu fordern, dass eine solche Nation gute Straßen baut.« Noch mehr gelte dies unter praktischen Gesichtspunkten. »Der große Unterschied zwischen der halben Barbarei des Mittelalters und der Zivilisation, die ihr nachfolgte, war der Unterschied zwischen schlechten und guten Arten des Verkehrs.«

Roosevelt erinnerte daran, dass sich die USA in den vergangenen 125 Jahren über einen gesamten Kontinent ausgedehnt hätten. Sie müssten deshalb die besten Mittel zur Überwindung des Raumes zur Verfügung haben. Die Eisenbahn gehöre ebenso dazu wie Straßen. Durch gute Verkehrswege bleibe auch das Leben auf dem Land weiter attraktiv. Eine ähnliche Rolle spiele auch das Telefon. »Doch nichts kann besser der Tendenz eines ungesunden Wachstums vom Land in die Stadt entgegenwirken als der Bau und Unterhalt guter Straßen.« Zum Abschluss seiner Rede lobte Roosevelt die Aktivitäten seiner Zuhörer »im Interesse der ganzen Nation«. Das Land brauche Organisationen dieser Art, in denen sich Einzelne zum Wohle der Allgemeinheit zusammenschließen.

b) Der Verweis auf die Antike

Es war vermutlich ein Zufall, dass Roosevelt am Tag vor der Eröffnung einer Ausstellung zum hundersten Jahrestag des »Louisiana Purchase« ebenfalls in St. Louis vor einem Straßenbau-Kongress sprach. Geschickt nutzte er dabei die Gelegenheit, seine Überzeugung von der historischen Rolle Amerikas mit den konkreten Interessen seiner Zuhörer zu verknüpfen. Der Hinweis auf die historischen Leistungen Roms, mit dem Roosevelt seine Ansprache beginnt, ist der entscheidende Ausgangspunkt für seine Argumentation. Indem er den Bau von guten Straßen am Beispiel Roms zu einem wichtigen Kriterium für die historische Größe einer Nation erklärt, verleiht er den Interessen seines Publikums gleichsam eine weltgeschichtliche Dimension. Er setzte dabei voraus, dass zumindest ein relevanter Teil seiner Zuhörer die historischen Anspielungen auf Rom, Byzanz oder die Langobarden und Goten verstehen würde. Auch wenn sie kaum über besondere historische Bildung verfügt haben dürften, waren vielen Teilnehmern eines amerikanischen Straßenbau-Kongresses 1903 offenbar grundlegende Begriffe und Entwicklungen der europäischen Geschichte nicht völlig fremd.

Indem sie sich für den Bau von guten Verkehrsverbindungen einsetzen, leisten sie nach Roosevelts Worten einen Beitrag dazu, die Vereinigten Staaten von all jenen Herrschaftsgebilden der Weltgeschichte zu unterscheiden, die im Gegensatz zu Rom »über Nacht entstanden und über Nacht verschwanden«. So wie Rom durch seine bis heute in Britannien und Italien sichtbaren Straßen dauerhafte Spuren in der Welt hinterlassen habe, müsse auch Amerika durch Straßenbau die »dauerhafte Größe« seiner Nation unter Beweis stellen. Er unterstrich diesen Anspruch noch mit der Feststellung, dass gute Verkehrsmöglichkeiten den Unterschied zwischen zivilisierten und unzivilisierten Nationen ausmachten. Diese Unterscheidung, die prägend ist für Roosevelts Politikverständnis, entspricht der bei Griechen und Römern gängigen Unterteilung der Welt in Zivilisierte und Barbaren.

Auch Fachhistoriker haben die Raumdurchdringung der Römer im allgemeinen und den Straßenbau im besonderen als entscheidendes Kriterium ihrer historischen Größe genannt. »Rom allein hat – nach dem persischen Weltreich – die Kunststraße als Raumorgan entwickelt, als einen sicheren Weg zur Ausstrahlung der römischen Kraft, als eine feste Klammer zur Verbindung alles dessen, was man einmal gewonnen hatte«, schrieb beispielsweise Joseph Vogt.[23] Er nannte in diesem Zusammenhang »die großartige straßenbauliche Erschließung Britanniens mit dem Strahlungspunkt London«, die auch Roosevelt vor der »Good Roads Convention« erwähnt.[24]

Dass Roosevelts Bezug auf die Antike vor dem Straßenbau-Kongress nicht nur zweckorientiert ist, wird auch daran deutlich, dass er in seiner Ansprache zu einer gleichermaßen gewagten wie zutreffenden Prognose kommt: Zu einem Zeitpunkt, als die Vereinigten Staaten in der Weltpolitik noch eine eher untergeordnete Rolle spielten, sagte er seinem Land voraus, es werde in dem gerade beginnenden Jahrhundert zu einer Position der Vormacht und Führung emporwachsen, »wie sie bislang noch keine andere Nation erreicht hat«. Als erster US-Präsident wagte Theodore Roosevelt bereits 1903 die Voraussage, dass Amerika im 20. Jahrhundert eine ähnliche Weltmachtrolle einnehmen werde, wie sie Rom in der Antike innehatte.

2) Griechenland, Rom und Amerika: Rede am 30. April 1903

a) Inhalt

Am Tag nach seiner Rede vor dem Straßenbau-Kongress eröffnete Roosevelt in St. Louis eine Ausstellung über den »Louisiana Purchase« und verglich dabei die Expansion Amerikas mit der Griechenlands und Roms.[25] Er begann

---
[23] Joseph Vogt, Raumauffassung und Raumordnung in der römischen Politik, in: Ders., Vom Reichsgedanken der Römer, Leipzig 1942, S. 35 – 82, S. 48.
[24] Ders., S. 73.
[25] At the Dedication Ceremonies of the Louisiana Purchase Exhibition, St. Louis, April 30, 1903, in: Roosevelt, Presidential Addresses, S. 341 – 348. www.theodore-roosevelt.com/trlouisexpo-speech.html

die Rede am 30. April 1903 mit der Feststellung, dass der Boden, auf dem man jetzt stehe, nacheinander von den »mächtigen Reichen Spanien und Frankreich« beherrscht worden sei. Erst nach der amerikanischen Revolution sei er nach und nach auch von englischsprachigen Siedlern in Besitz genommen worden.

Man sei heute in St. Louis zusammengekommen, um dem hundertsten Jahrestag eines Ereignisses zu gedenken, das nach der Staatsgründung wie kein zweites »den Charakter unseres nationalen Lebens geprägt hat – in dem Sinne, dass wir anstelle einer relativ kleinen und sesshaften eine große und expandierende Nation werden sollten«. Durch den Erwerb Louisianas habe Amerika ein für allemal deutlich gemacht, dass es eine Expansion begonnen habe mit dem Ziel, »einen hohen Platz unter den großen Mächten dieser Erde zu gewinnen«. Diese Ausdehnung nach Westen sei die größte Leistung der Amerikaner zwischen der Verabschiedung der Verfassung und dem Ausbruch des Bürgerkriegs gewesen; nie zuvor habe es eine nationale Expansion dieser Art gegeben.

Grundlage für den Erfolg sei »unsere besondere Art der föderalen Regierung« gewesen. »Als sich unserer Vorväter zusammenschlossen, um diese Nation zu gründen, hatten sie kaum ermutigende Vorbilder.« Seit den frühesten Anfängen der Geschichte schien es zwei grundlegende Erkenntnisse zu geben: »Zum einen erwies es sich immer als extrem schwierig, sowohl Freiheit als auch Stärke in einer Regierung miteinander zu verbinden. Und zum zweiten erwies es sich als beinahe unmöglich, dass eine Nation expandiert und dabei weder auseinander bricht noch zu einer zentralistischen Tyrannei wird.« Den USA sei es hingegen gelungen, »eine starke und effiziente nationale Einheit« herzustellen, die sowohl Ordnung im Inneren als auch Ehre und Interessen nach außen wahren könne.

Bis zur Ausbreitung der Vereinigten Staaten über den amerikanischen Kontinent hätten die Kolonisationen der Griechen und Römer als die herausragenden Beispiele einer staatlichen Expansion gegolten. »Die griechischen Staaten vollbrachten erstaunliche Leistungen der Kolonisation, aber jede Kolonie war unmittelbar nach ihrer Entstehung völlig unabhängig vom Mutterland und konnte sich nach einigen Jahren ebenso gut als dessen Freund wie als dessen Feind erweisen«. Örtliche Selbstverwaltung und lokale Unabhängigkeit seien zwar gewährleistet gewesen, aber nur zum Preis einer nationalen Einheit. »Trotz ihres wundervollen Glanzes und der außerordentlichen künstlerischen, literarischen und philosophischen Leistungen, für die die Menschheit ewig in ihrer Schuld steht, war die griechische Welt in der Folge völlig unfähig, sich – von Ausnahmen abgesehen – einem gefährlichen äußeren Feind zu widersetzen.« Sobald mächtige, dauerhafte Reiche an ihren Grenzen emporwuchsen, seien die benachbarten griechischen Staaten unter ihre Herrschaft gefallen. »Nationale Macht und Größe wurden völlig der lokalen Freiheit geopfert.«

Mit Rom sei das genaue Gegenteil geschehen. Zum absoluten Herrscher über alle Völker Italiens emporgewachsen, habe die Stadt ihre Herrschaft dann über die gesamte zivilisierte Welt ausgedehnt. Die Nation sei stark und einig geblieben, habe jedoch keinen Raum für örtliche Freiheit und Selbstverwaltung gelassen. Alle anderen Städte und Länder seien Rom untergeordnet gewesen. »In der Folge drückte diese große und gebieterische Rasse von Kriegern, Herrschern, Straßenbauern und Verwaltern ihren unauslöschlichen Stempel auf das gesamte Nachleben unserer Rasse. Und doch fraß eine Überzentralisierung das ganze Leben aus dem Reich, bis es eine hohle Schale wurde, so dass, als die Barbaren kamen, sie nur etwas zerstörten, das für die Welt wertlos geworden war.«

Als die Gründerväter die Verfassung formulierten, seien ihnen diese Gefahren bewusst gewesen. Mangels Erfahrung hätten sie jedoch nicht voraussagen können, ob ihr Modell besser funktionieren würde. »Als praktisch veranlagte Nation haben wir nie versucht, irgendeinem Teil unserer neuen Gebiete eine unpassende Form der Regierung aufzuzwingen, nur weil diese Form in einem anderen Teil unter anderen Bedingungen gut funktionierte.« Die USA hätten einen Weg der Expansion gewählt, der jedem neuen Staat die gleichen Rechte und Pflichten gewährte wie den 13 Gründungsstaaten. »Dieser Prozess scheint uns nun ein Teil der natürlichen Ordnung zu sein, aber er war völlig unbekannt, bis ihn unser Volk erfunden hat.« Darin liege die besondere historische Bedeutung der amerikanischen Expansion, die sowohl weit blickenden Staatsmännern wie auch dem »kampfesmutigen und großartigen Charakter der abgehärteten Pioniere« zu verdanken sei.

Roosevelt lobte ausführlich die Fähigkeit dieser Pioniere, »feindliche Männer und eine feindliche Natur zu überwinden«. Sie hätten nicht nur über Mut und Härte, sondern auch über großes Pflichtgefühl gegenüber ihresgleichen und gegenüber dem Staat verfügt. Auch wenn die Tage der Pioniere vergangen seien, hätten die Tugenden der Siedler nichts von ihrer Bedeutung verloren. In der Verwaltung von Stadt, Staat und Nation wie auch im wirtschaftlichen und sozialen Leben seien ähnliche Qualitäten unverzichtbar, denn sonst drohe die Gefahr, dass »das Herz unserer Zivilisation verzehrt ist, während der Körper noch lebt«. Wenn es jedoch, wovon er überzeugt sei, gelinge, Tugenden wie Mut, Entschlossenheit, Selbstbeschränkung sowie Respekt vor den Rechten anderer und die Ablehnung von Grausamkeit, Brutalität und Korruption zu bewahren, »werden wir diese Republik in dem nun beginnenden Jahrhundert zur freiesten und geordnetsten, zur gerechtesten und mächtigsten Nation machen, die es jemals gab«.

b) Der Verweis auf die Antike

Anders als am Tag zuvor bei der »Good Roads Convention« wandte sich Roosevelt bei der Ausstellungseröffnung zum Jahrestag des »Louisiana Purchase« nicht an eine konkrete Zielgruppe, sondern an die gesamte Nation. Er betonte zunächst die herausragende Bedeutung des Erwerbs von Louisiana 1803, der eine entscheidende Wegmarke bei der Entwicklung der Vereinigten Staaten zu einer Weltmacht gewesen sei. Die herausragende politische Leistung der Amerikaner habe in der Folgezeit darin bestanden, für die Besiedlung und politische Organisation dieser Landmasse ein Modell gewählt zu haben, das sich sowohl von der griechischen als auch von der römischen Kolonisation unterschied. Der Verweis auf die Antike hat vor allem die Funktion, die besondere Rolle Amerikas in der Weltgeschichte deutlich zu machen.

Als zentralen Mangel der griechischen Kolonisation nannte Roosevelt die fehlende nationale Einheit und die daraus resultierende militärische Schwäche. Diese Charakteristik entspricht dem Bild, mit dem beispielsweise Platon im vierten Jahrhundert v. Chr. das Siedlungsgebiet der Griechen beschrieb: »Wir wohnen nur in einem kleinen Teil der Erde von Phasis (an der Ostküste des Schwarzen Meeres) bis zu den Säulen des Herakles (Gibraltar), rings um das Meer, so wie Ameisen oder Frösche um einen Tümpel herum.«[26] Die fehlenden nationale Einheit der Griechen spielte auch in der amerikanischen Verfassungsdiskussion eine wichtige Rolle. Die Befürworter einer starken Bundesregierung, die so genannten »Federalists«, wie James Madison, Alexander Hamilton, John Adams und John Dickinson verwiesen darauf, dass die griechischen Stadtstaaten von Makedonien und Rom unterworfen worden seien, weil ihnen eine starke Zentralgewalt gefehlt habe.[27]

Das Römische Reich krankte laut Roosevelt hingegen an seinem Zentralismus, der »keinen Raum für örtliche Freiheit und Selbstverwaltung« gelassen habe. Diese Aussage, die auf entsprechende Bewertungen Edward Gibbons zurückgeht,[28] trifft allerdings nur für die Spätphase des Römischen Kaiserreiches zu. Bis ins vierte Jahrhundert hinein beschränkte sich die Rolle der römischen Provinzialverwaltung weitgehend darauf, das jeweilige Gebiet militärisch sich zu sichern, Steuern zu erheben und die wichtigsten Kriminal- und Zivilfälle gerichtlich zu entscheiden. »Die örtlichen Gemeinden«, so Peter A. Brunt, »konnten sich im Wesentlichen selbst verwalten, obwohl Rom überall die Oligarchien unterstützte und keine Unruhe oder Angriffe auf Eigentumsrechte zuließ«.[29] Erst die zunehmende Einmischung des Reiches in die Kommunalverwaltung seit Anfang des vierten Jahrhunderts hat den Gemeinsinn der Bürger dauerhaft untergraben, während parallel dazu kein »Reichspatriotismus« heranwuchs.[30]

Doch Roosevelt hat insofern Recht, als auch in den Jahrhunderten, in denen die lokale Autonomie der Municipien gewahrt blieb, aus dieser Selbstverwaltung »kein politisches Selbständigkeitsstreben« entstand, wie Dieter Timpe schreibt. »Die Aufstiegschancen ihrer Repräsentanten lagen in den großen

---

[26] Platon, Phaidon 109 b. Zur griechischen Kolonisation siehe insbes. A. J. Graham, The colonial expansion of Greece, in: Cambridge Ancient History, Bd. III, S. 83 – 162. John Boardman, Kolonien und Handel der Griechen, München 1981. Weitere Literaturhinweise bei Wolfgang Schuller, Griechische Geschichte, München 1995, S. 106 ff.
[27] Vergl. S. 155-159.
[28] Edward Gibbon, The History of the Decline and Fall of the Roman Empire, London 1776–1788. dt.: Verfall und Untergang des römischen Imperiums. Bis zum Ende des Reiches im Westen, 6 Bde., München 2003. Bd. 5, S. 324 ff.
[29] Peter A. Brunt, Reflections on British and Roman Imperialism, in: Ders., Roman Imperial Themes, Oxford 1990, S. 110 – 133, S. 116 f.
[30] Vergl. Arnold H. M. Jones, The Decline and Fall of the Roman Empire, in: History 40 (1955), S. 209 – 226, dt. in: Karl Christ (Hg.), Der Untergang des Römischen Reiches, Darmstadt 1970, S. 326 – 347.

Möglichkeiten des Ritterstandes und des Senatsbesitzes und damit auf gesamtstaatlicher Ebene, nicht in einer als Gegensatz dazu verstandenen Vertretung lokaler Interessen«.[31]

Mit dem Satz, das Römische Reich sei schon vor seiner Zerstörung durch die Barbaren zu einer hohlen, für die Welt wertlosen Schale geworden, bekannte sich Roosevelt zu der Auffassung, der Fall Roms sei vor allem auf innere Ursachen zurückzuführen. Sie wurde im 20. Jahrhundert insbesondere von Michail Rostovtzeff vertreten, der einer »fortschreitenden Absorbierung der höheren Klassen durch die niederen, begleitet von einer allmählichen Nivellierung im regressiven Sinne« die Hauptschuld am Untergang Roms gab.[32] Dem gegenüber steht die These, »ein durchaus funktions- und lebensfähiges Imperium sei durch von außen kommende Kräfte, genauer durch die Germanen, zerstört worden«.[33] André Piganiol hat diese Überzeugung auf die griffige Formel gebracht: »Die römische Kultur ist nicht eines natürlichen Todes gestorben. Sie ist ermordet worden.«[34]

Die Betonung der inneren Ursachen für den Fall Roms hatte in Roosevelts Rede vor allem die Funktion, die historische Leistung Amerikas im Vergleich mit Griechenland und Rom deutlich zu machen. So wie der Präsident die Schwächen der griechischen Kolonisation benannte, zugleich aber auch die »künstlerischen, literarischen und philosophischen Leistungen« der Griechen lobte, betonte er auch, die Römer hätten als Krieger, Herrscher, Straßenbauer und Verwalter »ihren unauslöschlichen Stempel auf das gesamte Nachleben unserer Rasse« gedrückt. Er griff damit den Gedanken wieder auf, den er am Tag zuvor schon vor dem Straßenbau-Kongress geäußert hatte: So wie Rom durch seine militärischen, politischen und straßenbaulichen Leistungen die Welt dauerhaft geprägt habe, müsse auch Amerika im 20. Jahrhundert einen Platz unter den Völkern einnehmen, der ihm Ähnliches ermögliche. Erneut formulierte Roosevelt einen Weltmachtanspruch Amerikas in der Nachfolge Roms.

Indirekt kam Roosevelt am Ende seiner Rede noch einmal auf die Ursachen für den Fall des Römischen Reiches zu sprechen. Mit seiner Warnung, »das Herz unserer Zivilisation« könne verzehrt sein, »während der Körper noch lebt«, variierte er die frühere Feststellung, das Imperium sei am Ende zu einer »hohlen Schale« geworden. Amerika könne diesem Schicksal jedoch entgehen, wenn es an seinen »Tugenden« festhalte. Roosevelt äußerte damit einen Gedanken, der später auch von den Präsidenten Eisenhower und Nixon aufgegriffen wurde.[35]

Indem er die amerikanische Kolonisation mit derjenigen Griechenlands und Roms verglich, erneuerte Roosevelt 1903 den Anspruch der Gründervä-

---

[31] Dieter Timpe, Die politische Wirklichkeit und ihre Folgen, in: Karl Büchner (Hg.), Latein und Europa, Stuttgart 1978, S. 47 – 83, S. 56.
[32] Michail Rostovtzeff, Gesellschaft und Wirtschaft im Römischen Kaiserreich, Leipzig o. J., S. 240. Zit. n. Christ, Untergang, S. 22.
[33] Franz Georg Maier, Die Verwandlung der Mittelmeerwelt, Frankfurt/M. 1968, Nachdruck Augsburg 2000, S. 142.
[34] André Piganiol, Die Ursachen des Untergangs des Römischen Reiches, in: Christ, Untergang, S. 270 – 285, S. 285.
[35] Vergl. S. 136-146.

ter, aus historischen Fehlentwicklungen auch der Antike die richtigen Schlüsse gezogen zu haben. Er forderte die Amerikaner auf, dem Vorbild Roms zu folgen, zugleich aber die Fehler zu vermeiden, die zu seinem Untergang führten.

Roosevelts Einschätzung, dass die Bildung neuer, gleichberechtigter Staaten eine entscheidende Voraussetzung für die historische Größe der USA gewesen sei, wird auch von Historikern geteilt. »Dass die neu besiedelten Gebiete sich zu Staaten bilden durften, ebenbürtig den alten, anstatt ihnen wie Kolonien untertan zu sein, erscheint als eine der weisesten politischen Vorkehrungen, die je getroffen wurden«, schrieb beispielsweise Golo Mann. Die 1789 vom Kongress gebilligte »Nordwest Ordinanz«, in der die Bedingungen für die Anerkennung eines neuen Staates festgelegt wurden, verdient nach seiner Auffassung »in der amerikanischen Geschichte einen Ehrenplatz gleich hinter der Konstitution«.[36]

3) Der Welt einen Stempel aufdrücken: Rede am 13. Mai 1903

a) Inhalt

Zwei Wochen nach den beiden Reden in St. Louis bezog sich Roosevelt noch einmal in einer öffentlichen Ansprache auf die Antike.[37] Im damals größten Versammlungssaal von San Francisco, dem »Mechanics' Pavilion«, begann er eine Rede an die »Männer und Frauen von San Francisco« mit dem Bekenntnis, stets ein Anhänger des Expansionismus gewesen zu sein. Handel und Herrschaft im Pazifik würden im beginnenden Jahrhundert von herausragender Bedeutung sein. Das Zentrum der Macht bewege sich immerwährend von Land zu Land und von Meer zu Meer. »Die frühesten Zivilisationen an Nil, Tigris und Euphrat hatten mit der Seefahrt noch wenig zu tun. Aber mit dem Aufstieg jener Völker, die mit Schiffen zur See fuhren, wurde das Mittelmeer zum zentralen Meer, an dessen Rändern die großen wohlhabenden und zivilisierten Mächte der Antike lagen.« Die Kriegs- und Handelsflotten von Karthago, Griechenland und Rom hätten seitdem um Vorherrschaft gewetteifert. Die Kontrolle des Mittelmeers sei die Voraussetzung für Größe gewesen und Rom habe die westliche Welt erst beherrscht, als seine Flotte unangefochten von der Ägäis bis zu den Säulen des Herakles kreuzte. »Dann fiel Rom. Aber für Jahrhunderte danach konzentrierten sich Reichtum und Kultur Europas an seinen südlichen Küsten und die Kontrolle des Mittelmeers

---

[36] Golo Mann, Politische Entwicklung Europas und Amerikas 1815 – 1871, in: Propyläen Weltgeschichte, Bd. 8, Frankfurt/M. Berlin 1960, S. 367 – 582, S. 406.
[37] At Mechanics' Pavilion, San Francisco, Cal., May 13, 1903. in: Roosevelt, Presidential Addresses, S. 390 – 397.

war entscheidend dafür, ob ihr Wachstum gefördert oder behindert wurde. Es war die Zeit, in der Macht und Größe von Venedig und Genua blühten.«[38]

Im Laufe der Jahrhunderte hätten dann zunehmend erst die nördlichen europäischen Meere und dann der Atlantik an Bedeutung gewonnen. Ähnliches stehe nun im 20. Jahrhundert dem Pazifik bevor, den Amerika mit friedlichen Mitteln beherrschen wolle. Roosevelt betonte die Bedeutung des im Bau befindlichen Panamakanals, der Amerika »praktisch eine durchgehende Küstenlinie vom Atlantik zum Pazifik verschafft und der für unsere Handelsschiffe und noch viel mehr für unsere Kriegsmarine in Fall eines Krieges von unschätzbarem Wert sein wird«. Es sei geradezu ein Werk der Vorsehung, dass die USA nun auch die Philippinen beherrschten. »Wir sehnen uns unendlich nach Frieden, und wir werden ihn am sichersten erhalten, wenn wir zeigen, dass wir keine Angst vor Krieg haben.« Nur eine starke Marine könne Amerikas Stellung »in der gesamten Welt« sichern. Amerikas angemessener Platz sei »mit den großen, expandierenden Völkern, mit Völkern, die es wagen, groß zu sein, die mit Zuversicht bereit sind, einen führenden Platz in der Welt einzunehmen«. Dabei komme den Menschen in Kalifornien wegen ihrer Nähe zum Pazifik eine herausgehobene Rolle zu.

Roosevelt beschwor die Bereitschaft der Amerikaner, auch schwierige Aufgaben zu meistern und den »Sieg in der Arena davonzutragen, ohne sich vom Staub und Schweiß und Blut des Wettkampfes schrecken zu lassen«. Amerikas Platz müsse bei »jenen Nationen sein, die ihren unauslöschlichen Stempel auf die Jahrhunderte gedrückt haben«. Zwar seien die großen, expandierenden Nationen der Antike ebenso untergegangen wie die anderen, die weniger Spuren zurückgelassen hätten. »Der Römer expandierte, der Römer ging unter, aber der Römer drückte den Stempel seines Rechts, seiner Sprache, seiner meisterhaften Fähigkeit zur Verwaltung tief in die Geschichte der Welt, tief auch in den Charakter der Rassen, die ihm nachfolgten. Ich verlange, dass dieses Volk zum Maß seiner Möglichkeiten emporsteigt. Ich verlange nicht, dass es den einfachsten Weg sucht.«[39]

Wenn die Gründerväter nicht bereit gewesen wären, für die Bewahrung der Republik Blut und Kraft zu opfern, könne jetzt keiner seiner Zuhörer den Kopf aufrecht tragen und »Gleichberechtigung mit den Bürgern des stolzesten Landes beanspruchen, das die Welt bislang gesehen hat«. Zum Abschluss seiner Rede forderte Roosevelt die Amerikaner erneut auf, ihr Land im Geiste von Frieden, Gerechtigkeit, Mut und Kühnheit zum Vorbild aller Nationen auf der Welt zu machen.

b) Der Verweis auf die Antike

Wie schon bei seiner Rede vor der »Good Roads Convention« zwei Wochen zuvor gelang es Roosevelt auch in der Ansprache in San Francisco, seine Ana-

---
[38] Ebenda, S. 391.
[39] Ebenda, S. 396.

lyse über die weltgeschichtliche Rolle Amerikas geschickt mit den Interessen seines Publikums zu verknüpfen. Auch wenn es über die Zusammensetzung seiner Zuhörerschaft keine sicheren Erkenntnisse gibt, so lassen sowohl der Inhalt der Rede als auch der Versammlungsort die Vermutung zu, dass es sich um eine größer Gruppe von Menschen aus San Francisco gehandelt haben muss. Mit Sicherheit waren sowohl führende Politiker als andere wichtige Repräsentanten der Stadt bei der Rede des Präsidenten anwesend.

Hatte Theodore Roosevelt vor dem Straßenbau-Kongress in St. Louis vor allem die Bedeutung der straßenbaulichen Leistungen Roms herausgestellt, so betonte er in der Hafenstadt am Pazifik nun vor allem die Bedeutung der Seefahrt für die Größe einer Nation. Souverän skizzierte er in der Rede eine weltgeschichtliche Entwicklung, nach der sich politische und wirtschaftliche Macht vom Mittelmeer über Nord- und Ostsee zum Atlantik und schließlich zum Pazifik bewegt hat. Wie zuvor seinen Zuhörern beim Straßenbau-Kongress in St. Louis gab der Präsident nun auch seinem Publikum in San Francisco das Gefühl, die Durchsetzung ihrer eigenen persönlichen Interessen – hier der Bau guter Straßen, dort die wirtschaftliche und militärische Erschließung des Pazifik – habe weltgeschichtliche Bedeutung und trage zur historischen Größe ihres Vaterlandes bei.

Auch rhetorisch verknüpfte er geschickt die Erwartungen seiner Zuhörer an der Westküste mit seinen grundsätzlichen Überzeugungen. Indem er die Amerikaner zunächst für ihre Fähigkeit lobte, sich nicht »vom Staub und Schweiß und Blut des Wettkampfes schrecken zu lassen«, legte er den Gedanken an ein Rodeo nahe. Wenig später nannte Roosevelt das antike Rom erneut als Vorbild, dem die Vereinigten Staaten mit dem Ziel nacheifern müssten, einen »unauslöschlichen Stempel auf die Jahrhunderte« zu drücken. Hatte er die Römer in St. Louis als vorbildliche »Krieger, Herrscher, Straßenbauer und Verwalter« bezeichnet, so erwähnte er in San Francisco die herausragende Bedeutung ihres Rechts, ihrer Sprache und ihrer »meisterhaften Fähigkeit zur Verwaltung«.

Wie in zahlreichen anderen Reden vertrat Roosevelt auch am 13. Mai 1903 die Auffassung, dass nur die Abschreckung durch eine starke Militärmacht Amerika den Frieden sichern und dem Land einen Platz »unter den führenden Nationen der Welt« garantieren könne. Der Glaube an die friedensichernde Wirkung einer starken Militärmacht lässt sich auch in mehreren römischen Quellen nachweisen. Am deutlichsten in der bekannten Devise »Si vis pacem, para bellum!«, die auf den römischen Militärschriftsteller Flavius Vegetius aus der späten Kaiserzeit zurückgeht und sich in Abwandlungen auch bei Cicero, Livius und Publilius Syrus findet.[40] In der Hafenstadt an der Westküste betonte er naturgemäß die Rolle der Marine und die strategische Bedeutung des Panama-Kanals für Amerikas Zukunft.

Die drei Reden Präsident Theodore Roosevelts am 29. und 30. April 1903 in St. Louis und am 13. Mai 1903 in San Francisco lassen sich als Einheit se-

---

[40] Vegetius, Epitome rei militaris 3, Einleitung: Qui desiderat pacem, praeparet bellum. Vergl. auch: Cicero, 7. Philippische Rede 6, 19. Publilius Syrus, Sentenzen P 16. Livius, 6, 18, 7.

hen, da er in ihnen – unter Berücksichtigung der jeweiligen Interessenlage seiner Zuhörer – einen ähnlichen Grundgedanken formulierte und variierte: Amerika muss dem Vorbild Roms folgen und einen »unauslöschlichen Stempel« in der Geschichte der Menschheit hinterlassen. Der 100. Jahrestag des »Louisiana Purchase« von 1803, der die territoriale Grundlage für Amerikas Entwicklung zur einer Weltmacht schuf, hatte Roosevelt offenbar intensiv über Parallelen zwischen Rom und Amerika nachdenken lassen. Er sah sich dabei in seiner Grundüberzeugung bestätigt, dass Amerika über alle Voraussetzungen für eine Weltmachtrolle verfügte und diesen Anspruch durch militärische Stärke und eine offensive Außenpolitik durchsetzen müsse.

Die drei Reden Roosevelts aus dem Frühjahr 1903 sind ein Beispiel dafür, dass ein Politiker in der Lage sein kann, politische Grundüberzeugungen und historische Analogien mit den Erwartungen seiner Zuhörer zu verknüpfen, ohne dabei die Geschichte zu verfälschen oder in beliebige Oberflächlichkeit abzurutschen.

Durch die langen Aufenthalte in Europa und im Nahen Osten war Theodore Roosevelt mit den Wurzeln der abendländischen Kultur von Kindheit an vertraut. Auch wenn sich sein Verständnis für die Antike, wie er selbst schreibt, erst mit einiger Verzögerung entwickelte, dürfte die familiäre Prägung dafür entscheidende Bedeutung gehabt haben. Seine Kenntnis der Antike trug mit dazu bei, dass er die weltpolitische Rolle seines Landes »mit einem intellektuellen Niveau sah, das von keinem anderen amerikanischen Präsidenten erreicht wurde«, wie Henry Kissinger schreibt.[41]

IV. Der Untergang Roms – Arthur Balfour und Theodore Roosevelt

1) »Die gewaltigste Katastrophe«: Balfours Vorlesung am 25. Januar 1908

Auf den 5. März 1908 ist ein Brief datiert, den Theodore Roosevelt an den britischen Politiker Arthur James Balfour (1848-1930) schrieb.[42] Der amerikanische Präsident reagierte damit auf eine Gastvorlesung mit dem Titel »Decadence«, die Balfour am 25. Januar desselben Jahres am Newnham College in Cambridge gehalten hatte.[43]

---

[41] Kissinger, Diplomacy, S. 41.
[42] In: Theodore Roosevelt and his Time. Shown in his own Letters, Hg. v. Joseph Bucklin Bishop, New York 1920, S. 104 – 110.
[43] Arthur James Balfour, Decadence, in: Ders., Essays speculative and political, London 1920, S. 3 – 52. Vergl. auch: Kenneth Young, Arthur James Balfour, London 1963, S. 274 ff. Demandt, Fall Roms, S. 445 f.

Balfour stammte aus dem englischen Hochadel und wurde in Eton und Cambridge ausgebildet. Er war ein Neffe des mehrfachen britischen Premierministers Lord Robert Salisbury (1830-1903), in dessen konservativen Regierungen er seit 1885 mehrere Ministerposten innehatte. Von 1902 bis 1905 war Balfour selbst britischer Premierminister und während des Ersten Weltkriegs Außenminister (1916-1919). Bekannt wurde er vor allem durch die »Balfour-Deklaration« vom 2. November 1917, in der er sich im Namen der britischen Regierung dafür aussprach, »in Palästina eine nationale Heimstätte für das Jüdische Volk« zu schaffen.

In seiner »Dekadenz«-Vorlesung in Cambridge setzte sich Balfour, der zu diesem Zeitpunkt noch Parteichef der Konservativen war, mit dem Niedergang des Römischen Reiches auseinander und zog dabei zahlreiche Parallelen sowohl zum Britischen Empire als auch zur modernen westlichen Zivilisation. Die Vorlesung gliederte sich in drei Teile: Nach der Vorstellung des Themas beschrieb Balfour zunächst die Lage des Römischen Reiches in seiner Hochzeit während des 2. Jahrhunderts n. Chr. und nannte dann Faktoren, Gründe und Auswirkungen seines Niedergangs. Zum Abschluss diskutierte er die Frage, ob dem Britischen Empire und der westlichen Zivilisation ein ähnliches Schicksal drohen könne wie Rom.

»Es geht um die Dekadenz, die tatsächlich oder angeblich große Gemeinschaften und historische Zivilisationen befällt – sie ist für menschliche Gemeinschaften das, was Altersschwäche für den einzelnen Menschen ist, und sie ist oft, wie die Altersschwäche, der Vorläufer und Auslöser für die endgültige Zerstörung«, umriss er zu Beginn das Thema seiner Vorlesung.[44] Balfour nannte den Untergang des weströmischen Kaiserreiches »die gewaltigste Katastrophe, von der wir historische Kenntnis haben«. Dies Bewertung geht auf Edward Gibbon (1737-1794) zurück, der in seinem Schlusswort den Untergang Roms als das »vielleicht größte und schrecklichste Schauspiel in der Geschichte der Menschheit« bezeichnet hat.[45]

Balfour forderte seine Zuhörer auf, sich vorzustellen, dass »ein Beobachter, ausgestattet mit unserer heutigen politischen Weisheit, in das Rom unter der Herrschaft von Antoninus Pius oder Mark Aurel gebracht würde und, ohne den Ausgang zu kennen, Zeitungsartikel über das zukünftige Schicksal des Reiches schreiben würde. Wie sähe seine Vorhersage aus?« Nach Balfours Einschätzung würde dieser Beobachter die militärische Lage des Reiches grundsätzlich positiv beurteilen, da es nur im Osten einen ernst zu nehmenden Gegner gebe. Die kriegerischen Stämme an den übrigen Grenzen des Reiches seien »eher ärgerlich als gefährlich«, auch wenn die Länge der zu schützenden Grenzen eine gewisse Gefahr berge. Insgesamt jedoch herrschten im Machtbereich Roms »so günstige Bedingungen für militärische Stärke und wirtschaftlichen Wohlstand wie es sie selten in der modernen Welt und nie in der Antike gegeben hat«. Insbesondere die Regionen im Süden und Osten des Mittelmeers

---

[44] Ebenda, S. 4.
[45] In der oben zitierten Gibbon-Ausgabe von 2003 (Anm. 28) ist das Zitat nicht enthalten, jedoch in: Ders., Verfall und Untergang des Römischen Reiches, Frankfurt/M. 2000, S. 591.

seien »nie wieder so gut wie zur Zeit des Reiches regiert worden (wenigstens bis Algerien von den Franzosen und Ägypten von den Briten beherrscht wurden)«, wie Balfour hinzufügt.[46] Diese Formulierung ist von Theodor Mommsen (1817-1903) inspiriert, der in der Einleitung zum Band V seiner Römischen Geschichte schrieb, noch heute gebe es »manche Landschaft des Orients wie des Okzidents, für welche die Kaiserzeit den an sich sehr bescheidenen, aber doch vorher wie nachher nie erreichten Höhepunkt des guten Regiments bezeichnet«.[47]

Laut Balfour hätte sein imaginärer Zeitreisender wohl berichtet, ein so uneinheitlicher Staat wie das Römische Reiche sei weniger von äußerer Aggression als von der »auseinander treibenden Kraft nationaler Gefühle« bedroht. Er hätte jedoch festgestellt, dass mit Ausnahme der Juden alle Bewohner des Reiches loyal zu ihm stünden. Trotz mancher Mängel wie Absolutismus und Bürokratie habe Rom erfolgreicher als jede Regierung vor oder nach ihm ein Modell entworfen, »das die Bedürfnisse des Ostens und des Westens gleichermaßen befriedigte; das regionale Gefühle respektierte und kommunale Selbstverwaltung ermutigte, in dem der Kelte, der Iberer, der Berber, der Ägypter, der Asiate, der Grieche, der Illyrer, der Italier allesamt zu Hause waren, und das, obwohl es auf Eroberung beruhte, von den Eroberten als die natürliche Organisation der zivilisierten Welt angesehen wurde.«[48]

Doch einige Generationen später habe das Imperium seine Fähigkeit verloren, fremde und barbarische Einflüsse zu assimilieren. »Es wurde zu schwach, sie entweder zu absorbieren oder abzuwehren; und die Einwanderer, die dem Gemeinwesen in glücklicheren Tagen neue Kraft verliehen, wurden in der Stunde des Niedergangs zu einer Schwächung und Gefahr«.[49] Und obwohl das römische Herrschaftssystem den Völkern »Zivilisation, Handel und Sicherheit« gebracht habe, fehlte ihm offenbar etwas, das unter »Teutonen, Kelten und Iberern jene Eigenschaften förderte, was immer sie sein mögen, von denen dauerhafter Fortschritt abhängt«.[50]

Balfour räumte ein, dass er für den Untergang Roms keine befriedigende Erklärung geben könne. »Und wenn sich in einem alten und noch mächtigen Staat eine Stimmung tiefer Mutlosigkeit ausbreitet, wenn die Reaktion auf regelmäßig wiederkehrende Übel schwächer wird und sich das Schiff jeder folgenden Welle weniger kraftvoll entgegenhebt, wenn das Lernen erlahmt, der Unternehmergeist erschlafft und die Kraft dahinsinkt, dann, glaube ich, gibt es einen Prozess der gesellschaftlichen Degeneration, den wir notgedrungen zur Kenntnis nehmen müssen und der auch ohne zufriedenstellende Erklärung am einfachsten mit dem Begriff ›Dekadenz‹ beschrieben werden kann.«[51]

---

[46] Balfour, Decadence, S. 14.
[47] Theodor Mommsen, Römische Geschichte, Bd. V, Die Provinzen von Caesar bis Diocletian, 5. Aufl. Berlin 1904, S. 4.
[48] Balfour, Decadence, S. 15 ff.
[49] Ebenda, S. 23.
[50] Ebenda, S. 33.
[51] Ebenda, S. 27.

Balfour stellte die Frage, »mit welchem Recht wir annehmen, dass keine unüberwindlichen Grenzen den Weg des westlichen Fortschritts verstellen? Diese Grenzen mögen noch nicht in Sicht sein. Sie sind es sicher noch nicht. Aber legt nicht ein Blick in die Geschichte den Gedanken nahe, dass sie irgendwo in düsterer Zukunft unser Herannahen erwarten?« Es gebe in der Geschichte keinen beeindruckenderen Vorgang als »die dichte Dunkelheit, die sich über Westeuropa legte, die alles bis auf eine schwaches und verzerrtes Traumbild der griechisch-römischen Kultur auslöschte und dann, als sie sich langsam auflöste, die Vielfalt und reiche Verheißung der modernen Welt enthüllte.«[52]

Sollte die moderne westliche Kultur untergehen, sei eine ähnliche Renaissance jedoch nicht zu erwarten. »Fortschritt gibt es im Westen – in Gemeinschaften des europäischen Typs. Und wenn ihre Entwicklungsenergie eines Tages erschöpft ist, wer kann glauben, dass irgendeine Kraft von außen übrigbleibt, von der sie erneuert werden können? … Die Welt würde erneut unter einer barbarischen Flut versinken, und es wird keine sein wie jene, die zunächst die westlichen Provinzen Roms zerstörte und dann befruchtete, sondern wie jene, die in Asien die letzten Spuren der Hellenischen Kultur für immer versinken ließ.«[53]

Nach Balfours Überzeugung bietet jedoch »die moderne Verbindung von reiner Wissenschaft und Industrie« eine Gewähr dafür, dass die westliche Kultur »dem Schicksal entgehen wird, das andere Rassen erleiden mussten«.[54] Balfour beendete die Vorlesung daher mit einem optimistischen Schlusssatz: »Und was immer die Gefahren vor uns sein mögen, es gibt bis jetzt keine Hinweise auf einen Stillstand oder einen Rückschlag jener Vorwärtsbewegung, die seit mehr als tausend Jahren charakteristisch ist für die westliche Zivilisation.«[55]

2) »ETWAS HAT DIE VÖLKER VERLASSEN«:
ROOSEVELTS ANTWORTBRIEF VOM 5. MÄRZ 1908

Mit einem auf den 5. März 1908 datierten Brief wandte sich Roosevelt an Balfour, der ihm seit vielen Jahren auch persönlich bekannt war. Er schrieb, dass er durch Arthur Lee eine Kopie der Vorlesung »Decadence« erhalten habe. Der britische Parlamentsabgeordnete war während des amerikanisch-spanischen Krieges 1898 Militärattaché seines Landes in Washington und seit dieser Zeit mit Roosevelt befreundet.[56] Anders als Balfours Vorlesung war Roosevelts Antwortbrief zunächst nicht für eine breitere Öffentlichkeit bestimmt. Er ist weniger klar strukturiert als die Rede des Briten und über weite Strecken in einem eher assoziativen Stil geschrieben, wie es in Privatbriefen nicht unüblich ist. Nachdem er sich erst ausführlich mit Gründen und Auswirkungen des Untergang Roms beschäftigte und dabei mehrere Vergleiche aus Ge-

---

[52] Ebenda, S. 32.
[53] Ebenda, S. 34.
[54] Ebenda, S. 39.
[55] Ebenda, S. 52.
[56] Beale, Roosevelt, S. 3.

schichte und Biologie anführe, begründete er am Ende noch knapp seine Entscheidung, die japanische Einwanderung nach Amerika zu begrenzen.

Nach einleitenden Bemerkungen stellte Roosevelt fest, dass es »selbstverständlich so etwas wie ›Dekadenz‹ einer Nation, einer Rasse, einer Art gibt«. Er wisse für dieses Phänomen jedoch keine zufriedenstellende Erklärung. Es gebe allein Teilerklärungen, »und in einigen Fällen, wie dem Niedergang der mongolischen oder türkischen Monarchien, erklärt die Summe dieser Teilerklärungen alles«. Es gebe aber auch andere Fälle, insbesondere Rom in der antiken Welt, »und, wie ich glaube, in einem viel kleineren Maßstab Spanien in der modernen Welt, wo die Summe aller Erklärungen nicht alles erklärt. Etwas scheint die betroffenen Menschen oder Völker verlassen zu haben, und niemand kann sagen, was es ist.« Im Falle Roms lasse sich sagen, dass sich die Herkunft der Menschen völlig verändert habe, »obwohl ich nicht glaube, dass dies auch nur im mindesten den Großteil der Erklärung ausmacht«. Aber im Falle Spaniens seien die Menschen dieselben geblieben. Weder die Vertreibung der »Mohren und Ungläubigen« noch der Verlust der Freiheiten der Provinzstädte oder die Veränderungen durch den Zustrom des amerikanischen Goldes könnten »die militärische Dekadenz des Spaniers« erklären.

Was für militärische Tapferkeit gelte, betreffe auch »das nationale Leben insgesamt. Ich sehe nicht, dass irgendein denkender Mensch nicht hin und wieder unangenehme Zweifel darüber spürt, was unserer modernen Zivilisation bevorsteht – die Zivilisation der weißen Rasse, die ihren Einfluss über die gesamte Welt verbreitet hat – und der Kultur, die sie in den vergangenen drei- oder viertausend Jahren im äußersten Westen Asiens und in Europa geerbt oder geschaffen hat«. Es gebe »unangenehme Analogien zwischen dem Zwanzigsten Jahrhundert und der hellenistischen Antike«. Noch größer sei die Ähnlichkeit mit der geordneten, friedliebenden, kultivierten römischen Welt von Trajan bis Mark Aurel. »Der Vergleich zeigt eher Ähnlichkeiten als absolut Identisches, und es ist wahr, es gibt große grundsätzliche Unterschiede. Aber die Ähnlichkeiten sind da. Warum nach der Zeit Trajans der schöpferische literarische Geist aus den römischen Ländern praktisch verschwunden ist – wir wissen es nicht. Wir erkennen besser, warum die Bürger jene Eigenschaften verloren, die gute Soldaten auszeichnen; aber wir können nicht erkennen, warum die Zeit der erstaunlichen Urbanisierung Nordafrikas, Galliens und Spaniens genau zusammenfiel mit dem Anwachsen völliger Unfähigkeit der Organisation in einem größeren Maßstab sowohl im Frieden als auch im Krieg – bis schließlich alles von der Fähigkeit eines oder zwei Männern an der Spitze abhing.« Diese Aussage entspricht der Formulierung Gibbons, die übermäßige Zentralisierung des Kaiserreiches habe am Ende dazu geführt, dass »das Glück von hundert Millionen« abhängig gewesen sei »von den persönlichen Entscheidungen von ein oder zwei Männern, vielleicht gar Kindern, deren Charakter durch Erziehung, Luxus und despotische Herrschaft verdorben war.«[57]

Roosevelt fuhr fort, vieles am Untergang der Römischen Republik lasse sich erklären. So sei er überzeugt, dass die Ausweitung des römischen Bürgerrechts

---

[57] Gibbon, Bd. 5, S. 325.

auf Italien und die Provinzen nur wenig Positives bewirkt habe, da die Bürger nur in Rom wählen konnten. Er würde es in keiner Weise gutheißen, »wenn die Vereinigten Staaten heutzutage von einer Regierung regiert würden, die nur in der Stadt New York gewählt worden wäre, selbst wenn Texas, Oregon oder Maine theoretisch entscheiden könnten, ihre Bürger zur Wahl dorthin zu schicken«.

Dies erkläre jedoch kaum die Gründe für die Veränderung der militärischen und politischen Fähigkeiten im Kaiserreich zwischen den Zeiten von Hadrian und Valens. Er habe sich immer sehr dafür interessiert, »was Sie als die Unfähigkeit der Menschen beschreiben, sich in dem Streifen des westlichen Asien, der geografisch zu Nord-Afrika gehört, jemals vom Untergang des Römischen Reiches zu erholen«. Es gebe eine ärgerliche Selbsttäuschung der westlichen Kultur – »die Selbsttäuschung, dass wir uns alle auf lange Sicht so oder so vorwärts bewegen, egal welche zeitweiligen Rückschläge wir erleiden«. Er verfüge zwar über einen sehr festen Glauben in diesen allgemeinen Fortschritt, wenn er auf die vergangenen zwei Jahrhunderte zurückblicke, »und ich hoffe und glaube, dass sich diese Bewegung für eine unbegrenzte Zeit in der Zukunft fortsetzen wird. Aber niemand kann sicher sein; es gibt sicher nichts Zwangsläufiges oder Notwendiges für diese Bewegung.«

Tausend Jahre lang, von den Tagen Alexanders bis zu den Tagen Mohammeds, sei die Zivilisation Asiens westlich des Euphrat trotz mancher Veränderungen tief vom griechischen Einfluss geprägt gewesen. »Dann verschwand sie von diesem Land, genauso wie die außergewöhnliche römische Zivilisation aus Nordafrika verschwand und keine einzige Spur hinterließ außer den Ruinen der Städte und das Mauerwerk rund um die Brunnen, die ausgetrocknet sind unter der destruktiven Unfähigkeit der Herrschaft, die ihr folgte.«

Roosevelt stellte fest, dass es die Verdrängung einer Rasse durch eine andere auch in der Tierwelt gebe. Auch dafür lägen die Gründe »völlig im Dunkeln«. Als Beispiel dafür nannte er Südamerika, wo sich im Laufe der Jahrhunderte »ein außergewöhnlich starkes und reiches Tierleben entwickelt habe«. Doch aus unbekannten Gründen seien »alle diese riesigen, schrecklichen Lebewesen« ausgestorben. »Ein paar schwache Vertreter blieben von beiden Arten übrig, aber die alte prachtvolle Fauna verschwand völlig. Und wir wissen nicht warum, genauso wenig wie wir erklären können, warum die Römer völlig dabei versagten, Nordafrika auf Dauer ihren Nachkommen zu hinterlassen.«

Roosevelt verwies darauf, dass es in der Geschichte nur ganz selten den völligen Untergang eines Volkes oder einer Rasse gebe. Als Beispiel nennt er Tasmania, »wo die Menschen völlig vernichtet wurden; es gibt nichts mehr von ihrem Blut.« In Mexiko habe sich hingegen das Blut der Eroberer mit dem der Einheimischen gemischt. »Auf die selbe Weise sind Australien und Kanada und die Vereinigten Staaten ›neue‹ Gemeinwesen in dem Sinne wie Syrakus und Kyrene neu waren im Vergleich zu Athen und Korinth.«

Die Überlegenheit der Weißen über andere Rassen sei kein Naturgesetz. So seien die mongolischen und türkischen Stämme »vom Aufstieg des Reiches

Dschingis Khans bis zu den Tagen Selims«[58] dem Westen militärisch überlegen gewesen. »Trotzdem sprechen die Leute von den japanischen Siegen über die Russen als ob sie ohne jedes Beispiel in der Vergangenheit wären«.

Die Erwähnung Japans in diesem Zusammenhang war für Roosevelt offenbar der Auslöser dafür, zum Abschluss des Briefes recht abrupt seine Entscheidung zu erläutern, die Einwanderung von Japanern nach Amerika zu begrenzen: »Ein praktisches Problem der Staatsführung muss übrigens darin liegen, mit den gleichen Japanern und ihren Verwandten auf dem asiatischen Festland gute Beziehungen zu pflegen, den weißen Mann jedoch zu Hause in Amerika und Australien vor Kontakt mit ihnen zu bewahren.« Es sei gleichermaßen im Interesse des Britischen Empires und der USA, keine Massen-Einwanderung von Asien nach Australien oder Nordamerika zuzulassen. Dies könne erreicht werden, ohne die guten Beziehungen zu Japan zu gefährden, »wenn wir mit der nötigen Höflichkeit und zugleich mit der nötigen Bestimmtheit auftreten«. Mit der Bemerkung, mit diesem Thema wechsle er von der Geschichtsbetrachtung zur aktuellen Politik, beendete er den Brief an Balfour.

In der Schlusspassage des Briefes bezog sich Roosevelt auf das im Jahr zuvor geschlossene »Gentlemen's agreement«, das die Immigration aus Japan nach Amerika begrenzte. 1906 war es zwischen beiden Ländern zu Spannungen gekommen, weil die starke Einwanderung von Japanern nach Kalifornien dort zunehmend auf Widerstand stieß. Roosevelt setzte sich dafür ein die Diskriminierung von Asiaten – etwa an kalifornischen Schulen – zurück zu nehmen und schloss parallel dazu 1907 das Einwanderungsabkommen.

Wie der Balfour-Biograph Kenneth Young vermutet, war Roosevelts ausführlicher Antwortbrief möglicherweise der Auslöser dafür, dass Balfour dem US-Präsidenten Anfang 1909 in einer Denkschrift ein enges britisch-amerikanisches Bündnis vorschlug.[59] Roosevelts Reaktion darauf ist nicht überliefert. Er schied im März 1909 aus dem Amt und begab sich auf eine ausgedehnte Reise durch Europa und Afrika.

V. Historische Traditionen

1) Edward Gibbon

Der Untergang Roms oder, genauer gesagt, des weströmischen Reiches, mit dem sich 1908 Arthur Balfour in seiner Vorlesung und Roosevelt in seinem Antwortbrief beschäftigten, gehört zu den am intensivsten diskutierten Themen der Weltgeschichte. Eng damit verknüpft ist die Frage, inwieweit bei histori-

---

[58] Dschingis Khan (ca. 1160 – 1227), mongolischer Eroberer und Herrscher eines Großreiches. Selim I. (1470 – 1520), osmanischer Sultan, Eroberer Syriens, Palästinas und Ägyptens.
[59] Young, Balfour, S. 277 ff.

schen Entwicklungen von einer Dekadenz gesprochen werden kann, denn »die politischen, sozialen und geistigen Veränderungen der Spätantike«, so Dieter Timpe, »haben im modernen Dekadenz-Denken modellhaften Charakter erhalten und bei geschichtsmorphologischen Entwürfen und kulturpessimistischen Analysen Pate gestanden.«[60] Seit Montesquieus »Considérations sur les causes de la grandeur des Romains et de leur décadence« (1734 – 48) und vor allem Edward Gibbons »The History of the Decline and Fall of the Roman Empire« (1776 – 78) gehört der Begriff »Römer der Dekadenz« fest zum gemeinsamen Bestand der europäischen Kultur und auch der volkstümlichen Tradition.[61] Gibbons Bedeutung für die Rezeption dieses Themas zumindest in der angelsächsischen Welt ist bis zur Mitte des 20. Jahrhunderts kaum zu überschätzen; wenn sich führende Politiker wie Roosevelt und Balfour über den Fall Roms austauschten, taten sie dies auf Grundlage von Gibbons Werk.[62] Roosevelt empfahl es in seinen Erinnerungen als eines der Bücher, »die ein Staatsmann lesen sollte«,[63] und sowohl in der Gedankenführung als auch in den wörtlichen Formulierungen Balfours und Roosevelts zeigt sich sein Einfluss.

So geht Balfours Grundgedanke, einen Beobachter in das zweite Jahrhundert n. Chr. zu entsenden und ihn dort nach Anzeichen für den späteren Niedergang Roms suchen zu lassen, auf einen ähnlichen Ansatz Gibbons zurück. Er begann sein monumentales Werk mit drei Kapiteln über den Zustand des Römischen Reiches im Zeitalter der Antonine.[64] »Sollte jemand aufgefordert werden«, so Gibbon, »jene Epoche der Weltgeschichte zu bestimmen, in der die Lage des Menschengeschlechts am glücklichsten und gedeihlichsten war, so würde er ohne Zögern den Zeitraum zwischen Domitians Tod und Commodus' Thronbesteigung nennen.« Das Römische Reich sei damals »durch absolute Macht, aber mit Tugend und Weisheit« regiert worden.[65] Doch bereits in diesem »Goldenen Zeitalter« glaubte Gibbon »die im Verborgenen lauernden Ursachen des Verfalls und der Verderbnis« zu erkennen. »Der lange Friede und die gleichförmige Regierung der Römer leiteten ein schleichendes Gift in die Lebensnerven des Reiches«. Die aus allen Teilen Europas kommenden Untertanen Roms seien »tapfer und robust« gewesen und hätten »die wahre Stärke der Monarchie« ausgemacht. »Ihr persönlicher Mut blieb, aber sie besaßen nicht mehr jene öffentliche Beherztheit, die sich speist aus Freiheitsliebe, Nationalstolz, naher Gefahr und der Gewohnheit zu gebieten«. Die aufstrebenden Geister unter ihnen seien an den Hof oder in die Armee gegangen, »und die verlassenen Provinzen, aller politischen Stärke beraubt, sanken unmerklich zur schlaffen Gleichgültigkeit des Privatlebens herab«.[66]

---

[60] Timpe, Die politische Wirklichkeit und ihre Folgen, S. 74.
[61] Vergl. Henri-Irénée Marrou, La Décadence de l'Antiquité Classique, Paris 1957, S. 109 – 144. dt.: Die Dekadenz des klassischen Altertums, in: Christ, Untergang, S. 396 – 403, S. 396.
[62] Vergl. Wilfried Nippel, Der Historiker des Römischen Reiches: Edward Gibbon (1737 – 1794), in: Gibbon, Bd. 6, S. 7 – 102. Ausführl. Bibliographie zu Gibbon, S. 103 – 114.
[63] Roosevelt, Aus meinem Leben, S. 258.
[64] Gibbon, Bd. 1, S. 11 – 111.
[65] Gibbon, Bd. 1, S. 106.
[66] Gibbon, Bd. 1, S. 79.

V. Historische Traditionen

Bereits vor der Arbeit am eigentlichen Werk verfasste Gibbon »Allgemeine Betrachtungen über den Untergang des Römischen Reiches im Westen«, die er später an das Ende des ersten Teiles bis zum Untergang Westroms stellte und in dem seine zentralen Thesen zusammengefasst sind. Er begann dieses Kapitel mit der bekannten, von Polybios über Sallust bis Montesquieu variierten Aussage, wonach der Untergang Roms »die natürliche und unausweichliche Folge seiner übermäßigen Größe« gewesen sei. »Der Reichtum förderte den unumgänglichen Verfall, die Ursachen der Zerstörung vermehrten sich mit den ausgreifenden Eroberungen, und sobald die Zeit oder der Zufall die kunstvollen Stützen beseitigt hatte, brach der gewaltige Bau unter dem Druck seiner eigenen Last zusammen.« Der durch die Reichsteilung Konstantins weiter geschwächte Staat sei schließlich »von einer Flut von Barbaren« überschwemmt worden – eine weitere Formulierung, die auch Balfour verwendete.[67]

In diesem Teil seines Werkes warf Gibbon die auch von Balfour und Roosevelt diskutierte Frage auf, »ob Europa noch von einer Wiederkehr jener Katastrophen bedroht ist, die einst die Armeen und Institutionen Roms erdrückt haben«.[68] Er kam dabei zu einer optimistischen Prognose. Unterschwellige Zweifel an der Zukunft des Westens, wie sie später Balfour äußerte, sind bei Gibbon nicht zu spüren. Ganz vom Fortschrittsglauben der Aufklärung durchdrungen, stellte er fest, in Europa würden Übergriffe von Tyrannen »durch den wechselnden Einfluss von Furcht und Scham begrenzt, Republiken haben Ordnung und Stabilität erlangt, Monarchien sich die Prinzipien der Freiheit oder wenigstens der Mäßigung zu eigen gemacht, und selbst in die mangelhaftesten Verfassungen ist mit dem allgemeinen Geist der Zeit ein gewisser Sinn für Ehre und Recht eingezogen«. Auch im Krieg führten Europas Heere »maßvolle und entscheidungslose Kämpfe«.

Gegen mögliche Eroberer aus dem Osten böten wiederum »die kraftvollen Bauern Russlands, die zahlreichen Heere Deutschlands, die tapferen Adligen Frankreichs und die unerschrockenen freien Männer Britanniens« einen wirksamen Schutz. Sollte dennoch der wenig wahrscheinliche Fall eintreten, dass siegreiche Barbaren »Sklaverei und Verwüstung« bis an den Atlantischen Ozean trieben, »dann würden zehntausend Schiffe den Rest der zivilisierten Gesellschaft der Verfolgung entziehen, und Europa würde in der amerikanischen Welt, die ja schon mit seinen Kolonien und Einrichtungen versehen ist, wiederaufleben und blühen«.[69]

Ein zentraler Aspekt von Gibbons Werk blieb bei Balfour und Roosevelt allerdings ausgespart: der Einfluss des Christentums auf den Untergang Roms. Insbesondere die Jenseitsgewandtheit der Christen hat laut Gibbon entscheidend zum Verfall des Reiches beigetragen: »Die Geistlichkeit verkündete mit Erfolg die Lehre der Geduld und des Kleinmutes, die Tatkraft der Gesellschaft

---

[67] Gibbon, Bd. 5, S. 320. Balfour, Decadence, S. 34.
[68] Gibbon, Bd. 5, S. 323. Vergl.: Arnold Toynbee, Eine Kritik zu Gibbons »Allgemeinen Bemerkungen über den Fall des Römischen Reiches im Westen«, in: Christ, Untergang, S. 296–325.
[69] Gibbon, Bd. 5, S. 325.

wurde entmutigt und die letzten Reste soldatischen Geistes wurden in den Klöstern begraben.«[70] Diese Sicht gipfelte in der berühmten, ganz am Ende seines Werkes stehenden Formulierung, er habe mit dem Untergang Roms den »Triumph von Barbarei und Religion beschrieben«.[71]

2) Deutungen des Untergangs Roms im 20. Jahrhundert

Gibbons Sicht des Untergangs Roms blieb für mehr als 100 Jahre nahezu unangefochten und überstand auch »die Epoche des Historismus, der sonst so viele neue Trends und Verbesserungen beim geschichtlichen Studium förderte«.[72]

Grundsätzlich herausgefordert wurde Gibbons Deutung des Untergang Roms als fundamentalem Epochenwechsel nur durch Henri Pirenne, der in seinem 1937 posthum erschienenen Werk »Mohammed und Karl der Große« die These vertrat, nicht die Zerstörung des Reiches durch die Germanen, sondern erst die arabischen Eroberungszüge im 7. und 8. Jahrhundert hätten das Mittelmeer als einheitlichen Wirtschafts- und Kulturraum zerstört und somit das Zeitalter der Antike beendet.[73]

Auch wenn es Pirennes Verdienst bleibt, die Jahrhunderte zwischen 400 und 1000 nach Christus stärker als zuvor ins historische Blickfeld gerückt zu haben, hat sich doch die Sicht behaupten können, wonach das 5. Jahrhundert mit dem formalen Ende Westroms als Grenze zwischen Antike und Mittelalter gilt. Die Zahl der diskutierten Gründe für diesen weltgeschichtlichen Epochenwechsel hat sich seit Gibbons Zeiten freilich enorm erhöht. Alexander Demandt nennt 210 Ursachen, die bislang für den Fall Roms angeführt wurden – von Aberglaube bis zu Zölibat und Zweifrontenkrieg.[74]

Weit differenzierter als zu Gibbons Zeiten wurde im 20. Jahrhundert die Frage beurteilt, ob beim Niedergang Roms von einer Dekadenz-Periode gesprochen werden kann, wie dies auch Roosevelt und Balfour taten. Bereitete es schon Gibbon große Mühe, die mehr als tausendjährige Geschichte von Byzanz als Phase eines unablässigen Abstiegs zu beschreiben, so werden in der modernen Forschung die kulturellen Leistungen der Spätantike – sowohl im Osten wie im Westen des Reiches – weit positiver gesehen als noch im 18. Jahrhundert. Henri-Irénée Marrou wies etwa darauf hin, die Spätantike sei »das goldene Zeitalter der Kirchenväter« gewesen, »jener großen Schriftsteller, tiefen Denker und geistigen Lehrer, von deren Erbe ganz Europa, Osten wie Westen, während eines Jahrtausends gelebt hat, und deren exemplarischer Wert auch heute noch nicht erschöpft ist«.[75] Und während in einigen Bereichen der

---

[70] Ebenda, S. 321.
[71] Zit. n. Nippel, Gibbon, S. 93.
[72] Bryce Lyon, Die wissenschaftliche Diskusssion über das Ende der Antike und den Beginn des Mittelalters, in: Mohammed und Karl der Große, Stuttgart Zürich 1992, S. 7 – 19.
[73] Henri Pirenne, Geburt des Abendlandes, Amsterdam 1939. Vergl. Paul Egon Hübinger (Hg.), Bedeutung und Roll des Islams beim Übergang vom Altertum zum Mittelalter, Darmstadt 1968.
[74] Demandt, Fall Roms, S. 695.
[75] Marrou, Dekadenz, S. 398.

Kunst, etwa der Skulptur oder der Darstellung menschlicher Körper, ein Rückschritt nicht zu bestreiten sei, habe es bei technischen Entwicklungen, etwa der Eisenbearbeitung oder der Wassernutzung, Fortschritte gegeben. Daher habe sich unter Historikern die Meinung durchgesetzt, dass der Westen des 4. und 5. Jahrhunderts nicht als »dekadente, kranke und erschlaffte Zeit« bezeichnet werden könne.[76]

Gleichwohl lässt sich bei aller Skepsis gegenüber Dekadenz-Theorien dem Untergang Roms nicht der Charakter eines Epochenwechsels absprechen, der zumindest mittelfristig mit einem erheblichen zivilisatorischen Rückschritt einherging. Auch die Zeitgenossen hatten dafür bereits ein deutliches Gespür, denn welche andere Funktion hatte etwa Augustins »Von der Gottesstadt«, als diesem Epochenwechsel und den damit verbundenen Härten einen heilsgeschichtlichen Sinn zu geben? Und bei allem Respekt für die geistigen Leistungen etwa der Kirchenväter bleibt es eine höchst irritierende historische Tatsache, dass in der einst blühenden Millionenstadt Rom am Ende des 6. Jahrhunderts nur noch 30.000 Menschen lebten, von denen viele in den Ruinen der früher so herrschaftlichen Gebäude nach Brennnesseln suchen mussten, um den ärgsten Hunger zu stillen.[77]

VI. Roosevelt und Balfour über den Untergang Roms

1) Arthur Balfour

Balfours »Decadence«-Vorlesung aus dem Jahr 1908 reihte sich ein in die zur gleichen Zeit unternommenen Versuche anderer britischer Wissenschaftler und Publizisten wie Lord Cromer oder Charles Lucas, aus dem Vergleich des Römischen Kaiserreichs mit dem Britischen Empire Lehren für die Gegenwart zu ziehen.[78] Auch Balfour nannte in seinem Vortrag zumindest indirekt zahlreiche Parallelen zwischen Antike und Gegenwart. Wenn der britische Ex-Premier etwa die Frage stellte, »ob ein so uneinheitlicher Staat nicht ständig in der Gefahr wäre, durch die auseinander treibende Kraft nationaler Gefühle aufgelöst zu werden«, war die Parallele zwischen dem Römischen Reich im 2. Jahrhundert und dem Britischen Empire zu Beginn des 20. Jahrhunderts ebenso offensichtlich wie bei der Bemerkung, die kriegerischen Stämme an den Grenzen seien »eher ärgerlich als gefährlich« gewesen.

Zwangsläufig werden seine Zuhörer bei der Aufzählung all jener Volksstämme, die im Römischen Reich lebten, daran gedacht haben, dass eine ähnliche

---

[76] Ebenda, S. 400 u. 402f.
[77] Werner Dahlheim, An der Wiege Europas. Städtische Freiheit im antiken Rom, Frankfurt/M. 2000, S. 192.
[78] Vergl. Brunt, British and Roman Imperialism, a.a.O., S. 110, Anm. 1.

Auflistung auch für das Empire möglich ist. Wenn Balfour feststellte, dass die römische Herrschaft zwar »Zivilisation, Handel und Sicherheit« gebracht habe, sie jedoch nicht unter »Teutonen, Kelten und Iberern jene Eigenschaften förderte, was immer sie sein mögen, von denen dauerhafter Fortschritt abhängt«, so liegt der Gedanke nahe, dass er ähnliche Befürchtungen auch im Hinblick auf Inder, Malaien oder Ägypter hegte. So wie die römische Zivilisation in Nordafrika verschwand, ohne dort dauerhafte Spuren zu hinterlassen, könne dies irgendwann auch den westlichen Kolonialmächten in den von ihnen beherrschten Regionen der Welt drohen.

Balfour scheint ein Gespür dafür gehabt zu haben, dass das Empire den Zenit seiner Macht überschritten hatte. Viel Raum und Formulierungskraft widmete er der Beschreibung von Untergangsszenarien, wenn er etwa »in einem alten und noch mächtigen Staat eine Stimmung tiefer Mutlosigkeit« beschrieb und dies mit einem Schiff verglich, das sich »jeder folgenden Welle weniger kraftvoll entgegenhebt, wenn das Lernen erlahmt, der Unternehmergeist erschlafft und die Kraft dahinsinkt«. Die unterschwellige Angst und Ratlosigkeit vor einer »barbarischen Flut«, der nach Gibbons Worten bereits das Römische Reich zum Opfer gefallen war, ist bei dem britischen Ex-Premier deutlich zu spüren. Geradezu fatalistisch klingt seine düstere Ahnung, dass Europa ein ähnliche Schicksal drohen könne wie dem griechischen Osten, wo eine solche barbarische Flut »die letzten Spuren der Hellenischen Kultur für immer versinken ließ«. Angesichts dieser Beschreibungen und der offensichtlich parallelen Gefahren, denen sowohl Rom als auch das Empire ausgesetzt war, erscheint sein positives Fazit, wonach die Verbindung von Wissenschaft und Industrie den Westen vor dem Untergang bewahren werde, eher als Versuch der Selbstermutigung denn als tiefe Überzeugung.

Heutige Vergleiche zwischen dem Ende des römischen und des britischen Weltreichs setzen andere Akzente. Dies ist nicht zuletzt der eigenen Erfahrung geschuldet, die europäische Völker in den Jahrzehnten der Bürgerkriege gegeneinander machen mussten. In den Vordergrund rückt nun der Gedanke der Freiheit und die Folgen ihrer Missachtung. Auf diesen Gedanken aufbauend konstatiert beispielsweise der britische Althistoriker Peter A. Brunt einen grundlegenden Unterschied zwischen dem Untergang Roms und dem des Britischen Empire: Während das Römische Reich von außen zerstört wurde, löste sich das Britische Weltreich von innen heraus auf. »Die Römer sorgten für zu wenig Freiheit und löschten sie schließlich aus. Dies schuf eine Apathie, der das Reich zum Opfer fiel, als es von außen attackiert wurde.« Die Briten hingegen hätten in ihrem Weltreich ein Bedürfnis nach Freiheit verbreitet, das schließlich nur noch durch die Gewährung der Unabhängigkeit habe befriedigt werden können. Außerhalb Indiens gebe allerdings wenig Anzeichen dafür, dass England seinen ehemaligen Kolonien auch eine »dauerhafte Liebe zur Freiheit« vererbt habe.[79]

---
[79] Ebenda, S. 133. Vergl auch: George Liska, Career of Empire. America and Imperial Expansion over Land and Sea, Baltimore London 1978.

2) THEODORE ROOSEVELT

Der weitgehend assoziative Stil von Roosevelts Antwortbrief an Balfour wird beispielsweise daran deutlich, dass er an einer Stelle vom Zentralismus des Kaiserreiches in dessen Endphase unvermittelt zum Untergang der Römischen Republik sprang und dann wieder zur Veränderung der militärischen und politische Fähigkeiten zwischen der Zeit von Hadrian und Valens kam. Gleichwohl gewährt der Brief aufschlussreiche Einblicke in Roosevelts politisches und historisches Denken.

In der historischen Bewertung des Untergangs Roms gab es zwischen beiden Politikern große Übereinstimmung. Roosevelt teilte beispielsweise die Sicht des Briten, dass es »so etwas wie ›Dekadenz‹ einer Nation, einer Rasse, einer Art« gebe, dieses Phänomen jedoch nicht immer ausreichend erklärt werden könne. Ähnlich wie Balfour beklagte auch der US-Präsident das Schicksal Nordafrikas nach dem Zusammenbruch der römischen Herrschaft und stimmte dessen Bemerkung zu, dass es keine Garantie für die dauerhafte Vorherrschaft der westlichen Kultur gebe.

Doch diese Erkenntnis ließ ihn anders als Balfour keine Untergangsvisionen beschwören. Wenn Roosevelt an Balfour schrieb, er habe »einen sehr festen Glauben in diesen allgemeinen Fortschritt, wenn ich nur an die Menschen unserer Rasse denke in den vergangenen zwei Jahrhunderten, und ich hoffe und glaube, dass sich diese Bewegung für eine unbegrenzte Zeit in der Zukunft fortsetzen wird«, tat er dies mit dem Selbstbewusstsein eines Mannes, der für sein Land eine große Zukunft voraussieht. Für Roosevelt war die Machtstellung eines Staates eng verknüpft mit dessen militärischen Fähigkeiten – ein Gesichtspunkt, der für Balfour nur eine untergeordnete Rolle spielte. So verglich der amerikanische Präsident das Schicksal Roms mit dem Machtverlust Spaniens im 17. Jahrhundert, den er maßgeblich auf militärische Schwäche zurückführte.

Die unterschiedliche Bewertung militärischer Aspekte durch Roosevelt und Balfour spiegelte auch die unterschiedliche Lage Amerikas und des britischen Empire zu Beginn des 20. Jahrhunderts wieder. Roosevelt regierte einen dynamisch wachsenden Nationalstaat mit gefestigter Identität, in dem es keine existenziellen inneren Konflikte gab und dessen Hauptaufgabe aus Sicht des Präsidenten darin lag, sich seiner außenpolitischen Interessen bewusst zu werden und diese Interessen mit den nötigen militärischen Machtmitteln durchzusetzen. England herrschte hingegen von einer vergleichsweise kleinen Basis aus über ein weit verstreutes, ethnisch höchst disparates Kolonialreich, dessen Bestand vor allem durch innere Konflikte bedroht war und das sich auf Dauer allein durch militärische Mittel nicht sichern ließ. Der weitere Fortgang der Geschichte bestätigte die unterschiedliche Akzentuierung der beiden Staatsmänner: Während Amerika durch militärische Siege in zwei Weltkriegen zur Weltmacht aufstieg, beschleunigten die gleichen Siege die Auflösung des britischen Empire.

Einig waren sich beide Staatsmänner in der Überzeugung, dass sich die Welt in zivilisierte und unzivilisierte Nationen und Völker aufteilte. So wie die Römer zwischen sich selbst und den Barbaren eine klare Trennlinie zogen,[80] hegten auch Roosevelt und Balfour keinerlei Zweifel an der grundsätzlichen kulturellen und intellektuellen Überlegenheit der weißen Rasse. Es war aus ihrer Sicht das naturgegebenen Recht, ja sogar die Pflicht dieser Rasse, andere Völker zu beherrschen und sie damit auch an den Segnungen der westlichen Zivilisation teilhaben zu lassen. Die Zerstörung des Römischen Reiches durch die Barbaren führte ihnen allerdings vor Augen, dass die kulturelle und zivilisatorische Überlegenheit einer Rasse diese nicht zwangsläufig vor politischen und militärischen Katastrophen oder gar dem Untergang schützt. Doch wie der Gedankenaustausch aus dem Jahr 1908 zeigt, stand der amerikanische Präsident dieser Gefahr gelassener gegenüber als der ehemalige britische Premierminister.

Dass Roosevelt den Untergang Roms nicht in erster Linie als Menetekel für die westliche Kultur sah, sondern aus diesem historischen Ereignis auch konkrete politische Schlussfolgerungen ableitete, wurde auch in der Schlusspassage seines Briefes an Balfour deutlich. Indem er auf das im Jahr zuvor geschlossene Abkommen zur Begrenzung der japanischen Einwanderung in die USA verwies, ging er indirekt auf Balfours Feststellung ein, Rom habe die Fähigkeit verloren, »fremde und barbarische Einflüsse zu assimilieren«. Roosevelt hatte aus dem Untergang Roms offenbar die Erkenntnis abgeleitet, die Integrationsfähigkeit der amerikanischen Gesellschaft dürfe nicht überdehnt werden. Mit dem »Gentlemen's Agreement« unternahm er 1907 einen der ersten Versuche, die Einwanderung in die USA zu begrenzen. Dies verband er mit einer militärischen Machtdemonstration: Um den Eindruck zu vermeiden, er habe sich japanischem Druck gebeugt, schickte Roosevelt die US-Flotte im Jahr darauf zu einem »Freundschaftsbesuch« nach Japan und danach auf eine Fahrt rund um die Welt. Wie er in seiner Autobiographie schreibt, wollte er damit sowohl der eigenen Bevölkerung als auch Japan deutlich zu machen, »dass der Pazifik genauso unser Heimatgewässer ist wie der Atlantik«. Die abschreckende Wirkung dieser Flottenmission auf Japan, das drei Jahre zuvor die russische Marine vernichtend geschlagen hatte, bezeichnete er sogar als seinen »wichtigsten Beitrag zum Frieden«.[81]

Wie schon die drei Reden vom Frühjahr 1903 macht auch der Brief an Balfour deutlich, dass Theodore Roosevelt über fundierte Kenntnisse der Antike verfügte und daraus schlüssige Konsequenzen für seine Politik zu ziehen vermochte.

---

[80] Vergl. Dieter Timpe, Rom und die Barbaren des Nordens, in: Meinhard Schuster (Hg.), Die Begegnung mit dem Fremden. Wertungen und Wirkungen in Hochkulturen vom Altertum bis zur Gegenwart, Stuttgart 1996, S. 34 – 50. Weitere Literaturhinweise bei Werner Dahlheim, Geschichte der Römischen Kaiserzeit, München 2003, S. 253.
[81] Zit. n. Blum, Republican Roosevelt, S. 136 f.

VII. Klage über die »Pax Americana« Deutsche Intellektuelle 1918-1920

Als Theodore Roosevelt die Amerikaner 1903 erstmals aufforderte, im 20. Jahrhundert eine ähnliche Weltmachtstellung anzustreben, wie sie Rom in der Antike einnahm, hatte eine solche Prognose noch wenig Bezug zur politischen Gegenwart. Amerikas Einfluss beschränkte sich weitgehend auf die westliche Hemisphäre und den Pazifik; den Rest der Welt hatten Europas Groß- und Mittelmächte unter sich aufgeteilt. Diese Konstellation änderte sich mit dem Eintritt Amerikas in den Ersten Weltkrieg im April 1917. Die Beteilung der USA an der französisch-britischen Kriegsallianz war der entscheidende Faktor für die Niederlage Deutschlands und seiner Verbündeten im Herbst 1918.

Als deutsche Intellektuelle in den Jahren von 1918 bis 1920 nach Modellen suchten, um die sich abzeichnende oder bereits feststehende Niederlage historisch einzuordnen, fiel ihr Blick ebenfalls auf das antike Rom. Hatte Theodore Roosevelt die politischen, militärischen und zivilisatorischen Leistungen des Imperiums zum Vorbild für Amerika erklärt, so rückte für deutsche Intellektuelle nun die Unterwerfung Griechenlands durch das übermächtige Rom in den Mittelpunkt der Betrachtung. Für Europa und speziell Deutschland sahen sie in der nun anbrechenden »Pax Americana« oder »Pax anglosaxonica« eine ähnlich machtlose Rolle voraus, wie sie Griechenland seit dem 2. Jahrhundert v. Chr. in der »Pax Romana« zugefallen war. Es wurde das zutiefst pessimistische Grundgefühl zum Ausdruck gebracht, als ebenso traditionsreicher wie kulturell hoch stehender Staat einer Übermacht wehrlos ausgeliefert zu sein, die aufgrund ihrer militärischen Stärke neue politische Prinzipien ungehindert durchsetzen kann. Obwohl Europa und speziell Deutschland Amerika kulturell ähnlich überlegen sei, wie dies Griechenland gegenüber Rom war, habe diese Überlegenheit jedoch in beiden Fällen keinen Schutz gegen militärische Übermacht geboten.[82]

Sowohl bei Roosevelt 1903 als auch bei deutschen Intellektuellen 1918/20 findet sich die Überzeugung, dass die Machtstellung Amerikas von ähnlicher Dauer und Wirkung sein werde wie jene Roms. Aus ihrer jeweiligen Perspektive beleuchteten sie unterschiedliche Aspekte des gleichen Phänomens und zogen dabei Vergleiche zur Antike: die Entstehung der Weltmacht USA. Sah Roosevelt in der historischen Größe Roms ein Vorbild für das eigene Volk, so waren deutsche Intellektuelle im Angesicht der Niederlage ihres Landes kaum in der Lage, positive Aspekte der neuen Weltmachtbildung zu erkennen. Nur ganz schwach ist etwa bei Friedrich Meinecke die Hoffnung erkennbar, die anbrechende »Pax Americana« könne zumindest langfristig eine ähnlich befriedende Wirkung auf Europa haben wie die »Pax Romana« im Römischen Reich.

---

[82] Vergl. Peter Berg, Deutschland und Amerika 1918 – 1929, Hamburg Lübeck 1963, S. 55.

1) Im Kampf gegen den römischen Westen: Thomas Mann

Eine erste Andeutung der von 1918 bis 1920 in Deutschland weit verbreiteten Gleichsetzung von Rom und Amerika findet sich bereits in dem zwischen 1915 und 1918 verfassten und im letzten Kriegsjahr erschienenen umfangreichen Essay »Betrachtungen eines Unpolitischen« von Thomas Mann (1875 – 1955). Mann lebte zu dieser Zeit als Schriftsteller in München und hatte bereits mehrere Novellen und Erzählungen sowie den Roman »Buddenbrooks« veröffentlicht, für den er 1929 den Literaturnobelpreis erhielt.

In den »Betrachtungen eines Unpolitischen«, von denen er sich später distanzierte, bemühte sich Mann um den Nachweis einer prinzipiellen und historisch begründbaren Gegensätzlichkeit zwischen deutscher »Kultur« und westlicher »Zivilisation«, die er an verschiedenen Stellen auch als »römischen Westen« bezeichnet. Der Weltkrieg sei ein neuer Ausbruch »des uralten deutschen Kampfes gegen den Geist des Westens, sowie des Kampfes der römischen Welt gegen das eigensinnige Deutschland«. Die Entente sei, »Amerika eingeschlossen, die Vereinigung der westlichen Welt, der Erben Roms, der ›Zivilisation‹ gegen Deutschland«.[83] In diesem Zusammenhang zitierte er Fjodor Dostojewski, der die Deutschen »ein großes, stolzes und besonderes Volk« genannt habe. Mit diesen Worten habe der russische Schriftsteller auch die Erklärung dafür geliefert, warum dieses Volk den Kampf »ohne Wanken mit der umringenden Welt« aufgenommen habe, »mit dem römischen Westen, der heute fast überall ist, im Osten, im Süden, im Norden und jenseits des Ozeans, wo das neue Capitol steht«.[84]

Der römische Westen ist nach Manns Worten »literarisch«, das trenne ihn von Deutschland. »Die literarische Humanität, das Erbe Roms, der klassische Geist, die klassische Vernunft, das generöse Wort, zu dem die generöse Geste gehört, die schöne, herzerhebende und menschenwürdige, die Schönheit und Würde des Menschen feiernde Phrase, die akademische Redekunst zu Ehren des Menschengeschlechts – dies ist es, was im römischen Westen das Leben lebenswert, was den Menschen zum Menschen macht.«

An anderer Stelle bezeichnete er den »Imperialismus der Zivilisation« als die »letzte Form des römische Vereinigungsgedankens«, gegen den sich Deutschland wehre. »Die Hermannsschlacht, die Kämpfe gegen den römischen Papst, Wittenberg, 1813, 1870, – das alles war nur ein Kinderspiel im Vergleich mit dem fürchterlichen, halsbrecherischen und im großartigsten Sinne unvernünftigen Kampf gegen die Welt-Entente der Zivilisation«, den Deutschland auf sich genommen habe.[85]

2) Wie Griechenland zur römischen Kaiserzeit: Georg Simmel

Thomas Mann argumentierte 1918 aus rein deutscher Sicht und sah Amerika gemeinsam mit England, Frankreich und Italien nur als Teil des »römischen

---
[83] Thomas Mann, Betrachtungen eines Unpolitischen, Neuauflage Frankfurt/M. 1959, S. 40.
[84] Ebenda, S. 41 f..
[85] Ebenda, S. 43 f.

Westens«, gegen den Deutschland kämpfen müsse. Georg Simmel (1858 – 1918) hingegen, der als Begründer der wissenschaftlichen Soziologie damals in Straßburg lehrte, zog zur gleichen Zeit aus gesamteuropäischer Perspektive einen Vergleich zur Antike und vermochte so den Machtverlust der gesamten europäischen Staatenwelt durch den Ersten Weltkrieg klarer zu erkennen als Mann. Auf den 25. März 1918 ist ein Brief Simmels an den damals in Estland lebenden Philosophen Hermann Graf Keyserling (1880 – 1946) datiert, in dem er ganz Europa ein ähnlich ohnmächtiges Schicksal voraussagte, wie es Griechenland im Imperium Romanum zugefallen war.[86]

Simmel schrieb, die Kriegsjahre hätten ihn »wohl um das Doppelte oder Dreifache der normalen Zeitwirkung« altern lassen. »Die Sorge um Deutschland und der Kummer um das verlorene Europa, eines immer um das andere gesteigert, ergaben zusammen eine Last, die vor vier Jahren ebenso unausdenkbar war, wie dass die Tragkraft bisher noch für sie zugereicht hat.« Für ihn sei es die schlimmste aller Vorstellungen, »dass dieser Selbstmord Europas zu Gunsten Amerikas den Akt der Weltgeschichte einleitet, in dem sie ihre Wanderung von Osten nach Westen fortsetzt: wie sie vor Jahrtausenden in Asien kulminierte, dann nach Europa rückte, so könnte sie nun weiter nach Amerika gehen – Europa wird dann sein, was Griechenland zur römischen Kaiserzeit, ein interessantes Reiseziel für Amerikaner, voll von Ruinen und großen historischen Erinnerungen, noch immer der Lieferant von Künstlern, Gelehrten und Schwätzern.« Jakob Burckhardt habe vor Jahrzehnten zu Recht vor zu viel Vertrauen in die »Sekurität unserer Verhältnisse« gewarnt. Simmel brachte damit den gleichen Gedanken zum Ausdruck, wie er im Mai 1903 ebenfalls unter Verweis auf die Antike von Theodore Roosevelt in San Francisco geäußert worden war: Die Überzeugung, dass sich die Weltgeschichte in großen Wellen von Ost nach West bewege und nun ihren Schwerpunkt in Amerika erreicht habe.

Knapp zwei Monate später, am 18. Mai 1918, wandelte Simmel diesen Gedanken in einem weiteren Brief an Graf Keyserling noch einmal ab: »Denn ich bin überzeugt, dass dieser Krieg in letzter Instanz zu Gunsten von Amerika geführt wird, wie der zwischen Athen und Sparta zu Gunsten von Alexander und Rom; bin überzeugt, dass der Zeiger der Weltgeschichte sich nach Westen dreht, wie er schon einmal von Asien nach Europa gerückt ist; bin überzeugt, dass in irgend welcher Zeit Europa für Amerika sein wird, was Athen für die späteren Römer –, ein Reiseziel für kulturbedürftige Jünglinge, voll von interessanten Ruinen und großen Erinnerungen, Lieferant für Künstler, Gelehrte und Klugschwätzer.«[87]

Bereits im Sommer 1915 hatte Simmel in einem Beitrag für das »Berliner Tageblatt« geschrieben, Europa sei »im Begriff, Selbstmord zu begehen«. Amerika sehe darin die Chance, »sich an die Spitze des Weltgeschehens zu setzen« und unterstütze daher den Vollzug dieses Selbstmords mit Waffenlieferungen.

---

[86] Georg Simmel an Hermann Graf Keyserling, in: Ders., Das individuelle Gesetz. Hg. v. Michael Landmann. Frankfurt/M. 1987, S. 242-244.
[87] Ebenda, S. 245.

Die Europäer hätten zu sehr darauf vertraut, »dass die Weltgeschichte sich schlechthin innerhalb Europas abwandle, und dass ihre Wellenhöhe, nachdem sie vor Jahrtausenden Asien verlassen hat, nun für immer in Europa zum Stehen gekommen wäre«.[88]

3) Ein neues römisches Imperium: Friedrich Naumann

Wenige Tage nach Bekanntwerden der Versailler Friedensbedingungen am 7. Mai 1919 veröffentlichte der damalige Vorsitzende der Deutschen Demokratische Partei (DDP) und Mitgestalter der Weimarer Verfassung, Friedrich Naumann (1860 – 1919), in der von ihm gegründeten Zeitschrift »Die Hilfe« einen Aufsatz zur aktuellen politischen Lage und zog dabei ebenfalls Vergleiche zum Römischen Imperium. Er machte allerdings keinen Unterschied zwischen England und Amerika und sah beide Länder als Träger einer »pax Anglosaxonica«, die den ganzen Erdball umspanne.[89]

Durch die Friedensbedingungen lasse sich nun das objektive Kriegsziel der gegen Deutschland vereinten Kräfte klar erkennen. Der englisch-amerikanische »Riesenimperialismus« strebe die Errichtung eines neuen römischen Imperiums auf der gesamten Erdoberfläche an. Dieses Herrschaftssystem sei der »leibhaftig gewordene Kapitalismus« und teile die Völker nach ihrer jeweiligen Nutzbarkeit hin in Klassen auf: in Herrscher, Neutrale, Kolonien und Sträflinge.

Es sei das Resultat von Versailles, dass England und Amerika weltweit keinen ernsthaften Widersacher mehr hätten. »Sie beide zusammen beherrschen die Welt und sind in der Lage, eine moderne pax romana, eine pax anglosaxonica zu errichten, die die ganze Erde überzieht und die der deutschen und europäischen Freiheit ein Ende setzt.« Den Völkerbund sah Naumann allein als Instrument zur Durchsetzung und Ausübung der angelsächsischen Weltherrschaft. Krieg werde in Zukunft einem Aufstand der unterdrückten Völker gegen die Profite der Herrschaftsvölker und ihrer Trabanten gleichkommen.

Nach Neumanns Überzeugung bedeutete die Beherrschung der Welt durch England und Amerika auch den Triumph der individualistischen und kapitalistischen Lebensform über den Sozialismus und seine Erscheinungsformen. Dem besiegten und mit drückenden Finanzlasten belegten Deutschland bleibe in dieser neuen Weltordnung nur der Platz eines Fronknechtes der siegreichen kapitalistischen Herrscherstaaten.

---

[88] Georg Simmel, Europa und Amerika. Eine weltgeschichtliche Betrachtung, Berliner Tageblatt, 4. Juli 1915, Morgen-Ausgabe. In: Ders., Aufsätze und Abhandlungen, 1909 – 1918, hg. v. Rüdiger Kramme und Angela Rammstedt, Frankfurt/M. 2001, S. 138 – 142. http://socio.ch/sim/eua15.htm

[89] Friedrich Naumann, Kriegschronik, in: Die Hilfe, Nr. 20, 15. Mai 1919, S. 241 – 243. Vergl. Berg, S. 48 f.

4) Unser Schicksal gleicht dem der Griechen: Ernst Troeltsch

Wie Friedrich Naumann gehörte auch der Theologe und Philosophieprofessor Ernst Troeltsch (1865 – 1923) zu den Gründungsmitgliedern der DDP, für die er 1919 in die verfassunggebende preußische Nationalversammlung gewählt und Staatssekretär im preußischen Kultusministerium wurde. Von 1918 bis 1922 veröffentlichte er unter dem Titel »Spektator-Briefe« regelmäßig Betrachtungen zur aktuellen politischen Lage, von denen 1924 eine Auswahl mit einem Vorwort von Friedrich Meinecke erschien. In seinem zwei Tage vor der Unterzeichnung des Versailler Vertrages veröffentlichten Beitrag kam auch Troeltsch zu der Feststellung, dass nun die »angelsächsische Weltherrschaft« anbreche. »Damit ist das Ende der modernen Geschichte doch ähnlich dem der alten. Auch Rom war ein Völkerbund, und unser Völkerbund wird die englische Weltherrschaft sein.«

Dieses »angelsächsische Imperium« bedeute zugleich den »Sieg des angelsächsischen Individualismus«, denn die angelsächsischen Arbeiter würden die »Weltherrschaft mitgenießen und nicht selbst ihre Vorzugsstellung durch Weltrevolution zerstören«. Recht treffend sagte Troeltsch am 26. Juni 1919 voraus: »Die europäischen Völker werden zweisprachig werden, für die Welt englisch reden und schreiben müssen und für ihre Privatzwecke ihre alten Sprachen wie Dialekte weiter benützen.« Handschriftlich fügte Troeltsch an dieser Stelle die Bemerkung hinzu: »So scheint unser Schicksal in vieler Hinsicht ähnlich dem der Griechen, denen wir gleichen an Partikularismus und Zanksucht, denen unsere besten Köpfe an metaphysischer Tiefe nahe kommen, deren weltbesiegende Klarheit und Anmut der Form uns freilich gründlich fehlt.«[90]

5) Wie nach der Schlacht von Pydna: Friedrich Meinecke

Ebenfalls unter dem Eindruck des Versailler Vertrages schrieb Friedrich Meinecke (1862 – 1954) den umfangreichen Aufsatz »Weltgeschichtliche Parallelen unserer Lage«, der erstmals im August 1919 erschien und in dem er gleichfalls zahlreiche Analogien zwischen Rom und Amerika aufzeigte.[91] Meinecke gilt als Mitbegründer der politischen Ideengeschichte und war seit 1896 Herausgeber der »Historischen Zeitschrift«. Seit 1914 hatte er den Lehrstuhl für Geschichte an der Universität Berlin inne. Politisch setzte er sich für eine soziale Erneuerung des Liberalismus ein und stand Naumann, Troeltsch sowie Max Weber nahe.

Er begann den Aufsatz mit der Feststellung, dass als Folge des Ersten Weltkriegs die »bisherigen Grundvoraussetzungen vom Charakter der neueren Ge-

---

[90] Ernst Troeltsch, Spektator-Briefe. Aufsätze über die deutsche Revolution und die Weltpolitik 1918/22, Mit einem Geleitwort von Friedrich Meinecke, Tübingen 1924, S. 68 f..
[91] Friedrich Meinecke, Weltgeschichtliche Parallelen unserer Lage, in: Ders., Nach der Revolution. Geschichtliche Betrachtungen über unsere Lage, München Berlin 1919, S. 72 – 106.

schichte« in Frage gestellt seien. Noch 1915 habe er selbst geschrieben, dass »Sinn und Gang der neueren europäischen Geschichte ... nicht zur Universalmonarchie, sondern zum lebensvollen Reichtum starker Nationen« führten. Weil jedoch Deutschland und andere besiegte Nationen nach dem Weltkrieg aus »der Reihe der wirklich freien Völker« ausscheiden müssten, werde diese Grundvoraussetzung der neueren Geschichte »radikal erschüttert«. Der Versailler Vertrag sei darauf angelegt, Deutschland auf absehbare Zeit unschädlich zu machen. »Und das erinnert nun in fatalster Weise an den Moment in der antiken Geschichte, wo Rom die Weltherrschaft zufiel«, und zwar nach der Schlacht von Pydna 168 v. Chr. Meinecke zitierte Mommsen, der Pydna als die letzte Schlacht bezeichnet hatte, in der Rom »ein zivilisierter Staat als ebenbürtige Großmacht« gegenübergetreten sei. Seitdem habe Rom die Welt in der Hand gehabt, »und die Schatten der Unfreiheit senkten sich über das Völkerleben des Mittelmeeres«. Parallel dazu habe auch »der innere Abstieg der antiken Kultur« begonnen.

Von den vier an den Friedensverhandlungen beteiligten Mächten könnten nur Amerika und Großbritannien als »Großmächte ersten Ranges« gelten. Frankreich und Italien seien hingegen auf dem Wege, das zu werden, »was nach dem römischen Siege bei Pydna die noch übrig gebliebenen Diadochenstaaten Syrien, Ägypten und Pergamon waren: Mehr oder minder willige Klientelstaaten«. Frankreich könne sich über diese Rolle noch eine Zeitlang hinwegtäuschen, »weil es den grausamen Büttel gegen uns spielen darf«.

Solange England und Amerika zusammenhielten, hätten sie eine Machtstellung in der Welt inne, die nur mit derjenigen Roms nach 168 v. Chr. verglichen werden könne. In dieser angloamerikanische »Dyarchie« liege das Schwergewicht bei Amerika. England sei nicht mehr in der Lage, den größten Sieg seiner Geschichte allein zu genießen, sondern müsse ihn mit seinem »Brudervolke« teilen. »Es ist am Ende des Schraubenweges, auf dem es sich emporgewunden hat, angelangt und findet nun den Schraubenkopf Amerika vor. Es kann, wenn es rationelle Politik treiben will, sie fortan nur mit, nicht gegen Amerika treiben«. Mit Verweis auf die Antike sagt Meinecke voraus, dass »die angelsächsische Weltherrschaft« vermutlich sehr lange dauern werde. »Eine einmal errungene Welthegemonie, die keine ernstlichen Rivalen mehr zu fürchten hat, die höchstens noch hier und da renitente Mächte zweiten Ranges nach und nach unschädlich zu machen hat, – eine solche Welthegemonie hat, auch wenn sie von Hause aus nicht unmittelbar erstrebt war, dennoch die Tendenz zu bleiben«. Dies sei auch nach Pydna geschehen. Mit der »Verfügung über die wichtigsten Rohstoffgebiete der Welt« habe die amerikanisch-britische Dyarchie ein noch wirksameres Herrschaftsmittel in der Hand als Rom. »Es sind trübe, furchtbare Perspektiven, die sich uns eröffnen. Die Welt und voran wir sind in Fesseln geschlagen wie noch nie.«

Im Folgenden diskutierte Meinecke die Frage, ob der antike Stadtstaat »die wahre Parallelerscheinung der Antike zum modernen Nationalstaat« sei. Er kam zu einer ähnlichen Analyse wie Theodore Roosevelt und die amerikanischen Gründerväter: »Die Tragödie des griechischen Stadtstaates war, dass seine Lebenskraft ebenso ungemein wie unbändig war, dass seine Größe und sein

Niedergang aus den selben Quellen flossen. Ihr unbedingter Drang zu äußerster Zusammenfassung in sich und nach außen und ihre Leidenschaft zur Autonomie hat sie zu höchster geschichtlicher Leitung befähigt, aber auch in zerrüttende Kämpfe untereinander gerissen.«

So wie einst die »pax Romana« den Kämpfen der Griechen untereinander ein Ende gemacht habe, »so könnte auch vielleicht dereinst die pax anglosaxonica durch die wirtschaftlichen Zwangsmittel, die sie hat, eine gewisse Art von äußerlichem Frieden unter den Nationen Europas erzwingen«. Und so wie die griechischen Stadtstaaten bis weit in die Kaiserzeit hinein eine Scheinautonomie behalten hätten, würden in diesem Fall auch die europäischen Nationalstaaten »unter der Glasglocke der angelsächsischen Weltherrschaft« formal weiterbestehen, »politisch machtlos und immer machtloser werdend – eintrocknende Mumien. Uns graut vor diesem Schicksal, und unser Wille, alles daran zu setzen, ihm zu entgehen, flammt wieder heiß auf.«

Weil die deutsche Kultur – anders als die griechische von den Römern – von den neuen Herren der Welt verachtet werde, könne man hoffen, »dass sie sich in stolzer Selbstbehauptung wehren und triebkräftig bleiben wird«. Meinecke appellierte an die Nationalstaaten, untereinander in einem »echten Völkerbund« den Ausgleich zu suchen und sich gemeinsam gegen die angloamerikanische Weltherrschaft zu wehren. »Wie es für die griechischen Stadtstaaten heilsam gewesen wäre, wenn sie ihren autonomen Drang gezügelt und vielmehr ihre Gemeinsamkeiten ausgebaut hätten, so ergeht dieselbe Mahnung jetzt an die Nationalstaaten.« Die Stadtstaaten seien »unter die Rute der römischen Weltherrschaft gekommen«, weil sie den Weg zur inneren Einheit nicht gefunden hätten.

Zum Abschluss relativierte Meinecke die Analogien der Gegenwart zur Antike, da »sie uns für die Aufgabe unserer geistigen Regeneration keine bestimmte Lehre zu geben vermag«. Sicher sei nur, dass »Aufrichtung der Weltherrschaft, politische Unfreiheit und geistiger Niedergang der Völker in einem verhängnisvollen Kausalzusammenhange damals standen«. Es sei eine Pflicht, der Gefahr eines solchen Schicksals offen ins Auge zu sehen. Nur der Geist, der kein unentrinnbares Fatum der Geschichte über sich anerkenne, könne dieses Fatum unwirksam machen. »Nur der Glaube an die Freiheit des menschliche Geistes kann uns retten.«

6) Empörung über die »Deditio«: Ulrich Kahrstedt

Beließen es Naumann, Troeltsch und Meinecke bei einem strukturellen Vergleich von »Pax Romana« und der nun aus ihrer Sicht anbrechenden »Pax Anglosaxonica« oder »Pax Americana«, trieb der spätere Göttinger Althistoriker Ulrich Kahrstedt (1888 – 1962) den Vergleich der aktuellen politischen Situation mit der Antike noch weiter. Ebenfalls unter dem Eindruck des Versailler Vertrags veröffentlichte er 1920 eine bittere antiamerikanische Polemik mit dem Titel »Pax Americana«.[92] Anhand zahlreicher Beispiele versucht Kahr-

---

[92] Ulrich Kahrstedt, Pax Americana. Eine historische Betrachtung am Wendepunkte der europäischen Geschichte, München 1920.

stedt zu belegen, dass die USA gegenüber Deutschland eine ähnliche Politik verfolgten wie 2000 Jahre zuvor Rom gegenüber seinen Gegnern. Scharfsinnige Analysen über »das Ende Europas als weltpolitisches Machtzentrum«[93] gingen dabei einher mit unzutreffenden Vorhersagen über das zukünftige Verhältnis zwischen den USA und Europa.

Unter Verweis auf Polybios begann Kahrstedt seinen Aufsatz mit der Feststellung, dass eine Kapitulation vor Rom etwas anderes bedeutet habe »als eine solche vor einem Staate aus dem altgewohnten griechischen Staatsystem, denn der Römer verlang(t)e immer die Deditio, die bedingungslose Übergabe nicht nur des Heeres oder der Waffen, sondern die Überantwortung des ganzen Geschickes des überwundenen Staates in die Hand und in die freie Willkür des römischen Volkes«. So wie Rom in der Antike fordere nun Amerika, dass ein unterlegener Gegner »vor der Bewilligung der Waffenruhe sich vollkommen wehrlos machen und sich, wir würden sagen mit carte blanche, verpflichten müsse, alle Punkte des gegnerischen Programms, wie immer sie auch im einzelnen ausfallen mochten, anzunehmen.« Allein über die technische Durchführung der befohlenen Bedingungen habe Rom mit einem geschlagenen Gegner noch verhandelt.[94]

Wenn man die bisherige europäische Geschichte mit der Gegenwart vergleiche, werde man vom »selben Novum bei der Charakterisierung der pax Americana reden können wie sein Vorgänger vor 2000 Jahren bei der Besprechung der pax Romana«. Die USA strebten bewusst einen Frieden für Europa an, »der durch seine eigene innere Unmöglichkeit zusammenbrechen und die Konsolidierung der europäischen Verhältnisse verhindern muss. Denn ein sich zerfleischendes, nicht ein genesendes Europa muss jeder zielbewusste amerikanische Staatsmann erstreben.«[95] Das eigentliche Ziel der amerikanischen Politik sei die Weltherrschaft.

So wie Rom seit Ende des dritten Jahrhunderts v. Chr. das Gleichgewicht der Mächte im griechischen Osten zerstört habe, sei nun in Europa das in Jahrhunderten gewachsene Gleichgewicht der Mächte von Amerika hinweggefegt worden. Und so wie Rom gegenüber Makedonien den Eindruck erweckt habe, dass es nur die Autonomie der Griechen verteidige, führe Amerika nun die Parole vom Selbstbestimmungsrecht der Völker gegen Deutschland an. Kahrstedt setzte das unterlegene Deutschland mehrfach mit dem antiken Makedonien gleich: »Deutschland als modernes Mazedonien trägt hier durch seine weichliche, nachgiebige und die Intervention der Großmacht des Westens direkt herausfordernde Politik während des Krieges eine ähnliche Schuld, wie sie auch das antike Mazedonien gegenüber der damaligen alten Welt auf sich geladen hat.«[96] Die These, dass Deutschland den Ersten Weltkrieg wegen zu großer Nachgiebigkeit und Kompromissbereitschaft verloren habe, gehörte seit 1918/19 zu den Grundüberzeugungen der Nationalkonservativen und auch Adolf Hitlers. Kahrstedt kleidete sie in ein antikes Gewand.

---

[93] Ebenda, S. 10,
[94] Ebenda, S. 6.
[95] Ebenda, S. 9.
[96] Ebenda, S. 79.

VII. Die Sicht der Unterlegenen: Deutsche Intellektuelle 1918-1920

Die Identifikation mit Makedonien hatte unter deutschen Historikern eine lange, auf Johann Gustav Droysen (1808 – 1884) zurück gehende Tradition. So wie Philipp II. und Alexander die zu einem Zusammenschluss unfähigen griechischen Kleinstaaten unter ihrer Führung vereint hätten, sei Preußen eine ähnliche Aufgabe in Deutschland zugekommen.[97] Während des Ersten Weltkrieges veröffentlichte der Althistoriker Engelbert Drerup (1871 – 1942) das Buch »Aus einer alten Advokatenrepublik«, in dem er ein sehr negatives Bild des Demosthenes zeichnete.[98] Der französische Politiker Georges Clemenceau schrieb hingegen nach dem Krieg ein Buch über Demosthenes, in dem er dessen Kampf gegen Makedonien mit dem Kampf Frankreichs gegen Deutschland verglich.[99]

Kahrstedt prophezeite in »Pax Americana«, dass es schon in naher Zukunft einen Krieg zwischen Amerika und seinen jetzigen Verbündeten Frankreich und England geben werde. »Wir sind jetzt, antik gesprochen, unmittelbar nach Kynoskephalä.« Die Stimmung in Frankreich gegenüber den USA sei »genau die, wie sie zum Beispiel im ätolischen Bund gegenüber Rom herrschte ein paar Jahre nach dem gemeinsamen Siege über die mazedonische Monarchie, ein paar Jahre vor der Niederwerfung des ätolischen Bundes selbst durch das ob solcher Undankbarkeit empörte Rom.«[100] Ähnliche Konflikte sah Kahrstedt auch für das amerikanisch-britische Verhältnis voraus: »Wenn das moderne Pydna geschlagen ist, wird es auch keine Großmacht England mehr geben.«[101] Amerika könne sicher sein, »bei einem Endkampf gegen England in der Schar der übriggebliebenen Mächte zweiten und dritten Ranges jederzeit Verbündete zu finden«.[102] Kahrstedt räumte ein, dass die Friedensbedingungen ohne die Beteiligung der USA wesentlich härter ausgefallen wären. Die Amerikaner hätten sich jedoch nur so verhalten, »weil sie für ihren nächsten Interventionskrieg ein halbwegs starkes Deutschland brauchen«.[103]

Nach dem Kapp-Putsch im März 1920 übernahm Kahrstedt vorübergehend die Redaktion der deutschnationalen »Eisernen Blätter« und führte dort seine These vom bevorstehenden Krieg zwischen Amerika und England weiter aus. Er sah sich zunächst im Wahlsieg der Republikaner 1920 bestätigt. Nachdem der Demokrat Woodrow Wilson die Weltmachtrolle der USA nur widerwillig angenommen habe, werde sein Nachfolger Warren G. Harding in der Tradition Theodore Roosevelts eine aktive Weltpolitik betreiben. So wie Rom nach dem Sieg über Makedonien das nächststärkere Diadochenreich der Seleukiden ausgeschaltet habe, werde sich auch Amerika gegen England wen-

---
[97] Johann Gustav Droysen, Geschichte Alexanders des Großen, Berlin 1833. Vergl. S. 88-90.
[98] Engelbert Drerup, Aus einer alten Advokatenrepublik, Paderborn 1916. Vergl. John R. Knipfing, German Historians and Macedonian Imperialism. In: American Historical Review, Nr. 26, July1921, S. 657 – 671.
[99] Georges Clemenceau, Démosthène, Paris 1926, dt.: Demosthenes, Basel 1926.
[100] Kahrstedt, Pax Americana, S. 28.
[101] Ebenda, S. 36.
[102] Ebenda, S. 82.
[103] Ebenda, S. 76.

den und zu diesem Zwecke einen »Kontinentaldegen« suchen. Dafür komme nur Frankreich in Frage, weil Deutschland wegen der Revolution nicht mehr bündnisfähig sei. Die zunehmende Tendenz zum Isolationismus in der amerikanischen Außenpolitik ignorierte Kahrstedt konsequent. Erst nach der Washingtoner Flottenkonferenz im Winter 1921/22, bei der auch die USA und Großbritannien einer maritimen Abrüstung zustimmten und deren Ergebnisse er zunächst nicht wahrhaben wollte, ließ er seine These stillschweigend fallen.[104]

Dieses Beispiel zeigt besonders deutlich, dass Kahrstedt zwar einerseits zu einer scharfsinnigen Analyse der amerikanischen Weltmachtstellung kam, ihn jedoch andererseits seine politische Grundhaltung und die mangelnde Distanz gegenüber dem antiken Vergleich zu unzutreffenden Vorhersagen führten und seinen Blick auf die Realität erheblich trübten.

---

[104] Vergl. Berg, S. 50, Anm. 5.

»NOVUS ORDO SECLORUM«:

Franklin D. Roosevelt und der Zweite Weltkrieg

I. Franklin D. Roosevelts Bildungshorizont

Franklin Delano Roosevelt (1882-1945) wurde am 30. Januar 1882 als einziger Sohn wohlhabender Eltern auf einem großzügigen Landsitz im Staat New York geboren.[1] Schon als Kind reiste er mit seinem Eltern regelmäßig nach Europa und hielt sich längere Zeit in Frankreich, Großbritannien und Deutschland auf. Anders als bei seinem entfernten Cousin Theodore Roosevelt gibt es allerdings keine Hinweise darauf, dass er Länder mit einer ausgeprägten antiken Tradition besucht hätte. Franklin D. Roosevelt wurde zunächst nur von ausländischen Gouvernanten unterrichtet, von denen die Schweizerin Jeanne Sandoz offenbar nachhaltigen Einfluss auf ihn ausübte. Als er 1933 Präsident geworden war, schrieb er ihr in einem Brief, sie habe »mehr als irgendjemand anderes die Grundlage für meine Erziehung gelegt.«[2] Jeanne Sandoz hatte sich offenbar intensiv darum bemüht, dem in Luxus aufwachsenden Jungen auf christlicher Grundlage ein Bewusstsein für die Situation der Normalbürger zu vermitteln.

Sie griff dabei auch auf Beispiele aus der Antike zurück, was jedoch zunächst nicht immer die gewünschte Wirkung hatte. In einem Aufsatz mit dem Titel »Sur l'Histoire Ancienne«, der sich allerdings nur mit dem alten Ägypten beschäftigte, machte sich Roosevelt als Neunjähriger über die Lage der einfachen Ägypter unter den Pharaonen lustig: »Die arbeitenden Menschen besaßen nichts ... die Könige zwangen sie zu so harter Arbeit, dass sie, juhuu!, fast verhungerten und, hehe!, kaum Kleider hatten und zu Billiarden starben.«[3] Gleichwohl scheint sich die negative Sicht der ägyptischen Pharaonen bei Roosevelt tief eingeprägt zu haben, denn Jahrzehnte später äußerte er sich in seiner Nominierungsrede zur Annahme der dritten Präsidentschaftskandidatur auf ähnliche Weise über die Pharaonen und verglich sie mit den modernen Diktatoren: Die totalitär beherrschten Länder Europas seien gezwungen worden, »Regierungsformen anzunehmen, die von einigen ›neu und effizient‹ genannt

---

[1] Über die Jugend Franklin D. Roosevelts siehe u.a.: Geoffrey C. Ward, Before the Trumpet: Young Franklin Roosevelt, 1882-1905, New York 1986. Frank Freidel, Franklin D. Roosevelt. The Apprenticeship, Boston 1952. Kenneth S. Davis, FDR. The Beckoning of Destiny 1882 – 1928, New York 1972. Ted Morgan, FDR. A Biography, New York 1985. Detlef Junker, Franklin Delano Roosevelt 1933 – 1945. Visionär und Machtpolitiker, in: Heideking (Hg.), Die amerikanischen Präsidenten, a.a.O., S. 308 – 322.
[2] Morgan, S. 53.
[3] Zit. u.a. bei Freidel, S. 30, Morgan, S. 52, Davis, S. 75.

werden«, sagte er am 5. Mai 1940 in einer Rede an den Nominierungskonvent der Demokratischen Partei in Chicago. »Sie sind nicht neu, meine Freunde, sie sind nur ein Rückfall – ein Rückfall in die alte Geschichte. Die allmächtigen Herrscher des größten Teils des modernen Europa garantieren Effizienz und Arbeit und eine Art Sicherheit. Aber die Sklaven, die zum Ruhme der diktatorischen Pharaonen Ägyptens die Pyramiden bauten, hatten diese Art der Sicherheit, diese Art der Effizienz, diese Art eines durchorganisierten Staates.« Gleiches gelte für »die Bewohner jener Welt, die sich von Britannien bis nach Persien erstreckte unter der unbeschränkten Herrschaft der von Rom ausgesandten Prokonsuln. So auch die Diener, die Händler, die Söldner und die Sklaven des feudalen Systems, das Europa vor tausend Jahren beherrschte. Und so auch die Menschen jener europäischen Nationen, die ihre Könige und ihre Regierungen nach den Launen des Eroberers Napoleon erhielten. Was immer ihre neuen Ausschmückungen und neuen Parolen sind, Tyrannei ist die älteste und schändlichste Regierungsform der Geschichte.«[4]

Die erste und einzige öffentliche Grundschule seines Lebens besuchte Roosevelt 1891 für sechs Wochen in Bad Nauheim, wo sich sein Vater alljährlich zur Kur aufhielt. Bis zum Alter von 14 Jahren wurde er ansonsten weiter von Privatlehrern unterrichtet. Seit Herbst 1896 ging er auf die christliche Elite-Schule Groton in Massachusetts, an der »ein streng klassischer Lehrplan« mit besonderer Betonung der alten Sprachen galt.[5] Er belegte dort die Fächer Latein, Griechisch, Algebra, Englisch, Französisch, Geschichte, Wissenschaft und Religion. Während ihm Latein leicht fiel und er für seine Leistungen in diesem Fach sogar eine Shakespeare-Gesamtausgabe als Preis erhielt, tat er sich mit Griechisch wesentlich schwerer.[6] Insgesamt waren seine Schulleistungen durchschnittlich. Dies galt auch für seine Zeit auf dem College in Harvard, das er von 1900 bis 1904 besuchte und wo er im letzten Jahr die Studentenzeitung »Crimson« leitete. Nach Einschätzung seines Biographen Kenneth S. Davis hat Franklin D. Roosevelt durch seine Schul- und College-Ausbildung zwar keine eigene Geschichtsphilosophie, aber ein starkes historisches Bewusstsein entwickelt. »Er wurde dazu angeregt, aktuelle Ereignisse und Persönlichkeiten in einer historischen Perspektive zu sehen.« Dies habe sich verbunden mit einem ungebrochenen Glauben an die universelle Wohltätigkeit Gottes.[7]

Von 1904 bis 1907 studierte er Jura an der Columbia-Universität und trat anschließend in eine New Yorker Anwaltskanzlei ein. Schon zu diesem Zeitpunkt hatte er sich für eine politische Karriere entschieden, wobei er sich den Werdegang Theodore Roosevelts zum Vorbild nahm. 1910 wurde er – anders als sein Cousin allerdings für die Demokraten – Senator des Staates New York und 1913 Staatssekretär im Marineministerium. Sein offenbar unerschütterli-

---

[4] The President Accepts the Nomination for a Third Term. Radio Address to the Democratic National Convention in Chicago, Illinois, from the White House, Washington, D.C. July 19, 1940, at 12:25 a.m., in: Franklin D. Roosevelt, Public Papers, 1940, S. 293 – 303, S. 300 f. www.presidency.ucsb.edu/ws/index.php?pid=15980&st=&st1=
[5] Freidel, S. 40.
[6] ebenda, S. 41 u. 50.
[7] Davis, S. 140.

ches Selbstvertrauen trug mit dazu bei, dass er trotz einer Polio-Erkrankung 1921, seit der er schwer gehbehindert war, seine politische Karriere fortsetzen konnte und 1932 mit überwältigender Mehrheit zum Präsidenten gewählt wurde. Roosevelts Amtszeit von 1933 bis 1945 verlief zeitlich nahezu parallel zur Herrschaft Adolf Hitlers.

II. Isolationismus oder Intervention

Spätestens seit der Münchner Konferenz im Herbst 1938 war Franklin D. Roosevelt überzeugt, dass die USA aktiv gegen den deutschen Nationalsozialismus, den japanischen Imperialismus und den italienischen Faschismus vorgehen müssten und dazu auch der erneute Eintritt in einen Krieg notwendig sein könnte.[8] Die Beherrschung Europas durch Hitler-Deutschland und des asiatisch-pazifischen Raumes durch Japan berührte aus seiner Sicht auch die existenziellen Interessen der USA.[9] Darüber hatte der Kampf gegen die Diktaturen für Roosevelt auch stets eine starke ideelle Dimension: »Er war für ihn ein Kreuzzug zur Verteidigung der Freiheit gegen Aggressoren und Diktatoren«.[10] Während der 30er Jahre herrschte jedoch in den USA eine starke isolationistische Stimmung. So erschien 1935 ein umfangreicher Senatsbericht und wenig später eine populärhistorischer Bestseller,[11] in denen der Eintritt Amerikas in den Ersten Weltkrieg als Fehler bezeichnet wurde, der vor allem auf den Druck der Rüstungsindustrie zurückzuführen sei. Zwischen 1935 und 1937 verabschiedete der Kongress drei Neutralitätsgesetze, die eine Beteiligung der USA an ausländischen Kriegen verboten.

Nach dem deutschen Überfall auf Polen und der anschließenden Kriegserklärung Großbritanniens und Frankreichs an Deutschland erklärten sich die USA offiziell für neutral. Noch im Mai 1940 hielten nach einer Meinungsumfrage 64 Prozent der Amerikaner die Bewahrung des Friedens für wichtiger als die Bekämpfung der Nazis.[12] Erst nach dem Fall Frankreichs im Juni des gleichen Jahres kündigte Roosevelt die Neutralität der USA formal auf, versprach den »Gegnern der Gewalt« materielle Hilfe und beschloss eine verstärkte Aufrüstung zum Schutz des eigenen Landes.[13]

---

[8] Vergl. Barbara R. Farnham, Roosevelt and the Munich Crisis: A Study of Political Decision-Making, Princeton 1997.
[9] Vergl. Robert Dallek, Franklin D. Roosevelt and American Foreign Policy 1932 – 1945, New York 1979. Weitere Literaturhinweise bei Adams, Die USA im 20. Jahrhundert, S. 246 – 250.
[10] Junker, S. 320.
[11] Walter Millis, The Road to War. America 1914 – 1917, Boston 1935.
[12] Kissinger, Diplomacy, S. 392.
[13] Address at the University of Virginia, June 10, 1940, in: Franklin D. Roosevelt, Public Papers, 1940, S. 263 f. www.presidency.ucsb.edu/site/docs/pppus.php?admin=032&year=1940&id=59

Trotz der isolationistischen Opposition gegen seine Außenpolitik – so etwa durch das prominent besetzte »America First Committee« – wurde Roosevelt am 5. November 1940 als erster und einziger US-Präsident zum zweiten Mal wiedergewählt. Unmittelbar danach begann Roosevelt mit den Vorbereitungen für das schließlich im März 1941 vom Kongress verabschiedete »Leih- und Pacht-Gesetz« (»Lend and Lease Act«). Es gab dem US-Präsidenten die Vollmacht, Waffen, Kriegsmaterial und sonstige Waren ohne Gegenleistung an alle Länder zu liefern, deren Verteidigung zum Schutz der USA lebensnotwendig sei. Aus Rücksicht auf die öffentliche Meinung hielt Roosevelt aber bis zum Herbst 1941 an der Fiktion fest, die Unterstützung Großbritanniens solle das eigene Land aus dem Krieg heraushalten. Es bleibt offen, ob Roosevelt eine Kriegserklärung gegen Deutschland und Japan hätte durchsetzen können, wenn beide Länder ihm im Dezember 1941 nicht zuvorgekommen wären.

III. Keine Rückkehr zur antiken Sklaverei: Rede am 11. November 1940

Sechs Tage nach seiner erneuten Wiederwahl zum Präsidenten hielt Roosevelt am Waffenstillstandstag, dem 11. November 1940, eine Rede am Grab des Unbekannten Soldaten in Washington D.C.[14] In Erinnerung an das Ende des Ersten Weltkriegs war der 11. November seit 1938 als »Waffenstillstandstag« ein offizieller Feiertag in den Vereinigten Staaten und wurde 1954 in »Veteranentag« umbenannt. Das Grab ist in Form eines antiken Sarkophags gestaltet und steht auf einer Anhöhe des Soldatenfriedhofs Arlington.

Gleich im ersten Satz machte der Präsident deutlich, dass er eine Grundsatzrede halten wolle: »An diesem Tag, der an das Ende eines Kampfes zwischen Menschen in einem Weltkrieg erinnert, ist es mir erlaubt, auf die Geschichte der Zivilisation zurückzublicken, um wichtige Entwicklungen deutlich zu machen.« Er erinnerte daran, dass sich auf dem Staatswappen der Vereinigten Staaten die Worte »Novus Ordo Seclorum« befinden, die Roosevelt mit »Eine neue Ordnung der Zeitalter« übersetzt (»A New Order of the Ages«).

In nahezu jedem Jahrhundert seit Beginn der Geschichte seien Menschen überzeugt gewesen, eine Art neue Ordnung zu schaffen. Wenn man jedoch auf die Geschichte der Zivilisation zurückblicke, werde deutlich, dass es in den vergangenen 2500 Jahren nur einige wenige »Neue Ordnungen« gegeben habe. »Ohne Frage geht der Grundgedanke einer ordnungsgemäßen Regierung,

---

[14] Address on Armistice Day, Arlington National Cemetery. November 11, 1940, in: Franklin D. Roosevelt, Public Papers, 1940, S. 567 – 571. www.presidency.ucsb.edu/ws/index.php?pid=15898&st=&st1=

III. Keine Rückkehr zur Sklaverei 79

in der die Regierten in einer zivilisierten Gesellschaft ein Recht der Mitsprache hatten, auf die Tage des alten Griechenland zurück.« Dort sei die Grundidee der Demokratie erstmals in Wort und Schrift ausgedrückt worden, wenngleich die Praxis damit keineswegs in Übereinstimmung gewesen sei und sich auf eine relativ kleine Zahl von Menschen und eine relativ kleine geographische Region beschränkt habe. »Wir kamen zum Zeitalter Roms – ein Zeitalter einer merkwürdigen Mischung von Wahlen und Gesetzen und militärischer Eroberung und persönlicher Diktatur.« Aber es sei auch ein Zeitalter gewesen, das die damalige Zivilisation auf den größten Teil der damals bekannten Welt ausgedehnt habe. »Es war ein Zeitalter, das seine eigene Vorstellung von Gesetzen und Lebensstil Millionen von weniger zivilisierten Menschen aufzwang, die zuvor in Stammesgesellschaften oder unter zentralistischer Führung gelebt hatten. Keine Frage, Rom war ein Zeitalter.«

Dem Untergang Roms sei eine »dunkle Zeit« gefolgt, in der »das Schwert den Fortschritt verdrängt« habe. Diese Jahrhunderte könnten nicht als eigenes Zeitalter bezeichnet werden, sondern besäßen den Charakter einer Übergangszeit. »Dann, mit dem Wiedererwachen vor tausend Jahren, wurde mit den Kreuzzügen, dem Feudalsystem, den Zünften, den Königen und der Renaissance das Zeitalter unmittelbar vor dem unsrigen geboren und wuchs und blühte.« Es sei ein Zeitalter großer Vielfalt gewesen: »Künste und Literatur und Bildung und Entdeckungen – marschierende Heere, Fürsten und Reiche. Es gab noch keine Sicherheit für die Menschen. Demokratie war nicht erlaubt.«

Zum Ende dieses »großen Zeitalters« aber hätten kleine Bewegungen an kleinen Orten den nächsten Schritt nach vorne angekündigt, die Zeit von 1776, »das Zeitalter in dem wir dank Gott noch immer leben. Es ist wahr, dass diese Anfänge ihre Wurzeln in der alten Welt hatten, unter den Philosophen, und den Suchern vieler Arten von Freiheit, die von den Regierenden verboten wurden.« Diese Anfänge hätten sich am freiesten in den nordamerikanischen Kolonien entwickeln können. Dort sei der Geburts- und Entwicklungsort der Demokratie, wie sie seitdem in so vielen Ländern praktiziert werde. »Es entstand die erste weit reichende Regierung in der ganzen Welt, deren Grundprinzip die Demokratie war – die Vereinigten Staaten von Amerika.«

Dabei sei im grundlegende Sinne eine »neue Ordnung« entstanden. »Nichts dergleichen hatte es jemals zuvor gegeben.« Diese »neue Ordnung« habe sich schließlich in fast jedem Teil der zivilisierten Welt verbreitet. Im Laufe des folgenden Jahrhunderts habe fast jedes Volk über irgendeine Form der Demokratie verfügt. Amerika und die Britischen Inseln hätten die Lehre der Demokratie unter großen und kleinen Völkern verbreitet. »Und die ganze Welt fühlte zu Recht, dass sie Feudalismus, Eroberung und Diktatur hinter sich gelassen hatte«.

Die Menschen hätten so bis 1914 empfunden, als in einem Teil der Welt der Versuch gemacht worden sei, die »Neue Ordnung der Zeitalter« zu zerstören und durch das Recht des Stärkeren zu ersetzen. Dieser Versuch sei »mit unserer Hilfe vor 22 Jahren vereitelt worden«. Nach dem Krieg habe es »unpatriotische Bestrebungen einiger unserer Landsleute« gegeben, dieses Opfer für sinnlos zu erklären. Doch in hundert Jahren würden Historiker feststellen, dass der Weltkrieg die »Neue Ordnung der Zeitalter« für mindestens eine Generation gerettet habe. Wenn die »Achse von 1918« über die Alliierten gesiegt hätten, wäre es 1940 völlig unmöglich, die Demokratie zu verteidigen. Amerika sei stolz auf seinen Anteil an der Verteidigung der Demokratie.

»Ich für meinen Teil glaube nicht, dass die Epoche der Demokratie in der menschlichen Existenz zu unseren Lebzeiten ausgelöscht wird. (...) Ich für meinen Teil glaube nicht, dass die Welt in diesen Tagen zu einer modernen Form antiker Sklaverei zurückkehren wird oder zu Regierungen im Kleid eines modernen Feudalismus oder modernen Kaisern oder modernen Diktatoren oder modernen Oligarchen.« Die unterdrückten Völker selbst würden dagegen rebellieren.

»Wir, die wir heute leben, denken in den Kategorien unserer Großeltern und unserer eigenen Eltern und von uns selbst und in denen unserer Kinder – ja, und denen unserer Enkel. Wir, die wir heute leben – nicht nur in den bestehenden Demokratien, sondern auch in den Völkern der kleineren Nationen, die schon überrannt wurden – denken in größeren Kategorien des Erhalts der ›Neuen Ordnung‹, an die wir uns gewöhnt haben und die wir zu bewahren gedenken.«

Abschließend wandte sich Roosevelt an die »jungen Männer von 1917 und 1918«. Sie hätten dazu beigetragen, »diese Wahrheiten der Demokratie für unsere Generation zu retten. Vereint und mit großer Kraft kämpfen wir noch immer dafür, die neue Ordnung der Zeiten zu bewahren, die von den Vätern Amerikas begründet wurde.«

IV. Historische Traditionen

1) Verheißung des goldenen Zeitalters: Die vierte Ekloge Vergils

Das von Roosevelt zitierte Motto des US-Staatswappens stammt in abgewandelter Form aus der vierten Ekloge Vergils: »Magnus ab integro seclorum nascitur ordo«. In ihr wird die Geburt eines göttlichen Kindes angekündigt. Es werde das Zeitalter des Eisens ablösen und ein goldenes Zeitalter herbeiführen. Vergil schrieb die Ekloge um 41/40 v. Chr. rund ein Jahr nach der Schlacht von Philippi. Aus ihr spricht die Sehnsucht, dass die Jahrzehnte der Bürgerkriegswirren abgelöst werden von einer neuen Epoche des Friedens und der Freiheit. Vergil bezog seine Hoffnung vermutlich auf das erwartete Kind von Antonius und seiner Frau Octavia, der Schwester Octavians. Die christliche Interpretation deutete diese Ekloge später als Ankündigung der Geburt des Messias. Die entsprechenden Zeilen lauten in der deutschen Übersetzung:

»Letzte Weltzeit brach an – Prophetie der Sibylle von Kyme:
Groß von Beginn an wird geboren die Ordnung der Zeiten,

Nun kehrt wieder die Jungfrau, kehrt wieder saturnische Herrschaft,
neu wird entsandt ein Spross aus himmlischen Höhen.
Begrüßt die Geburt doch des Knaben,
mit dem die eiserne Weltzeit nun sich endet
und rings in der Welt eine goldene aufsteigt.«[15]

Es ist kein Zufall, dass ein abgewandeltes Zitat aus diesem Text für das Staatswappen der USA ausgewählt wurde, denn neben Cicero waren die amerikanischen Gründerväter mit kaum einem anderen antiken Autor so vertraut wie mit Vergil. »250 Jahre lang wurden Vergils Werke in ungebrochener Kontinuität von allen Amerikanern gelesen und studiert, die über eine akademische, nach dem britischen Erziehungsmodell geformte Ausbildung verfügten, sei es an den kolonialen und frühen nationalen Gymnasien oder den Akademien, High Schools und Colleges.«[16] John Adams (1735-1826), zweiter US-Präsident von 1797 bis 1801, nannte beispielsweise die Äneis einen »gut geordneten Garten, in dem kein Teil ungepflegt ist und wo das Auge an jeder Stelle eine schöne Pflanze oder Blume findet«.[17] In seiner umfangreichen Bibliothek fanden sich zahlreiche Werke Vergils sowohl im Original als auch in Übersetzungen. Sein Sohn John Quincy Adams (1776-1848), sechster Präsident von 1825 bis 1829, übersetzte als Schüler die Eklogen Vergils in englische Reime und nannte später die Georgica »die perfekteste Komposition, die jemals dem Geist eines Menschen entsprungen ist«.[18]

Auch Thomas Jefferson (1743-1826), Hauptautor der Unabhängigkeitserklärung und von 1801 bis 1809 dritter Präsident der USA, verehrte Vergil und brachte seine Wertschätzung für den römischen Dichter mit den Worten zum Ausdruck: »Aber wenn wir im Leben fortschreiten ... fällt eine Sache nach der anderen von uns ab, und ich vermute, es bleiben uns nur Homer und Vergil, vielleicht sogar nur Homer.«[19]

2) Das Staatswappen (»Great Seal«) der Vereinigten Staaten

Bereits im Jahr der Unabhängigkeitserklärung 1776 hatten Jefferson, Adams und Benjamin Franklin (1706-1790) ein Komitee gebildet, um für die neu gegründete Republik ein Staatswappen zu entwerfen.[20] Sechs Jahre später, am 13. Juni 1782, erhielt der damalige Sekretär des Kongresses, Charles Thomson (1729-1824), den Auftrag, die endgültige Gestalt dieses Wappens festzulegen. Der in Irland geborene Thomson war 1739 als Vollwaise nach Amerika ge-

---
[15] Vergil, Ekl. 4.4-9.
[16] Meyer Reinhold, Vergil in the American Experience from Colonial Times to 1882, in: Ders., Classica Americana, S. 221 – 248, S. 221.
[17] Zit. n. Reinhold, Vergil, S. 232.
[18] Zit. n. Reinhold, Vergil, S. 222 f.
[19] Zit. n. Reinhold, Vergil, S. 232.
[20] Zur Geschichte des »Great Seal« siehe Literaturhinweise bei Reinhold, Classica Americana, S. 247, Anm. 87. Siehe auch www.greatseal.com/

kommen, wo er zu einem erfolgreichen Kaufmann aufstieg. Er verfügte über hervorragende Latein- und Griechisch-Kenntnisse und leitete bis 1760 die Latein-Schule an der Akademie in Philadelphia.[21] Thomson schloss sich bereits früh dem Unabhängigkeitskampf gegen die Briten an und wurde 1774 zum Sekretär des Kontinental-Kongresses gewählt. Diese Funktion behielt er bis zur Auflösung dieses Gremiums 1789. Nach seinem Rückzug aus der Politik übersetzte er das Neue Testament aus dem Griechischen ins Englische und veröffentlichte eine Synopse der vier Evangelien.

Thomson übernahm für die endgültige Fassung des Wappens mehrere bereits vorliegende Entwürfe, brachte jedoch auch eigene Ideen ein. Dazu gehören die beiden auf Vergil zurückgehenden Zitate »Annuit Coeptis« und »Novus Ordo Seclorum« auf der Rückseite des Wappens. Die Worte »Annuit Coeptis« (»Er schützt unsere Werke«) stehen auf dem Wappen über dem Auge der Vorsehung und sollen den besonderen Schutz Gottes für die Vereinigten Staaten und ihren Unabhängigkeitskampf zum Ausdruck bringen. Diese Worten finden sich sowohl in der Äneis als auch in den Georgica.[22] Das Zitat »Novus Ordo Seclorum« befindet sich unter einer unvollendeten Pyramide, an deren Fuß die Jahreszahl der Unabhängigkeitserklärung MDCCLXXVI eingelassen ist. Thomson begründete die Auswahl dieses Motto mit den Worten, dass damit der »Beginn des neuen amerikanischen Zeitalters« gewürdigt werden soll.[23] Hannah Arendt hat darauf hingewiesen, dass die Gründerväter das »magnus« im Originaltext von Vergil durch ein »novus« ersetzten. Damit hätten sie zum Ausdruck gebracht, »dass es sich diesmal nicht darum handelte, ›Rom neu‹, sondern ein ›neues Rom‹ zu gründen, dass also der Faden, welcher die Geschichte des Abendlandes an die Gründung der ewigen Stadt und diese wiederum an die prähistorische Geschichte Griechenlands und Trojas band, gerissen war und nicht mehr neu geknüpft werden konnte«.[24]

Das Motto »E pluribus unum« (»Einheit aus der Vielfalt«) auf der Vorderseite des Wappens war bereits 1776 vom ersten Komitee für die Gestaltung des Staatswappens ausgewählt worden und steht für den Zusammenschluss der 13 amerikanischen Gründungsstaaten zu einem Bundesstaat. Auch diese Formulierung findet sich als »color est e pluribus unus« bei Vergil.[25] Die Gründerväter entnahmen es allerdings vermutlich der Titelseite der in London publizierten und in Amerika populären Zeitschrift »Gentleman's Magazine«.

Am 20. Juni 1782 wurde Thomsons Entwurf vom Kongress beschlossen und blieb bis heute nahezu unverändert. Während die Vorderseite des Siegels seit dieser Zeit bei zahlreichen offiziellen Anlässen benutzt wird und mit geringfügigen Änderungen auch als Wappen des Präsidenten dient, blieb die Rückseite mit den beiden von Vergil entlehnten Zitaten lange Zeit weitgehend unbekannt. 1935 setzte Roosevelt jedoch durch, dass die Vorder- und Rückseite

---

[21] Meyer Reinhold, Classica Americana, S. 65.
[22] Vergil, Än. 9.625; Georg. 1.40.
[23] Vergl. auch Forrest McDonald, Novus Ordo Seclorum: The Intellectual Origins of the Constitution, Lawrence/Kansas 1985.
[24] Hannah Arendt, Über die Revolution, München 1974, S. 273.
[25] Vergil, Moretum 103.

des Wappens auf die Ein-Dollar-Note gedruckt wurden. Seitdem trägt jeder Besitzer einer Ein-Dollar-Note Zitate Vergils mit sich.

V. Der Verweis auf die Antike

Bereits Anlass und Ort der Rede Franklin D. Roosevelts am 11. November 1940 erinnerten an die Totenreden der Antike. Am klassizistischen Grab des Unbekannten Soldaten auf dem Soldatenfriedhof Arlington wandte sich der Präsident an die Nation, um der Opfer des vergangenen Weltkriegs zu gedenken. Vor allem aber nutzte er die Rede dazu, die möglichen Opfer eines neuen Krieges zu rechtfertigen, der ihm im November 1940 als nahezu unausweichlich erschien. Aufgrund seiner gerade erfolgten Wiederwahl konnte er davon ausgehen, dass ihm das amerikanische Volk für seine unnachgiebige Politik gegenüber den Achsenmächten ein klares Mandat erteilt hatte, wenngleich er auf die isolationistische Stimmung in seinem Land weiterhin Rücksicht nehmen musste.

Indem er das fünf Jahre zuvor auf die Ein-Dollar-Note gedruckte Motto »Novus Ordo Seclorum« zum Leitmotiv seiner Rede wählte, nahm er den Begriff »Neue Ordnung« auf, den auch die Diktaturen Europas und Asiens immer wieder benutzten, um damit ihre Eroberungen zu rechtfertigen. Dieser auf Gewalt und Unterdrückung beruhenden »Neuen Ordnung« der modernen Tyrannen stellte Roosevelt die am Ideal der Freiheit und Demokratie orientierte »Neue Ordnung« der amerikanischen Gründerväter gegenüber. Auch in seinem im Radio übertragenen »Kamingespräch« am 29. Dezember 1940, in dem er das »Leih und Pacht«-Gesetz für Großbritannien rechtfertigte und Amerika als »Arsenal der Demokratie« bezeichnete, ging Roosevelt auf diesen Gegensatz ein. »Sie mögen von einer ›neuen Ordnung‹ reden, aber sie denken nur an eine Wiederbelebung der ältesten und schlimmsten Tyrannei. In ihr gibt es keine Freiheit, keine Religion, keine Hoffnung.«[26]

In seiner Rede am 11. November definierte Roosevelt vier Epochen der Weltgeschichte: das antike Griechenland, das antike Rom, die Zeit vom 10. Jahrhundert bis 1776 und schließlich die Zeit seit der amerikanischen Unabhängigkeitserklärung. Den Jahrhunderten zwischen dem Untergang Roms und »dem Wiedererwachen vor tausend Jahren« sprach Roosevelt den Charakter einer eigenen Epoche ab. Die beiden zentralen Kriterien für seine Einteilung sind der Grad der Freiheit und der Grad der Zivilisation, der in den jeweiligen Zeitaltern erreicht worden sei.

---
[26] Fireside Chat on National Security. White House, Washington, D.C., December 29, 1940. in: Franklin D. Roosevelt, Public Papers, 1940, S. 633 – 644, S. 639. www.presidency.ucsb.edu/ws/index.php?pid=15917&st=&st1=

Das antike Griechenland wurde unter diesem Blickwinkel zum Beginn der Weltgeschichte, da in ihm erstmals im Rahmen einer zivilisierten Gesellschaft »die Grundidee der Demokratie« entwickelt worden sei. Weder das antike Griechenland noch das antike Rom wurden von Roosevelt verklärt, sondern eher distanziert gewürdigt. So kritisierte er, dass sich die Praxis der griechischen Demokratie nicht in Übereinstimmung mit der Theorie befunden und auf einen relativ kleinen Raum beschränkt habe. Das Zeitalter Roms charakterisierte Roosevelt mit den Schlagworten Wahlen, Gesetze, militärische Eroberung und persönliche Diktatur. Die ersten beiden Begriffe sind positiv besetzt, die letzten beiden negativ. Zum Abschluss dieser Passage würdigte er die zivilisatorischen Leistungen Roms, so dass die positive Sicht Roms überwog. Indem er der Zeit vom Fall Roms im fünften Jahrhundert bis zum »Wiedererwachen« im zehnten Jahrhundert einen Epochencharakter abspricht, bewertete er den Untergang Roms ähnlich wie zuvor Theodore Roosevelt in der Tradition Edward Gibbons. Das Ende des weströmischen Reiches im fünften Jahrhundert wurde von beiden Präsidenten als tief greifende Zäsur gesehen, die einen beträchtlichen zivilisatorischen Rückschritt mit sich brachte. Ein Sieg der Diktaturen über das 1776 angebrochene »demokratische Zeitalter« wäre in dieser Logik ein Pendant zum Fall Roms unter dem Ansturm der Barbaren.

Es ist bemerkenswert, dass Roosevelt den Beginn des dritten von ihm beschriebenen Zeitalters auf die Mitte des zehnten Jahrhunderts datiert und diese Epoche bis zur amerikanischen Unabhängigkeitserklärung dauern lässt. Zum einen erscheint der Beginn als etwas willkürlich gewählt, da beispielsweise Karl der Große und die karolingische Renaissance der »dunklen Zwischenzeit« zugerechnet werden. Auch ignorierte Roosevelt den schon damals allgemein akzeptierten Epochenwechsel vom Mittelalter zur Neuzeit um das Jahr 1500. Möglicherweise war Roosevelt dabei von Oswald Spengler beeinflusst, der im »Untergang des Abendlandes« die antike »apollinische« Kultur mit der Schlacht von Actium 31 v. Chr. enden und die europäische »faustische« Kultur um das Jahr 1000 beginnen ließ. Ansonsten allerdings unterscheidet sich Roosevelts »Ordnung der Zeiten« grundlegend von der Periodisierung Spenglers.[27]

Das Zeitalter von der Mitte des zehnten Jahrhunderts bis 1776 beschrieb Roosevelt mit zwölf Schlagworten, die in der Mehrzahl zivilisatorische oder militärische Leistungen bezeichnen. Als negative Merkmale dieser Zeit betonte er, dass es für die Menschen »keine Sicherheit« gegeben habe und Demokratie »nicht erlaubt« war. Gleichwohl fiel sein Gesamturteil über diese Zeit eher wohlwollend aus, zumal er mit den Begriffen Künste, Literatur, Bildung und Entdeckungen vier positiv besetzte Begriffe hintereinander nannte, die nicht von entsprechenden negativen Merkmalen konterkariert wurden.

Indem er das Jahr 1776 als Beginn des vierten Zeitalters der Menschheitsgeschichte deutete, wurde die Staatsgründung der Vereinigten Staaten zur Er-

---
[27] Oswald Spengler, Der Untergang des Abendlandes. Umrisse einer Morphologie der Weltgeschichte, München 1918/22. Vergl. Demandt, Untergang Roms, S. 447.

füllung einer weltgeschichtlichen Mission. Die USA und in ihrem Gefolge Großbritannien seien zu Trägern jener »neuen Ordnung« geworden, die sich nach 1776 in allen zivilisierten Ländern der Welt ausgebreitet habe. Roosevelt schilderte diese »neue Ordnung« als eine Art goldenes Zeitalter, da in ihr »Feudalismus, Eroberung und Diktatur« überwunden worden seien. Die Gegner Amerikas und Großbritanniens im Ersten Weltkrieg, dessen Ende sich am Tag der Rede zum 22. Mal jährte, bezeichnete er als Feinde jener »Neuen Ordnung«, die an ihre Stelle das »Recht des Stärkeren« setzen wollten. Mit dieser Bemerkung rechtfertigte er den Eintritt der USA in den Ersten Weltkrieg als Verteidigung jenes vierten weltgeschichtlichen Zeitalters, das mit Gründung der Vereinigten Staaten begonnen habe und auch die positiven Traditionen des antiken Griechenland, des antiken Rom und Europas seit dem zehnten Jahrhundert n. Chr. in sich vereinige. Eine stärkere Rechtfertigung für einen Krieg und die damit verbundenen Opfer ist kaum vorstellbar.

Mit der Bemerkung, der Weltkrieg habe die »Neue Ordnung der Zeiten« für mindestens eine Generation gerettet, wandte sich Roosevelt der Gegenwart zu und machte zugleich deutlich, dass diese Ordnung erneut bedroht sei. Der nun geäußerte Gedanke, dass die modernen Diktaturen der antiken Sklaverei oder dem mittelalterlichen Feudalismus entsprächen, findet sich in verschiedener Form bei Roosevelt immer wieder, so etwa in der bereits zitierten Nominierungsrede vom Mai 1940 oder auch in seinem Kamingespräch vom Dezember 1940.[28] Der vom Präsidenten für unausweichlich gehaltene Kampf Amerikas gegen Hitler, Mussolini und das imperiale Japan wurde somit zum Teil eines 2500-jährigen Ringens zwischen Gut und Böse. Die Frontstellung Amerikas gegen die modernen Diktatoren war damit zugleich eine Verteidigung der zivilisatorischen oder demokratischen Traditionen Griechenlands und Roms.

Indem Roosevelt das Motto »Novus Ordo Seclorum« zum Leitgedanken seiner Rede machte und das Jahr 1776 zum Beginn einer neuen, bis in die Gegenwart reichenden weltgeschichtlichen Epoche erklärte, stellte er sich zugleich in die Tradition der Gründerväter. Er machte seinen isolationistischen Kritikern den Anspruch streitig, sich allein auf das Vermächtnis der Staatsgründer berufen zu können. Die Aufforderung aus der Abschiedsbotschaft George Washingtons von 1796, sich nicht in die Händel anderer Länder verstricken zu lassen, erschien den Anhängern des Isolationismus noch immer als unverzichtbare Handlungsmaxime.[29] Mit seiner Rede vom 11. November 1940 unternahm Roosevelt den Versuch, eine in großen Teilen widerstrebende Öffentlichkeit auch mit Hilfe geschichtsphilosophischer Argumente von der Unvermeidbarkeit einer Auseinandersetzung mit den Diktaturen Europas und Asiens zu überzeugen.

---

[28] Fireside Chat on National Security, a.a.O., S. 643.
[29] Vergl. Kissinger, Diplomacy, S. 389.

VI. Das antike Erbe Amerikas – Artikel in der Zeitschrift »Foreign Affairs« 1941

Fünf Monate nach der Rede Roosevelts zum Waffenstillstandstag erschienen in der führenden außenpolitischen Zeitschrift der USA, der vom »Council on Foreign Relations« herausgegebenen »Foreign Affairs«, gleich zwei Artikel über die Bedeutung der Antike für die aktuelle weltpolitische Auseinandersetzung mit Nazi-Deutschland. Die Veröffentlichung von zwei Beiträgen mit Bezug auf die Antike wie in der April-Ausgabe 1941 ist in dieser Zeitschrift ungewöhnlich. Es ist denkbar, dass die Entscheidung der »Foreign Affairs«-Redaktion, in der Aprilausgabe 1941 diese Aufsätze zu veröffentlichen, direkt oder indirekt von Roosevelts Rede am 11. November des Vorjahres beeinflusst war.

In dem Artikel »Our Heritage from the Law of Rome« vertrat Charles Howard McIlwain, Politikprofessor an der Harvard Universität, die These, dass die römische Rechtstradition wichtigen Einfluss auf das Gewohnheitsrecht (»Common Law«) der angloamerikanischen Länder gehabt habe und in der aktuellen Auseinandersetzung mit Nazi-Deutschland verteidigt werden müsse.[30] In der gleichen Ausgabe erschien der Beitrag »Demosthenes Redivivus«, in dem der in Berlin geborene und aus Deutschland emigrierte Historiker Frederick H. Cramer, Geschichtsprofessor am Mount Holyoke College in Massachusetts, historische Parallelen zwischen der Bedrohung Griechenlands durch Philipp II. und der Bedrohung Amerikas durch Hitler beschrieb.[31] Beide Artikel hatten das Ziel, unter Berufung auf die Antike die harte Politik Franklin D. Roosevelts gegenüber den Diktaturen in Europa und Asien zu unterstützen. Ohne die Rede zu erwähnen, knüpfte zumindest McIlwain in seinem Aufsatz indirekt an sie an. Indem er die Bedeutung der römischen Rechtstradition für den Schutz des Individuums im angloamerikanischen Rechtssystem betonte und der »Despotie« Hitlers gegenüberstellte, bestätigte er aus wissenschaftlicher Sicht an einem konkreten Beispiel die These des Präsidenten, dass es beim Kampf gegen den Nationalsozialismus auch um die Bewahrung von Traditionen gehe, die bis in die Antike zurückreichen. Der Artikel von Cramer könnte zumindest indirekt ebenfalls von Roosevelts Rede beeinflusst sein, denn er beschrieb den Kampf des Demosthenes, eines herausragenden Repräsentanten der griechischen Demokratie, gegen die Tyrannei, die Roosevelt wiederholt als »älteste und schändlichste Regierungsform der Geschichte« brandmarkte.

---

[30] Charles Howard McIlwain, Our Heritage from the Law of Rome, in: Foreign Affairs, Vol. 19, No. 3, April 1941, S. 597–608.
[31] Frederick H. Cramer, Demosthenes Redivivus, in: Foreign Affairs, Vol. 19, No. 3, April 1941, S. 530–550.

VI. Die Sicht der Historiker: Das antike Erbe Amerikas

1) CHARLES HOWARD MCILWAIN ÜBER DAS RÖMISCHE RECHT

McIlwain begann seinen Artikel mit der Feststellung, in England und den USA würde das Römische Recht gemeinhin mit einer Rechtfertigung des Absolutismus gleichgesetzt. Dies stehe jedoch im Widerspruch zu der Tatsache, dass gerade die Nazis das Römische Recht ablehnten, weil sein »Universalismus, Rationalismus und Individualismus« ihrer Ideologie einer arischen Herrenrasse entgegenstehe. McIlwain führte die negative Bewertung des Römischen Rechts im angelsächsischen Raum auf eine Bemerkung des englischen Rechtsgelehrten John Fortescue (ca. 1385-1479) zurück. Fortescue habe es im 15. Jahrhundert als Grundprinzip des Römischen Rechts bezeichnet, dass der Wunsch des Fürsten Gesetz werde. Diese einseitige Bewertung sei jedoch unzutreffend, wie McIlwain anhand mehrerer historischer Beispiele zu belegen versucht. Vor allem zwischen dem 11. und dem 13. Jahrhundert habe das Römische Recht entscheidenden Einfluss auf die Entwicklung des englischen Rechtssystems gehabt. »Es war zu dieser Zeit und nicht später, dass unser Gewohnheitsrecht und unsere Vorstellung über das Verhältnis von Recht und Regierung, ja unsere gesamte Idee des Staates in weiten Teilen jene Form annahmen, die sie bis heute behalten haben.«[32]

Zwar gehe der Schutz des Individuums, »den wir heute schätzen«, auf lokale Bräuche in England zurück. Doch habe die »Wiederbelebung« des Römischen Rechts im hohen Mittelalter die Vereinheitlichung dieser Bräuche ermöglicht und vor allem auch die Instrumente bereitgestellt, um Verstöße dagegen zu ahnden. Auch das Prinzip »No taxation without representation«, das in der amerikanischen Revolution eine wichtige Rolle spielte, gehe auf eine solche Mischung römischer und mittelalterlicher Rechtsprinzipien zurück. Wie das »Common Law« habe auch das Römische Recht dem Einzelnen einen Schutzraum geboten, »in den die Macht des Fürsten auf rechtmäßige Weise nicht eindringen konnte«.

Im gegenwärtigen Krieg gehe es um weit mehr als nur die Vorherrschaft in Europa oder sogar der Welt. Die von den Nazis angestrebte »neue Ordnung« würde »auf einen Schlag« eine mehr als zweitausendjährige Tradition zerstören. Das Römische Recht sei zwar bei weitem nicht der einzige, aber doch ein wichtiger Teil dieses Erbes, der in der angelsächsischen Welt gelegentlich unterschätzt worden sei. Das erschreckende Wiederaufleben eines Absolutismus, »den wir für immer überwunden glaubten«, mache die Verpflichtung gegenüber dem Römischen Recht deutlicher. Gegenwärtig befinde man sich in der ernstesten Krise der Weltgeschichte seit 1000 Jahren. »Weil das Stammesdenken der Nazis die Universalität des Römischen Rechts zurückweist, wissen wir umso besser, dass wir es um jeden Preis erhalten müssen; weil die Despotie des heutigen Deutschland alle individuellen Rechte unterdrückt, die vom Römischen und Englischen Recht geschützt werden, sind wir uns umso mehr der Bedeutung dieser Rechte bewusst und umso mehr entschlossen, sie nicht von der Erde verschwinden zu lassen.« Diese abschließende Formulierung

---
[32] McIlwain, S. 604.

»shall not perish from the earth« erinnert an das gleichlautende Ende der »Gettysburg Address« Abraham Lincolns.

2) Frederick H. Cramer über Demosthenes

Der Artikel »Demosthenes Redivivus« Frederick H. Cramers, der ebenfalls im April 1941 in »Foreign Affairs« erschien, trug den Untertitel »Eine Episode aus der Geschichte des Isolationismus«.[33] Cramer versetzte seine Leser zurück ins Jahr 355 v. Chr.: »Perikles war tot, aber die Akropolis stand.« Nach zwei gescheiterten Versuchen, Griechenland mit dem ersten und zweiten Attischen Seebund unter seiner Führung zu einigen, habe es in Athen eine starke isolationistische Stimmung gegeben. »Generationen deutscher Historiker von Droysen bis Drerup und Kahrstedt« hätten die Auffassung vertreten, dass es die Aufgabe Makedoniens unter Philipp II. gewesen sei, »durch brutale Kraft« zu erreichen, woran das demokratische Athen mit seinen Mitteln gescheitert sei: die Einigung Griechenlands. Dieser »defätistischen Sicht« hätten unter anderem Georges Clemenceau und der – 1936 in die USA emigrierte – deutsche Althistoriker Werner Jaeger widersprochen.

Athen sei keineswegs blind in seinen Untergang gelaufen, sondern habe immer wieder die Möglichkeit gehabt, seinen isolationistischen Kurs zu verlassen und sich gegen die Bedrohung durch Makedonien zu wehren. Demosthenes habe früh die Gefahr erkannt, die von Philipp II. für das demokratische Athen ausging, sei am Ende jedoch leider erfolglos geblieben. Anhand zahlreicher und zum Teil umfangreicher Zitate aus den Reden von Demosthenes machte Cramer deutlich, wie der athenische Staatsmann immer wieder vor der Gefahr durch Philipp II. warnte. Die Argumente der Gegner des Demosthenes seien dabei weitgehend identisch gewesen mit den Argumenten der Isolationisten in den modernen Demokratien – etwa dergestalt, dass die Opfer von Makedoniens Aggression weit entfernt lägen, Athen davon nicht bedroht sei und die unbedingte Bewahrung des Friedens ein hohes Gut sei. Wie heute sei es den Isolationisten auch damals ohne große Mühe gelungen, »den weitsichtigen Plan für eine gemeinsame Verteidigungsfront aller griechischen Demokratien gegen ihre Feinde« zu vereiteln. »Warum sollte Athen einen Finger rühren? Die Gegenwart war so angenehm und das Leben so komfortabel.«

Diesem weit verbreiteten Gefühl habe Demosthenes in der 1. Olynthischen Rede mit dem zunächst erfolgreichen Argument widersprochen, dass Athen jetzt noch die Wahl habe, ob es in der Ferne oder auf eigenem Territorium gegen Philipp kämpfen wolle. Das zunächst großzügige Hilfsprogramm für Olynthos sei von den Anhängern des Isolationismus jedoch bald auf ein »Rinnsal von Männern und Waffen« reduziert worden.

Erst nachdem Olynthos und anschließend die Phoker von Philipp II. unterjocht worden seien, habe Athen trotz des Philokrates-Friedens den Versuch

---

[33] Zur Demosthenes-Rezeption vergl. Ian Worthington (Hg.), Demosthenes: Statesman and Orator, London New York 2000.

unternommen, »das selbst gebaute Gefängnis des Isolationismus zu verlassen«. Denn Demosthenes habe gewusst, dass »Frieden zwischen den Kräften der Despotie und der Demokratie nur ein Waffenstillstand ist«. Doch obwohl es Athen am Ende sogar gelungen sei, sich mit Theben gegen Makedonien zu verbünden, habe dies den Sieg Philipps II. bei Chaironeia 338 v. Chr. nicht verhindern können. »Zu lange waren die Kräfte des Isolationismus, des Appeasements und der Reaktion am Werk gewesen. Und deshalb fiel Athen.«

Erinnerte McIlwain die Amerikaner in der Aprilausgabe 1941 von »Foreign Affairs« an ihre römischen Wurzeln, so stellte der deutsche Emigrant Cramer die Vereinigten Staaten im gleichen Heft in die Tradition des demokratischen Griechenland. Ähnlich wie etwa die Autoren der »Federalist Papers« warnte auch er die Amerikaner davor, die Fehler der Griechen in der Gegenwart zu wiederholen.

Im Mai 1941 erschien in der britischen althistorischen Fachzeitschrift »Greece & Rome« ein Artikel, in dem ebenfalls Parallelen zwischen der Bedrohung der modernen Demokratien durch Nazi-Deutschland und der griechischen Demokratien durch das Makedonien Philipp II. gezogen wurden. Unter Berufung auf zahlreiche Demosthenes-Zitate rechtfertigte Adela M. Adam in dem Beitrag »Philipp alias Hitler« mehrfach die Bombenangriffe der britischen Luftwaffe gegen Ziele in Deutschland.[34]

Die Autorin schrieb einleitend, sie sei durch die Bitte eines Verwandten, ihr für eine Laudatio einige Demosthenes-Zitate herauszusuchen, auf die »Kranzrede« gestoßen und habe dort »bemerkenswerte Parallelen zu Ereignissen 1940 in Europa« entdeckt. Ähnlich wie Hitler habe auch Philipp einen Ort nach dem anderen erobert und sich immer größere Ziel gesucht. Während jedoch Philipps »neue Ordnung« wegen der Uneinigkeit der Griechen ohne Alternative gewesen sei und am Ende auch positive Auswirkungen gehabt habe, könne dies von einer »totalitären Herrschaft der Achsenmächte über jeden Kontinent« nicht behauptet werden.

Adam beschrieb die verschiedenen Eroberungen Philipps, auf die Athen nicht angemessen reagiert habe. »Es entschuldigt Athen, dass es kein ›Mein Kampf‹ lesen konnte, doch auch damals sickerten Nachrichten schnell genug durch.« Es seien in Athen »schöne Reden über den Wunsch der Staaten nach Unabhängigkeit gehalten worden, doch nichts passierte«. Ähnlich wie Cramer zitierte auch Adam zahlreiche Warnungen des Demosthenes vor der Gefahr durch Philipp und stellte sie in einen aktuellen Bezug. So wie Demosthenes seine Landsleute aufgefordert habe, Philipp »mit unseren Schiffen und anderen Kräften zu jagen«, müsse auch die Royal Air Force Ziele in Deutschland bombardieren. Wenig später führte sie ein weiteres Demosthenes-Zitat zur Rechtfertigung des Bombenkrieges an: »Wenn Städte oder Diktatoren Krieg weit entfernt von der Heimat führen, sehen die Massen nicht das Unheil. Aber wenn die Krieg an die eigenen Grenzen kommt, wird alles klar.«

Wie in Athen seien auch in England die Befürworter einer Gegenwehr zunächst als »Kriegstreiber« geschmäht worden. Die Berichte von Reisenden

---

[34] Adela M. Adam, Philip alias Hitler, in: Greece & Rome, Vol. X, No. 30, May 1941, S. 105 – 113.

über »den Charme von Philipp und die Erfolge in Makedonien können uns an die Besucher von Deutschland und Italien erinnern, die sich nach ihrer Rückkehr begeistert über Autobahnen, pünktliche italienische Züge, Neubauten in Berlin« und Ähnliches geäußert hätten. Aeschines, der im Gegensatz zu Demosthenes für eine Verständigung Athens mit Makedonien eintrat, bezeichnete sie als den »Quisling der damaligen Zeit«. In der Eroberung von Elateia 339 v. Chr. durch Philipp sah sie wiederum Parallelen zur Besetzung der Kanalinseln durch die Wehrmacht. »Glücklicherweise hatten wir noch kein Chaironeia – dem Film, der jetzt in Deutschland gedreht wird, fehlt die Schluss-Szene von Britanniens Kapitulation.«

Es ist bemerkenswert, dass 1941 nahezu zeitgleich in einer führenden außenpolitischen Zeitschrift der USA und einer führenden althistorischen Zeitschrift Großbritanniens Beiträge erschienen, in denen der Kampf beider Länder gegen Nazi-Deutschland mit dem Kampf des Demosthenes gegen Philipp II. verglichen und die jeweiligen Regierungen zu einer harten Haltung gegenüber Nazi-Deutschland ermutigt wurden.

VII. Xerxes gleich Stalin – Harry S. Truman über historische Parallelen zur Gegenwart 1951

Der von Franklin D. Roosevelt mehrfach geäußerte Gedanke, dass es Parallelen zwischen antiken Tyrannen und modernen Diktatoren gebe, findet sich in abgewandelter und sehr oberflächlicher Form auch in zwei Reden seines Nachfolgers Harry S. Truman (1884-1972) während des Korea-Krieges.

Truman wurde als Sohn eines Kleinfarmers in Missouri geboren. Wegen Geldnöten seines Vaters konnte er nach der High School nicht das College besuchen und führte seit 1914 mit Erfolg den Familienbetrieb. Nach seiner Teilnahme am Ersten Weltkrieg in Frankreich eröffnete er ein Textilgeschäft, das jedoch bald in Konkurs ging. 1922 wurde er in seinem Heimatstaat zum »Judge« gewählt, einer Art Verwaltungsbeamten. Er engagierte sich in der Demokratischen Partei und stieg 1934 zum Senator von Missouri auf. Nachdem er von 1941 bis 1944 ein Sonderkomitee zur Kontrolle der Rüstungsproduktion für den Weltkrieg geleitet hatte, wurde er nach der erneuten Wiederwahl Roosevelts im November 1944 Vizepräsident der USA und übernahm nach dem Tod des Präsidenten am 12. April 1945 das Amt des Staatsoberhaupts, das er bis Anfang 1953 innehatte.

Im Januar 1951 stand der Korea-Krieg erneut vor einer Wende. Nach dem Überfall Nordkoreas auf den Süden im Juni 1950 hatte im September unter Führung des amerikanischen Generals Douglas MacArthur eine Gegenoffensive begonnen, die nach wenigen Wochen erst an der chinesischen Grenze zum Stehen kam. China griff daraufhin in den Krieg ein und drängte die US-Truppen ab November wieder in den Süden zurück. Am 4. Januar 1951 fiel die Hauptstadt Seoul zum zweiten Mal innerhalb weniger Monate an die Kommunisten. Am 15. Januar wurde die Offensive südlich von Seoul gestoppt. Nach Rückeroberung der mittlerweile fast völlig zerstörten Stadt durch die Amerikaner stabilisierte sich die Front im April nahe der ursprünglichen Grenzlinie am 38. Breitengrad.

In einer Ansprache bei einem Bankett von Kongressabgeordneten seiner Demokratischen Partei am 11. Januar 1951 lobte Truman zunächst in teilweise anekdotenhaftem Stil seinen Vizepräsidenten und den Sprecher des Repräsentantenhauses.[35] Anschließend nannte er in ebenfalls eher lockerem Ton mehrere Beispiele dafür, dass die größten Präsidenten in der amerikanischen Geschichte meist jene gewesen seien, die von ihren Zeitgenossen am heftigsten kritisiert wurden.

Truman bekannt sich zu dem Ziel, »nicht nur für das Wohl der Vereinigten Staaten selbst, sondern für das Wohl der ganzen Welt zu arbeiten«. Da bereits seine Vorredner Beispiele aus der Geschichte angeführt hätten, wolle auch er einige Analogien zwischen Vergangenheit und Gegenwart nennen: »Sie alle erinnern sich, was mit Xerxes geschah, als er die griechischen Republiken zermalmen wollte. Sie alle erinnern sich, was die Römische Republik für eine schreckliche Zeit erlebte, als Hannibal 21 Jahre lang in Italien von Sieg zu Sieg zog.« Er wisse nicht, ob sich seine Zuhörer daran erinnerten, »aber ohne Karl Martell hätte es kein christliches Europa gegeben. Er verhinderte den Untergang des christlichen Europa bei Tours. Dann gab es rund 500 Jahre später einen gewissen Mongolen – und wir haben es gerade jetzt mit Mongolen zu tun –, der so weit nach Westen kam, dass er Wien erreichte; aber er wurde vor Wien gestoppt und kam nie weiter. Die christliche Welt überlebte.« Diese Bemerkungen zielten offensichtlich auf den Fall Seouls wenige Tage zuvor. Auch in der Gegenwart gehe es um einen weltweiten Konflikt zwischen moralischen und materialistischen Werten, zwischen Menschen, die an »einen Moralkodex auf Grundlage der Bergpredigt glauben« und Menschen, die an keinen Moralkodex glaubten, sondern nur an materialistische Werte. Er wolle Frieden in der Welt, allerdings nicht um jeden Preis. »Ich will Frieden in Freiheit und Gerechtigkeit.«

Acht Tage nach dieser Rede hielt Truman am 19. Januar 1951 bei einer Preisverleihung der »Gesellschaft von Wirtschaftsredakteuren« erneut eine Ansprache, in der er die Kommunisten mit historischen Personen aus der Antike verglich.[36] Nachdem er zunächst den geehrten Journalisten gewürdigt und dann kurz über die Bekämpfung der Inflation geredet hatte, kam er zum außenpolitischen Teil der Ansprache. Er begann ihn mit der erneuten Bemerkung, dass sich die USA in einem Kampf befänden »zwischen Menschen, die an geistige

---

[35] Remarks at a Buffet Supper for Democratic Members of Congress, January 11, 1951, in: Harry S. Truman, Public Papers, 1951, S. 24 – 25. www.presidency.ucsb.edu/ws/index.php?pid=14061&st=&st1=
[36] Remarks at a Dinner of the Society of Business Magazine Editors, January 19, 1951, in: Harry S. Truman, Public Papers, 1951, S. 115 – 117. www.presidency.ucsb.edu/ws/index.php?pid=13865&st=&st1=

Werte glauben und Menschen, die an nichts anderes als Materialismus glauben«. Amerika kämpfe für Freiheit, das Recht auf Glauben, Meinungsfreiheit und das Recht, Repräsentanten für öffentliche Ämter zu wählen – »und ihnen dann nach der Wahl die Hölle heiß zu machen«.

Diktatoren glaubten nicht an solche Werte. »Es gibt keinen Unterschied zwischen Diktatoren, wenn Sie in die Geschichte schauen. Es gab nie einen Unterschied zwischen irgendeinem Polizeistaat, der jemals in der Weltgeschichte existierte. Sie sind alle gleich. Sie wollen alle die Versklavung des Einzelnen zum Nutzen des Staates.« Die Amerikaner glaubten hingegen daran, dass der Staat zum Nutzen des Einzelnen da sei. »Es gibt keinen Unterschied zwischen Hitler und Mussolini, den Tarquiniern im alten Rom, den Königen Spartas, Karl I. von England, Ludwig XIV. – und Stalin. Sie sind alle gleich. Alexander I. von Russland war genauso ein Diktator wie jeder andere, der jemals existierte. Sie glaubten an die Versklavung der einfachen Menschen.« Amerika sei hingegen auf anderer Grundlage gegründet worden. Es folgten weitere Passagen, in denen Truman die Werte und Stärke Amerikas lobte.

Der undifferenzierte Gleichsetzung von so unterschiedlichen Personen wie Hitler, den Königen Spartas, Ludwig XIV. oder Alexander I. von Russland scheint von wenig historischem Sachverstand getrübt zu sein. Während Franklin D. Roosevelt den Vergleich von ägyptischen Pharaonen und römischen Prokonsuln mit modernen Diktatoren noch in geschichtsphilosophische Überlegungen eingebettet hatte, äußerte sein Nachfolger einen ähnlichen Gedanken nur noch in der Form einer recht platten Analogie. Zwar verfolgte auch Roosevelt mit seinen historischen Bezügen einen propagandistischen Effekt, doch tat er dies auf Grundlage einer zwar eigenwilligen, aber doch differenzierten Interpretation historischer Epochen. Bei Truman hingegen fehlte dieser Hintergrund, so dass nur die propagandistische Wirkung übrig blieb. Bemerkenswert an Trumans Äußerungen ist allerdings, dass er offenbar voraussetzte, die Namen Xerxes und Hannibal seien Kongressabgeordneten ebenso ein Begriff wie die Tarquinier oder die Könige Spartas einer Gruppe von Wirtschaftsjournalisten.

DIE LEHRE DES PELOPONNESISCHEN KRIEGES
George Marshall und das Hilfsprogramm für Europa

I. George Marshalls Bildungshorizont

George C. Marshall (1880-1959) wurde am 31. Dezember 1880 als Sohn eines Kohle-Industriellen in Uniontown, Pennsylvania, geboren.[1] Seine Familie lebte sowohl väterlicher- wie mütterlicherseits bereits seit dem 17. Jahrhundert im Nachbarstaat Virginia. Nach seiner Schulzeit besuchte er bis 1901 das »Virginia Military Institute«. Marshall stellte rückblickend fest, dass ihm dort Selbstkontrolle, Disziplin und Personalführung beigebracht worden sei. Leider habe es jedoch keine Kurse über Geschichte und Gesellschaftswissenschaften gegeben, anhand derer er nationale und internationale Probleme besser hätte verstehen können.[2] Nach Einsätzen in den USA und auf den Philippinen besuchte er von 1906 bis 1910 die Infanterie- und Kavallerie-Schule Fort Leavenworth, Kansas. Sein Biograph Charles C. Pogue berichtet, dass sich Marshall dort auch mit Militärgeschichte befasste und unter anderem das 1883 erschienene Buch »Das Volk in Waffen« des preußischen Generals Colmar von der Goltz (1843-1916) las.[3] Zwar lassen seine Biographen offen, ob sich Marshall in Fort Leavenworth auch mit der Antike beschäftigte. Doch liegt die Vermutung nahe, dass er bei seinen militärgeschichtlichen Studien zumindest mit dem Peloponnesischen Krieg in Berührung kam.

Nach Abschluss der Offiziersschule unternahm Marshall von August 1910 bis Juli 1911 mit seiner Ehefrau eine ausgedehnte Europareise, die ihn unter anderem nach England, Frankreich, Italien und Österreich führte. Er verbrachte drei Wochen in Florenz und anschließend zwei Wochen in Rom, wo er sich nach Pogues Worten »mit Begeisterung der Antike hingab«. Auf der Zugfahrt von Florenz nach Rom habe er einen Experten kennen gelernt, der ihm später in Rom die antiken Ruinen zeigte und erklärte. Abends habe Marshall in seiner Pension zwei Archäologen und einem Wissenschaftler aus Oxford von seinen Besichtigungen berichtet. »Das führte immer zu Diskussionen, die den ganzen Abend dauerten«, berichtete Marshall seinem Biographen.[4] Spätestens zu diesem Zeitpunkt war Marshalls Interesse an der Antike erwacht.

---

[1] Zur Biographie Marshalls siehe insbes. Forrest C. Pogue, George C. Marshall, 4 Bde., New York 1963 – 1987. Mark A. Stoler, George C. Marshall. Soldier Statesman of the American Century, Boston 1989.
[2] Pogue, Marshall, Bd. 1, Education of a General, New York 1963, S. 46 f.
[3] Ebenda, S. 100 f.
[4] Ebenda, S. 111.

1917 gehörte Marshall zu den ersten Offizieren, die nach Kriegseintritt der USA nach Europa kamen. Im Mai 1919 wurde er zum Adjutanten General Pershings ernannt, des Oberkommandeurs der US-Streitkräfte in Europa. Seit Beginn des Zweiten Weltkriegs war Marshall Chef des Generalstabs und vertrat die USA ab 1942 im gemeinsamen britisch-amerikanischen Generalstab. Von Januar 1947 bis Januar 1949 war er Außenminister der USA und kündigte in dieser Funktion am 5. Juni 1947 an der Harvard-Universität ein Wiederaufbauprogramm für Europa (»Marshall-Plan«) an.

II. Konflikt oder Kooperation mit Stalin

Marshall hielt seine Rede über die Bedeutung der Geschichte unmittelbar vor einem entscheidenden Wendepunkt der amerikanischen Außenpolitik nach dem Zweiten Weltkrieg.[5] Griechenland spielte dabei eine zentrale Rolle und stand im Mittelpunkt von Marshalls Aufmerksamkeit. Am Tag vor der Rede, dem 21. Februar 1947, hatte die britische Regierung beim State Department angefragt, ob die USA kurzfristig bereit seien, die Verpflichtungen Großbritanniens in Griechenland und der Türkei zu übernehmen. Großbritannien hatte beide Länder seit Ende des Krieges finanziell und militärisch unterstützt. Aufgrund ihrer wirtschaftlichen Probleme sah sich die Attlee-Regierung nicht mehr in der Lage, diese Hilfe aufrechtzuerhalten und kündigte deren Einstellung bis Ende März an. Im US-Außenministerium war man sich darüber im Klaren, dass Großbritannien »innerhalb einer Stunde die Verpflichtung der weltweiten Führung mit allen ihren Belastungen und all ihrem Ruhm an die Vereinigten Staaten übergeben hatte«.[6]

In Griechenland gab es seit dem Abzug der Wehrmacht einen Bürgerkrieg zwischen der Regierung und kommunistischen Partisanen, die zeitweise weite Teile des Landes kontrollierten und von den kommunistischen Nachbarstaaten unterstützt wurden. Von der Türkei forderte Stalin die Abtretung von Grenzprovinzen sowie die Errichtung von Militärstützpunkten am Bosporus und den Dardanellen.

Bei ersatzloser Einstellung der britischen Hilfe bestand die Gefahr, dass sowohl die Türkei als auch Griechenland dem Druck der Sowjetunion nachgeben mussten. Eine kommunistische Machtübernahme in Griechenland und die Verwirklichung des alten russischen Traums von der Beherrschung des Bosporus und der Dardanellen hätte die Kräfteverhältnisse in dieser Region erheblich zugunsten der Sowjetunion verändert.

---

[5] John Gimbel, The Origins of the Marshall Plan, Stanford 1976. Joseph M. Jones, The Fifteen Weeks (February 21 – June 5, 1947), New York 1955. Kissinger, Diplomacy, S. 446 ff. Weitere Literaturhinweise bei Adams, USA im 20. Jahrhundert, S. 252 f.
[6] Stoler, S. 160.

Die US-Regierung beschloss daher, beide Länder zu unterstützen. Am 12. März 1947 wandte sich Präsident Harry S. Truman mit einer Botschaft an den Kongress, die später als »Truman-Doktrin« bekannt wurde. Der Präsident bezeichnete es als das außenpolitische Ziel der Vereinigten Staaten, »freie Völker zu unterstützen, die in ihrer Freiheit durch bewaffnete Minderheiten oder durch Druck von außen bedroht sind«.[7] Er forderte den Kongress auf, für Griechenland und die Türkei bis zum 30. Juni 1948 Finanzhilfe in Höhe von 400 Millionen Dollar zu bewilligen. Truman begründete diese Unterstützung mit ähnlichen Argumenten, wie er sie später auch für den »Marshall-Plan« anführte: »Der Samen der totalitären Regime wird von Not und Elend genährt. Sie breiten sich aus und wachsen auf dem üblen Boden von Armut und Hader. Sie erreichen ihre volle Größe, wenn die Hoffnung des Volkes auf ein besseres Leben erloschen ist.«[8]

Nach einem erfolglosen Treffen mit Stalin am 15. April in Moskau wandte sich Marshall in einer Rundfunkansprache an die US-Bevölkerung: »Europa erholt sich bisher viel langsamer als erwartet. Zerstörerische Kräfte treten hervor. Der Patient verfällt zusehends, während die Ärzte noch beraten. Ich glaube, dass Aktionen nicht warten können, bis durch Erschöpfung ein Kompromiss erreicht wurde.«[9] Gegenüber seinem Mitarbeiter George F. Kennan sagte er, Stalin setze darauf, dass die westeuropäische Wirtschaft unter nichtkommunistischen Vorzeichen zusammenbreche.[10]

Am 5. Juni 1947 kündigte Marshall in einer Rede vor der Universität Harvard ein umfassendes Hilfsprogramm für Europa an, den später so genannten Marshall-Plan. Er stellte fest, dass die wirtschaftliche Gesundung Europas die entscheidende Voraussetzung für den Erhalt der Demokratie sei: »Es ist nur logisch, dass die Vereinigten Staaten alles tun, was in ihrer Macht steht, um die Wiederherstellung gesunder wirtschaftlicher Verhältnisse in der Welt zu fördern, ohne die es keine politische Stabilität und auch keinen sicheren Frieden geben kann.« Zweck der Hilfe sei die Schaffung von politischen und sozialen Bedingungen, »unter denen freie Institutionen existieren können.«[11]

---

[7] Special Message to the Congress on Greece and Turkey: The Truman Doctrine, March 12, 1947, in: Harry S. Truman, Public Papers, 1947, S. 176 – 180. dt.: Weltpolitik der USA nach 1945, Einführung und Dokumente, hg. v. Ernst-Otto Czempiel u. Carl-Christoph Schweitzer, Bonn 1989, S. 52 ff.

[8] Weltpolitik der USA, S. 53.

[9] Zit. n. Beate Ruhm von Oppen, Documents on Germany under Occupation 1945 – 1954, London 1955, S. 219 ff.

[10] George F. Kennan, Memoiren eines Diplomaten, München 1971, S. 329.

[11] George Marshall, European Initiative Essential to Economic Recovery, Address at Commencement Exercises at Harvard University, June 5, 1947. Nachdruck in: Foreign Affairs, May-June 1997, Vol. 76, Number 3, S. 160 ff. www.georgecmarshall.org/lt/speeches/marshall_plan.cfm

III. Der Fall Athens als Menetekel: Rede am 22. Februar 1947

1) Inhalt

Am 22. Februar 1947 hielt Marshall vor Studenten und ehemaligen Mitgliedern der Universität Princeton aus Anlass des 215. Geburtstags von George Washington seine erste öffentliche Rede als Außenminister.[12] Marshall überarbeitete den Entwurf eines Referenten fast vollständig und legte das Manuskript vorab seinem Stellvertreter Dean Acheson vor. Ein Jahr später bezeichnete er die Ansprache in Princeton als Vorläufer der Rede in Harvard, in der er am 5. Juni das Hilfsprogramm für Europa bekannt gab.[13]

Marshall begann die Rede mit dem Hinweis, dass er »keine Diskussion über einzelne internationale Fragen« führen wolle. »Ich möchte stattdessen zu Ihnen darüber reden, welche Bedeutung die Heimatfront für die internationalen Beziehungen hat und über Ihre persönlichen Interessen als amerikanische Bürger.«

Marshall bezeichnete die zurückliegenden Kriegsjahre als »gefährlich, teilweise auf alarmierende Weise«. Er sei jedoch überzeugt, »dass die gegenwärtige Periode in vieler Hinsicht noch gefährlicher ist«. Die Probleme seien anders geartet, »aber nicht weniger wichtig für die nationale Sicherheit als jene, mit denen wir in der Zeit des aktiven Kämpfens konfrontiert waren«. Es gebe nach dem Krieg ein natürliches Bedürfnis, zu entspannen und zu Alltagsgeschäften (»business as usual«) zurückzukehren. Dies führe jedoch dazu, dass die Öffentlichkeit »die Haltung eines Zuschauers« einnehme. »Zuschauer des Lebens werden weder ihre Freiheiten bewahren, noch werden sie einen Beitrag leisten zur Sicherheit ihres Landes«. Handeln basiere auf Überzeugung, »und Überzeugung wiederum basiert auf Verstehen – einem generellen Verstehen sowohl der vergangenen Geschichte des Menschen auf dieser Erde wie auch der Tatsache, dass Handeln eine grundlegende Notwendigkeit der menschlichen Natur ist.«

Es gebe gegenwärtig eine Einstellung der Feindseligkeiten, aber »keinen wirklichen Frieden«. In Europa und Asien herrschten noch Angst und Hunger. »Die Machtverhältnisse sind im Fluss. Aus der Verwirrung muss noch eine Ordnung entstehen. Der Frieden muss noch gesichert werden.« Dabei komme Amerika entscheidende Bedeutung zu. »Die meisten anderen Länder der Welt sind ökonomisch, finanziell und physisch erschöpft. Wenn die Welt wieder auf die Beine kommen soll, wenn die produktiven Möglichkeiten der Welt wieder hergestellt werden sollen, wenn demokratische Verfahren in vielen Ländern der Welt wieder funktionieren sollen, wird eine starke Führung und eine spürbare Hilfe der Vereinigten Staaten notwendig sein.« Dabei müsse man

---

[12] World Order and Security – Youth's Responsibilities. By The Secretary of State. In: Department of State Bulletin, March 2, 1947, S. 390 f.
[13] Pogue, Marshall, Statesman, New York 1987, S. 162.

die Lehren der Geschichte beachten, fuhr Marshall fort. Nach dem Ersten Weltkrieg hätten die Entscheidungen Amerikas »weder Ordnung noch Frieden geschaffen und standen in direktem Zusammenhang mit dem vergangenen Krieg und seinen grenzenlosen Tragödien«. Auch damals habe es Menschen gegeben, »die die Lektionen der Geschichte verstanden und die wussten, was getan werden musste, um die Gefahr einer neuen Weltkatastrophe zu verringern. Doch ihre gemeinsame Stimme war schwach, und ihre Vorschläge wurden ignoriert.« Marshall forderte die Studenten auf, »die Vergangenheit zu durchleben, um sich dann mit tiefen Überzeugungen der Gegenwart zuzuwenden, im Wissen darum, was für ein Land dies ist, für das Männer vieler Generationen ihr Leben gaben«. Seine Zuhörer müssten ein Verständnis dafür entwickeln, »wie große Zivilisationen entstanden und was sie zerstörte«. Vor allem gehe es ihm »um ein klares Verständnis der Institutionen, auf denen menschliche und individuelle Freiheit beruhten und ein Verständnis für den Kampf, diese Freiheiten zu gewinnen und zu erhalten«.

Ein genaues Verständnis der Geschichte führt nach Marshalls Worten »zu Überzeugungen, die der Seele ein inneres Feuer geben. Ich bezweifle ernsthaft, dass jemand gewisse grundlegende Gegebenheiten der heutigen Zeit umfassend und aus tiefen Überzeugungen heraus verstehen kann, wenn er sich nicht mit der Zeit des Peloponnesischen Krieges und dem Untergang Athens auseinandergesetzt hat.«

Junge Amerikaner müssten »ein wirkliches Verständnis entwickeln für die Lehren der Geschichte über Regierungen und die charakteristischen Merkmale von Nationen und Völkern«. Sie sollten sich auch bewusst machen, welche »besondere Position die Vereinigten Staaten heute geographisch, finanziell, militärisch und wissenschaftlich einnehmen und welche Folgen daraus entstehen«. Marshall schloss seine Rede mit einem Aufruf an die Studenten, sich in einer politischen Partei zu engagieren und sich die beiden Präsidenten Theodore und Franklin D. Roosevelt zum Vorbild zu nehmen: »Sie können Ihr aktives Leben als Staatsbürger nicht besser beginnen, als ihrem Beispiel nachzueifern.«

2) Wirkung

Der Hinweis Marshalls auf den Peloponnesischen Krieg nahm in der Rede zwar nur knappen Raum ein, entfaltete aber eine erstaunliche Wirkung. Der damalige Chefredakteur der Wochenzeitung »Die Zeit«, Richard Tüngel, erwähnte den Hinweis Marshalls rund vier Wochen später in einem Leitartikel zum kommenden 300. Jahrestag des Westfälischen Friedens und machte dabei grundsätzliche Aussagen über das europäisch-amerikanische Verhältnis.[14] Tüngel bezeichnete den Peloponnesischen Krieg als »Machtkampf zwischen Athen und Sparta«, der zugleich ein »Machtkampf zwischen einer Demokratie und einem diktatorisch regierten Militärstaat« gewesen sei. »Diesen Krieg gewann Sparta zum Teil dank

---

[14] Richard Tüngel, 1648 – 1948, in: Die Zeit, 27. März 1947.

der Uneinigkeit Athener Bürger, deren innere Streitigkeiten zu einer unentschlossenen Kriegführung und zur Abberufung fähiger, bedeutender Männer führte. Sparta benutzte seinen Sieg, um sowohl in Athen als auch bei dessen griechischen Bundesgenossen in grausamer Form die demokratischen Einrichtungen zu beseitigen und lokale Diktaturen zu errichten. Die Rede von General Marshall enthält also einen deutlichen Hinweis auf den Konflikt zwischen Amerika und Russland, der heute die Welt in zwei Lager zu spalten droht.«

Bei Marshalls Ansprache in Princeton handele es sich daher um die »erste Ankündigung jenes Kurses der amerikanischen Politik, der dann wenige Tage später seinen offiziellen Ausdruck fand in der großen Rede, in der Präsident Truman Anleihen für Griechenland und die Türkei forderte«. Inzwischen habe sich dieser Kurs noch verschärft durch die Verordnung des US-Präsidenten, dass alle hohen Regierungsämter daraufhin zu überprüfen seien, »wie weit sich amerikafeindliche Elemente eingeschlichen hätten, Elemente, unter denen nicht nur Mitglieder, sondern auch ›Mitläufer‹ der Kommunistischen Partei zu verstehen sind«. Marshalls Stellvertreter Dean Acheson sei im Kongressausschuss für Auswärtige Angelegenheiten sogar so weit gegangen, jede von den Kommunisten geführte Regierung irgendwo auf der Welt als »für die Sicherheit der Vereinigten Staaten gefährlich« zu bezeichnen. Abschließend nannte Tüngel Marshalls Hinweis auf den Peloponnesischen Krieg »eine Mahnung, Einigkeit und Entschlossenheit zu bewahren zur Unterstützung der amerikanischen Außenpolitik.«

Auf diesen Leitartikel und den darin enthaltenden Hinweis auf die Marshall-Rede berief sich zehn Jahre später der Althistoriker und CDU-Politiker Hans Erich Stier, um Parallelen zwischen der aktuellen politischen Lage und Roms Aufstieg zur Weltmacht zu beschreiben. Er begründete die Wahl seines Themas damit, Kenntnisse über den Aufstieg Roms zur Weltmacht seien für das Verständnis der aktuellen außenpolitischen Lage »wesentlicher vielleicht noch als die Kenntnis der Zeit des Peloponnesischen Krieges und der Gründe für die Niederlage der Athener, ohne die nach General Marshalls in seiner grundsätzlichen Rede zu Washingtons Geburtstag vor der Universität Princeton 1947 geäußerten Meinung ein zutreffendes Urteil über ›gewisse grundlegende internationale Gegebenheiten von heute‹ unerreichbar bliebe.«[15]

IV. Historische Traditionen

1) Die Gründerväter über den Peloponnesischen Krieg

Marshall beließ es in seiner Rede bei der knappen Aussage, dass man »gewisse grundlegende Gegebenheiten der heutigen Zeit« nur verstehen könne, wenn

---

[15] Hans Erich Stier, Roms Aufstieg zur Weltmacht und die griechische Welt, Köln 1957, S. 6. Vergl. Kap. G, VI.

man sich »mit der Zeit des Peloponnesischen Krieges und dem Untergang Athens auseinandergesetzt« habe. Die Bemerkung lässt leider offen, welche konkrete Lehre der US-Außenminister aus diesem historischen Ereignis zog. Einen Hinweis darauf könnte die Auseinandersetzung der amerikanischen Gründerväter mit dem Peloponnesische Krieg geben, denn sie beschäftigten sich recht intensiv mit diesem Krieg und interpretierten ihn durchgängig als Beispiel für die Gefährdung der Demokratie. Da sich auch Marshall 1947 unter anderen Vorzeichen mit dieser Frage auseinander setzte, ist zumindest nicht auszuschließen, dass er von der Sicht der Gründerväter beeinflusst war.

1766 verglich George Mason (1725-1792) den damaligen britischen Premierminister George Grenville mit Perikles, der Athen wegen seiner eigenen finanziellen Interessen in den Krieg gegen Sparta geführt habe. Mason bezeichnete den Peloponnesischen Krieg als »langes und schreckliches Blutvergießen, das mit dem Ruin ganz Griechenlands endete und es bereit machte für das makedonische Joch«.[16]

Mason war ein wohlhabender Farmer Virginias, der sich 1765 in einem offenen Brief gegen die neue, von den Briten eingeführte Stempelsteuer gewandt hatte. 1776 verfasste er Virginias Grundrechtscharta, die als Modell für die Unabhängigkeitserklärung und die Erklärung der Grundrechte (»Bill of Rights«) der Vereinigten Staaten diente. Er gehörte 1787 zu den Teilnehmern des Verfassungskonvents in Philadelphia, wo er sich allerdings weigerte, die am 17. September verabschiedete Verfassung zu unterschreiben. Er fürchtete, dass sie zu wenig Sicherungen gegen den Missbrauch von Macht enthielt. Seine Bedenken trugen mit dazu bei, dass 1791 die »Bill of Rights« als Ergänzung der Verfassung in Kraft traten.

Auch Alexander Hamilton (1755-1804) führte in den einflussreichen Federalist-Artikeln den Peloponnesischen Krieg als abschreckendes Beispiel an, um für die Bildung eines Bundesstaates mit starker Zentralgewalt zu werben. Mit den Federalist-Artikeln setzten sich Hamilton, James Madison und John Jay von Oktober 1787 bis Mai 1788 in verschiedenen New Yorker Zeitungen für die Annahme der in Philadelphia verabschiedeten Verfassung ein. Die bereits 1788 als Buch veröffentlichten 85 Artikel gelten als »hervorragendster Text zur politischen Theorie, den die Vereinigten Staaten hervorgebracht haben«.[17]

Hamilton erwähnte den Peloponnesischen Krieg im 6. Artikel unter der Überschrift »Über die Kriegsgefahr zwischen den Einzelstaaten«. Er war mit 32 Jahren der jüngste der drei Federalist-Autoren. 1774 hatte er als Student des New Yorker King's College seine erste Rede gegen die britischen Kolonialherren gehalten. Als Kriegsteilnehmer fand er 1777 die Aufmerksamkeit George Washingtons, der ihn zum Adjutanten und Sekretär in seinem persönlichen Stab machte. 1784 wurde er Direktor der Bank von New York und 1787 Delegierter dieses Bundesstaates für den Verfassungskonvent in Philadelphia.

---

[16] Mason to the Committee of Merchants in London, June 6, 1766, in: Kate M. Rowland (Hg.), The Life and Correspondence of George Mason, New York 1964, Bd. 1, S. 386.
[17] Alexander Hamilton, James Madison, John Jay, Die Federalist-Artikel, hg., übers., eingel. u. komm. von Angela und Willi Paul Adams, Paderborn 1994, S. xxviii.

Unter Präsident Washington war er von 1789 bis 1797 Finanzminister der Vereinigten Staaten. In einem politisch motivierten Duell wurde Hamilton 1804 vom Vizepräsidenten der USA, Aaron Burr, erschossen.[18]

Im 6. Aufsatz stellte er zunächst allgemeine Überlegungen über den Charakter von Menschen und Staaten an: »Man muss sich schon tief in utopische Spekulationen verloren haben, um ernsthaft zu bezweifeln, dass die Untereinheiten dieser Staaten, falls sie entweder vollkommen voneinander getrennt oder aber nur in Teilkonföderationen vereint wären, untereinander häufige und gewalttätige Konflikte austragen würden. Wer davon ausgeht, dass es für solche Auseinandersetzungen an Motiven mangelt und dies als Argument gegen deren Existenz benutzt, würde außer acht lassen, dass der Mensch machthungrig, rachsüchtig und raffgierig ist.«[19]

Dieses pessimistische Menschenbild ist bei den amerikanischen Gründervätern immer wieder anzutreffen und erinnert an Thukydides. Auch er war überzeugt, dass Ehre, Furcht und das Streben nach materiellen Vorteilen die wichtigsten Triebfedern menschlichen Handelns seien und dass sich die Geschichte daher beständig wiederhole.[20] Ganz im Sinne von Thukydides fuhr Hamilton in seinem zuerst am 14. November 1787 erschienenen Aufsatz fort: »Unter unabhängigen und voneinander getrennten, souveränen Staaten, die in enger Nachbarschaft leben, eine Fortsetzung der Harmonie zu erwarten, hieße den immer gleichen Gang der menschlichen Geschichte zu ignorieren und den in vergangenen Zeiten angesammelten Erfahrungen zuwider zu handeln.« Als Gründe für Feindseligkeiten zwischen den Nationen nannte Hamilton unter anderem »die Liebe zur Macht«, den »Wunsch nach Gleichheit und Sicherheit« sowie »die wirtschaftliche Rivalität und Konkurrenz zwischen handeltreibenden Nationen«. Eine weitere Ursache für Kriege beruhe auf »auf den Bindungen, Feindschaften, Interessen, Hoffnungen und Ängsten der führenden Persönlichkeiten einer Gesellschaft. Die Männer in dieser Kategorie, seien sie nun Günstlinge eines Königs oder eines Volkes, haben allzu oft das in sie gesetzte Vertrauen missbraucht. Unter dem Vorwand, für die Öffentlichkeit wirken zu wollen, haben sie ohne jeden Skrupel den Frieden ihres Landes ihrem persönlichen Vorteil und ihrer persönlichen Befriedigung geopfert.«[21]

Ähnlich wie Thukydides stellte Hamilton Parallelen im Verhalten von Staaten und Menschen fest. Als Beispiel für einen Politiker, der seine Machtstellung missbraucht habe, nannte er Perikles. »So hat der gefeierte Perikles, willfährig gegenüber dem Unmut einer Prostituierten,[22] mit hohen Verlusten an Leben und Vermögen seiner Landsleute die Stadt der Samier (Samos) angegriffen, bezwungen und zerstört. Derselbe Mann wurde aus persönlicher Verstimmung über die Megarer, einer anderen griechischen Nation, oder um die

---

[18] Forrest McDonald, Alexander Hamilton. A Biography, New York 1979. Jacob E. Cooke, Alexander Hamilton, New York 1982.
[19] Federalist, S. 24 ff.
[20] Thuk. I, 76.
[21] a.a.O.
[22] Hinweis auf Aspasia, Lebensgefährtin des Perikles seit ca. 445 v. Chr.

Strafverfolgung abzuwenden, die ihm drohte, weil er der Komplize beim angeblichen Raub einer Statue durch Phidias war, oder um die Anschuldigungen zum Verstummen zu bringen, die gegen ihn gesammelt und vorgebracht werden sollten, weil er Staatsgelder für den Kauf seiner Popularität veruntreut hatte, oder aus einer Mischung all dieser Ursachen, zum Urheber des berühmten und berüchtigten Krieges, der in den griechischen Annalen den Namen Peloponnesischer Krieg trägt, der nach unzähligen Schicksalsschlägen, Unterbrechungen und Wiederaufnahmen schließlich mit dem Ruin des Athenischen Gemeinwesens endete«.

Wie schon Mason folgte auch Hamilton mit dieser Darstellung nicht Thukydides, sondern Plutarch, der Perikles sowohl beim Feldzug gegen Samos als auch beim Ausbruch des Peloponnesischen Krieges persönliche Motive unterstellte.[23] Thukydides maß den wirklichen oder vermeintlichen individuellen Beweggründen des politischen Führers Athens hingegen kaum Bedeutung bei und sah stattdessen in der Furcht Spartas vor der wachsenden Macht Athens den eigentlichen Grund für den Kriegsbeginn.[24]

Im Hinblick auf die Marshall-Rede ist vor allem bemerkenswert, dass sich die amerikanischen Gründerväter bei der Bewertung des Peloponnesischen Krieges keineswegs vorbehaltlos mit Athen identifizierten, sondern vor allem die negativen Auswirkungen des Krieges auf die athenische Demokratie im Blick hatten.

Auch Hamiltons Mit-Autor, der spätere US-Präsident James Madison (1751-1836), befasste sich im 18. Federalist-Aufsatz mit dem Peloponnesischen Krieg: »Wären die Griechen so weise wie tapfer gewesen, so schreibt der Abbé Milot,[25] so hätte ihre Erfahrung sie von der Notwendigkeit einer engeren Union überzeugt, und sie hätten den Frieden nach ihrem Erfolg über die persische Militärmacht genutzt, um diese Reform durchzuführen. Statt eine so naheliegende politische Strategie zu verfolgen, wurden Athen und Sparta, – durch ihre Siege und den gewonnenen Ruhm überheblich geworden – zunächst zu Rivalen und schließlich zu Gegnern, die sich gegenseitig unendlich viel mehr Schaden zufügten, als sie durch Xerxes erlitten hatten. Beider gegenseitige Eifersucht, Furcht, Hass und Verletzungen mündeten im berühmten Peloponnesischen Krieg, der wiederum mit dem Untergang und der Sklaverei der Athener endete, die ihn begonnen hatten.«[26] So wie Hamilton machte auch Madison Athen für den Ausbruch des Krieges verantwortlich, der schließlich zum Verlust von Freiheit und Demokratie in Griechenland geführt habe.

James Madison war beim Erscheinen der Federalist-Aufsätze 36 Jahre alt und gilt als »Vater der Verfassung«.[27] Er stammte aus einer Großgrundbesitz-

---

[23] Plut., Perikles 24, 30-32.
[24] Thuk I, 23.
[25] Der französische Historiker Charles Francois Xavier Milot (1726 – 85), dessen Schriften im 18. Jahrhundert auch im englischen Sprachraum weit verbreitet waren.
[26] Federalist, S. 101.
[27] Vergl. Willi Paul Adams, James Madison, 1809 – 1817. Der Verfassungsvater als Parteipolitiker, Parlamentarier, Regierungschef und Oberkommandierender, in: Heideking (Hg.), Die ameri-

erfamilie Virginias und war 1776 Mitglied in einem illegalen Kongress dieses Staates, der noch vor der Unabhängigkeitserklärung eine Erklärung der Grundrechte und eine der ersten republikanischen Einzelstaatsverfassungen beschloss. 1778 bis 1780 nahm er am Kontinentalkongress von Philadelphia teil, wo er Hamilton kennenlernte. 1786 setzte James Madison im Repräsentantenhaus von Virginia gegen starken Widerstand das Gesetz über die Religionsfreiheit durch. Als Delegierter beim verfassungsgebenden Kongress in Philadelphia übernahm er die informelle Rolle eines Protokollanten und gewann in der »Rolle des Vermittlers zwischen Regionen und Positionen«[28] großes Ansehen. Im ersten Repräsentantenhaus der Vereinigten Staaten bereitete Madison die zehn Ergänzungen zur Verfassung vor, die 1791 als »Bill of Rights« in Kraft traten. Von 1801 bis 1809 diente er unter Präsident Thomas Jefferson als Außenminister. Er war von 1809 bis 1817 vierter Präsident der Vereinigten Staaten und führte von 1812 bis 1815 den »zweiten Unabhängigkeitskrieg« gegen England.

Während Hamilton und Madison den Peloponnesischen Krieg als abschreckendes Beispiel anführten, um für die Bildung eines Bundesstaates mit starker Zentralregierung zu werben, nannte John Adams diesen Krieg als Argument für eine Gewaltenteilung. Während der Verfassungsdebatte 1787/88 schrieb er: »Millionen werden aufwachsen, die durch keine Prinzipien und durch keine Gefühle, die aus ihrer Erziehung herrühren, davon zurückgehalten werden können, die Gesetze mit Füßen zu treten. Durch Menschen geschaffene Einrichtungen, die sich gegenseitig beobachten und ausgleichen, bieten die einzige Sicherheit. Macht muss durch Macht ausgeglichen werden, Interesse durch Interesse... Religion, Aberglaube, Eide, Erziehung, Gesetze – dies alles weicht zurück vor Leidenschaften, Interessen und Macht, die wiederum nur von Leidenschaften, Interessen und Macht kontrolliert werden können.« Adams schilderte die Schrecken des Peloponnesischen Krieges und fuhr fort: »Thukydides schreibt, dass solche Dinge immer wieder geschehen werden, so lange die menschliche Natur sich gleich bleibt. Wenn dieser kraftvolle Historiker jedoch die Gewaltenteilung gekannt hätte, hätte er diese Krankheit für nicht so unheilbar erklärt, sondern hätte den Zusatz hinzugefügt – so lange die Parteien in den Städten kein Gleichgewicht finden.«[29]

In der Interpretation des Peloponnesischen Krieges zeigten die amerikanischen Gründerväter ein ähnliches Selbstbewusstsein wie etwa im Hinblick auf die Unterwerfung der griechischen Stadtstaaten durch Makedonien und Rom. Vor dem Hintergrund ihrer aktuellen Fragestellungen – Gewaltenteilung und Verfassung, Bundesstaat oder Staatenbund – analysierten sie die wirklichen oder vermeintlichen Fehler ihrer antiken Vorbilder und zogen daraus Schlüs-

---

kanischen Präsidenten, S. 87–95. Zu Madison siehe insbes. Robert A. Rutland, James Madison: The Founding Father, New York 1987. Ders., The Presidency of James Madison, Lawrence/Kansas 1990.

[28] Federalist, Einführung S. xlii.

[29] John Adams, A Defence of the Constitutions of Government of the United States of America, 1787/88, ND, New York 1971, Bd. 1, S. 99, 181–182, 322–324. Zit. n. Richard, The Founders and the Classics, a.a.O., S. 271, Anm. 36.

se für die Gegenwart. Der Peloponnesische Krieg galt ihnen als Beispiel für die Gefährdung der Demokratie, der durch entsprechende Maßnahmen – die Bildung eines Bundesstaates oder die Einführung der Gewaltenteilung – entgegengewirkt werden müsse.

2) Die Gefährdung der Demokratie im Peloponnesischen Krieg

Wie bereits betont, ließ Marshall in seiner Rede offen, welche Schlüsse er konkret aus dem Beispiel des Peloponnesischen Krieges und dem »Fall« Athens zieht. Für die von den amerikanischen Gründervätern und möglicherweise auch von Marshall angesprochene Gefährdung der Demokratie im Peloponnesischen Krieg gibt es ein historisches Beispiel, das von Thukydides »wie ein politisches Lehrstück geschildert«[30] wurde und an die politische Ausgangslage des Jahres 1947 erinnert: Der Sturz der athenischen Demokratie durch einen oligarchischen Putsch im Jahre 411 v. Chr. Es ist ein Lehrstück über die Gefährdung der Demokratie in Zeiten, in denen eine wirtschaftliche Krise mit einer außenpolitischen Bedrohung einhergeht.

Nach der katastrophalen Niederlage des Expeditionsheeres in Sizilien 413 hatte sich die militärische, politische und wirtschaftliche Situation Athens dramatisch verschlechtert. »Unter den Bedingungen eines nicht mehr zu gewinnenden Krieges und abgeschnitten von den Hauptquellen ihrer Einkünfte, gerieten die, wie die Quellen sie nennen, Reichen und Mächtigen, in eine Stimmung der Verzweiflung, aus der der Entschluss zum Umsturz erwuchs«, beschreibt Klaus Bringmann die Ausgangslage.[31]

Auf Samos gründeten athenische Offiziere einen Geheimbund zur Abschaffung der Demokratie. Dadurch wollten sie sich die Unterstützung des persischen Königs Dareios I. sichern, der »ihr Freund sein und ihren Sold bezahlen wolle, wenn der Demokratie ein Ende gemacht werde«, wie Thukydides berichtet.[32] Die Verschwörer schickten eine Delegation mit dem Offizier Peisandros an der Spitze nach Athen, wo sie ihre Forderungen der Volksversammlung vorlegten. Gegen die Abschaffung der Demokratie gab es zunächst heftigen Widerstand. Peisandros nahm sich daraufhin die Widersacher einzeln vor und fragte sie, ob sie angesichts der spartanischen Übermacht »überhaupt noch hoffen dürften, den Krieg durchzuhalten, wenn sich nicht jemand fände, der den (persischen) König (Dareios I.) dazu brächte, sich auf ihre Seite zu schlagen. Und wenn sie diese Frage verneinten, sagte er rundheraus: ›Dazu gibt es keinen anderen Weg, als dass wir eine vernünftige Verfassung bekommen und die Ämter auf wenige beschränken, so dass der König uns vertrauen kann. Im Augenblick dürfen wir uns nicht so

---

[30] Christian Meier, Athen. Ein Neubeginn der Weltgeschichte, Berlin 1993, S. 648.
[31] Klaus Bringmann, Alkibiades und der Sturz der athenischem Demokratie, in: Uwe Schultz (Hg.), Große Verschwörungen, Staatsstreich und Tyrannensturz von der Antike bis zur Gegenwart, München 1998, S. 19-32, S. 28.
[32] Thuk. VIII, 48.

sehr auf unsere Verfassung konzentrieren, sondern darauf, wie wir uns retten können.«[33]

In Athen bildete sich kurz darauf eine Vereinigung junger Aristokraten, die auch vor Terror nicht zurückschreckte und die Einführung einer »Herrschaft der 5000« forderte. Laut Thukydides handelte sich dabei um reine Propaganda, denn im Kern ging es den Verschwörern nur um ihre eigene Macht. Der äußeren Form nach existierten damals in Athen noch immer die demokratischen Institutionen, doch wurden sie in einer Atmosphäre des Terrors und der Einschüchterung zur reinen Staffage: »Die Volksversammlung und der durch Los gewählte Rat traten zwar noch zusammen, doch es wurde nichts mehr beschlossen, was den Verschwörern nicht passte. Die Sprecher kamen ausschließlich aus ihrer Partei und hatten darüber hinaus vorher darauf verständigt, was sie sagen würden.« Falls doch noch jemand eine andere Meinung vertrat, »gab es stets einen Weg, ihn schnell zu beseitigen, ohne dass nach den Tätern gefahndet oder gegen die Verdächtigen eingeschritten worden wäre«. Die Mehrheit der Athener war nach Thukydides' Schilderung so eingeschüchtert, »dass jeder froh war, wenn man ihn nur in Ruhe ließ – auch wenn er den Mund halten musste«. Den Verschwörern sei zugute gekommen, dass man ihre Zahl für weit größer hielt, als sie tatsächlich war. »Aus dem selben Grund war es unmöglich, sich wegen einer ungerechten Behandlung zu beschweren oder sich dagegen zu wehren. Man hätte sich entweder an einen Unbekannten wenden müssen oder an jemanden, den man kannte, dem man aber nicht trauen konnte.« Die Demokraten seien einander nur noch voller Misstrauen begegnet, denn niemand konnte sicher sein, ob sich sein Gegenüber nicht auch den Verschwörern angeschlossen hatte.[34] Es ist geradezu ein Modellbeispiel für die Errichtung einer totalitären Herrschaft, das Thukydides hier beschrieb.

Eingeschüchtert und entmachtet, stimmte die Volksversammlung schließlich auf Antrag des Peisandros für die Abschaffung der Demokratie.[35] »Terror und eine überlegene Regie hatten die Mehrheit erst mundtot gemacht und dann von der Herrschaft verdrängt.«[36] Selbst Thukydides zollte den Verschwörern einen gewissen Respekt: »Denn es war nicht einfach, dem Volk von Athen ziemlich genau 100 Jahre nach dem Sturz der Tyrannen seine Freiheit zu nehmen, nachdem es nicht nur niemandem untertan, sondern über die Hälfte dieser Zeit selbst andere zu beherrschen gewöhnt gewesen war.«[37]

Die oligarchische Herrschaft war in Athen allerdings nur von kurzer Dauer. Kaum hatten die Verschwörer die Macht erobert, setzte erneut von Samos aus eine Gegenbewegung ein, diesmal getragen von den Flottenmannschaften. Die Demokratie wurde im Juli 410 wiederhergestellt, so wie einige Jahre später auch die nach der endgültigen Niederlage 404/03 installierte Terrorherrschaft der Dreißig rasch zusammenbrach. Trotz der militärischen Katastro-

---

[33] Thuk. VIII, 53.
[34] Thuk. VIII, 66.
[35] Thuk. VIII, 67.
[36] Bringmann, S. 32.
[37] Thuk. VIII, 68,4.

phen und des Verlustes der Großmachtstellung im Peloponnesischen Krieg bewies die Demokratie in Athen eine erstaunliche Widerstandskraft.

Insofern muss die Sicht der amerikanischen Gründerväter, dieser Krieg sei für den Untergang der Demokratie in Athen verantwortlich, revidiert werden. Erst nach der Niederlage gegen Makedonien 322 v. Chr., also mehr als achtzig Jahre nach dem Ende des Krieges gegen Sparta, wurde die Demokratie in Athen abgeschafft. Zwar ließ das politische Engagement der Athener im 4. Jahrhundert ein wenig nach, wie Jochen Bleicken schreibt. Er betont jedoch zugleich, dass die Stadt bis 322 »im ganzen gesehen noch eine funktionierende Demokratie« war und die politischen Reformen dieser Zeit – etwa die Aufwertung der Geschworenengerichte gegenüber Volksversammlung oder die Zentralisierung der Finanzverwaltung – »eher eine Stärkung als eine Schwächung der Demokratie« bedeuteten.[38]

Gestützt auf die Lektüre des Thukydides waren die amerikanischen Gründerväter hingegen überzeugt, dass die Niederlage Athens auch zum Niedergang der Demokratie geführt habe. Auch wenn sich diese Interpretation nicht halten lässt, bleibt der oligarchische Putsch des Jahres 411 v. Chr. ein Paradebeispiel dafür, wie sich in Zeiten außenpolitischer Bedrohung und wirtschaftlicher Unsicherheit von einer kleinen disziplinierten Gruppe eine totalitäre Herrschaft errichten lässt. Genau dies wollte Marshall durch die Unterstützung demokratischer Kräfte in Europa verhindern.

V. Der Verweis auf die Antike

George Marshall hielt seine Rede vor Studenten und ehemaligen Angehörigen der Universität Princeton, also keinem politischen Entscheidungsgremium. Die Ansprache vor diesem akademischen Publikum war von zwei Grundgedanken geprägt. Zum einen warnte Marshall die USA vor einem Rückzug in den Isolationismus wie nach 1918. Zum zweiten fordert er seine Zuhörer und insbesondere die Studenten auf, sich intensiv mit der Geschichte auseinander zu setzen, weil das richtige Verständnis von historischen Vorgängen auch einen Leitfaden für aktuelle politische Entscheidungen biete. Da die Anfrage der britischen Regierung zu Griechenland und der Türkei am Tag zuvor bei Marshall eingegangen war, erscheint es als wahrscheinlich, dass er den Hinweis auf den Peloponnesischen Krieg kurzfristig in seine Rede eingefügt hat. Bei seiner Zuhörerschaft vorwiegend aus Akademikern konnte er zumindest Grundkenntnisse über diesen Krieg und den von ihm angesprochenen »Fall Athens« voraussetzen. Marshalls Hinweis auf den Peloponnesischen Krieg

---

[38] Jochen Bleicken, Die athenische Demokratie, 4. Aufl., Paderborn 1995, S. 472 ff. (mit umfangreichen Literaturangaben S. 673 ff.). Vergl. auch Morgens Herman Hansen, Die athenische Demokratie im Zeitalter des Demosthenes. Struktur Prinzipien und Selbstverständnis, Berlin 1995.

nimmt in der Rede nur sehr knappen Raum ein und wurde von ihm nach Kenntnis des Autors auch später nie näher erläutert.

Es ist nicht auszuschließen, dass Marshall seinen Hinweis im Sinne des »Zeit«-Chefredakteurs Tüngel verstanden wissen wollte: als Aufforderung zur Unterstützung des demokratischen Griechenland – dafür steht Athen – gegen die mit Sparta gleichgesetzte Sowjetunion. Dafür spricht vor allem, dass sich amerikanische Politiker im 20. Jahrhundert häufig mit dem demokratischen Athen und vor allem seinem führenden Repräsentanten Perikles identifiziert haben.[39] Denkbar ist aber auch eine andere Sichtweise: Ähnlich wie schon die Gründerväter in ihrer innenpolitischen Diskussion wollte Marshall auf außenpolitischem Gebiet auf die Gefährdung der Demokratie hinweisen, die entschlossene Gegenmaßnahmen verlange.

Auch wenn Marshall seinen Hinweis auf den Peloponnesischen Krieg vermutlich kurzfristig in den Text eingefügt hat, handelt sich nicht um eine beiläufige oder gar unbedeutende Randbemerkung. Zu ernst ist der sonstige Tenor der Rede, zu eindringlich auch der Appell an seine Zuhörer, dass die Geschichte und gerade das Beispiel des Peloponnesischen Krieges zu »tiefen Überzeugungen« führten, die »der Seele ein inneres Feuer geben«. Es ist wahrscheinlich, dass sich Marshall schon während seiner Offiziersausbildung in Fort Leavenworth und möglicherweise auch während seiner Europareise 1910 mit Thukydides auseinandergesetzt hat und daher nicht nur oberflächliche Kenntnisse über den Peloponnesischen Krieg besaß.

Das zweite historische Beispiel, das Marshall in seiner Rede heranzieht – das Verhalten der USA nach dem Ersten Weltkrieg – hatte für ihn selbst große persönliche Bedeutung. Als Mitarbeiter im Hauptquartier der US-Truppen in Europa und als Adjutant ihres Oberbefehlshaber Pershing verfügte er 1919 über unmittelbare Einblicke in die politische und militärische Entscheidungsfindung. Wie Präsident Truman war auch Marshall überzeugt, dass die Vereinigten Staaten nach dem Zweiten Weltkrieg nicht den Fehler wiederholen duften, sich in den Isolationismus zurückzuziehen und Europa seinem Schicksal zu überlassen. Ohne dass dies seine Zuhörer in Princeton schon wissen konnten, war im Februar 1947 der Zeitpunkt gekommen, aus seiner grundsätzlichen Überzeugung heraus für Griechenland und die Türkei eine konkrete Entscheidung zu treffen.

Die von Thukydides geschilderten Vorgänge in Athen in den Jahren 412/11 zeigen verblüffende Parallelen zu der Situation, wie sie Marshall 1947 in Europa im Allgemeinen und in Griechenland im Besonderen wahrnahm. Die wirtschaftliche und politische Krise führte zur Gefährdung und schließlich zur Abschaffung der Demokratie. Aufgrund der militärischen Katastrophe in Sizilien und der dramatischen Wirtschaftskrise war in Athen 411 v. Chr. eine Situation entstanden, in der es nur noch um die von Peisandros formulierte Frage ging: Wie können wir uns retten? Nicht auf die in Jahrzehnten bewährte Demokratie, sondern auf die vermeintliche Hilfe eines orientalischen Despoten richteten die Athener in ihrer Verzweiflung alle Hoffnung. Trumans

---
[39] Vergl. S. 179 f.

Aussage vom 12. März 1947 trifft auch auf die Situation Athens nach dem Desaster in Sizilien zu: »Der Samen der totalitären Regime wird von Not und Elend genährt. Sie breiten sich aus und wachsen auf dem üblen Boden von Armut und Hader. Sie erreichen ihre volle Größe, wenn die Hoffnung des Volkes auf ein besseres Leben erloschen ist.«

Der Präsident und sein Außenminister hatten erkannt, dass in den europäischen Ländern, die noch nicht im Machtbereich der Sowjetunion lagen, die Demokratie nur überleben konnte, wenn ihnen die Vereinigten Staaten wirtschaftliche und außenpolitische Sicherheit boten. Jedes weitere Abwarten würde die wirtschaftliche Krise verschärfen und damit die Gefahr einer kommunistischen Machtübernahme vergrößern.

In seiner Schilderung des oligarchischen Staatsstreichs von 411 hatte Thukydides das Lehrbeispiel dafür geliefert, wie unter entsprechenden Rahmenbedingungen eine totalitäre Herrschaft auch gegen den Willen der Mehrheit der Bevölkerung errichtet werden kann. Der Bericht erinnert auf frappierende Weise an die Machtübernahme kommunistischer Parteien in den Ländern Mitteleuropas nach 1945, wo auch häufig die bestehenden Parlamente und das Mehrparteiensystem dem Schein nach weiter existierten, von den Kommunisten jedoch als reine Staffage behandelt wurden. So wie in der athenischen Volksversammlung und dem durch Los gewählten Rat wurde auch in den Parlamenten und bürgerlichen Parteien Mitteleuropas nichts mehr beschlossen, was den Gegnern der Demokratie missfallen könnte. »Die Sprecher kamen ausschließlich aus ihrer Partei und hatten sich darüber hinaus vorher darauf verständigt, was sie sagen würden« – treffender als von Thukydides lassen sich die Prinzipien »sozialistischer Demokratie« kaum beschreiben. Genau schilderte Thukydides auch die Atmosphäre gegenseitigen Misstrauens, die zur Errichtung und Aufrechterhaltung einer totalitären Herrschaft notwendig ist. In den von der Roten Armee besetzten Ländern waren nach 1945 ebenfalls viele Menschen froh, »wenn man sie nur in Ruhe ließ – auch wenn sie den Mund halten mussten«.

Wie bereits betont, lässt sich nicht mit Sicherheit feststellen, wie Marshall seinen Hinweis auf den Peloponnesischen Krieg verstanden wissen wollte und ob er dabei vielleicht tatsächlich auch den oligarchischen Staatsstreich des Jahres 411 im Blick hatte. Zumindest würde diese Interpretation mit der Sichtweise der amerikanischen Gründerväter übereinstimmen. Anders als der Chefredakteur der »Zeit«, Richard Tüngel, sahen sie in diesem Krieg keine Auseinandersetzung zwischen der »Demokratie« Athen und dem »diktatorisch regierten Militärstaat« Sparta, sondern vielmehr ein Beispiel dafür, dass auch Demokratien ohne entsprechende Gegenmaßnahmen gefährdet sind. Nachdem die Gründerväter aus den Vorgängen in Athen während des Peloponnesischen Krieges den Schluss gezogen hatten, dass die Demokratie durch eine Verfassung geschützt werden müsse, folgerte Marshall, dass die USA in Europa »politische und sozialen Bedingungen« schaffen müssten, »unter denen freie Institutionen existieren können«.

KEIN FRIEDEN IM STILE ROMS

John F. Kennedy und der Beginn der Entspannungspolitik

I. John F. Kennedys Bildungshorizont

John F. Kennedy (1917 – 1963) wurde am 29. Mai 1917 als Sohn einer katholischen, ursprünglich aus Irland stammenden Familie in Brookline/Massachusetts geboren.[1] Sein Vater Joseph Kennedy war ein erfolgreicher Geschäftsmann, der es bereits im Alter von 30 Jahren zum mehrfachen Millionär gebracht hatte. Er unterstützte die Demokratische Partei mit hohen Geldsummen und war von 1937 bis 1940 Botschafter bei Amerikas wichtigstem Verbündeten Großbritannien. John F. Kennedys Mutter Rose Fitzgerald war die Tochter eines ebenfalls sehr erfolgreichen Unternehmers, der lange Zeit Bürgermeister von Boston war. Von früh an stellten beide Eltern hohe Ansprüche an ihre Kinder und bereiteten die Söhne auf eine politische Karriere vor. »Joe und Rose«, schreibt ein Kennedy-Biograph, »brachten ihren Kindern bei, dass die Kennedys besondere Menschen seien, auserwählt für große Dinge«.[2]

John F. Kennedy besuchte eine katholische Schule in Massachusetts und wurde als 14-jähriger von seinen Eltern auf die exklusive Choate-Privatschule in Connecticut geschickt. Die Aufnahmeprüfung wiederholte er in Latein, wo schon seine früheren Zensuren unterdurchschnittlich waren.[3] In Choate las Kennedy Cäsars »Bürgerkrieg« im Original. Seine Leistungen in Latein blieben jedoch schwach, so dass er die Sprache nach zwei Jahren als Schulfach abwählte.[4] Auch sonst beeindruckte Kennedy seine Mitschüler nicht durch herausragende Leistungen, sondern vor allem durch seine offene und gewinnende Persönlichkeit.

1936 begann er ein Studium mit dem Schwerpunkt Politikwissenschaft in Harvard. Da er sich dort vor allem für Sport interessierte, waren seine Leistungen auch auf der Universität mittelmäßig.[5] Einer seiner Lehrer, Payson Wild, berichtet allerdings, dass sich Kennedy in Harvard intensiv mit histori-

---

[1] Zu Kennedys Werdegang und Präsidentschaft siehe u.a.: Robert Dallek, An Unfinished Life. John F. Kennedy, Boston New York London 2003. dt.: John F. Kennedy. Ein unvollendetes Leben, München 2003, umfassende Literaturangaben S. 744 – 750. Herbert S. Parmet, Jack. The Struggles of John F. Kennedy, New York 1980. Arthur M. Schlesinger, A Thousand Days: John F. Kennedy in the White House, Boston 1965. Theodore C. Sorensen, Kennedy, New York 1966. dt.: Kennedy, München 1966.

[2] Thomas C. Reeves, A Question of Character. A Life of John F. Kennedy, New York 1991. S. 34.

[3] Parmet, S. 28 f. Dallek, dt. Ausg., S. 40.

schen Staatstheorien auseinandergesetzt habe. Über Plato und Aristoteles habe er damals ebenso »gründlich und verständig« reden können wie über Hobbes, Locke und Rousseau.⁶ Den Sommer 1937 verbrachte Kennedy in Frankreich, Italien und England. 1939 reiste er erneut nach Europa und hospitierte für kurze Zeit als Sekretär seines Vaters an der US-Botschaft in London. Die Beschäftigung mit der britischen Appeasement-Politik wurde für ihn dort »zum prägenden Erlebnis seiner Jugend«,⁷ über das er auch seine wissenschaftliche Abschlussarbeit in Harvard schrieb. Unter dem Titel »Why England slept« wurde sie ein großer Bucherfolg.⁸

Durch Schulbildung und familiäre Einflüsse war John F. Kennedy sowohl mit der Antike als auch der europäischen Kultur von früh an vertraut. Zwar hat er als Jugendlicher weder für Latein noch für alte Geschichte eine besonderes Interesse entwickelt. Sein späterer Wunsch, Reden mit antiken Zitaten anzureichern, mag jedoch auch auf die Tatsache zurückzuführen sein, dass er als Schüler und Student zumindest mit Cäsar, Aristoteles und Plato in Berührung kam.

Nach seinem Kriegsdienst vorwiegend im Pazifik wurde er 1946 bereits im Alter von 29 Jahren in den Kongress gewählt. 1953 wechselte er in den Senat, wo er Mitglied im Auswärtigen Ausschuss wurde. Im gleichen Jahr traf Kennedy eine Entscheidung, die sich für den weiteren Verlauf seiner Karriere als ausgesprochen glücklich erweisen sollte: Er stellte den 24-jährigen Theodore (Ted) Sorensen als seinen Mitarbeiter an. Der hochgebildete, ehrgeizige und fleißige Jurist wuchs schnell in die Rolle eines Chefberaters hinein; Kennedy bezeichnete ihn später einmal als seine »intellektuelle Blutbank«. Die zahlreichen historischen, philosophischen und religiösen Bezüge in Kennedys Reden und Aufsätzen stammten zu einem Großteil von Sorensen. Bis heute haben Historiker Schwierigkeiten, »Sorensens durchweg brillante Rhetorik« von der des Präsidenten zu unterscheiden.⁹

Kennedys Willen zur Stilisierung wurde auch bei seiner Amtseinführung am 20. Januar 1961 deutlich, als der Dichter Robert Frost (1874-1963) im Stile Vergils die Ode »Dedication« an den neuen Präsidenten verlesen sollte.¹⁰ Der Auftritt war von dem demokratischen Kongressabgeordneten Stewart L. Udall vermittelt worden, der mit Frost befreundet war. Frost hatte mit Kennedy zunächst vereinbart, sein 1942 entstandenes Gedicht »The Gift Outright« vorzulesen, entschied dann aber kurzfristig, zu der Amtseinführung ein neues Werk zu verfassen. In dem erst am selben Morgen fertig gestellten Gedicht gab Frost der Hoffnung Ausdruck, dass Kennedy Amerika mit »Stärke und

---

⁴ Parmet, S. 31 f.
⁵ Parmet, S. 48.
⁶ Parmet, S. 49.
⁷ Jürgen Heideking, John F. Kennedy, 1961 – 1963. Der imperiale Präsident, in: Heideking (Hg.), Die amerikanischen Präsidenten, a.a.O., S. 346 – 360, S. 347.
⁸ John F. Kennedy, Why England slept, New York 1940.
⁹ Reeves, S. 116 f.
¹⁰ Robert Frost, For John F. Kennedy his inauguration. in: The Poetry of Robert Frost, hg. von Edward Connery Lathem, London 1971, S. 422 – 424.
www.pbs.org/newshour/inauguration/frost_poem.html

Stolz« und seinem »jungen Ehrgeiz« zu einem »neuen augusteischen Zeitalter«, einem »goldenen Zeitalter von Poesie und Macht« führen würde. In dem ebenso pathetischen wie patriotischen, literarisch aber eher durchschnittlichen Gedicht – laut Klaus Harpprecht »eine Sammlung der fälligen Banalitäten, in unbeholfene Reime gesetzt«[11] – erwähnte er auch, dass die Gründerväter eine »neue Ordnung der Zeiten« begründet hätten und dass daran auf der Ein-Dollar-Note in Latein erinnert werde.

Der damals 86-jährige Frost war allerdings nicht in der Lage, den mit einer Hotelschreibmaschine geschriebenen Text zu verlesen, da er durch das vom Schnee reflektierte Sonnenlicht geblendet wurde und trug stattdessen »The Gift Outright« vor. Bei einem Treffen mit Kennedy im Weißen Haus wenige Tage später übergab ihm Frost eine Kopie des Gedichts »Dedication«. In der Widmung schrieb er noch einmal, »Poesie und Macht« seien der Weg zu einem »neuen augusteischen Zeitalter«.[12] Die Formulierung passte zu den hohen Erwartungen, die Kennedy bei seinem Amtsantritt zu wecken suchte, lässt aber weder bei Frost noch beim Präsidenten selbst auf eine tiefere Beschäftigung mit der Antike schließen. Harpprecht kommentierte die Widmung Frosts an Kennedy mit der Bemerkung, statt eines augusteischen Zeitalters sei während seiner Präsidentschaft »die Dunkelheit einer Krise« heraufgezogen, »in der das Imperium die Grenzen der idealistischen Unschuld überschritt und in den Sümpfen Südostasiens scheiterte.«[13]

II. Eskalation oder Entspannung

Nach dem Mauerbau am 13. August 1961 erreichte die Ost-West-Konfrontation mit der Kuba-Krise im Oktober 1962 ihren Höhepunkt.[14] US-Aufklärungsflugzeuge entdeckten am 14. Oktober Abschussrampen für sowjetische Atomraketen auf Kuba, das seit 1958 von der sozialistischen Castro-Regierung beherrscht wurde. Obwohl viele seiner Berater eine Bombardierung der Raketenstellungen oder eine Invasion Kubas vorschlugen, schreckte Kennedy vor einer solchen Eskalation zurück. Am 21. Oktober beschloss er eine Seeblockade der Insel für sämtliche Militärtransporte. Am selben Tag wurde zum ersten und einzigen Mal in der Geschichte des Kalten Krieges die US-Luftwaffe auf die höchste Gefechtsbereitschaft unterhalb von Kampfhandlungen gesetzt. Auch die atomaren und konventionellen Streitkräfte der Sowjetuni-

---

[11] Klaus Harpprecht, Der fremde Freund. Amerika: eine innere Geschichte, Stuttgart 1982, S. 64.
[12] Lawrence Thompson, R. H. Winnick, Robert Frost. A Biography, New York 1981, S. 479–482. Vergl. Dallek, S. 279 f.
[13] Harpprecht, Der fremde Freund, S. 65.
[14] Zur Kuba-Krise siehe: Bernd Greiner, Kuba-Krise. 13 Tage im Oktober: Analyse, Dokumente, Zeitzeugen, Nördlingen 1988. Robert F. Kennedy, 13 Tage, Darmstadt 1974. Christof Münger, Kennedy, die Berliner Mauer und die Kubakrise, Paderborn 2003.

on standen zu diesem Zeitpunkt in Kampfbereitschaft.[15] Nach einer Woche lenkte der sowjetische Generalsekretär Nikita Chruschtschow ein und kündigte den Abzug der Atomraketen von Kuba an. Die US-Regierung verpflichtete sich, Kuba niemals anzugreifen, und teilte Chruschtschow vertraulich mit, sie werde ihre Atomraketen aus der Türkei abziehen.

Die Kubakrise bildete den »Scheitelpunkt des Kalten Krieges«[16]. Sowohl Kennedy als auch Chruschtschow hatten »dem nuklearen Krieg ins Angesicht gesehen und erkannt, dass dies ein selbstmörderischer Weg war«, wie Ted Sorensen rückblickend schrieb. Der drohende Atomkrieg mit der Sowjetunion hatte nach seiner Einschätzung auch die USA »über die tödliche Vergeblichkeit eines totalen nuklearen Sieges aufgeklärt« und »das Interesse des Präsidenten an friedlichen Lösungen erhöht«.[17]

Nach der Kubakrise bemühte sich Kennedy intensiv darum, zur Entspannung der weltpolitischen Lage mit der Sowjetunion und den übrigen Atommächten einen Vertrag über das Ende von Atomwaffentests zu schließen. Die Verhandlungen darüber drohten im Frühjahr 1963 an der Frage zu scheitern, wie viele Inspektionen vor Ort zugelassen werden. In dieser Situation entschloss sich Kennedy zu einer außenpolitischen Grundsatzrede. Unmittelbar vor einer Europareise, die ihn auch nach West-Berlin führen würde, wollte er der Sowjetunion öffentlich seine Verständigungsbereitschaft signalisieren.

III. ABSAGE AN EINE PAX AMERICANA: REDE AM 10. JUNI 1963

1) VORBEREITUNG

Kennedy entschied im Mai 1963, einen geplanten Auftritt bei der Abschlussfeier der American University in Washington D. C. am 10. Juni für eine außenpolitische Grundsatzrede zu nutzen.[18] Sorensen bezeichnete sie später als »die erste Rede eines amerikanischen Präsidenten in 18 Jahren, die über den Kalten Krieg hinausgriff«.[19] Keine andere außenpolitische Rede Kennedys sei »so inhaltsreich und bedeutungsvoll« gewesen.[20]

Sorensen hatte das Manuskript über Wochen intensiv vorbereitet. Er beriet sich mit Vertrauten »und sammelte geeignete Zitate, die aus seiner Inaugura-

---

[15] Gregor Schöllgen, Geschichte der Weltpolitik von Hitler bis Gorbatschow, München 1996, S. 165.
[16] Ebenda.
[17] Sorensen, Kennedy, dt. Ausg., S. 701.
[18] Commencement Address at American University in Washington, June 10, 1963, in: John F. Kennedy, Public Papers, 1963, S. 459 – 464. www.jfklibrary.org/j061063.htm Vergl. Theodore O. Windt, Presidents and Protesters. Political Rhetoric in the 1960s, Tuscaloosa 1990, S. 60 – 76.
[19] Sorensen, S. 706.
[20] Ebenda, S. 707. Vergl auch Dallek, S. 561 ff.

tionsbotschaft im Jahre 1961 gestrichen, oder solche, die beiseite gelegt worden waren, als die Fernsehgespräche zwischen Kennedy und Chruschtschow im Jahre 1962 scheiterten, oder die in früheren Kennedy-Reden verwendet worden waren, aber der Wiederholung würdig schienen«.[21] Im Gegensatz zu anderen Grundsatzreden des Präsidenten holte das Weiße Haus keine Stellungnahmen der zuständigen Ministerien ein. »Der Präsident war entschlossen«, so Sorensen, »eine grundlegend neue Betonung des Friedlichen und des Positiven in unseren Beziehungen zu den Sowjets zu zeigen. Er wünschte keine Verwässerung dieser neuen Politik durch die üblichen Zerstörungsdrohungen, Prahlereien mit nuklearen Waffenvorräten oder Predigten über sowjetische Hinterlist.« Kurz vor Kennedys Auftritt in der Universität wurden sowjetische Diplomaten und politische Korrespondenten in Washington darauf hingewiesen, dass der Präsident eine wichtige Rede halten würde.[22]

2) INHALT

Die Rede Präsident Kennedys vom 10. Juni 1963 enthielt eine eindeutige Botschaft: Die Supermacht Amerika signalisierte der anderen Supermacht Sowjetunion ihre Bereitschaft, sich im Interesse des Friedens umfassend miteinander zu verständigen. Die gefährliche Konfrontation, die beide Länder einige Monate zuvor an den Rand eines Atomkrieges gebracht hatte, sollte abgelöst werden von einer für beide Seiten vorteilhaften Kooperation. Die Rede gliederte sich in drei Teile: Nach Ausführungen über die Art des Friedens, den Amerika anstrebe, widmete sich Kennedy ausführlich den amerikanisch-sowjetischen Beziehungen und machte der Sowjetunion abschließend konkrete Vorschläge für eine Entspannung des Verhältnisses.

Nach einleitenden Bemerkungen über den Wert einer Universität sagte Kennedy, er wolle jetzt über »das wichtigste Thema auf Erden« sprechen, den Weltfrieden. »Welche Art von Frieden meine ich? Nach welcher Art von Frieden streben wir? Nicht nach einer Pax Americana, die der Welt durch amerikanische Kriegswaffen aufgezwungen wird. Nicht nach dem Frieden des Grabes oder der Sicherheit des Sklaven.« Er rede hingegen »über einen wahren Frieden, jenen Frieden, der das Leben auf Erden lebenswert macht, jenen Frieden, der Menschen und Nationen befähigt, zu wachsen und zu hoffen und ein besseres Leben für ihre Kinder zu ermöglichen – nicht nur Frieden für Amerikaner, sondern Frieden für alle Menschen, nicht nur Frieden für unsere Zeit, sondern Frieden für alle Zeiten«. In einer Zeit, in der Großmächte Atomwaffen unterhalten, sei »ein totaler Krieg sinnlos geworden«. Unter den Bedingungen des atomaren Patts gebe es zum Frieden keine Alternative.

In der über weite Strecken in versöhnlichem Ton gehaltenen Rede forderte Kennedy die Führer der Sowjetunion auf, gemeinsam mit den Vereinigten Staaten eine »Strategie des Friedens« zu entwickeln. Beide Länder sollten den

---
[21] Sorensen, S. 707. Vergl. auch Schlesinger, S. 900 ff.
[22] Ebenda.

»unheilvollen und gefährlichen Kreislauf« des Wettrüstens beenden und das dafür notwendige Geld »besser für den Kampf gegen Unwissenheit, Armut und Krankheit aufwenden«. Frieden sei das »zwangsläufig vernünftige Ziel vernünftiger Menschen«, doch es komme entscheidend darauf an, unter welchen Bedingungen er herrscht. Neben einem Frieden durch Übermacht oder einem Frieden durch Unterwerfung lehne er auch »die absolute, nicht mehr fassbare Idee des Weltfriedens und des guten Willens« ab, von der »einige Phantasten und Fanatiker noch immer träumen«.

Diesen Negativbeispielen eines falschen Friedens stellte Kennedy einen »praktischen, erreichbaren Frieden« gegenüber, der »nicht auf einer plötzlichen Revolution der menschlichen Natur, sondern auf einer allmählichen Evolution der menschlichen Institutionen basiert«. Dieser Friede erfordere nicht, »dass jeder seinen Nachbarn liebt. Er erfordert lediglich, dass man in gegenseitiger Toleranz miteinander lebt, seine Streitfälle einer gerechten und friedlichen Lösung unterwirft«.

Kennedy verwies darauf, dass Feindschaften »zwischen Nationen nicht ewig bestehen«, und forderte die Amerikaner auf, nicht den gleichen Fehler wie die Sowjets zu begehen und sich »nur ein verzerrtes und verzweifeltes Bild von der anderen Seite zu machen«. Keine Regierung und kein Gesellschaftssystem seien so schlecht, dass man das unter ihm lebende Volk als »bar jeder Tugend« bezeichnen könne. Auch wenn Amerika den Kommunismus als »Verneinung persönlicher Freiheit und Würde als zutiefst abstoßend« empfände, habe das russische Volk herausragende Leistungen vollbracht. Amerika und die Sowjetunion hätten niemals Krieg gegeneinander geführt, und kein anderes Volk habe mehr erdulden müssen als das russische Volk im Zweiten Weltkrieg. Wenn Amerika in diesem Krieg ähnliche Verluste erlitten hätte wie die Sowjetunion, wäre das gesamte Gebiet östlich von Chicago verwüstet worden.

»Sollte heute – wie auch immer – ein totaler Krieg ausbrechen, dann würden unsere beiden Länder die Hauptziele darstellen ... Alles, was wir aufgebaut haben, alles, wofür wir gearbeitet haben, würde vernichtet werden.« Kennedy erinnerte an die immensen Kosten, die der Rüstungswettlauf für die USA und die Sowjetunion verursache. Insofern hätten beide Länder ein »gemeinsames tiefes Interesse an einem gerechten und wirklichen Frieden und an einer Einstellung des Wettrüstens«.

Die Vereinigten Staaten und die Sowjetunion dürften ihre Differenzen zwar nicht verdrängen, müssten sich aber auf ihre gemeinsamen Interessen konzentrieren und gemeinsam »dazu beitragen, dass die Welt trotz Meinungsverschiedenheiten sicher bleibt«. Letztlich bilde die Tatsache, »dass wir alle diesen kleinen Planeten bewohnen, das stärkste Band zwischen uns. Wir alle atmen die gleiche Luft. Wir alle hoffen für die Zukunft unserer Kinder. Und wir alle sind sterblich.«

Konkret kündigte Kennedy die Einrichtung eines »heißen Drahts« zwischen Washington und Moskau sowie Verhandlungen über einen Stopp von Atomtests an. Als Vorleistung gab er bekannt, dass die USA so lange keine oberirdischen Nuklearversuche durchführen würden, »so lange dies kein anderer Staat tut«. Am Ende seiner Rede versichert Kennedy, dass die Vereinigten Staaten »niemals einen Krieg beginnen« würden. »Wir wollen keinen Krieg. Wir erwarten jetzt keinen Krieg.« Diese Generation von Amerikanern habe »schon genug – mehr als genug – an Krieg und Hass und Unterdrückung erlebt«. Zwar werde man wachsam bleiben und jede Herausforderung annehmen. Sein Ziel aber sei ein Frieden, in dem »die Schwachen sicher und die Starken gerecht sind«. Zuversichtlich und voller Vertrauen strebe er »nicht nach einer Strategie der Vernichtung, sondern einer Strategie des Friedens«.

3) Wirkung

Laut Kennedys Ghostwriter Sorensen fand die Rede in den Vereinigten Staaten nur ein verhaltenes Echo. Die Medien hätten sie »schon am nächsten Abend weitgehend vergessen«; einige republikanischen Abgeordnete hätten sie als »schrecklichen Fehler« bezeichnet und Kennedy eine »weiche Tour« vorgeworfen. Umso positiver war die Reaktion in der Sowjetunion: Chruschtschow nannte sie »die beste Rede eines Präsidenten seit Roosevelt« und ließ sie vollständig in der sowjetischen Presse veröffentlichen.[23] Als sie über den Auslandssender »Voice of America« verbreitet wurde, verzichteten die Sowjets erstmals seit 15 Jahren auf die Störung dieses Senders. Bald darauf stellten sie die Störung westlicher Nachrichtensendungen in russischer Sprache sogar völlig ein. Zehn Tage nach der Rede, am 20. Juni 1963, wurde die Einrichtung einer direkten Telefonverbindung, des »heißen Drahts«, zwischen Weißem Haus und Kreml vereinbart.[24]

Am 15. Juli begannen in Moskau Verhandlungen zwischen der Sowjetunion, den Vereinigten Staaten und Großbritannien über einen Atomtest-Stopp. Sie konnten bereits nach zehn Tagen abgeschlossen werden. Anfang August unterschrieben die Regierungen den »Moskauer Vertrag« über die teilweise Einstellung von Kernwaffenversuchen in der Atmosphäre, unter Wasser und im Weltraum. Das Abkommen gilt als erster wichtiger Schritt in Richtung Rüstungskontrolle und Entspannungspolitik. Der Kurswechsel von der Konfrontation hin zur Entspannungspolitik wurde auch in Europa und Deutschland positiv aufgenommen. Der SPD-Politiker Egon Bahr, damals Pressesprecher und enger Berater von Berlins Regierendem Bürgermeister Willy Brandt, prägte am 15. Juli 1963 unter Berufung auf Kennedys Friedensrede die Formel »Wandel durch Annäherung«,[25] die zum Grundprinzip der künftigen Deutschlandpolitik werden sollte.

---

[23] Sorensen, S. 709.
[24] Reeves, S. 399.
[25] Dokumente zur Deutschlandpolitik. IV. Reihe, Bd. 9, Frankfurt/M.. 1978, S. 572 ff.

4) Historische Traditionen

a) Pax Romana in der Antike

Die Vorstellung von einem Frieden, den eine einzige Macht herstellt und sichert, hat sich mit dem Ausdruck Pax Romana so sehr verknüpft, dass er in viele moderne Sprachen übernommen wurde und sich weitere Bildungen anschlossen, etwa Pax Britannica, Pax Sowjetica oder eben Pax Americana.[26] In Kennedys Rede wurde die Aussage, Amerika strebe keine Pax Americana an, durch ihre herausragende Stellung gleich zu Beginn zu einem Leitmotiv der Ansprache.

Zeitlich wird der Begriff Pax Romana zumeist für die gut zwei Jahrhunderte zwischen dem Beginn der Alleinherrschaft Octavians 30 v. Chr. und dem Tod Mark Aurels 180 n. Chr. angewandt. Selbstverständlich kannte auch die Republik Zeiten des Friedens, doch galt er dort stets nur als »vorübergehende Atempause zwischen zwei Kriegen«.[27]

Am 11. Januar des Jahres 29 v. Chr., nach dem Selbstmord des Antonius in Alexandria und dem endgültigen Sieg Octavians im Bürgerkrieg, wurde auf Anordnung des Senats der Janus-Tempel geschlossen und damit auf symbolträchtige Weise der allgemeine Frieden des Römischen Reiches proklamiert.[28] Nach der Niederwerfung seines letzten innenpolitischen Gegners legitimierte Octavian seine Alleinherrschaft damit, dass er den Bürgerkrieg beendet und den inneren Frieden wiederhergestellt hatte.[29] Pax wurde zur Göttin des Friedens erhoben und kultisch verehrt. Octavian reagierte damit auch auf »eine mächtige, religiös aufgeladene Friedenssehnsucht«, die als Folge der jahrzehntelangen Bürgerkriege entstanden war und die auch von Vergil zum Ausbruch gebrachte Hoffnung auf einen »Messias« einschloss.[30]

Zu Ehren des Monarchen stiftete der Senat die »Ara Pacis Augustae«, die am 30. Januar des Jahres 9 eingeweiht wurde und noch heute in Rom zu besichtigen ist. Augustus selbst ließ in der Nähe mit einem 30 Meter hohen ägyptischen Obelisken eine Sonnenuhr errichten, deren Schatten am 23. September, seinem Geburtstag, auf das Zentrum des Altars wies.[31] Die Botschaft war eindeutig: Der Monarch wurde geboren, um dem Reich und seinen Bewohnern den Frieden zu bringen. Die Eroberung fremder Länder stand dazu keineswegs im Widerspruch, sondern war eine Voraussetzung dafür. Dies brachte auch die Inschrift auf der Basis des Obelisken, der heute vor dem italienischen Parlament steht, zum Ausdruck: »Der Imperator Caesar, Sohn

---

[26] Vergl. Meier, Von der Pax Romana zur Pax Americana, in: Pax Americana?, S. 98.
[27] Erich S. Gruen, Augustus and the Ideology of War and Peace, in: Rolf Winkes (Hg.), The Age of Augustus, Providence Louvain-la-Neuve 1985, S. 51-72, S. 54.
[28] Zur Datierung siehe: Victor Ehrenberg / Arnold H. M. Jones, Documents illustrating the Reigns of Augustus and Tiberius, 2nd Edition, Oxford 1955, S. 45.
[29] Bleicken, Augustus, S. 512.
[30] Meier, Pax Americana, S. 102.
[31] Vergl. Edmund Buchner, Die Sonnenuhr des Augustus, Mainz 1982.

des göttlichen (Caesar) / Augustus / Pontifex Maximus / zwölfmal Imperator, elfmal Konsul, vierzehnmal Inhaber der tribunizischen Gewalt / hat, nachdem er Ägypten unter die Herrschaft des römischen Volkes gebracht hat / (diesen Obelisken) der Sonne als Weihgabe gewidmet.«[32]

Im Gegensatz zu den Griechen, die den Frieden als einen Zustand der Harmonie und der Wohlfahrt verstanden, umfasste der römische Frieden »das Gebiet der gesicherten und fest begründeten römischen Herrschaft«, wie Harald Fuchs schreibt.[33] Im Lateinischen war »pacare der gebräuchliche Ausdruck für die durch Kampf herbeigeführte Unterwerfung eines Volkes und seine Einführung in den römischen Machtbereich«.[34] Gleichwohl gelang unter der Herrschaft Roms etwas, »was die darin vereinten Länder von Schottland bis Ägypten und vom Innern Kleinasiens bis Gibraltar und tief ins heutige Algerien hinein sonst so nie erlebt haben: eine mehr als 200 Jahre während Periode des Friedens. Kaum je ein Aufstand, kaum je ein Versuch abzufallen.«[35] Doch der Widerspruch zwischen Frieden und Freiheit war in der Pax Romana nicht aufzulösen. Vor allem Tacitus hat dieser römischen Friedensordnung immer wieder die Freiheit als höheres Gut entgegengehalten.[36]

b) Tacitus

Kennedys Aussage, er strebe weder eine Pax Americana noch den Frieden des Grabes oder der Sicherheit des Sklaven an, geht indirekt auf die Rede zurück, die Tacitus im »Agricola« dem britannischen Stammesführer Calgacus in den Mund legte. Tacitus schreibt, Calgacus habe im Jahr 84 n. Chr. am Mons Graupius in Schottland rund 30.000 Kämpfer in einen Aufstand geführt, der von den Römern unter Führung des Julius Agricola mit rund 5000 Legionären mühelos niedergeschlagen worden sei.[37] Agricola, der Schwiegervater von Tacitus, habe damit die römische Eroberung Britanniens abgeschlossen. An der Authentizität dieser Schlacht gibt es erhebliche Zweifel.[38]

Vor dem Kampf ließ Tacitus sowohl Calgacus als auch Agricola eine Rede halten: »Calgacus als der letzte Freie am Rande der Welt zeichnet in großartigen Worten das System der römischen Knechtschaft; Agricolas Rede ist ein Appell zur Bewährung der römischen virtus.«[39] Die Ansprache des Calgacus an seine Kämpfer gipfelte in der wohl berühmtesten zeitgenössischen Anklage gegen den Imperialismus der Römer: »Diese Räuber der Welt durchwüh-

---

[32] Zit. n. Christoff Neumeister, Das antike Rom, München 1991, S. 47 f.
[33] Harald Fuchs, Augustin und der antike Friedensgedanke, Berlin 1926, S. 193.
[34] Ebenda, S. 201.
[35] Meier, Pax Americana, S. 107.
[36] Vergl. Ders., Der geistige Widerstand gegen Rom in der antiken Welt, Berlin 1938, ND 1964, S. 17 f..
[37] Tac., Agric. 30-32.
[38] Vergl. Gerold Walser, Rom, das Reich und die fremden Völker in der Geschichtsschreibung der frühen Kaiserzeit. Studien zur Glaubwürdigkeit des Tacitus, Baden-Baden 1951, S. 37 ff.
[39] Ebenda, S. 38.

len, nachdem sich ihren Verwüstungen kein Land mehr bietet, selbst das Meer. Wenn der Feind reich ist, sind sie habgierig, wenn er arm ist, ruhmsüchtig; nicht der Orient, nicht der Okzident hat sie gesättigt; als einzige von allen begehren sie Reichtum und Armut mit gleicher Gier. Plündern, Morden, Rauben nennen sie mit falschem Namen Herrschaft, und wo sie eine Ödnis schaffen, nennen sie es Frieden.«[40]

Gerold Walser hat darauf hingewiesen, dass es sich bei dieser Rede – wie möglicherweise bei der ganzen Schlacht – um eine reine Erfindung des Tacitus handelt, in der Calgacus »wie ein Schüler der Deklamatorenschule« redet. »Tacitus kümmert sich hier nicht darum, zu welchen Äußerungen das barbarische Denken wirklich fähig war.«[41] Sein Ziel war es vielmehr, aus Anlass eines Aufstands gegen die Römer auf polemische Weise die prinzipielle Unvereinbarkeit von Frieden und Freiheit im Römischen Reich zum Ausdruck zu bringen.

c) Wahrnehmung der Pax Romana im 19. und 20. Jahrhundert

Die Bewertung der Pax Romana war immer auch abhängig von der Legitimität, die imperiale Herrschaft zu der jeweiligen Zeit beanspruchen konnte.[42] Die Ausdehnung der europäischen Kolonialreiche im 19. Jahrhundert ging vielfach einher mit einer positiven Sicht der Pax Romana, wie sie sich auch in dem bereits zitierten Satz Mommsens wiederfindet, die Herrschaft Roms habe für viele Landschaften den »vorher wie nachher nie erreichten Höhepunkt des guten Regiments bezeichnet«.[43] Dass Arthur Balfour ihn im Brief an Theodore Roosevelt mit dem in Klammern gesetzten Zusatz versah – »wenigstens bis Algerien von den Franzosen und Ägypten von den Briten beherrscht wurden« – ist charakteristisch für die im 19. Jahrhundert in Großbritannien weit verbreitete Auffassung, man vollbringe im Empire eine ähnliche zivilisatorische Leistung wie Rom in seinem Imperium. Zahlreiche viktorianische Autoren wie Robert Seeley (»Expansion of England«) und Charles Dilke (»Greater Britain«) sahen in der »Durchdringung der gewonnenen Gebiete mit der englischen Kultur und den Vorzügen des englischen Wirtschaftssystems die eigentliche Aufgabe der Eroberungspolitik«.[44] Diese Sicht wurde auch von Politikern wie Lord Palmerston, Benjamin Disraeli oder eben Arthur Balfour geteilt.

Unter Berufung auf ein angebliches, aber nicht existierendes Tacitus-Wort erklärte beispielsweise der konservative Premierminister Disraeli im November 1879 »Imperium et Libertas« zum Motto seiner imperialistischen Politik.[45]

---

[40] Tac., Agric. 30.
[41] Walser, S. 155.
[42] Vergl. Werner Dahlheim, Geschichte der Römischen Kaiserzeit, München 2003, S. 257-262. Dort auch ausführliche Literaturangaben.
[43] Theodor Mommsen, Römische Geschichte Bd. V, 5. Auflage 1904, S. 4.
[44] Dahlheim, Kaiserzeit, S. 257.
[45] Vergl. Johannes Straub, Imperium et Libertas. Eine Tacitus-Reminiszenz im politischen Programm Disraelis, in: Spiegel der Geschichte, Festgabe für Max Braubach zum 10. April 1964,

Dies trug ihm allerdings sogleich den Widerspruch William Gladstones ein. Der liberale Oppositionsführer und Nachfolger Disraelis als Premierminister hielt dem konservativen Regierungschef entgegen, Rom sei ein Staat gewesen, dessen »Sendung« darin bestanden habe, »die Welt zu unterjochen: also ein Staat, dessen wirklicher Grundsatz war, die gleichen Rechte anderer Völker zu leugnen und ihre Unabhängigkeit zu beseitigen. Das, meine Herren, war die Idee Roms.«[46] Gegenüber dem Autor hat Ted Sorensen angegeben, dass Kennedy die Pax Romana ebenfalls negativ sah.

Noch stärker als in England war im 19. Jahrhundert das imperiale Denken in Frankreich von einem kulturellen Sendungsbewusstsein geprägt, das sich auch immer wieder auf die Herrschaft Roms berief. Insbesondere die französische Siedlungspolitik in Algerien, eine Besonderheit des europäischen Imperialismus, orientierte sich stark am römischen Vorbild.[47] Auch in der althistorische Forschung dieser Zeit ist immer wieder der Gedanke zu finden, »dass Rom den Barbaren des Westens und des Nordens Ordnung, Recht, Frieden, Sicherheit und städtische Zivilisation gebracht habe«.[48]

Der Erste Weltkrieg erschütterte den Glauben Europas an sich selbst und rückte – nicht zuletzt durch die 14 Punkte Präsident Wilsons – das Prinzip des Selbstbestimmungsrechts der Völker in den Mittelpunkt der politischen Auseinandersetzung. Dies blieb auch für die Wahrnehmung der Pax Romana nicht ohne Folgen; die Betrachtung konzentrierte sich nun »auf die Unterwerfung der vorgefundenen Kulturen« durch die Römer. Die nach dem Zweiten Weltkrieg einsetzende Entkolonialisierung verstärkte diese Tendenz. Nun geriet auch die wirtschaftliche Ausbeutung der Provinzen durch Rom in den Mittelpunkt wissenschaftlichen Interesses. »Selbst der innere Friede des Reiches, der in der kaiserlichen Propaganda alle anderen Segnungen der Zeit weit übertraf, wurde mit der Frage geprüft, ob es innerhalb der Grenzen des vermeintlich so sicheren Reiches nicht viel turbulenter zuging als man bisher geglaubt hat.«[49]

d) Nehru

Kennedys Aussage, er lehne sowohl den »Frieden des Grabes« als auch die »Sicherheit des Sklaven« ab, findet sich fast wörtlich in der Autobiographie von Jawaharlal Nehru (1889 – 1964), der Indien 1948 gemeinsam mit Mahatma Gandhi in die Unabhängigkeit führte. Nehru hatte von 1905 bis 1912 in England erst die Eliteschule Harrow besucht und anschließend am Trinity

---

Münster 1964, S. 52 – 68. Hildegard Gauger, Die Kunst der politischen Rede in England, Tübingen 1952, S. 188 f.
[46] Zit. n. Straub, S. 53.
[47] Eberhard Jäckel, Grundtatsachen der Geschichte Algeriens, in: Ders., Umgang mit Vergangenheit, Beiträge zur Geschichte, Stuttgart 1989, S. 274-293, S. 283. Vergl. Karl Epting, Das französische Sendungsbewusstsein im 19. und 20. Jahrhundert, Heidelberg 1952.
[48] Dahlheim, Kaiserzeit, S. 258.
[49] Ebenda, S. 258f.

College in Cambridge Naturwissenschaften und in London Jura studiert. Während dieser Zeit kam er vermutlich auch mit Tacitus in Berührung.

In seiner von 1934 bis 1936 im Gefängnis verfassten Autobiographie formulierte Nehru auch eine grundsätzliche »Kritik an der britischen Herrschaft«, wie das entsprechende Kapitel heißt. »Die britische Oberhoheit in Indien«, so Nehru, »brachte uns Frieden, und Indien brauchte gewiss Frieden nach den Wirren und Missgeschicken, die dem Zusammenbruch des Mogul-Reiches folgten. Friede ist eine kostbare Einrichtung und für jeden Fortschritt notwendig, und wir begrüßten ihn, als er zu uns kam. Aber sogar der Friede kann zu einem zu hohen Preis erkauft werden, und wir können den vollkommenen Frieden des Grabes haben und die unbedingte Sicherheit eines Käfigs oder Gefängnisses. (...) Der Friede, der von einem fremden Eroberer aufgezwungen wird, verfügt nicht über die ruhigen und besänftigenden Eigenschaften des wahren Friedens.«[50] Peter A. Brunt hat in seiner vergleichenden Studie über römischen und britischen Imperialismus darauf hingewiesen, dass Nehrus Klage über den »falschen Frieden«, den die »Pax Britannica« Indien gebracht habe, auch von einem Untertan in den Provinzen des Römischen Reichs formuliert sein könnte.[51]

Auch die anschließende Formulierung Kennedys, er wolle »nicht Frieden für unsere Zeit, sondern Frieden für alle Zeiten«, beruhte auf einem historischen Vorbild. Der Satz war eine Anspielung auf die berühmten Worte des britischen Premierministers und Appeasement-Politikers Neville Chamberlain, der am 30. September 1938 die Münchner Konferenz mit den Worten kommentierte, sie habe »Frieden für unsere Zeit« (»peace for our time«) gebracht.[52] Durch seine historischen Analogien macht Kennedy deutlich, dass er keinen »Augustus-Frieden« durch Übermacht anstrebte, aber auch zu keinem »Chamberlain-Frieden« durch Unterwerfung bereit war.

e) Symmachus

In Kennedys Friedensrede findet sich noch eine weitere häufig zitierte Formulierung, für die es in der Antike ein Vorbild gibt. Die entsprechende Passage, in der Kennedy sagt, dass alle Menschen den gleichen Planeten bewohnen, die gleiche Luft atmen, das Beste für die Zukunft ihrer Kinder erhoffen und schließlich sterblich sind, ist laut Theodore Windt der rhetorisch brillanteste Teil der gesamten Rede.[53]

Diese Worte erinnern an die Symmachus-Bittschrift aus dem vierten nachchristlichen Jahrhundert. Roms Stadtpräfekt Symmachus bat den jungen Kaiser Valentinian II. im Jahr 384, den alten Glauben der Römer weiter zu respek-

---

[50] Jawaharlal Nehru, An Autobiography, London 1948. dt.: Indiens Weg zur Freiheit, Berlin 1957, S. 485.
[51] Peter A. Brunt, British and Roman Imperialism, a.a.O., S. 126.
[52] Vergl. John W. Wheeler-Bennett, Munich: Prologue to Tragedy, London New York 1948, S. 478.
[53] Windt, Presidents and Protesters, S. 67.

tieren und den Altar der Victoria wieder im Sitzungssaal des Senats aufzustellen. Er hatte sich dort seit der Zeit des Augustus befunden und war in den Jahren zuvor erst aus religiösen Gründen entfernt, dann zurückgeführt und von Kaiser Gratian wieder entfernt worden.

Nach dem Tod des Gratian appellierte der Heide Symmachus an dessen Nachfolger Valentian II., erneut die Rückführung der Victoria in den Sitzungssaal zuzulassen: »So bitten wir denn um Frieden für die Götter der Vorfahren, für die angestammten Götter. Billigerweise hält man Eines für jenes Unbekannte, das alle verehren. Es sind die gleichen Sterne, zu denen wir aufschauen, gemeinsam ist der Himmel, ein und dieselbe Welt hüllt uns ein; welchen Unterschied macht es, mit welcher Denkart jeder die Wahrheit sucht? Auf einem einzigen Weg kann man nicht zu diesem großen Geheimnis gelangen.«[54] Das vom Kaiser zunächst mit Wohlwollen aufgenommene Ansinnen scheiterte schließlich am Einspruch des Bischofs von Mailand Ambrosius.[55] Nach Mitteilung Sorensens war ihm das Symmachus-Zitat unbekannt.[56] Da auch Kennedy über kein Expertenwissen zur Antike verfügt habe, handelt es sich bei der ähnlichen Wortwahl offenbar um einen Zufall.

5) Der Verweis auf die Antike

Ähnlich wie in der Rede George Marshalls von 1947 nimmt auch in Kennedys Friedensrede von 1963 der Hinweis auf die Antike nur knappen Raum ein. Gleichwohl gehörte die Aussage, er strebe nach keiner »Pax Americana, die der Welt durch amerikanische Kriegswaffen aufgezwungen wird«, zu den am häufigsten zitierten Passagen aus Kennedys wichtigster außenpolitischer Rede. Mit der Abwandlung des Begriffes Pax Romana machte Kennedy deutlich, dass er der Sowjetunion keinen Frieden im Stile Roms aufzwingen will. Dabei war es zweitrangig, ob der Verweis auf die Antike auch politisch völlig schlüssig war. Anders als das Römische Reich über Jahrhunderte im Mittelmeerraum waren die USA 1963 gar nicht in der Lage, eine durch militärische Überlegenheit gestützte Friedensordnung weltweit zu etablieren. Konnte Rom fast jedem Gegner einen Frieden zu seinen Bedingungen aufzwingen, mussten die USA bis zum Zusammenbruch des sowjetischen Imperiums fürchten, bei einem militärischen Konflikt mit der Sowjetunion selbst katastrophale Schäden davonzutragen. Insofern ist Kennedys Verzicht auf die Errichtung einer Pax Americana kein freiwilliges Zugeständnis, sondern eher die Anerkennung einer machtpolitischen Realität, die ihm während der Kuba-Krise auf eindringliche Weise vor Augen geführt worden war.

Die von Tacitus und Nehru inspirierte Aussage, Amerika erstrebe weder den »Frieden des Grabes« noch die »Sicherheit des Sklaven«, war rhetorisch

---

[54] Symmachus, 3. Relation.
[55] Richard Klein, Der Streit um den Victoria-Altar, Darmstadt 1972. Zur Bedeutung der Symmachus-Bittschrift siehe auch: Friedrich Prinz, Von Konstantin zu Karl dem Großen, Düsseldorf 2000.
[56] Persönliche Mitteilung von Theodore Sorensen an den Autor.

gelungen, ließ aber inhaltliche Fragen offen. Mit dem »Frieden des Grabes« war vermutlich die Folge eines Atomkrieges gemeint, doch wurde dies von Kennedy nicht weiter ausgeführt. Seine gleichzeitige Ablehnung der »Sicherheit des Sklaven« war als Bekenntnis zur Freiheit zu verstehen, konnte jedoch auch als Kritik an der kommunistischen Diktatur aufgefasst werden. Zumindest an dieser zentralen Stelle der Rede hätte dies jedoch dem grundsätzlichen Ziel der Ansprache widersprochen, der Sowjetunion ein Signal der Entspannung zu geben. Anders als bei den bereits vorgestellten Reden Theodore Roosevelts, Franklin D. Roosevelts und auch George Marshalls lässt sich bei Kennedy zumindest nicht nachweisen, dass aus einer Auseinandersetzung mit der Antike politische Überzeugungen erwachsen sind oder zumindest bestärkt wurden. Kennedys Verweise auf die Antike hatten fast ausschließlich rhetorische Funktion – ihm ging es vor allem um die Wirkung.

IV. THUKYDIDES UND DIE EINHEIT DES WESTENS: REDE AM 25. JUNI 1963

1) INHALT

Knapp zwei Wochen nach seiner Rede an der American University brach Kennedy zu einer Europareise auf, die ihn nach Deutschland, Italien, Irland und Großbritannien führte. In Deutschland hielt er zwei wichtige Reden, in denen er ebenfalls auf die Antike zurückgriff: eine europapolitische Grundsatzrede in der Frankfurter Paulskirche und die berühmte Ansprache vor dem Schöneberger Rathaus in Berlin. Nachdem er zunächst Köln und Bonn besucht hatte, reiste Kennedy weiter nach Frankfurt am Main, wo er am 25. Juni in der Paulskirche vor Bundestagsabgeordneten und anderen Vertretern des öffentlichen Lebens der Bundesrepublik eine Rede über seine Europapolitik hielt.[57] Mit der Wahl dieses Ortes stellte er sich »in die Tradition von Freiheitsrechten und einer demokratischen Nationsidee in Deutschland«.[58] Die Ansprache gliederte sich in fünf Teile: Nach einleitenden Aussagen über die Bedeutung der Freiheit beschäftigte sich Kennedy mit der militärischen, der wirtschaftlichen und der politischen Bedeutung der transatlantischen Beziehungen. Abschließend umriss er die zukünftigen Ziele des Westens und erläuterte sein Ziel, die Spannungen des Kalten Krieges zu vermindern.

Nach einer Würdigung der Paulskirche als »Wiege der deutschen Demokratie« und der politischen Leistungen Deutschlands seit 1945 sprach Kenne-

---

[57] Address in the Assembly Hall at the Paulskirche in Frankfurt. June 25, 1963, in: John F. Kennedy, Public Papers, 1963, S. 516 – 521. www.geocities.com/CapitolHill/4035/paulsk.htm dt.: John F. Kennedy, Glanz und Bürde, hg. v. Allan Nevins, München Zürich 1964, S. 136 – 146.
[58] Andreas W. Daum, Kennedy in Berlin. Politik, Kultur und Emotionen im Kalten Krieg, Paderborn 2003, S. 84.

dy über die Zukunft der europäisch-amerikanischen Beziehungen. Der Atlantik trenne Amerika und Europa heute weniger »als das Mittelmeer die antike Welt von Griechenland und Rom getrennt hat«. Wenig später zitierte Kennedy Goethes »Faust«, der die Freiheit seiner Seele verspielt habe, als er zum flüchtigen Augenblick sagte: »Verweile doch, du bist so schön.« Der Wandel sei das Gesetz des Lebens, und wer nur auf die Vergangenheit blicke, »verpasst mit Sicherheit die Zukunft«. Kennedy bekräftigte das Engagement Amerikas für die »Freiheit und Sicherheit« Europas, da beides »tief im eigenen amerikanischen Interesse« liege. Amerika verfolgte nicht das Ziel, »die beschlussfassenden europäischen Gremien zu beherrschen«, sondern wolle ein »einiges und starkes Europa, das eine Sprache spricht und mit einem Willen handelt«. So wie ein Krieg in Europa auch den Frieden in Amerika zerstöre, sei »eine Bedrohung der Freiheit Europas eine Bedrohung der Freiheit Amerikas«. Daher setze Amerika »seine Städte aufs Spiel, um Ihre Städte zu verteidigen, weil wir Ihrer Freiheit bedürfen, um unsere Freiheit schützen zu können«.

Nachdem er eine Intensivierung der militärischen und der wirtschaftlichen Zusammenarbeit zwischen Amerika und Europa gefordert hatte, kam er zur politischen Bedeutung der Beziehungen und leitete diese Passage mit einem Zitat von Thukydides ein. Die transatlantische Partnerschaft beruhe auf einer »gemeinsamen politischen Zielsetzung«. Die Geschichte lehre, »dass Uneinigkeit und Ermüdung die großen Gefahren sind, die einem Bündnis drohen. Thukydides berichtet, die Peloponnesier und ihre Verbündeten seien mächtig in der Schlacht, doch gehemmt durch eine politische Führung gewesen, in der, wie er uns mitteilt, jeder nur seine eigenen Ziele verfolgt..., was im allgemeinen dazu führt, dass jede Aktion unterbleibt... Sie verwenden mehr Zeit auf die Verfolgung ihrer eigenen Interessen als auf die Sorge um das Gemeinwohl – jeder glaubt, dass aus seinen eigenen Versäumnissen kein Schaden erwachse und dass es die Aufgabe anderer sei, dies oder jenes zu tun, und da somit jeder für sich die gleiche Illusion hegt, gerät die gemeinsame Sache unmerklich immer mehr in Verfall.' Soll unsere Allianz etwa das gleiche Schicksal erleiden? Wird sie, die im Augenblick höchster Gefahr geschmiedet wurde, in Selbstgefälligkeit zerfallen, weil jedes Mitglied seine eigenen Ziele zum Nachteil der gemeinsamen Sache verfolgt? Das darf nicht geschehen.«[59]

Anschließend griff Kennedy den Leitgedanken seiner Friedensrede zwei Wochen zuvor auf, wonach er »einen wirklichen Frieden (a real peace) mit den Kommunisten« anstrebe. Doch so lange dieser Tag nicht gekommen sei, müsse sich der Westen auf seine »eigene, vereinte Stärke verlassen«. Der Präsident betonte erneut, dass die Einigung Europas »die entschlossene Unterstützung der Vereinigten Staaten« finde, denn nur ein in sich gefestigtes Europa könne das Atlantische Bündnis vor der Zersplitterung bewahren.

Kennedy forderte Europäer und Amerikaner auf, »neue und dauerhafte Verbindungen« zwischen sich zu schaffen und kam noch einmal auf Thukydides zurück: »Kurzum, die Worte des Thukydides sind eine Warnung, keine Voraussage. Wie die letzten 18 Jahre beweisen, sind wir sehr wohl imstan-

---

[59] Kennedy, Glanz und Bürde, S. 142 f.

de, unsere Verteidigungssysteme auszubauen, unsere politischen Bindungen in guten wie in schlechten Tagen noch enger zu gestalten.« Amerikaner und Europäer seien zu der »gemeinsamen Mission« berufen, eine neue Gesellschaftsordnung zu schaffen, »die auf Freiheit und Gerechtigkeit fußt, wo der Mensch Herr seiner Geschicke, wo der Staat Diener seiner Bürger ist und wo alle Männer und Frauen eines besseren Lebens für sich und ihre Kinder teilhaftig werden können.« Kennedy beendete seine Rede mit einem weiteren auf Englisch vorgetragenen Zitat aus Goethes »Faust«: »Das ist der Weisheit letzter Schluss: Nur der verdient sich Freiheit wie das Leben, der täglich sie erobern muss.«

2) HISTORISCHE TRADITION

a) Thukydides / Perikles

Die Thukydides-Passage, die Kennedy in der Paulskirche zitierte, stammt aus der Rede, die Perikles unmittelbar vor Beginn des Peloponnesischen Krieges hielt und in der er die Athener aufforderte, gegenüber Sparta eine kompromisslose Haltung einzunehmen.[60] Laut Thukydides war zu diesem Zeitpunkt in Athen umstritten, ob man den Handelsboykott gegen die zum Peloponnesischen Bund gehörende Nachbarstadt Megara aufheben solle. Dies hätte die Spannungen mit Sparta und seinen Verbündeten erheblich entschärft. Um über diese Frage eine Entscheidung herbeizuführen, beriefen die Athener eine Volksversammlung ein. »Unter den zahlreichen Rednern«, berichtet Thukydides, »die darauf in der Versammlung auftraten, waren die Ansichten geteilt, die einen waren für den Krieg, während andere meinten, jener Beschluss dürfe den Frieden nicht hindern und müsse aufgehoben werden.«[61]
Perikles konnte sich schließlich mit dem Argument durchsetzen, dass eine Aufhebung des Handelsboykotts gegen Megara und damit ein Nachgeben gegenüber Sparta die Machtstellung Athens bedrohen würde: »Gebt ihr ihnen darin (dem Boykott gegen Megara) nach, so werden sie gleich noch mehr von euch verlangen, überzeugt, dass ihr auch diesmal nur aus Furcht nachgegeben habt. Zeigt ihr ihnen aber die Zähne, so werden sie sich schon merken, dass ihr nicht die Leute seid, euch von ihnen befehlen zu lassen.« Perikles plädierte dafür, gegenüber Sparta »unter keinen Umständen nachzugeben und unseren Besitz furchtlos zu behaupten«.[62] Um die zögerlichen Athener von den Erfolgsaussichten eines Krieges gegen Sparta zu überzeugen, verwies er nun unter anderem auf die angebliche Zerstrittenheit des Peloponnesischen Bundes. Diese Passage hat Kennedy in der Paulskirche zitiert.

---

[60] Thuk. I, 141. Zur Verantwortung des Perikles für den Peloponnesischen Krieg sieh u.a.: G. E. M. de Ste. Croix, The Origins of the Peloponnesian War, London 1972.
[61] Thuk I, 139.
[62] Thuk I, 140.

Es war schon unter den Zeitgenossen umstritten, ob Perikles »der energischste Wegbereiter«[63] des für Griechenland so katastrophalen Peloponnesischen Krieges war oder ob er nur die Unausweichlichkeit dieses Kriegs erkannt hatte und deshalb nichts für seine Verhinderung tat. Sah Thukydides in der Angst Spartas vor der wachsenden Macht Athens den eigentlichen Grund für den Krieg,[64] gab beispielsweise Aristophanes Perikles die Hauptschuld. In seiner 421 v. Chr. erschienenen Komödie »Der Friede« heißt es: »Nur um sich zu sichern, steckt er unsere Stadt in Brand, / warf hinein den kleinen Funken: das megarische Edikt, / blies ihn an, den Kriegsbrand, dass in Hellas allem Volk nah und fern / vor Rauch die Augen tränten, hier wie dort.«[65]

Selbst wenn man Perikles im Sinne des Thukydides als Vollstrecker einer historischen Zwangsläufigkeit versteht, steht außer Zweifel, dass seine letzte Rede vor Kriegsausbruch und insbesondere die von Kennedy zitierte Passage stark propagandistisch gefärbt waren. Um die Zweifel der Athener zu überwinden und ihnen die Furcht vor einem Krieg zu nehmen, stellte Perikles den Peloponnesischen Bund als zerstritten und entscheidungsunfähig dar. Dass es sich dabei nicht um eine Beschreibung der Realität, sondern um Propaganda handelte, wird auch daran deutlich, dass Thukydides die angebliche Uneinigkeit der Peloponnesier später nie mehr erwähnte. Dazu gab es auch keinen Anlass, denn Sparta und seine Verbündeten waren in keiner Phase des Krieges politisch und militärisch handlungsunfähig. Im Gegenteil: Es gelang ihnen, im Verlauf des fast dreißigjährigen Krieges zunehmend effektiver zu agieren und ihn am Ende zu gewinnen.[66]

3) Der Verweis auf die Antike

Vor der Paulskirchen-Rede haben Kennedys Berater lange daran gearbeitet, in den Text »passende Zitate von Goethe und Thukydides einzuflechten«.[67] Das Thukydides-Zitat stand zwar nicht am Beginn der Ansprache, nahm in ihr aber dennoch eine zentrale Stellung ein. Es leitete den Abschnitt ein, in dem der Präsident eine enge politische Zusammenarbeit zwischen den Vereinigten Staaten und Europa sowie Deutschland im Besonderen forderte. Mit dem Zitat konnte Kennedy die Gefahren, die dem westlichen Bündnis drohten, auf rhetorisch elegante Weise beschreiben und sich seinen deutschen Zuhörern zugleich als Kenner der Antike präsentieren. Ähnlich wie die Goethe-Zitate hat auch die Erwähnung von Thukydides ihre Wirkung auf das erlesene Publikum in der Paulskirche nicht verfehlt. »Entzückt« über den Zitatenschatz seines amerikanischen Gastes äußerte sich beispielsweise der humanistisch ge-

---

[63] Manfred Clauss, Perikles, in: Große Gestalten der griechischen Antike, München 1999, S. 327 – 337, S. 334.
[64] Thuk I, 23.
[65] Aristophanes, Der Friede 606 – 609.
[66] Vergl. Raimund Schulz, Athen und Sparta, Darmstadt 2003.
[67] Daum, S. 85.

bildete Präsident des Bundestages, Eugen Gerstenmaier, der den US-Präsidenten zuvor in der Paulskirche offiziell begrüßt hatte.[68]

Es fiel offenbar weder für Kennedy noch für seine Zuhörer weiter ins Gewicht, dass der historische Kontext, aus dem das Zitat stammte, mit den politischen Aussagen der Rede nicht in Einklang zu bringen war. Auf die Frage, ob es Kennedy möglicherweise vor allem darum ging, die Zuhörer in der Paulskirche mit einem Thukydides-Zitat zu beeindrucken, antwortete Ted Sorensen: »Möglich«. Kennedys Wunsch nach Einigkeit des Westens sei jedoch »von Herzen gekommen«. Die zitierte Passage habe Kennedy schon »lange Zeit gemocht, völlig unabhängig von ihrem Kontext«.[69]

V. Civis Romanus sum – Ich bin ein Berliner: Rede am 26. Juni 1963

1) Inhalt

Am Tag nach der Paulskirchen-Rede flog Kennedy nach Berlin, wo er von der Bevölkerung enthusiastisch gefeiert wurde. Emotionaler Höhepunkt seines Aufenthalts im Westteil der geteilten Stadt am 26. Juni 1963 war eine kurze Rede vor dem Schöneberger Rathaus.[70] Neben schätzungsweise 450.000 Zuhörern vor Ort verfolgten Millionen Deutsche die Rede über Radio und Fernsehen. Nachdem er den Regierenden Bürgermeister Willy Brandt, Bundeskanzler Konrad Adenauer und den ebenfalls anwesenden General Lucius D. Clay gewürdigt hatte, sagte Kennedy: »Vor zweitausend Jahren lautete der stolzeste Satz: ›Civis Romanus sum‹. In der freien Welt lautet dieser Satz heute: ›Ich bin ein Berliner‹.« Kennedy benutzte für beide Zitate die jeweiligen Originalsprachen Latein und Deutsch.

Anschließend lobte Kennedy die Widerstandskraft der Berliner und richtete heftige Angriffe gegen die Sowjetunion. So sei die Mauer der offensichtlichste Beweis für das Versagen des kommunistischen Systems. Auch wenn ein Leben in Freiheit schwierig und Demokratie nicht perfekt sei, habe es der Westen nie nötig gehabt, »eine Mauer aufzubauen, um unsere Leute bei uns zu halten und sie daran zu hindern, woanders hinzugehen«. Erneut forderte Kennedy einen »echten Frieden«, der allerdings nicht erreicht werden könne, »solange jedem vierten Deutschen das Grundrecht einer freien Wahl vorenthalten wird«. Auch sonst stand die Ansprache in einem recht schroffen Gegensatz zur Friedensrede weniger Wochen zuvor, denn Kennedy äußerte

---

[68] Ebenda.
[69] Persönliche Mitteilung Theodore Sorensens an den Autor.
[70] Remarks in the Rudolph Wilde Platz, Berlin, June 26, 1963, in: John F. Kennedy, Public Papers, 1963, S. 524 f. dt.: Kennedy, Glanz und Bürde, S. 149 – 151. www.presidency.ucsb.edu/ws/index.php?pid=9307&st=&st1=

grundsätzliche Zweifel, ob mit den Kommunisten eine Zusammenarbeit möglich sei. Erst in seiner Rede am Nachmittag an der Freien Universität schlug er gegenüber der Sowjetunion wieder versöhnlichere Töne an.

Am Ende seine Ansprache vor dem Schöneberger Rathaus wiederholte Kennedy noch einmal den auf Deutsch gesprochenen Satz und bezog ihn auf sich selbst: »Alle freien Menschen, wo immer sie leben mögen, sind Bürger dieser Stadt West-Berlin, und deshalb bin ich als freier Mann stolz darauf, sagen zu können: ›Ich bin ein Berliner!‹«

2) Historische Traditionen

a) Paulus

Wie Andreas W. Daum nachgewiesen hat, wurde Kennedy durch den auf Paulus zurückgehenden Satz »Civis Romanus sum« zu seinem berühmten »Ich bin ein Berliner« inspiriert.[71] Das antike Zitat brachte die Zugehörigkeit zum römischen Reich zum Ausdruck und begründete damit den Rechtsanspruch, gegen Verfolgung und Misshandlung durch lokale Machthaber und Gerichtsbarkeiten geschützt zu sein. Zugleich klang in dem Satz schon in der Antike der Stolz auf das eigene römische Staatswesen mit.

Das Zitat taucht auch zwei Mal in der zweiten Rede Ciceros gegen Verres auf,[72] doch traditionsbildend wurde es vor allem durch den Apostel Paulus. Nach der Apostelgeschichte des Lukas hat sich Paulus zweimal erfolgreich darauf berufen, ein römischer Bürger zu sein. Zunächst im griechischen Philippi, wo Paulus von den örtlichen Behörden verhaftet wurde und nach einem Erdbeben, durch das sich die Gefängnistore öffneten, den Kerkermeister bekehrte.[73] Als der Gefängniswärter Paulus und seinem Begleiter am nächsten Morgen mitteilte, dass sie freigelassen werden sollen, beklagte sich Paulus darüber, »ohne Recht und Urteil öffentlich geschlagen« worden zu sein, »die wir doch römische Bürger sind«. Als die Richter dies erfuhren, »fürchteten sie sich, da sie hörten, dass sie römische Bürger wären, und kamen und redeten ihnen zu, führten sie hinaus und baten sie, dass sie auszögen aus der Stadt.«[74]

Eine ähnliche Szene wiederholte sich einige Jahre später in Jerusalem: Nachdem eine jüdische Volksmenge wegen seiner christlichen Missionstätigkeit den Tod des Paulus gefordert hatten, wurde er vor den römischen Hauptmann geführt. Als er den Apostel schlagen lassen will, um von ihm den Grund für den Aufruhr unter den Juden zu erfahren, beruft sich Paulus auf sein römisches

---

[71] Daum, S. 134.
[72] Cicero, Gegen Verres, 2. Rede, 5. Buch, 57, 147 u. 62, 162.
[73] Die Frage, ob Paulus tatsächlich römischer Bürger war, ist umstritten. Vergl. Wilfried Nippel, Der Apostel Paulus – ein Jude als römischer Bürger, in: Karl-Joachim Hölkeskamp u.a. (Hg.), Sinn (in) der Antike. Orientierungssysteme, Leitbilder und Wertkonzepte im Altertum, Mainz 2003, S. 357 ff.
[74] Apostelgeschichte 16, 23 – 39.

Bürgerrecht: »Dürft ihr einen Menschen, der römischer Bürger ist, ohne Urteil geißeln?« Als ein römischer Offizier nachfragt und sagt, er selbst habe dieses Bürgerrecht für »eine große Summe erworben«, prahlt Paulus sogar damit, dass er von Geburt an Römer sei. Die Offiziere verzichten daraufhin auf das geplante Verhör.[75]

b) Lord Palmerston

Mitte des 19. Jahrhunderts zitierte der damalige britische Außenminister Lord Palmerston (1784 – 1865) den Satz »Civis Romanus sum« mit großem Erfolg bei einer Ansprache im Unterhaus.[76] Seine Rede vom 25./26. Juni 1850 gilt in der angloamerikanischen Welt als Paradebeispiel einer brillanten politischen Inszenierung und war als solche möglicherweise auch Kennedy bekannt. Der aus irischem Adel stammende und auf Eliteschulen erzogene Palmerston war mehrfach Außen- und Premierminister seines Landes und gilt als eine der herausragende Gestalten des britischen Liberalismus im 19. Jahrhundert.

Anlass für die Parlamentsdebatte war die Entscheidung Palmerstons, einen Flottenverband nach Griechenland zu entsenden, um damit die zweifelhaften Entschädigungsansprüche eines britischen Staatsbürgers, des in Gibraltar geborenen Geschäftsmann Don Pacifico, durchzusetzen. Dessen Haus war drei Jahre zuvor bei einem antijüdischen Krawall in Athen verwüstet worden. Die Entsendung der Kriegsschiffe war nicht nur in der britischen Öffentlichkeit höchst umstritten, sondern stieß auch auf scharfen Protest von Frankreich und Russland, die neben Großbritannien die Schutzmächte Griechenlands waren und ihre Rechte verletzt sahen. Auch das Oberhaus verurteilte die Maßnahme. Wäre diese Entscheidung im Juni 1850 vom Unterhaus bestätigt worden, hätte Palmerston zurücktreten müssen.

Vor der Abstimmung debattierte das Unterhaus vier Tage lang über die britische Außenpolitik. Am Abend des zweiten Tages kurz vor 22 Uhr ergriff Palmerston das Wort und hielt eine fast fünfstündige Rede »vom Sonnenuntergang des einen Tages bis zur Morgendämmerung des nächsten«.[77] Auf seinem Pult befanden sich ein Glas Wasser und zwei Orangen, die er jedoch während der gesamten Rede nicht anrührte. Während draußen bereits der Morgen anbrach, beendete er die frei gehaltene Ansprache schließlich mit den Worten: »So wie sich der Römer früher vor unwürdiger Behandlung schützen konnte, indem er den Satz ›Civis Romanus sum‹ sagte, so soll auch jeder britischer Bürger überall auf der Welt die Gewissheit haben, dass ihn das scharfe Auge und der starke Arm Englands gegen Ungerechtigkeit und Beleidigung schützt.«[78]

Seine Rede wurde von den Abgeordneten begeistert gefeiert. Palmerston gewann die Abstimmung und erlebte in der Öffentlichkeit einen gewaltigen Po-

---

[75] Apostelgeschichte 22, 22 – 29.
[76] Vergl. W. Baring Pemberton, Lord Palmerston, London 1954, S. 165-181.
[77] Pemberton, S. 178.
[78] Zit. n. Pemberton, S. 180. www.victorianweb.org/history/polspeech/foreign.html

pularitätsschub. Lord Robert Cecil, der spätere Premierminister Lord Salisbury (1830 – 1903), kommentierte den Auftritt mit den Worten: »Welche Verrücktheit eine englische Regierung auch immer begeht, die Berufung auf die Civis-Romanus-Doktrin wird ihre Wirkung auf eine englische Zuhörerschaft kaum jemals verfehlen.«[79]

3) Der Verweis auf die Antike

Es lässt sich nicht feststellen, ob John F. Kennedy die Ansprache Palmerstons kannte. Da sie zu den großen Momenten der britischen Parlamentsgeschichte zählt, ist es jedoch möglich, dass Kennedy mit ihr entweder bei seinem Studium in Harvard oder bei einem seiner Aufenthalte in England in Berührung kam. Falls er die Rede kannte, dürfte sie ihn beeindruckt haben, denn auch in seiner eigenen Karriere spielten politische Inszenierungen eine wichtige Rolle. Es ist daher zumindest nicht auszuschließen, dass Kennedy durch Palmerston dazu inspiriert wurde, das Zitat »Civis Romanus sum« in einer Rede zu verwenden und ebenfalls auf die Gegenwart zu übertragen.

Zum ersten Mal geschah dies am 4. Mai 1962 in einer kurzen Ansprache zur Entgegennahme der Ehrenbürgerwürde von New Orleans: »Vor zweitausend Jahren war der stolzeste Satz, den man sagen konnte, ›Ich bin ein Bürger Roms‹. Heute, 1962, so glaube ich, ist der stolzeste Satz, den jemand sagen kann, ›Ich bin ein Bürger der Vereinigten Staaten‹«.[80] Anders als Palmerston bezog sich Kennedy nur auf den Stolz, den dieser Satz ausdrückte, nicht jedoch auf seine besondere Schutzfunktion. Den ersten Teil dieser Passage übernahm Kennedy am 26. Juni wörtlich in seiner Rede vor dem Rathaus Schöneberg, allerdings mit dem Unterschied, dass er das antike Zitat dort auf Lateinisch sagte. Den zweiten Teil variierte er auf die Stadt Berlin hin.

Den Satz »I am a Berliner« hat Kennedy erstmals bei einem Vorbereitungstreffen für die Europa-Reise am 18. Juni 1963 im Weißen Haus auf einen Sprechzettel notiert und vermutlich schon bei dieser Gelegenheit in der deutschen Übersetzung geübt.[81] Andreas Daum ist sicher, dass die Formulierung vom Präsidenten selbst stammt und er dazu durch das lateinische »Civis Romanus sum« inspiriert wurde. In seinem getippten Manuskript für die Rede vor dem Rathaus Schöneberg, von dem er später stark abwich, finden sich weder der lateinische noch der deutsche Satz. Sie wurden von Kennedy erst wenige Minuten vor der Ansprache handschriftlich neben den vorbereiteten Text auf eine Manuskriptkarte notiert. Der Präsident bediente sich dabei einer Lautschrift und schrieb »Kiwis Romanus sum« und »Ish bin ein Bearleener«. Außerdem notierte er den Satz »Lust z nach Bearleen comen«, den er später

---

[79] www.victorianweb.org/history/polspeech/foreign.html
[80] Remarks in New Orleans at a Civic Reception, May 4, 1962, in: John F. Kennedy, Public Papers, 1962, S. 362. www.presidency.ucsb.edu/ws/index.php?pid=8634&st=&st1=
[81] Daum, S. 134.

ebenfalls in der Rede verwendete.⁸² Die Schreibweise »Kiwis« war offenbar eine Spätfolge von Kennedys Widerwillen gegen den Lateinunterricht.

Es stellt sich die Frage, ob Kennedy mit dem lateinischen Satz und seiner deutschen Abwandlung auch eine historische Analogie herstellen wollte – etwa dergestalt, dass die Weltmacht Amerika dem bedrängten West-Berlin nun einen ähnlichen Schutz gewähre, wie ihn die Weltmacht Rom vor fast 2000 Jahren ihren Bürgern durch das römische Bürgerrecht sicherte. Doch schon in New Orleans hatte er nur den Stolz erwähnt, den dieser Satz ausdrücke, nicht jedoch seine besondere Schutzfunktion.

Auch Ted Sorensen hat in einer persönlichen Mitteilung bestritten, Kennedy habe mit dem lateinischen Zitat eine politische Botschaft verbinden wollen. Es sei dem Präsidenten allein darum gegangen, den zentralen deutschen Satz »Ich bin ein Berliner« auf möglichst elegante Weise einzuleiten.

Gleichwohl mag sich bei historischen gebildeten Zuhörern der Gedanke aufgedrängt haben, dass der amerikanische Präsident dem bedrängten West-Berlin nun einen ähnlichen Schutz zusichere wie Rom seinen Bürgern. Die entscheidende Bedeutung des antiken Zitats liegt jedoch darin, dass Kennedy dadurch zu einem Satz inspiriert wurde, »der zu einer der berühmtesten Formulierungen in der Geschichte politischer Rhetorik geworden ist und sich in das Gedächtnis der Menschen auf beiden Seiten des Atlantiks eingeschrieben hat«.⁸³

VI. Kennedy und die Antike

In einer Mitteilung an den Autor schreibt Ted Sorensen, dass sich Kennedy für die Antike interessiert habe, ohne jedoch über »Expertenwissen« zu diesem Thema zu verfügen. Die drei untersuchten Reden des Präsidenten, in denen er direkt oder indirekt Bezüge zur Antike herstellte, wandten sich in erster Linie an ein ausländisches Publikum: die Friedensrede an die Sowjetunion, die Paulskirchenrede an die politische Klasse Deutschlands und die Rede vor dem Schöneberger Rathaus an die Berliner und darüber hinaus an die gesamte deutsche Bevölkerung. Wie bei anderen öffentlichen Äußerungen bemühte sich Kennedy auch in diesen drei Reden, seine Zuhörer durch möglichst geschliffene und geistreiche Formulierungen zu beeindrucken.

Weder bei den von Tacitus bzw. Nehru übernommenen Formulierungen noch bei den Verweisen auf Thukydides und Paulus ist erkennbar, dass den Zitaten eine tiefer gehende Auseinandersetzung mit dem jeweiligen Thema zu Grunde lag. Zwar antwortete Sorensen dem Autor auf die Frage, ob Kennedy jemals zum Ausdruck gebracht habe, dass er die Pax Romana ablehne und diese Form einer militärisch erzwungenen Friedensordnung für Amerika kein

---
⁸² Originale reproduziert bei Daum, S. 199.
⁸³ Daum, S. 7.

Vorbild sein könne: »Ja, häufig.«[84] Dennoch lässt sich nicht nachweisen, dass Kennedys Kenntnisse über das römische Herrschaftssystem etwa seine Beurteilung der amerikanisch-sowjetischen Beziehungen im Jahr 1963 in irgendeiner Weise beeinflusst hätte. So wie er an dem Thukydides-Zitat schlichtweg die Formulierung mochte – »ganz unabhängig von ihrem historischen Kontext«, wie Sorensen schreibt –, haben ihm wohl auch der Begriff Pax Americana oder die von Tacitus beeinflusste Charakterisierung der Pax Britannica durch Nehru schlichtweg gefallen.

Besonders deutlich wird Kennedys Zugang zur Antike bei einem Vergleich mit Theodore Roosevelt. Kam Roosevelt über die Auseinandersetzung mit der Antike zu der Einschätzung, dass Amerika im 20. Jahrhundert eine ähnliche Weltmachtstellung einnehmen werde wie Rom in der Antike, so ist ein ähnlicher Erkenntnisprozess bei Kennedy nicht nachweisbar. Ihm ging es vor allem um die rhetorische Wirkung. So wie er in Frankfurter Paulskirche neben Thukydides mehrfach den in Frankfurt geborenen Goethe zitierte und sich in Berlin auf deutsch als Berliner bezeichnete, beendete er etwa am 23. Juni eine Rede vor dem Kölner Rathaus mit dem Karnevalsruf »Kölle alaaf!«[85]

Von früh an verfolgte John F. Kennedy das Ziel, als gebildeter und intellektueller Politiker wahrgenommen zu werden. Literatur und Geschichte, Philosophie und Religion bildeten für ihn und seinen Redenschreiber Sorensen eine Art Steinbruch, aus dem sie sich – oft mit großem Geschick – die passenden Versatzstücke für den jeweiligen Anlass besorgten. So gelang ihm mit der Abwandlung des antiken »Civis Romanus sum« einer der »gelungensten Sätze politischer Rhetorik der amerikanischen Außenpolitik, des 20. Jahrhunderts, ja der Moderne überhaupt«.[86] Anders als bei Theodore Roosevelt, Franklin D. Roosevelt oder möglicherweise auch George Marshall lassen sich aus Kennedys Beschäftigung mit der Antike jedoch keine erkennbaren Rückschlüsse auf den Inhalt seiner Politik ziehen.

VII. Amerika herrscht über ein Imperium
Arnold Toynbee, Harold Macmillan, Ronald Steel

1) »Amerika und die Weltrevolution« von Arnold Toynbee

Zwei Jahre bevor John F. Kennedy eine Pax Americana im Stile Roms ablehnte und den europäischen Verbündeten in der Paulskirche weitgehende Gleich-

---

[84] Persönliche Mitteilung Thedore Sorensens an den Autor.
[85] Remarks at the Rathaus in Cologne after Signing the Golden Book, June 23, 1963, in: John F. Kennedy, Public Papers, 1963, S. 499. www.presidency.ucsb.edu/ws/index.php?pid=9290&st= &st1=
[86] Daum, S. 132.

berechtigung anbot, stellte der britische Historiker Arnold J. Toynbee (1889-1975) strukturelle Parallelen zwischen der römischen und der amerikanischen Politik fest. An der Universität von Pennsylvania hielt Toynbee im Frühjahr 1961 drei Gastvorlesungen, die anschließend unter dem Titel »Amerika und die Weltrevolution« als Buch veröffentlicht wurden.[87] Mit Blick auf die römisch-griechische Geschichte kam er zu einer weitaus pessimistischeren Prognose für das amerikanisch-europäische Verhältnis als der um die Verbündeten werbende Kennedy in der Paulskirche. Denn anders als der amerikanische Präsident sah der britische Universalhistoriker bereits in der erdrückenden Übermacht Amerikas gegenüber Europa eine latente Gefahr für die westliche Staatengemeinschaft. Die Analogien Toynbees zwischen Rom und Amerika lieferten später die Grundlage für eine kritische Auseinandersetzung des US-Publizisten Ronald Steel mit dem Anspruch Kennedys, die Vereinigten Staaten strebten keine Pax Americana an.

Toynbee vertrat die These, dass Amerika seit dem Beginn des Unabhängigkeitskrieges 1775 »Inspirator und Führer«[88] zahlreicher Revolutionen auf der ganzen Welt gewesen sei, diese Rolle jedoch 1917 an Russland abgegeben habe. »Aus der erzrevolutionären ist die erzkonservative Macht geworden. Es hat, was noch seltsamer ist, seine glorreiche Rolle dem Land geschenkt, das im 19. Jahrhundert die erzkonservative Macht gewesen war.«[89]

Toynbee unterlegte seine Kernthese mit zahlreichen historischen Beispielen und verwies dabei mehrfach auf Parallelen zwischen Rom und den Vereinigten Staaten. So führe Amerika eine »weltweite antirevolutionäre Bewegung an« und symbolisiere »das, was Rom einst symbolisierte. Rom unterstützte in allen fremden Ländern, die unter seine Herrschaft gerieten, die Reichen gegen die Armen; und da die Armen bisher immer und überall zahlreicher waren als die Reichen, brachte Roms Politik Ungleichheit vor dem Gesetz, Ungerechtigkeit und das geringste Glück für die größte Anzahl Menschen mit sich.«[90]

Die Geschichte lehre, schrieb Toynbee an anderer Stelle, »dass Eroberung und Annexion nicht die einzigen Mittel, oder nicht einmal die gebräuchlichsten und wirksamsten Mittel sind, durch die in der Vergangenheit Imperien errichtet wurden.« Die Geschichte vom Aufstieg des Römischen Reiches sei aufschlussreich, wenn man Entstehung und Zukunft des »gegenwärtigen amerikanischen Imperiums« beurteilen wolle. Rom habe seine politische Vorherrschaft vor allem dadurch begründet, »dass es seine schwächeren Nachbarn unter seine Fittiche nahm und sie gegen seine und ihre stärkeren Nachbarn schützte. Roms Verhältnis zu diesen Schützlingen beruhte auf vertraglicher Grundlage. Juristisch gesehen behielten sie ihren früheren Status einer souveränen Unabhängigkeit.«

Rom habe von ihnen allenfalls kleine Gebietsabtretungen verlangt, um dort eine römische Festung zur gemeinsamen Sicherheit Roms und seiner Verbün-

---
[87] Arnold J. Toynbee, America and the world revolution. Public lectures delivered at the University of Pennsylvania, Spring 1961, London 1962. dt.: Die Zukunft des Westens, München 1964.
[88] Toynbee, Zukunft des Westens, S. 109.
[89] Ebenda, S. 120.
[90] Ebenda, S. 109 f.

deten zu errichten. Toynbee bezweifelt, dass Rom bei dieser Politik »übergeordnete Ziele« verfolgt habe. »Wir können an Roms Aufrichtigkeit fast ebenso bedingungslos glauben wie wir an diejenige Amerikas glauben.« Im Falle Roms wisse man allerdings »wie die Sache ausging«. Im Laufe der Jahrhunderte habe sich Rom die Territorien seiner ehemaligen Verbündeten ebenso einverleibt wie die Gebiete seiner ehemaligen Feinde.[91]

Toynbee verglich in diesem Zusammenhang die Rückgabe einiger ehemals von den Briten gepachteter US-Militärstützpunkte an unabhängig gewordene Staaten in der Karibik mit der Rückgabe dreier ehemals makedonischer Festungen – der sogenannten »Fesseln Griechenlands« – durch T. Quinctius Flamininus an die Griechen Anfang des zweiten Jahrhunderts v. Chr. »Dieser großzügige Akt war ehrlich gemeint und er wurde von den Griechen jubelnd begrüßt.« Dies sei jedoch nicht das Ende der römisch-griechischen Beziehungen gewesen. »Korinth, eine der drei griechischen Festungen, die von den Römern 196 v. Chr. befreit und geräumt worden waren, wurde von ihnen nur fünfzig Jahre später dem Erdboden gleichgemacht.«

Die amerikanische Strategie, auf Gebietszuwächse zu verzichten und stattdessen bei seinen Verbündeten Militärstützpunkte zu errichten, werfe die Frage auf, »wer bei politischen und militärischen Entscheidungen, die sowohl für Amerika als auch für seine Verbündeten buchstäblich über Leben und Tod entscheiden können, das letzte Wort haben soll«. Toynbee sah in diesem Zusammenhang ebenfalls eine Parallele zwischen Amerika und Rom. »In einem System von Bündnissen zwischen einer vorherrschenden Macht und ihren Satelliten spielte Rom die erste Flöte, aber seine italischen Verbündeten bezahlten den Flötisten.« Erst auf massiven Druck hin habe Rom diesen Verbündeten »eine Stimme in seinen Räten« und schließlich das Bürgerrecht eingeräumt. »Das war nicht mehr als billig, aber die Verbündeten mussten Rom dieses Zugeständnis abringen, indem sie zu extremen Maßnahmen griffen.«[92]

Laut Toynbee gibt es allerdings mindestens zwei grundlegende Unterschiede zwischen den Vereinigten Staaten und allen früheren Weltreichen. »Das amerikanische Imperium der Zeit nach dem Zweiten Weltkrieg ist das erste uns bekannte Imperium, dessen Herren für diese Machtposition zahlten, und zwar freiwillig, statt finanzielle Vorteile daraus zu ziehen.« Mit dem Marshall-Plan habe Amerika »ein neues Kapitel in der Geschichte des Imperialismus« ins Leben gerufen. Außerdem sei das amerikanische Weltreich gegen seinen eigenen Willen entstanden – »im Gegensatz zu dem sonst üblichen Eifer aller Gründer von Weltreichen, ihre Nachbarn zu beherrschen«.[93]

---

[91] Ebenda, S. 123 f.
[92] Ebenda, S. 126-128.
[93] Ebenda, S. 129 f.

2) Wie die Sklaven des Claudius: Harold Macmillan

Im Februar 1964 wurde eine Äußerung des kurz zuvor zurückgetretenen britischen Premierministers Harold Macmillan (1894-1986) bekannt, in der er Amerika während des Zweiten Weltkriegs auf recht abschätzige Weise mit dem Römischen Imperium verglichen hatte. Macmillan war Ende 1942 im Range eines Ministers als Vertreter der britischen Regierung in das Alliierte Hauptquartier unter US-General Dwight D. Eisenhower nach Algier entsandt worden. Dort sagte er zu einem nicht mehr genau feststellbaren Zeitpunkt des Jahres 1943 zu einem britischen Offizier, dem späteren Labour-Politiker Richard Crossman: »Wir, mein lieber Crossman, sind die Griechen in diesem amerikanischen Reich. Sie werden die Amerikaner ähnlich finden wie die Griechen die Römer fanden – ungeheuer große, ungebildete und geschäftige Menschen, tatkräftiger als wir es sind, aber auch träger, mit mehr unverdorbenen Tugenden, aber auch unredlicher. Wir müssen das Alliierte Hauptquartier so führen wie die griechischen Sklaven die Geschäfte des Kaisers Claudius führten.«[94] Bekannt wurde das Zitat durch ein Interview mit Crossman, das die Zeitung »Sunday Telegraph« am 9. Februar 1964 veröffentlichte.

Der Hinweis auf den von 41 bis 54 n. Chr. regierenden Kaiser Claudius bezog sich offenbar auf die Tatsache, dass er eine Verwaltungsreform durchführte, bei der einzelne Ressorts etwa für Finanzen, Korrespondenz oder Eingaben an den Kaiser eingerichtet wurden. Die Leiter und Mitarbeiter dieser Ressorts waren freigelassene griechische Sklaven, die über großen Einfluss auf die Regierungsgeschäfte verfügten.[95]

Macmillan empfahl seinen Landsleuten, den Amerikanern bei der Besetzung von Posten im gemeinsamen Hauptquartier stets den Vortritt zu lassen. So habe man die Amerikaner am einfachsten überzeugen können, das zu tun, was man selbst wollte, »während sie glaubten, es sei ihre eigene Idee gewesen«.[96]

3) »Pax Americana« von Ronald Steel 1967

Vier Jahre, nachdem Kennedy in seiner Friedensrede einer Pax Americana öffentlich abgeschworen hatte, veröffentlichte der amerikanische Publizist und Politikwissenschaftler Ronald Steel 1967 ein Buch unter diesem Titel.[97] Es wurde in den folgenden Jahren mehrfach überarbeitet und neu aufgelegt. Steel begann seine Arbeit mit dem Pax-Americana-Zitat aus Kennedys Friedensrede und vertrat die These, dass der Anspruch, den Kennedy damit erhoben hat,

---

[94] Zit. n. Alistair Horne, Macmillan, 1894 – 1956, Vol. I of the Official Biography, London 1988, S. 160.
[95] Vergl. Karl Christ, Geschichte der römischen Kaiserzeit von Augustus bis zu Konstantin, München 1995, S. 223 – 229. Dahlheim, Kaiserzeit, S. 36. Alfred Heuss, Römische Geschichte, Neuausgabe Paderborn 1998, S. 329 f.
[96] Horne, S. 160.
[97] Ronald Steel, Pax Americana, New York 1967, zit. n. der Taschenbuchausgabe 1970 .

von der amerikanischen Außenpolitik nicht eingelöst wird. Zwar gestand Steel den USA einen hohen Idealismus zu, warf ihnen aber unter Berufung auf Toynbee vor, über ein »Reich formal unabhängiger Klientel-Staaten« zu herrschen und »die gleichen Ziele wie eine große imperiale Macht« zu verfolgen. »Auch wenn wir keine bewusste Hegemonie über andere Staaten suchen und kein fremdes Territorium besetzen, gibt es mehr als eine Art Weltreich, mehr als eine Art der Ausübung von Kontrolle über andere und mehr als eine Begründung dafür, warum man dies tut«.[98]

Steel verteidigt zwar die Entscheidung der US-Regierung, unmittelbar nach dem Zweiten Weltkrieg die westeuropäischen Demokratien gegen die Sowjetunion zu unterstützen und zu verteidigen. In der Folge hätten sich die Vereinigten Staaten jedoch zu immer weiter gehenden Interventionen rund um den Globus verleiten lassen. »Wir haben uns in Regionen wiedergefunden – dem Kongo vorgestern, Santo Domingo gestern, Vietnam heute, vielleicht Thailand morgen –, wo unsere Präsenz das Problem manchmal eher verschärft als gemildert hat und wo es außerhalb unserer Macht lag, eine Lösung zu finden.«[99] Besonders scharf kritisiert er das militärische Eingreifen der Vereinigten Staaten in Vietnam. Auch die militärische Präsenz der USA in Westeuropa war nach Steels Auffassung mittlerweile überflüssig und verhindere insbesondere eine Lösung der deutschen Frage. »Wenn wir die Russen aus Osteuropa heraushaben wollen, müssen wir selbst darauf vorbereitet sein, Westeuropa zu verlassen.«[100] Er plädierte dafür, das globale Engagement der Vereinigten Staaten zu beenden und sich auf die Lösung innenpolitischer Probleme zu konzentrieren. Zur Unterstützung seiner Thesen zitierte Steel ausführlich die Bemerkungen Toynbees zur römischen und amerikanischen Bündnispolitik.

Die Texte von Arnold Toynbee, Harold Macmillan und Ronald Steel zeigen exemplarisch, dass die Analogie Rom-Amerika bei geschichtskundigen Politikern und Publizisten auch im angloamerikanischen Raum präsent war. Was bei Macmillan auf seine persönlichen Eindrücke im gemeinsamen amerikanisch-britischen Hauptquartier in Algier zurückging, war bei Toynbee das Ergebnis einer vergleichenden historischen Überlegung. Steel griff Toynbees Gedanken auf und machte sie zur Grundlage seiner Kritik an der US-Außenpolitik. Wenn John F. Kennedy im Juni 1963 die Wende zu einer Entspannungspolitik mit der indirekten Feststellung einleitete, Amerika lehne einen Frieden im Stile Roms ab, so klang dies auch deshalb überzeugend, weil im politischen Denken des 20. Jahrhunderts die Weltmachtstellung Amerikas immer wieder mit derjenigen Roms in der Antike verglichen wurde.

Am Ende seines Buches führte Steel erneut ein warnendes Beispiel aus der alten Geschichte an, diesmal allerdings nicht das Römische Imperium, sondern die Großmachtpolitik Athens im Peloponnesischen Krieg. Den Vereinigten Staaten drohe das selbe Schicksal wie den antiken Athenern, »die ihre

---

[98] Ebenda, S. VII f.
[99] Ebenda, S. 13.
[100] Ebenda, S. 117

Kräfte in fremden Kriegen vergeudeten, ihre Flotte im tragischen Sizilien-Feldzug in den Untergang schickten und schließlich ihre eigene Demokratie durch eine Politik des militärischen Abenteurertums zerstörten. Im antiken Athen machten die Philosophen Platz für die Demagogen, die Tugenden des Stadtstaates wurden mit der Verteidigung eines Imperiums vergeudet, und das Interesse der Öffentlichkeit verlor sich in der Suche nach neuen Welten, die man erobern könne.«

Als Gegenbeispiel dazu nannte Steel Großbritannien. Während Athen im Peloponnesischen Krieg Ruhm gesucht und sich an einer vermeintlichen Weltsendung orientiert habe, sei für Britannien stets das wirtschaftliche und nationale Interesse Richtschnur der eigenen Politik gewesen. »Thukydides hat den Ruhm und die Tragödie Athens beschrieben, aber es war Palmerston, der das Motto für Britannien schuf, indem er sagte: ›Wir haben keine ewigen Verbündeten und wir haben keine dauerhaften Feinde. Ewig und dauerhaft sind allein unsere Interessen, und es ist unsere Pflicht, diesen Interessen zu folgen.‹«[101]

Steel interpretierte den Peloponnesischen Krieg ähnlich wie zuvor schon die amerikanischen Gründerväter: als Beispiel für die Gefährdung der Demokratie. Was Mason, Dickinson und Adams als Argument für die Gewaltenteilung anführten und Marshall auf die Abwehr der kommunistischen Bedrohung bezog, wurde von Steel gegen das weltweite militärische Engagement Amerikas und vor allem den Vietnamkrieg ins Feld geführt. Wie die Gründerväter machte auch Steel keinen Unterschied zwischen der militärischen Niederlage Athens gegen Sparta und dem Untergang der Demokratie. Tatsächlich ließ sich Athen im Peloponnesischen Krieg auf militärische Abenteuer ein, die sein Reich zerstörten. Die althistorische Forschung hat jedoch gezeigt, dass dies für die Demokratie gerade nicht zutraf. Diese überlebte als Staatsordnung die Katastrophe, bestand noch weitere achtzig Jahre und wurde erst im Jahr 322 v. Chr. durch einen makedonischen General beendet.

---

[101] Ebenda, S. 331 f.

»UND WIR SEHEN, WAS BLIEB – NUR DIE SÄULEN«

Richard Nixon und der Rückzug aus Vietnam

I. Richard Nixons Bildungshorizont

Richard Nixon (1913-1994) wurde am 9. Januar 1913 als Sohn einer tief religiösen Quäker-Familie im Süden Kaliforniens geboren und wuchs seit seinem neunten Lebensjahr in der Kleinstadt Whittier nahe Los Angeles auf, wo sein Vater eine Tankstelle betrieb. Im Alter von 17 Jahren besuchte er das örtliche, ursprünglich von den Quäkern gegründete College, das noch immer stark religiös geprägt war.

Wie sein damaliger Geschichts- und Politik-Lehrer Paul S. Smith berichtet, las der spätere US-Präsident an diesem College auch Gibbons »Verfall und Untergang des Römischen Reiches«.[1] Auch wenn es als zweifelhaft erscheint, dass Nixon das gesamte rund 3200 Druckseiten umfassende Werk gelesen hat, so kam er aber offenbar mit einigen Grundgedanken Gibbons in Berührung. Seinen Geschichtslehrer Smith bezeichnete Nixon später als die »größte intellektuelle Inspiration meiner frühen Jahre«. Er habe in ihm und anderen Schülern »eine Leidenschaft für Bücher geweckt«. Nach Auskunft des Nixon-Biographen Jonathan Aitken wollte Smith seinen Schülern ein Bewusstsein dafür vermitteln, dass »Geschichte viel mehr ist als nur die Chronik vergangener Ereignisse. Es konnte die Grundlage sein für Analyse, Kritik und das Verständnis für das Auf und Ab der Politik«. Trotz unterschiedlicher Ansichten zu vielen Fragen stand Nixon mit seinem früheren Lehrer auch noch in Kontakt, als er bereits ein erfolgreicher Politiker geworden war.[2]

Nixon lernte auf dem Whittier-College auch Latein, wurde allerdings bei der Vorstellung eines auf Latein gesprochenen Theaterstücks wegen seiner schlechten Leistung ausgebuht.[3] Doch auch auf andere Weise wurde er am College mit der Antike konfrontiert: So heißt das Jahrbuch des Whittier-Colleges, auf dessen Titel Nixon 1934 als Vorsitzender der Studenten-Vereinigung abgebildet wurde, »Acropolis«.

Ansonsten hat Nixon seine Kenntnisse über die Antike vermutlich vorwiegend über die Lektüre der Bibel und die Auseinandersetzung mit dem Christentum erworben. Von seinen streng religiösen Eltern wurde er im Glauben an die Unfehlbarkeit und absolute historische Korrektheit der Bibel erzogen.

---

[1] Jonathan Aitken, Nixon. A Life, London 1993, S. 40. Zu Nixons Jugend siehe auch: Stephen E. Ambrose, Nixon. The Education of a Politician 1913 – 1962, New York 1987.
[2] Aitken, Nixon, S. 40 f.
[3] Ebenda, S. 38.

Diese Überzeugung verlor er jedoch am College. Obwohl er weiter die Kirche und die Sonntagsschule besuchte, spielte für ihn Religion seitdem keine zentrale Rolle mehr.[4]

Nach seiner Ausbildung am Whittier-College studierte Nixon von 1934 bis 1937 Jura an der Duke Universität in Durham, North Carolina, die er als Drittbester seines Jahrgangs verließ. Anschließend arbeitete er für eine Anwaltskanzlei in Whittier. Von 1942 bis 1944 diente er als Nachschuboffizier im Pazifik. Seine politische Karriere begann 1946, als er in Kalifornien in das US-Repräsentantenhaus gewählt wurde. Überschattet wurde seine Präsidentschaft von der Watergate-Affäre, die im August 1974 wegen eines drohenden Amtsenthebungsverfahrens zu seinem Rücktritt führte.

II. Überdehnung einer Weltmacht

Ende der 60er und Anfang der 70er Jahre war der Vietnam-Krieg »das alles bestimmende Thema der amerikanischen Außen- und Innenpolitik«.[5] Allein 1968 verloren in dem südostasiatischen Land rund 16.000 US-Soldaten ihr Leben. Obwohl bei Beginn von Nixons Präsidentschaft Anfang 1969 mehr als eine halbe Million Amerikaner in Vietnam kämpften, wäre nach Einschätzung von Militärexperten für einen Sieg über Nordvietnam und den Vietcong eine Verdoppelung der US-Truppen in dem Land notwendig gewesen.[6] Spätestens seit Frühjahr 1968 hatte sich die öffentliche – und veröffentlichte – Meinung in den USA jedoch so stark gegen den Krieg gewendet, dass eine solche Ausweitung des militärischen Engagements innenpolitisch nicht durchzusetzen war.[7]

Kurz nach seinem Amtsantritt beschloss Nixon daher den schrittweisen Rückzug der Vereinigten Staaten aus Vietnam. Die von ihm propagierte Strategie der »Vietnamisierung« des Krieges sah vor, parallel zum Abzug der US-Truppen Südvietnam so weit zu stärken, dass es sich allein würde behaupten können.[8] Nixons damaliger Sicherheitsberater Henry Kissinger schrieb rückblickend, der Präsident habe sich in Vietnam nur zwischen verschiedenen Übeln entscheiden können. »Nach zwanzig Jahren Eindämmungspolitik musste Amerika den Preis für Überdehnung bezahlen; es gab keine einfachen Lösungen mehr.«[9]

---

[4] Ambrose, S. 58.
[5] Schöllgen, Weltpolitik, S. 265. Literaturhinweise zum Vietnamkrieg bei Adams, USA im 20. Jahrhundert, S. 261.
[6] Schöllgen, S. 268.
[7] Kissinger, Diplomacy, S. 688 u. 695.
[8] Ebenda, S. 681 ff. Vergl. auch Christian Hacke, Die Ära Nixon-Kissinger 1969 – 1974. Konservative Reform der Weltpolitik, Stuttgart 1983, S. 240 – 257.
[9] Kissinger, Diplomacy, S. 683.

Im Juni 1969 gab Nixon den Abzug der ersten 25.000 US-Soldaten bekannt. Parallel dazu wurden die amerikanischen Truppen angewiesen, eigene Verluste auf »ein absolutes Minimum« zu reduzieren. Bis Anfang 1971, dem Jahr von Nixons Ansprache vor Chefredakteuren des Mittleren Westens, hatte sich die Zahl der US-Soldaten in Vietnam gegenüber dem Höchststand bereits nahezu halbiert. Parallel zu dem Rückzug flogen die USA immer wieder massive Luftangriffe auf Nordvietnam sowie auf Laos und Kambodscha, um dort Rückzugsgebiete des Vietcong zu zerstören. Nach einem Friedensabkommen verließen im März 1973 die letzten US-Soldaten Vietnam. Nachdem Amerika die Militärhilfe für Südvietnam im Sommer 1974 drastisch reduziert hatte, eroberten die Kommunisten am 30. April 1975 Saigon. Das Foto des Hubschraubers auf dem Dach eines Wohnhauses von CIA-Mitarbeitern, vor dem sich auf einer Leiter flüchtende Menschen drängeln, wurde zum Sinnbild für die Demütigung der Weltmacht in Vietnam.

III. »Und wir sehen was blieb – nur die Säulen«: Rede am 6. Juli 1971

Am 6. Juli 1971 hielt Richard Nixon in Kansas City vor Chefredakteuren und Zeitungs-Herausgebern des Mittleren Westens eine Ansprache über außen- und innenpolitische Themen.[10] Sie gliederte sich in fünf Teile: Nach einer Einleitung, in der er die enge Wechselwirkung von Innen- und Außenpolitik betonte, sprach Nixon relativ knapp über Vietnam und anschließend über das Verhältnis der USA zu den wichtigsten Machtzentren der Welt. Anschließend widmete er sich ausführlich innenpolitischen Fragen wie der Wirtschafts-, Umwelt-, Gesundheits- und Drogenpolitik. Abschließend äußerte sich Nixon grundsätzlich über die Weltmachtstellung der USA und erwähnte in diesem Zusammenhang den Untergang der antiken Hochkulturen Griechenland und Rom.

In seinen Ausführungen über Vietnam verwies der Präsident darauf, dass seit seinem Amtsantritt 300.000 US-Soldaten das Land verlassen hätten und die Zahl der täglichen Verluste um das Fünfzehnfache reduziert worden sei. Er halte an der »Vietnamisierung« des Kriegs fest und werde »alle Amerikaner aus Vietnam zurückziehen«. Zwei Bedingungen müssten dabei erfüllt werden: die Freilassung aller amerikanischen Kriegsgefangenen und Fortschritte bei der Herstellung eines stabilen und dauerhaften Friedens. »Das amerikanische Engagement wird beendet. Es wird mit Sicherheit beendet. Es ist nur noch

---

[10] Remarks to Midwestern News Media Executives Attending a Briefing on Domestic Policy in Kansas City, Missouri, July 6, 1971. In: Richard Nixon, Public Papers, 1971, S. 802 – 813. www.presidency.ucsb.edu/ws/index.php?pid=3069&st=&st1= Ein Teil der Ansprache ist übersetzt bei Harpprecht, Der fremde Freund, a.a.O., S. 55 f.

eine Frage des wann und wie.« Bereits in einem Jahr werde Vietnam die Amerikaner viel weniger beschäftigen als gegenwärtig.

Nixon forderte seine Zuhörer auf, »über Vietnam hinauszublicken«. Nach einem historischen Rückblick auf die Zeit, als Amerika das Monopol auf Nuklearwaffen besaß und mehr als 50 Prozent des weltweiten Bruttosozialprodukts erwirtschaftet habe, stellte er fest, dass es »fünf große Machtzentren in der heutigen Welt« gebe: die USA, Westeuropa, Japan, die Sowjetunion und China. Nachdem er die Beziehungen Amerikas zu den übrigen vier Machtzentren skizzierte und dabei auch seine Annäherung an das kommunistische China rechtfertigte, sagte Nixon, die Vereinigten Staaten seien zwar noch immer die stärkste und reichste Nation der Welt, könnten aber nicht mehr die »Position einer völligen Überlegenheit oder Vorherrschaft« beanspruchen. »Wir sind jetzt mit der Situation konfrontiert, dass vier andere potentielle Wirtschaftsmächte die Fähigkeit und die entsprechenden Menschen haben – wenn auch nicht die entsprechende Regierung, so doch die entsprechenden Menschen –, um uns an jeder Front herauszufordern«.

Um seine weltpolitischen Führungsanspruch aufrechtzuerhalten, bräuchten die USA daher »gesunde Menschen«, eine »gesunde Umwelt« und eine »gesunde Wirtschaft«. Nixon stellte die Grundzüge seiner Gesundheits-, Umwelt- und Wirtschaftspolitik dar und sagte dann: »Es gibt noch eine andere Art Gesundheit, die die Nation braucht. (...) Diese Nation braucht moralische Gesundheit. Ich verstehe den Begriff ›moralische Gesundheit‹ in einem sehr weiten Sinne.« Er verwies auf Erfolge, die seine Regierung bei der Bekämpfung der Kriminalität und des Drogenmissbrauchs erzielt habe und fuhr fort: »Aber wenn eine Gesellschaft an den Punkt gelangt, wo Negativismus, Defätismus und ein Gefühl der Entfremdung vorherrschen, ist es unausweichlich, dass sich junge Menschen aufgeben.« In fünf Jahren könnten die USA ihr 200-jähriges Bestehen feiern und würden dann noch immer die reichste und stärkste Nation der Welt sein. Entscheidend sei allerdings »die Frage, ob die Vereinigten Staaten eine gesunde Nation sein werden, eine gesunde Nation nicht nur mit einer gesunden Regierung und einer gesunden Wirtschaft und einer gesunden Umwelt und einem gesunden Gesundheitssystem so weit es uns persönlich betrifft, sondern gesund im Sinne einer moralischen Stärke.«

Amerika sei während des 20. Jahrhunderts viermal in einen Krieg gezogen, ohne Eroberungen oder Vorherrschaft anzustreben. »Und wir haben jedem unserer Feinde nach jedem Krieg geholfen, wieder auf die Beine zu kommen.« Amerika habe Fehler gemacht, »und wir machen sie jetzt, zum Beispiel, wie wir sie auch in früheren Kriegen gemacht haben. Aber lassen Sie mich das sagen: Überlegen Sie einen Moment. Welche andere Nation auf der Welt hätten Sie gern als weltweite Führungsmacht?« Amerika habe die Rolle einer Weltmacht nicht gesucht, sie sei ihm im Zweiten Weltkrieg zugefallen. Amerika sei »eine Nation, über die sich, wie es mir scheint, die Welt auf gewisse Weise glücklich schätzen kann, sie als Führungsmacht zu haben.«

Nixon erinnerte daran, dass er wenige Tage zuvor am Unabhängigkeitstag eine Rede im Nationalarchiv in Washington gehalten habe. Er werde häufig gefragt, welches sein Lieblingsgebäude in Washington sei und nenne dabei meist das Lincoln-Memorial. Für das eindrucksvollste Bauwerk, »eindrucksvoll, weil es das Gewand der Epoche trägt«, halte er jedoch das Nationalarchiv. Die großen Marmorsäulen gäben ihm »ein Gefühl für die Vergangenheit und für was diese Nation steht«. Wenn er diese Säulen betrachte, glaube er gelegentlich, »sie auf der Akropolis in Griechenland zu sehen. Ich glaube auch, sie auf dem Forum in Rom zu sehen, große, starke Säulen – und ich bin an beiden Orten nachts umhergewandert, so wie ich manchmal nachts auch am Nationalarchiv umherwanderte. Ich denke daran, was Griechenland und Rom widerfuhr, und wir sehen, was blieb – nur die Säulen. Was wirklich geschah ist dies: Die großen Zivilisationen der Vergangenheit verloren ihren Lebenswillen, als sie reich wurden, ihren Willen, es besser zu machen, und damit wurden sie Opfer jener Dekadenz, die schließlich eine Nation zerstört.«

Die Vereinigten Staaten seien jetzt im Begriff, diese Periode zu erreichen. »Doch ich bin überzeugt, dass wir die Vitalität haben, ich glaube, dass wir den Mut haben, ich glaube, dass wir die Kraft haben in diesem Herzland und in dieser Nation, dass Amerika nicht nur reich und stark ist, aber dass es gesund ist im Sinne einer moralischen und geistigen Stärke.« Er sei überzeugt, dass die Vereinigten Staaten ihre führende Rolle in der Welt behaupten würden, doch dafür müssten die Menschen beruhigt und ermutigt (»reassured«) werden. Dies sei die Aufgabe von »Meinungsführern, Redakteuren, Fernsehen, Radio-Kommentatoren, Lehrern, vielleicht sogar von Präsidenten und Politikern«. Die Gesundheit, die Amerika brauche, könne nur aus »den Herzen und Köpfen der Menschen kommen«.

Abschließend appellierte Nixon an die Herausgeber und Chefredakteure, die Stärken und Schwächen Amerikas im Gleichgewicht zu halten. »Lassen Sie nicht zu, dass die Probleme der Gegenwart die großen Dinge, die in diesem Land geschehen, und die Vortrefflichkeit dieses Landes verdunkeln. Das ist es, was ich den Redakteuren und anderen Meinungsmachern hier nahe legen möchte, dass von Zeit zu Zeit, vielleicht einmal im Monat, diese Botschaft ankommen möge.«

IV. HISTORISCHE TRADITIONEN

1) EDWARD GIBBON

Ähnlich wie die Äußerungen Theodore Roosevelts über den Untergang Roms fast siebzig Jahre zuvor sind auch Nixons Bemerkungen zu diesem Thema von Edward Gibbon beeinflusst, mit dessen Werk der spätere Präsident am College in Berührung gekommen war. Nixons Aussage, dass er nachts auf die Akropolis in Athen sowie über das Forum in Rom gegangen sei und über den Untergang der antiken Kultur nachgedacht habe, erinnert an die Szene, die

Gibbon nicht ohne Selbststilisierung als Auslöser für die Arbeit an seinem Werk beschrieb: »Es war zu Rom am 15. Oktober 1764, während ich sinnend zwischen den Ruinen des Kapitols saß und die Barfüßermönche im Tempel des Jupiter ihre Abendandacht hielten, als mir zum ersten Mal der Gedanke kam, über den Verfall und Untergang dieser Stadt zu schreiben.«[11]

Die in der Abenddämmerung oder im Mondschein liegenden Ruinen Griechenlands und Roms sind das klassische Motiv, um den Untergang der antiken Hochkulturen zu versinnbilchen. Es wurde beispielsweise auch 1883 von Theodor Mommsens Schwiegersohn, dem Althistoriker Ulrich von Wilamowitz-Moellendorff aufgegriffen, um Mommsen zum wiederholten Male zu einer Darstellung der Römischen Kaiserzeit zu bewegen. »Du wirst des Mondscheins und der Verwüstung nicht als Reizmittel zu einer neuen history of the fall and decline of the Roman empire bedürfen, aber auch ohne Sentimentalität würde Rom der beste Ort sein, um mit Gibbon die Konkurrenz zu wagen.«[12]

2) OSWALD SPENGLER UND ARNOLD TOYNBEE

Mit dem Gedanken, dass die großen Zivilisationen der Vergangenheit an ihrem Erfolg und Reichtum zugrunde gingen und zum »Opfer jener Dekadenz« wurden, »die schließlich eine Nation zerstört«, griff Nixon eine Geschichtsphilosophie auf, wonach Zivilisationen und Kulturen Phasen des Aufstiegs, der Blüte und des Niedergangs durchlaufen. Im 20. Jahrhundert wurde diese Sicht vor allem von zwei Autoren in voluminösen Werken vertreten: dem Deutschen Oswald Spengler (1880-1936) und dem Briten Arnold J. Toynbee (1889-1975).

Spengler stellte in seinem 1918 und 1922 erschienenen und stark von der Erfahrung des Ersten Weltkriegs geprägten Werk »Der Untergang des Abendlandes«[13] die These auf, dass es in der Weltgeschichte acht große Zivilisationen gebe. Völlig unabhängig voneinander durchliefen alle dieselben naturgegebenen, dem menschlichen Leben ähnliche Stadien: Kindheit, Mannesalter, Greisenalter und Tod. Der Westen habe bereits das Stadium des kreativen Mannesalters durchschritten und stehe vor dem unausweichlichen Niedergang. Die jeweils letzte Entwicklungsstufe, die Verfallszeit, nannte Spengler »Zivilisation«. Ihre Kennzeichen seien unter anderem Dekadenz, intellektueller Skeptizismus, Beliebigkeit im künstlerischen Ausdruck und die Existenz von Großstädten. Kritiker bemängeln, dass Spengler »die Versuchung, alles mit organischen Modellen zu erklären, bis zur Karikatur« treibe.[14]

---

[11] Gibbon, Bd. 6, S. 132.
[12] Zit. n. Nippel, Gibbon, S. 98.
[13] Spengler, Der Untergang des Abendlandes, a.a.O. Vergl. Demandt, Der Fall Roms, a.a.O., S. 446 ff.
[14] Marrou, Dekadenz, a.a.O., S. 399.
[15] Demandt, Der Fall Roms, S. 459.

Auch Toynbee, der »als der eigentliche Verbesserer Spenglers gilt«,[15] ging von Aufstieg, Blüte und Fall von Zivilisationen aus. Doch anders als bei Spengler, der einen konsequenten Geschichtsdeterminismus vertrat, blieb der Mensch bei Toynbee Herr seines Schicksals. In seinem zwischen 1934 und 1961 erschienenen Werk »A Study of History« (dt. »Der Gang der Weltgeschichte«) definierte er 21 verschiedene Zivilisationen.[16] Ihr Überleben hänge jeweils davon ab, ob sie – und insbesondere die schöpferischen Eliten an ihrer Spitze – in der Lage sind, auf wechselnde Herausforderungen erfolgreich zu reagieren. Nixons Aussage, dass die Vereinigten Staaten aus eigener Kraft die Gefahr des Niedergangs überwinden könnten, steht Toynbees Geschichtsphilosophie näher als derjenigen Spenglers.

3) Dwight D. Eisenhower

Auf ähnliche Weise wie 1971 Richard Nixon hatte sich elf Jahre zuvor Präsident Dwight D. Eisenhower (1890-1969) über den Untergang antiker Hochkulturen geäußert und dabei ebenfalls vor der »Dekadenz« reicher Gesellschaften gewarnt.[17] Da Eisenhower diese Rede wenige Wochen vor der Präsidentschaftswahl hielt, bei der Nixon für die Republikanische Partei als sein Nachfolger kandidierte, ist es wahrscheinlich, dass der damalige Vizepräsident zu dieser Zeit die öffentlichen Äußerungen des scheidenden Amtsinhabers besonders genau verfolgte und auch die Rede in Detroit zur Kenntnis nahm.

Eisenhowers Weg aus einer texanischen Kleinstadt ins Weiße Haus gilt als »amerikanische Erfolgsgeschichte par excellence«.[18] Nach dem Besuch der Militärakademie in West Point diente er sowohl in den USA als auch auf zahlreichen Auslandsposten, so 1928/29 als Mitglied einer Kommission für Kriegerdenkmäler in Paris. Im Zweiten Weltkrieg war Eisenhower zunächst Stabsoffizier von George Marshall, dem Chef des US-Generalstabs, und anschließend Oberkommandierender der Alliierten in Europa. Die Landung in der Normandie und der Sieg über Nazi-Deutschland ließen ihn zu einer Art Volkshelden werden. Nach seinem Ausscheiden aus dem Militärdienst wurde Eisenhower 1948 Präsident der Columbia-Universität, hielt sich aber aus akademischen Fragen weitgehend heraus. Nachdem er Ende 1949 zum ersten Oberkommandierenden der neu gegründeten Nato ernannt worden war, trat er 1952 erfolgreich für die Republikaner als Präsidentschaftskandidat an.

In der Ansprache am 17. Oktober 1960 vor Vertretern der amerikanischen Automobilindustrie stellte Eisenhower zu Beginn fest, dass er nicht über wirtschaftliche Themen, sondern »über unsere Nation, unsere Menschen und die

---

[16] Arnold Toynbee, A Study of History, London 1934 – 1961. dt.: Der Gang der Weltgeschichte, München 1970. Vergl. Demandt, Der Fall Roms, S. 459 ff.
[17] Address in Detroit at the National Automobile Show Industry Dinner, October 17, 1960, in: Dwight D. Eisenhower, Public Papers, 1960, S. 769 – 776. www.presidency.ucsb.edu/ws/index.php?pid=11982&st=&st1=
[18] Hermann-Josef Rupieper, Dwight D. Eisenhower, 1953 – 1961. Kriegsheld und Präsident, in: Heideking (Hg.), Die amerikanischen Präsidenten, S. 335 – 345, S. 335.

Welt« sprechen wolle.¹⁹ Ausführlich würdigte er die Vorzüge des amerikanischen Gesellschaftssystems gegenüber dem der sozialistischen Länder. Während in der kommunistischen Theorie der Mensch keine natürlichen Rechte besitze und alle Macht beim Staate liege – »in der Realität in der Hand einiger Führer der herrschenden Partei« –, übe in Amerika das Volk die Macht aus: »Die Entscheidungen der Regierungen sind seine Entscheidungen«.

Eisenhower räumte ein, dass der Kommunismus »in einigen wenigen Jahren gewaltsame, aber effektive Fortschritte bei der Produktion von Lebensmitteln, Waren und Waffen gemacht hat«. In unterentwickelten Ländern würden deshalb viele Menschen »mit neidischen Augen« auf das kommunistische System blicken.²⁰ Auch wachse die Wirtschaft der Sowjetunion gegenwärtig schneller als die Amerikas. Doch selbst wenn die Sowjets eines Tages mit den USA gleichziehen würden, woran er nicht glaube, wäre dies kein Grund, den Sozialismus zu übernehmen. »Wir würden Armut in Freiheit dem Reichtum in Unfreiheit vorziehen.« Indirekt ging Eisenhower mit dieser Bemerkung auf die mehrfachen Ankündigungen von KPdSU-Generalsekretär Nikita Chruschtschow ein, die Sowjetunion werde Amerika in absehbarer Zeit wirtschaftlich überholen.

Eisenhower forderte, dass »die Segnungen der Produktion allen Menschen zugute kommen und nicht nur einigen Privilegierten«. Gegen Ende seiner Rede sagte er: »Seit dem Beginn der Zeit hat Reichtum oft ins Verderben und zum endgültigen Untergang geführt. Reiche, träge Gesellschaften stellten Komfort, Bequemlichkeit und Luxus über geistige Kraft, intellektuelle Entwicklung und das energische Verfolgen edler Ziele. Die alten Zivilisationen von Ägypten, Griechenland, Rom und in weniger weit zurückliegenden Zeiten der glänzende Hof Ludwig XV. (sic!) gingen auf diese Weise unter, denn sie alle hatten ein falsches Wertesystem entwickelt, und ihre Menschen hatten den Sinn für das nationale Schicksal verloren.«

Dies könne eine Bedrohung auch für die Vereinigten Staaten werden, doch würde das Land nicht durch materielle Werte motiviert. »Wir schätzen die Dinge des Geistes und des Intellekts. Unsere Ideale der Freiheit, der Demokratie, der menschlichen Würde und der sozialen Gerechtigkeit scheinen durch alle unsere Institutionen. Dies sind die höheren Zwecke unserer Menschen und die treibende Kraft unserer Regierungen.«

Eisenhower schloss seine Rede mit einem Appell an Arbeitgeber und Gewerkschaften, Konflikte im Interesse des Gemeinwohls zu lösen und »ihre gemeinsame Verantwortung für diese freie Nation« wahrzunehmen.

Die Beliebigkeit und Undifferenziertheit der Beispiele, die der Präsident für die Dekadenz von Gesellschaften anführte, erinnern an die bereits zitierte Bemerkung Harold Macmillans von 1943, den seine Erfahrungen mit Eisenhower und anderen Amerikanern im Alliierten Hauptquartier in Algier zu der Bemerkung veranlasst hatten, die Briten empfänden die Amerikaner als ähnlich ungebildet wie die Griechen einst die Römer.²¹ Gleichwohl mag diese Re-

---

¹⁹ Eisenhower, Address in Detroit, S. 769.
²⁰ Ebenda, S. 770 f.
²¹ Vergl. S. 133.

de bewusst oder unbewusst Nixons spätere Äußerungen über den Untergang Griechenlands und Roms beeinflusst haben.

V. Der Verweis auf die Antike

Nixon hielt seine Ansprache vor Chefredakteuren und Herausgebern des Mittleren Westens. In aller Regel möchten Politiker bei solchen Begegnungen mit Journalisten eine möglichst positive Berichterstattung über sich selbst und ihre Politik erreichen. Auf ungewöhnlich offene Weise bekannte sich Nixon am Ende seines Vortrags zu diesem Ziel: Er forderte die Journalisten auf, weniger über die schwierige Situation in Vietnam und mehr über »die großen Dinge, die in diesem Land geschehen, und die Vortrefflichkeit dieses Landes« zu berichten. Auf diese Weise sollten sie die von ihm mehrfach beschworene »moralische Gesundheit« der Nation stärken.

Auch wenn der Vietnam-Krieg in der Ansprache nur relativ knappen Raum einnahm, sind Nixons Ausführungen nicht von diesem Thema zu trennen, das die amerikanische Politik damals wie kein zweites beherrschte. Der Präsident bedauerte, dass dieser Krieg die Sicht Amerikas auf die Welt »verdunkelt« habe und bekräftigt seine Entscheidung, ihn »mit Sicherheit« zu beenden. Mit seiner Entscheidung zur »Vietnamisierung« des Krieges hatte Nixon eingestanden, dass der Konflikt in dem südostasiatischen Land für Amerika militärisch nicht zu gewinnen war und das Land seine Kräfte überdehnt hatte. Da Nixon mit Gibbon vertraut war, mag seine Entscheidung zur Beendigung des Vietnam-Kriegs zumindest unbewusst von der Erkenntnis beeinflusst gewesen sein, dass Rom auch an der Überdehnung der eigenen Kräfte zugrunde gegangen war und Amerika eine solche Gefahr vermeiden musste.

Spricht aus Theodore Roosevelts Bemerkungen über den Untergang Roms aus den Jahren 1903 und 1907 ein ungebrochener Zukunftsoptimismus, sind Nixons Überlegungen nicht frei von Zweifeln an der zukünftigen weltpolitischen Rolle der Vereinigten Staaten. Sah Roosevelt Amerika wegen seiner geographischen, wirtschaftlichen und politischen Voraussetzungen als Führungsnation des 20. Jahrhunderts, stellte Nixon fest, dass es mittlerweile fünf Machtzentren gebe, die Amerika zumindest theoretisch »an jeder Front herausfordern« könnten. Wenig später bemerkte er, die Nation sei an dem selben Punkt angelangt, an dem die antiken Zivilisationen ihre Kraft verloren hätten. Zumindest indirekt deutete er an, dass den von ihm so bewunderten Säulen des Nationalarchivs in Washington, wo die Originaltexte der Unabhängigkeitserklärung, der Verfassung und der Bill of Rights aufbewahrt werden, einst das selbe Schicksal drohen könnte wie den antiken Säulen der Akropolis oder des Forums. Nixons Bemerkungen vor den Chefredakteuren bestätigen insofern die Feststellung Dieter Timpes, dass die Gründe für den Untergang Roms meist »dann im Vordergrund des geschichtlichen Nachdenkens stehen, wenn der schmerzlich empfundene Verlust eines positiv gewerteten Zustandes dazu drängt oder eine allgemein bewusste, rasche oder besonders tiefgreifende Veränderung solches Nachdenken herausfordert«.[22]

Nixons Nachdenken über die historische Rolle Amerikas und die Antike wurde auch durch die zeitliche Nähe des amerikanischen Nationalfeiertages ausgelöst. Der 195. Jahrestag der Unabhängigkeitserklärung lag zum Zeitpunkt der Ansprache zwei Tage zurück, und der Präsident verwies darauf, dass die USA in fünf Jahren ihr 200-jähriges Bestehen feiern könnten. So wie der 100. Jahrestag des »Louisiana Purchase« Theodore Roosevelt dazu angeregt hatte, die künftige weltpolitische Rolle Amerikas zu analysieren und mit jener Roms zu vergleichen, löste der 195. beziehungsweise 200. Jahrestag der Unabhängigkeitserklärung bei Nixon ähnliche historische Reflexionen aus. Es ist nicht zu überprüfen, ob Nixons Aussage, er sei nachts über die Akropolis in Athen und das Forum in Rom gegangen, tatsächlich zutrifft. Als Vizepräsident Eisenhowers unternahm er zumindest zahlreiche Auslandsreisen, die ihm zu solchen Spaziergängen Gelegenheit gaben.[23]

Auch wenn der Präsident die Überzeugung äußerte, die »Gesundheit« Amerikas werde einen ähnlichen Niedergang verhindern, erinnert diese beschwörende Selbstvergewisserung eher an die Dekadenz-Vorlesung Arthur Balfours als an die selbstsicheren Äußerungen Roosevelts zum Untergang Roms. So wie dem ehemaligen britischen Premier 1908 stand auch Nixon 1971 der Untergang Griechenlands und Roms als Menetekel vor Augen. Anders als Balfour oder Theodore Roosevelt setzte sich Nixon allerdings zumindest in Kansas City nicht mit den tieferen Ursachen für den Untergang Roms und Griechenlands auseinander. Seine Sicht auf das Thema beschränkte sich auf zwei Aspekte: Gedanklich stellte er die intakten Säulen des 1935 eingeweihten und recht pompös wirkenden Nationalarchivs in Washington den ruinösen Säulen auf der Akropolis in Athen und auf dem Forum in Rom gegenüber. Daraus leitete er die Aussage ab, Amerika sei an dem Punkt angekommen, an dem die antiken Zivilisationen »ihren Lebenswillen« verloren hätten.

Die Aussage, dass Amerika wegen seiner moralischen, politischen und wirtschaftlichen »Gesundheit« der Gefahr des Niedergangs und der Dekadenz entgehen werde, klingt recht klischeehaft. Auf das eigentliche, von ihm auch erkannte Problem der Überdehnung amerikanischer Macht in Vietnam, die durchaus eine Parallele zum Untergang Roms erlaubt hätte, ging Nixon hingegen nicht ein. Stattdessen appellierte er an die Chefredakteure, positiv über Amerika zu berichten und damit auch seine Politik zu unterstützen.

Nicht ohne Ironie zitierte der Publizist und ehemalige Redenschreiber von Bundeskanzler Willy Brandt, Klaus Harpprecht, die Nixon-Rede in seinem Amerika-Porträt »Der fremde Freund« und leitete damit das Kapitel »Washington – das neue Rom?« ein.[24] Harpprecht kommentierte die Ansprache

---

[22] Timpe, Die politische Wirklichkeit und ihre Folgen, a.a.O., S. 77.
[23] Manfred Berg, Richard Nixon, 1969 – 1974. Die Präsidentschaft in der Krise, in: Heideking (Hg.), Die amerikanischen Präsidenten, S. 371 – 382, S. 373.
[24] Harpprecht, Der fremde Freund. S. 54-71.

mit den Worten: »Gesundheit als moralische und geistige Kraft: Das war nun freilich die wahre Botschaft von Whittier, California, und der Professor aus Harvard (Henry Kissinger) mochte sie belächelt haben. Dieser kleine Doktor Faust im Tagesdienst des Weltgeistes hatte seinen Spengler gelesen, den teutonischen Untergangsmagier.«[25]

VI. Cannae und Carrhae gleich Vietnam – »Die amerikanische Strategie« von Ekkehart Krippendorff

Ebenfalls unter dem Eindruck des Vietnam-Krieges veröffentlichte der deutsche Politikwissenschafter Ekkehart Krippendorff unter dem Titel »Die amerikanische Strategie«[26] 1970 eine Analyse der weltpolitischen Rolle Amerikas aus marxistischer Sicht. Im Schlusskapitel des Buches beschrieb er »gewisse strukturelle Gemeinsamkeiten zwischen dem Römischen Imperium der Antike und den Vereinigten Staaten von heute als ›Führungsmacht der Freien Welt‹«.[27] So zitierte er die Bemerkung Toynbees, Amerika sei seit 1917 ähnlich wie Rom in der Antike zum »Führer einer weltweiten anti-revolutionären Bewegung« geworden. Äußerungen von amerikanischen Intellektuellen deuteten darauf hin, »dass dieser strukturellen Affinität auch eine solche des historischen Bewusstseins« entspreche.

Krippendorff berief sich des weiteren auf den liberalen US-Historiker Henry Steele Commager (1902-1998), der bei einem Senatshearing 1967 gesagt hatte: »Ich denke, unsere Aufgabe in der Zukunft wird ... es nicht sein, Griechenland oder Rom zu sein, sondern beide zusammen. Sie wird darin bestehen, jene materielle Macht zu haben, über die Rom verfügte, den schwächeren oder ärmeren Völkern der Welt Hilfe und Unterstützung gebend, und zugleich, wenn wir es vermögen, jene intellektuelle und wissenschaftliche Führung auszuüben, wie Griechenland das tat... Wenn wir es nicht tun, verlieren wir unsere Position.«[28] Es ist nach Krippendorffs Worten »bezeichnend«, dass ein solcher Anspruch von einem Mann erhoben werde, »der zur liberal-kritischen Öffentlichkeit zu zählen ist und der zu den erklärten Gegnern der Vietnam-Politik der Regierung gehörte.«

Des weiteren zitierte Krippendorff den US-Politologen George Liska, der seiner Regierung 1967 die römische Außenpolitik als »Orientierungshorizont« empfohlen habe. »Wie im Falle Roms«, schrieb Liska, »so erweiterten

---

[25] Ebenda, S. 56.
[26] Ekkehart Krippendorff, Die amerikanische Strategie. Entscheidungsprozeß und Instrumentarium der amerikanischen Außenpolitik, Frankfurt/M. 1970.
[27] Ebenda, S. 442.
[28] Hearing, Committee on Foreign Relations, U.S. Senate, February 20, 1967, Washington D.C., U. S. Government Printing Office, 1967, S. 38. Zit. n. Krippendorff, Strategie, S. 443.

sich auch Amerikas Engagements von spezifischen Bindungen an Bündnispartner zu allgemeinen Bindungen an Freiheiten im Sinne heute gängiger Definition.« Noch nicht auf dem Höhepunkt ihrer Macht angelangt, hätten die USA ihre Vormachtstellung »mit Hilfe der klassischen Instrumente von Imperien« erreicht. »Dazu gehören die weite Streuung einer amerikanischen Partei in befreundeten und abhängigen Ländern (entsprechend Roms aristokratischer Partei gegenüber der populistischen makedonischen Partei in Griechenland), zunehmende wirtschaftliche Bindungen an das Zentrum, (und wegen des chronischen Zahlungsbilanzdefizits liberaler gehandhabt, als das Rom in der Regel möglich war), und eine Militärmacht, die sowohl organisatorisch als auch waffentechnisch jeder anderen bestehenden Streitkraft überlegen war ... – nicht Flotten und Kriegselefanten, sondern atomare Unterseeboote und Raketen.«

Zur Konsolidierung des US-Imperiums könne anstelle der von Rom organisierten Kaiserverehrung die »Verbreitung und Übernahme amerikanischer Verfassungsmodelle« durch die Verbündeten treten. Als Pendant zum römischen Bürgerrecht empfahl Liska den »Zugang zu Ausbildung und Aufstieg innerhalb und außerhalb des imperialen amerikanischen Establishment für einzelne Freunde und Verbündete«. Amerikanisches Gegenstück zu den römischen Legionen könne schließlich »ein relativ kleiner, hoch professionalisierter Militärapparat« werden.[29]

1978 schrieb Liska in seinem Buch »Career of Empire«, der Vietnam-Krieg habe »die ansteigende Kurve in der Organisation, Verteidigung und Ausweitung des amerikanischen Weltreiches« unterbrochen. Diese Feststellung gelte für die »amerikanischen Gegenstücke der drei institutionellen Säulen des Römischen Reiches in seinem Zenit: eine imperiale Präsidentschaft (an Stelle des vergöttlichten Kaisers); ein militärischer und bürokratischer Komplex von Fachleuten, deren Karrieren mit der Organisation und Verteidigung des Reiches verknüpft sind; und eine parallele Gruppe von politischen und wirtschaftlichen Eliten in den abhängigen Gebieten, die durch Erziehung, technische Fähigkeiten, institutionelle Rollen sowie wirtschaftliche und politische Interessen an das Zentrum gebunden sind.«[30]

Äußerungen dieser Art waren laut Krippendorff »mehr als etwa nur intelligente Skurrilitäten; sie sind Symptome dafür, in welche Richtung sich aufgeklärtes Denken über die Zwecke und Ziele, über die Strategie amerikanischer Außenpolitik bewegt.«[31]

Als weitere Parallele zwischen Rom und Amerika nannte Krippendorff die Fähigkeit, »sich ohne unmittelbar evidente schwerwiegende Schäden Fehler leisten zu können, da die verfügbaren Ressourcen eine relativ große Handlungs- und damit auch Fehlermarge ermöglichen.«[32] Was den Römern ihr Cannae und Carrhae, wurde für Amerika Vietnam.

---

[29] George Liska, Imperial America, Baltimore 1967, S. 23-25.
[30] Ders., Career of Empire, Baltimore London 1978, S. 286.
[31] Krippendorff, Strategie, S. 444.
[32] Ebenda, S. 449.

Laut Krippendorff haben die außenpolitischen Entscheidungen der Vereinigten Staaten einen »prinzipiell improvisatorischen Charakter«, der jedoch auf der »unkritisch perpetuierten Basis stabiler sozio-ökonomischer Interessen« beruhe.[33] Die im Vergleich zu Europa überdurchschnittlich hohe Zustimmung der Amerikaner zu ihrem Gesellschafts- und Wirtschaftssystem verhindere »jegliche substantielle Systemveränderung im Sinne einer Anpassung an eine sich planwirtschaftlich, sozialistisch, multipolar und auf national-gesellschaftliche Emanzipation hin verändernde internationale Gesellschaft«.[34] Trotz der von ihm anerkannten demokratischen Legitimierung warnte Krippendorff, die »schleichende Militarisierung der amerikanischen Politik«[35] könne zum Umschlag »in eine historisch neue Version faschistischer Disziplinierung« führen.[36]

Abschließend zog der deutsche Marxist Krippendorff das resignative Fazit, die internationale Gemeinschaft werde »auf absehbare Zeit mit dem Versuch der Errichtung der Pax Americana konfrontiert sein«. Aufgrund des militärischen Potentials des USA und des weitgehenden Fehlens einer inneren Opposition werde diese Strategie vermutlich auf lange Zeit erfolgreich sein. Für den Erhalt der kapitalistischen Gesellschaftsstruktur sei die politische Klasse der Vereinigten Staaten offensichtlich bereit, »nicht nur den Preis einer notwendig werdenden Eskalation der Repression, nämlich der Transformation der Demokratie zu zahlen, sondern auch den der Totalzerstörung menschlichen Lebens«.[37]

Krippendorffs Analyse erinnert in gewisser Weise an Ulrich Kahrstedts »Pax Americana« fünfzig Jahre zuvor: Scharfsinnige Analysen und zutreffende historische Analogien zwischen Rom und Amerika gingen einher mit gewagten Vorhersagen über die Zukunft der USA. Bei Kahrstedt mischte sich 1920 eine deutschnationale Grundhaltung mit der Empörung über den Versailler Vertrag, bei Krippendorff fünfzig Jahre später eine marxistische Grundhaltung mit der Empörung über den Vietnamkrieg. Beide Bücher belegen, dass sich aus dem Erkennen historischer Parallelen zwischen Antike und Gegenwart nicht zwangsläufig zutreffende Voraussagen für die Zukunft ableiten lassen.

---

[33] Ebenda, S. 450 f.
[34] Ebenda, S. 456.
[35] Ebenda, S. 452.
[36] Ebenda, S. 457.
[37] Ebenda, S. 483 f.

WARNUNG VOR DEM SCHICKSAL GRIECHENLANDS

Henry Kissinger und der Konflikt mit Europa

I. Henry Kissingers Bildungshorizont

Henry (Heinz) Alfred Kissinger wurde am 27. Mai 1923 als Sohn eines Gymnasiallehrers in Fürth geboren, wo er bis zum Alter von 15 Jahren die Schule besuchte. Um der nationalsozialistischen Judenverfolgung zu entkommen, wanderte die Familie 1938 in die USA aus, wo er nach Auskunft seines Biographen Stephen F. Graubard »nur mit Rudimenten einer europäischen Bildung ankam«.[1] Er besuchte in New York ein College, interessierte sich jedoch als Jugendlicher kaum für Geschichte. Das änderte sich erst, als er in die Armee eingezogen worden war und im April 1944 in einem Soldaten-Camp in Louisiana den deutschen Emigranten Fritz Kraemer traf, der ebenfalls in der US-Armee diente.

Der 1908 geborene Kraemer war umfassend gebildet und verfügte neben Latein- und Griechisch-Kenntnissen auch über Doktortitel der Universitäten Frankfurt/Main und Rom. Kraemer hatte sich 1939 aus rein politischen Gründen für das Exil entschieden, was den damals 20-jährigen Kissinger sehr beeindruckte.[2] Er wurde für einige Jahre zur wichtigsten Autorität für den 15 Jahre jüngeren Kissinger und unterhielt sich mit ihm in der gemeinsamen Muttersprache Deutsch lange über Geschichte, Philosophie und Politik. »Er weiß noch nichts, versteht aber schon alles«, sagte Kraemer rückblickend über den späteren Sicherheitsberater des Präsidenten und Außenminister der Vereinigten Staaten.[3]

Kraemer war es auch, der Kissinger nach dessen Einsatz in Europa – unter anderem bei einer Geheimdienstschule in Oberammergau – ermutigte, ab Frühjahr 1947 an der Eliteuniversität Harvard zu studieren.[4] Der Titel seiner Abschlussarbeit lautete »Die Bedeutung der Geschichte: Überlegungen zu Spengler, Toynbee und Kant«. Neben zahlreichen anderen Historikern und Philosophen setzte er sich in dieser Arbeit auch mit Homer und Aristoteles auseinander; als Student hatte er zuvor auch eine unveröffentlichte Studie über das »Zeitalter des Perikles« verfasst.[5]

Seine Doktorarbeit, mit der er 1954 zum PhD promoviert wurde, schrieb Kissinger über den Wiener Kongress und dessen historisches Umfeld.[6] Er be-

---

[1] Stephen R. Graubard, Kissinger. Portrait of a Mind, New York 1973, S. 1., dt.: Kissinger, Zwischenbilanz einer Karriere, Hamburg 1974.
[2] Graubard, S. 3.
[3] Walter Isaacson, Kissinger. A Biography, New York 1992, S. 45.
[4] Graubard, S. 4.

gründete die Wahl dieses Themas auch unter Berufung auf das berühmte Thukydides-Zitat (I, 22), wonach Geschichte aufgrund der menschlichen Natur stets ähnlich verlaufe.[7] Kissinger lehnte deshalb auch die zu dieser Zeit diskutierte These ab, dass sich durch die Erfindung der Atombombe die Beziehungen von Staaten untereinander fundamental geändert hätten. Er vertrat hingegen den Standpunkt, dass die Gegenwart zwar nie der Vergangenheit gleiche, es aber immer wieder Parallelen gebe. Auch in späteren Jahren hat Kissinger immer wieder betont, dass ihm die realpolitische Außenpolitik Metternichs und Castlereaghs als Vorbild diene, weil sie Europa Jahrzehnte des Friedens gesichert habe.[8]

Seit 1954 gehörte Kissinger dem Lehrkörper der Harvard University an und beriet seit dieser Zeit auch die US-Regierung in außen- und sicherheitspolitischen Fragen. Präsident Nixon machte ihn nach seinem Amtsantritt 1969 zum Nationalen Sicherheitsberater. Kissinger nahm in dieser Funktion entscheidenden Einfluss auf die amerikanische Außenpolitik. Im September 1973 übernahm er das Amt des Außenministers auch offiziell.

Aufgrund der Gespräche mit Fritz Kraemer und seines Studiums in Harvard besaß Kissinger offenbar solide Grundkenntnisse über die Antike. Sie nahm in seinem historischen Bewusstsein allerdings nie eine solch herausragende Stellung ein wie etwa die erste Hälfte des 19. Jahrhunderts. So finden sich in seinem 1994 erschienenen voluminösen Standardwerk »Diplomacy« keine Verweise auf die griechische oder römische Geschichte.

II. Konflikt mit Europa

Im März 1974 befanden sich die Beziehungen zwischen Amerika und den damals neun Staaten der Europäischen Gemeinschaft (EG) vor dem Hintergrund der Ölkrise auf einem Tiefpunkt.[9] Die »Organisation Erdöl exportierender Staaten« (Opec) hatte im September 1973 begonnen, die Preise für Rohöl drastisch zu erhöhen. Als Reaktion auf den Jom-Kippur-Krieg im Oktober 1973 beschlossen die arabischen Mitgliedsländer außerdem Ende 1973 einen Ölboykott gegen die USA. »Während die USA«, so Christian Hacke, »eine gemeinsame Interessenfront mit Westeuropa gegenüber den arabischen OPEC-Staaten aufbauen und damit gleichzeitig ihre atlantische Dominanz neu festigen wollten, kamen die Europäer zu der Überzeugung, dass ihr ökonomisches

---

[5] Ebenda, S. 6.
[6] Henry A. Kissinger, A World Restored. Metternich, Castlereagh and the Problems of Peace 1812 – 1822, New York 1957.
[7] Ebenda, S. 9.
[8] Kissinger, Diplomacy, S. 79.
[9] Vergl. Hacke, Ära Nixon-Kissinger, S. 131 – 210.

II. Konflikt mit Europa

Überleben in einer Machtbalancepolitik gegenüber OPEC und den USA liegen konnte.«[10]

Kissinger empfand die Ölkrise als existenzielle Bedrohung sowohl für das eigenen Land als auch das westliche Bündnis. Zum erstenmal in der Geschichte Amerikas, »könnte ein kleine Gruppe von Nationen, die über einen knappen Rohstoff verfügt, mit der Zeit versucht sein, von uns außenpolitische Entscheidungen zu erzwingen, die nicht von unserem nationalen Interesse diktiert sind«. Große Teile West-Europas waren nach Kissingers Einschätzung wegen der Energiekrise »zum fruchtbaren Boden für gesellschaftliche Spannungen und politische Unruhen geworden«. Die Feinde der Demokratie sah er dort in eine Maße gestärkt, »wie wir es seit den zwanziger und dreißiger Jahren nicht mehr erlebt haben«.[11]

Anfang Februar 1974 vereinbarten die USA, Japan und die EG, gemeinsam mit den arabischen Staaten Verhandlungen aufzunehmen. Auf Druck Frankreichs entschied die EG jedoch am 4. März 1974, mit den Ländern der arabischen Liga getrennte Gespräche ohne die USA zu führen. In seinen Memoiren bezeichnete Kissinger dies als Versuch Frankreichs, »den Vereinigten Staaten die führende Rolle unter den demokratischen Industrienationen streitig zu machen«.[12] Außerdem beklagte er sich darüber, von diesem Beschluss nicht auf offiziellem Wege, sondern während einer Pressekonferenz durch die Frage eines Journalisten erfahren zu habe. Es sei für ihn ein »Schock« gewesen, »öffentlich und ohne Vorwarnung vor ein fait accompli gestellt worden zu sein«.[13]

Präsident Richard Nixon schrieb daraufhin einen scharfen Brief an den damaligen EG-Ratspräsidenten, Bundeskanzler Willy Brandt.[14] Am 15. März sagte er in einer Pressekonferenz, Amerikas Militärmacht sei für Europas Sicherheit unverzichtbar und drohte indirekt mit dem Abzug der US-Truppen aus Europa. Die EG könne nicht beides zugleich haben: »Konfrontation oder gar Feindschaft an der wirtschaftlichen und politischen Front und Zusammenarbeit an der Sicherheitsfront«. Mit den Regierungschefs der EG werde er sich erst wieder treffen, wenn sie diesen Standpunkt akzeptierten.[15]

Die Krise wurde zunächst dadurch entschärft, dass die arabischen Opec-Länder am 18. März den Ölboykott gegen die USA aufhoben. Hinzu kam, dass in Frankreich nach dem Tod von Staatspräsident Georges Pompidou am 2. April der besonders Amerika-kritische Außenminister Michel Jobert abgelöst wurde. Gut zwei Monate später sicherten die EG-Länder den USA ein

---

[10] Ebenda, S. 191.
[11] Henry A. Kissinger, Die Energiekrise und die Weltordnung. Ansprache vom 3. August 1977 auf der Jahrestagung der National Conference of State Legislators in Detroit, Michigan, in: Ders., Die weltpolitische Lage. Reden und Aufsätze, München 1983, S. 57 u. 63.
[12] Henry A. Kissinger, The White House Years, Boston 1979. dt.: Memoiren, Bd. 2, 1973-1974, München 1982, S. 1081.
[13] Ebenda, S. 1083.
[14] Der Briefwechsel ist dokumentiert in: Willy Brandt, Berliner Ausgabe, Band 6, Ein Volk der guten Nachbarn. Außen- und Deutschlandpolitik 1966-1974, Bonn 2005, S. 532-538.
[15] Richard Nixon, Question-and-Answer Session at the Executives' Club of Chicago, March 15, 1974, in: Richard Nixon, Public Papers, 1974, S. 261 – 277, S. 276. www.presidency.ucsb.edu/site/docs/pppus.php?admin=037&year=1974&id=79

Mitspracherecht bei ihrer Außenpolitik zu. Die bei einem EG-Außenministertreffen verabschiedete »Gymnicher Formel« vom 11. Juni 1974 sah vor, dass auf Antrag nur eines Mitgliedslandes die USA bei jeder außenpolitischen Initiative der Gemeinschaft zu konsultieren waren.[16]

III. Europa und die griechischen Stadtstaaten: Rede am 11. März 1974

1) Inhalt

Am 11. März 1974 hielt US-Außenminister Henry Kissinger bei einem Treffen der Ehefrauen amerikanischer Kongressabgeordneter eine relativ kurze Rede. Im »Department of State Bulletin«, in dem die offiziellen Äußerungen des Außenministers und seiner leitenden Mitarbeiter veröffentlicht werden, ist die Ansprache nicht enthalten. Sie ist nur überliefert, weil sich unter den Zuhörern auch Journalisten befanden – angeblich ohne Wissen Kissingers. Die »New York Times« berichtete am nächsten Tag ausführlich über Kissingers Ansprache.[17] Nach Angaben des Blattes handelte es sich dabei um eine eher informelle Stegreifrede, in deren Anschluss der Außenminister Fragen der Zuhörerinnen beantwortete. Inhalt und Formulierungen wurden in dem Artikel offenbar korrekt wiedergegeben, denn es gab von Kissinger später kein Dementi.

Der US-Außenminister beschäftigte sich in der Ansprache mit dem Verhältnis der Amerikaner zu ihren Verbündeten und kam zu einem sehr negativen Ergebnis: »Ich würde sagen, dass das größte Problem für die amerikanische Außenpolitik gegenwärtig nicht der Wettstreit mit unseren Gegnern ist – wir haben eine Generation Erfahrung damit und werden damit trotz aller Schwierigkeiten zurechtkommen.« Das größte Problem sei vielmehr, »unseren Freunden klarzumachen, dass es gemeinsame Interessen gibt, die höher stehen sollten als der einfache Drang zur Selbstbestätigung. Der scheinbare Sieg, den sie anstreben, muss in einer Atmosphäre endloser Rivalität und ständigen Streits zu einem hohlen Sieg werden.«

Kissinger verwies auf die eine Woche zuvor getroffene Entscheidung der EG, ohne die USA mit den arabischen Opec-Ländern Verhandlungen aufzunehmen. Er warnte die Europäer davor, gegenüber den Vereinigten Staaten eine »vom Wettbewerbsdenken bestimmte Haltung einzunehmen. Falls es zu einem solchen Wettbewerb kommt, dann werden wir die Sieger sein, weil wir unendlich mehr Hilfsquellen zur Verfügung haben.« Die Ölkrise stelle »für alle Industriestaaten zugleich ein Problem dar«, wobei die USA, »mehr als jede andere Nation in der Welt fähig sind, das Problem zu lösen.«

---
[16] Hacke, Nixon – Kissinger, S. 209.
[17] Kissinger Calls Allies' Cooperation Biggest Problem, in: New York Times, 12. März 1974.

Um seine Auffassung zu illustrieren, führte Kissinger einen historischen Vergleich an: »Die Frage, der wir uns gegenübersehen, ist die, ob die Länder des Westens und Japan, konfrontiert mit einer absolut vorhersehbaren Gefahr, gemeinsam vorgehen können, oder ob sie sich wie die griechischen Stadtstaaten angesichts von Mazedonien und Rom verhalten und sich aufsplittern und im Wettbewerb miteinander mit einer Situation fertig zu werden versuchen, für die es keine Wettbewerbslösung gibt. Für den Westen ist dies sowohl ein moralisches als auch ein politisches Problem.«

Die USA hätten »nicht die geringsten Einwände gegen eine unabhängige Politik der Europäer. Aber sie haben Einwände, wenn diese Unabhängigkeit die Form grundsätzlicher Feindschaft gegen die Vereinigten Staaten annimmt. Wir haben Einwände, wenn die Europäer in einer Krise, die nur gemeinschaftlich angegangen werden kann, vorsätzlich eine Wettbewerbshaltung einnehmen. Ich wiederhole: Falls es zu einem solchen Wettbewerb kommt, dann werden wir ihn gewinnen, weil wir unendlich mehr Hilfsquellen zur Verfügung haben.«

Kissinger machte die Europäer mitverantwortlich dafür, dass die USA ihre Vermittlungsbemühungen im Nahen Osten in »einer Atmosphäre extremer Feindschaft« betreiben müssten. In der jüngsten Nahost-Krise hätten die USA allein hinter Israel gestanden, während die Sowjetunion, Europa und Japan die arabische Seite unterstützt hätten. Der US-Außenminister schloss seine Rede mit einem ungewöhnlichen Rückblick auf die europäische Geschichte, bei dem er ein Legitimitätsdefizit der europäischen Regierungen konstatierte: »Europa hat sich nie vom Ersten Weltkrieg erholt. Das nicht wegen der physischen Verwüstungen, die schlimm genug waren, sondern weil die europäischen Regierungen nach einem Jahrhundert des Glaubens an ungehinderten Fortschritt eine Katastrophe mit zehn Millionen Toten auslösten und danach niemals wieder gänzlich das Vertrauen ihrer Bürger zurückgewonnnen haben.«

Es sei ungemein verblüffend, »dass keiner der europäischen Führer am 1. Juli 1914 auch nur eine verschwommene Vorstellung davon hatte, dass sie 30 Tage später in einem Krieg sein werden, der ihre Zivilisation – so wie sie sie kannten – zerstören würde. Tatsächlich waren sie zu der Zeit alle in Ferien, weil sie glaubten, es sei keine ernste Krise«. Doch vier Wochen später habe es einen umfassenden Krieg gegeben. »Die Folge des daraus resultierenden Vertrauensverlustes in der Öffentlichkeit ist, dass es sehr selten seit dem Ersten Weltkrieg ganz legitime Regierungen in irgendeinem Land Europas gegeben hat.«

2) WIRKUNG

Auf Grundlage des ausführlichen Artikels in der »New York Times« berichteten auch zahlreiche deutsche Zeitungen über die Kissinger-Rede. ». . . dann werden wir Sieger sein« lautete die Überschrift in der »Frankfurter Rundschau«, »Kissinger warnt Europa vor Rivalität und Feindseligkeit« in der »Welt«, und »Dann geht Europa unter wie die griechischen Stadtstaaten« in der »BZ«.[18] Am 13. März berichtete die »New York Times«, dass Kissingers Äußerungen unter europäischen Politikern und Diplomaten auf Unverständnis gestoßen seien.[19] Um die Erregung zu dämpfen, besuchte Kissinger entgegen sonstigem Brauch zwei Tage nach Bekanntwerden der Rede das tägliche Pressebriefing des State Department. Er dementierte dort nicht den in der Presse wiedergegebenen Inhalt der Rede, erklärte aber, er habe nicht gewusst, dass bei der Ansprache auch Journalisten anwesend gewesen seien. Zugleich schwächte Kissinger seine Kritik an Europa ab und betonte, dass »die Einheit des Westens der Eckpfeiler unserer Außenpolitik ist«.[20]

Die Rede hatte auch längerfristige Wirkung, denn sie prägte die ansonsten sehr respektvolle Würdigung, die Willy Brandt in seinen Erinnerungen an die Jahre 1960 bis 1975 über Kissinger abgab. Er habe, so Brandt, gelegentlich den Eindruck gehabt, dass Kissinger die Realität der Europäischen Gemeinschaft nicht klar genug zur Kenntnis nehmen wollte – »als sei es für ihn besonders schwer, die sich wandelnde Heimat seiner Eltern und Voreltern zu begreifen. Er blickte wohl auf den alten Kontinent manchmal mit der Verachtung des neuen Römers für die hellenischen Kleinstaaten, die sich in ihren Rankünen, Intrigen und Eifersüchteleien verzehrten«. Aber gerade von diesem »griechischen Schicksal« habe sich Europa durch den Einigungsprozess abwenden wollen.[21]

Auch Brandts damaliger Redenschreiber und Berater Klaus Harpprecht erwähnte die Rede in seinem im Jahr 2000 veröffentlichten Tagebuch über die Jahre 1972 bis 1974 und hob dabei den Vergleich Europas mit den griechischen Stadtstaaten hervor: »Kissinger hatte an jenem Montag vor den Damen des State Department (sic!) eine Rede gehalten, die Europa gegenüber ungewöhnlich scharf war. Angeblich wusste er nicht, dass eine kleine Riege von Presseleuten im Raum war – er wusste es vermutlich sehr wohl, doch wollte er es nicht wissen. Den Europäern wies er dort das Schicksal der Graeculi zu.«[22]

Harpprecht schrieb im Zusammenhang mit der Rede, dass die Spannungen im europäisch-amerikanischen Verhältnis »ernst« und die Verstimmung mit Frankreich »mehr als eine Laune« seien. Der US-Außenminister sei auch deshalb »nervös«, weil er »in den Schatten der Watergate-Affäre geraten ist« und ihm zugleich »die Schlichtung im Nahen Osten nicht so recht gelingen will«. Brandts Redenschreiber zitierte einen französischen Politikwissenschafter, der gesagt habe, dass Kissinger »großes Geschick eigentlich nur im Umgang mit autoritären Staaten und autoritären Staatsmännern übe, sei es nun Chou en-Lai, Sadat oder Breschnew. Im Umgang mit Demokratien hat er weniger Geschick.«[23]

---

[18] Ausgaben vom 12. (»Der Abend«) oder 13. März 1974.
[19] Kissinger softens words on Europe, in: New York Times, 13. März 1974.
[20] Department of State Bulletin, April 1, 1974, S. 331 f.
[21] Willy Brandt, Begegnungen und Einsichten. Die Jahre 1960 – 1975, Hamburg 1976, S. 377.
[22] Klaus Harpprecht, Im Kanzleramt. Tagebuch der Jahre mit Willy Brandt, Reinbek 2000, S. 514.
[23] Ebenda, S. 513 f.

IV. Historische Traditionen

1) Die Gründerväter über den Untergang der griechischen Stadtstaaten

In den amerikanischen Verfassungsdebatten des 18. Jahrhunderts finden sich zahlreiche Hinweise auf die Unterwerfung Griechenlands durch Makedonien und durch Rom. Als Historiker waren Kissinger diese Texte ohne Frage bekannt. Ähnlich wie die Gefährdung der athenischen Demokratie im Peloponnesischen Krieg führten die Gründerväter auch das Versagen der griechischen Stadtstaaten gegen Makedonien im 4. Jahrhunderte v. Chr. und gegenüber Rom im 2. Jahrhundert v. Chr. als warnende Beispiele für die Gefährdung von Demokratien an. Ihre Diskussion über den Untergang der griechischen Stadtstaaten ist ein Beispiel dafür, wie sie sich zum einen in die Tradition antiker Vorbilder stellten, andererseits jedoch auch die vermeintlichen Fehler und Versäumnisse dieser Vorbilder analysierten und daraus entsprechende Schlüsse für ihre eigene Verfassung und Politik zogen.[24]

Bei der Frage, ob sich die unabhängig gewordenen Kolonien als Bundesstaat oder als loser Staatenbund konstituieren sollten, beriefen sich die Anhänger beider Modelle auf antike Vorbilder. Die Befürworter eines Bundes unabhängiger Staaten (»Antifederalists«) argumentierten unter anderem, die Römische Republik sei an ihrer Zentralisierung zugrunde gegangen. Außerdem führten sie an, dass Griechenland die Perser 490 und 480 v. Chr. ohne eine zentralistische Macht besiegt habe. Die schließlich erfolgreichen Befürworter einer starken Bundesregierung, die Föderalisten (»Federalists«), verwiesen hingegen immer wieder darauf, dass die griechischen Stadtstaaten von Makedonien und Rom unterworfen wurden, weil ihnen eine solche Zentralgewalt gefehlt habe.[25] Auch Theodore Roosevelt erwähnte dieses Thema 1903 in seiner Rede zum 100. Jahrestag des »Louisiana Purchase«, in der er feststellte, die griechische Welt sei wegen ihrer Aufsplitterung unfähig gewesen, »sich – von Ausnahmen abgesehen – einem gefährlichen äußeren Feind zu widersetzen«.[26]

Besonders intensiv beschäftigte sich der Mit-Autor der Federalist-Aufsätze und spätere US-Präsident James Madison (1751 – 1836) mit der Unterwerfung Griechenlands zunächst durch Makedonien und später durch Rom. So sammelte Madison jahrelang historische Belege dafür, dass die Bündnisse des alten Griechenland an ihrer Dezentralisierung gescheitert seien.[27] Beim Verfassungs-Konvent in Philadelphia erklärte Madison, die selbe Uneinigkeit der Griechen, die im vierten Jahrhundert v. Chr. zum Sieg Makedoniens über den

---

[24] Vergl. Richard, The Founders and the Classics, S. 85 ff.
[25] Vergl. Richard, S. 104 ff.
[26] Theodore Roosevelt, At the Dedication Ceremonies of the Louisiana Purchase Exhibition, a.a.O., S. 346.
[27] Richard, S. 140.

Amphiktyonischen Bund geführt habe, sei auch für die Unterwerfung des Achäischen Bundes durch Rom verantwortlich. Ähnlich äußerte er sich bei den Ratifizierungsverhandlungen zur Verfassung in seinem Heimatstaat Virginia.[28]

Auch in den Federalist-Aufsätzen wies Madison auf die Uneinigkeit Griechenlands gegenüber der Bedrohung durch Makedonien und Rom hin und führte dies als warnendes Beispiel für die amerikanischen Staaten an. Ausführlich beschäftigte er sich im 18. Beitrag mit diesem Thema. Madison begann seinen historischen Exkurs in die Antike mit der Feststellung, im sogenannten dritten Heiligen Krieg (356 – 346 v. Chr.) habe der Makedonenkönig Philipp II. den innergriechischen Konflikt »insgeheim geschürt« und für seine eigenen Zwecke ausgenutzt. Nachdem die Thebaner und andere griechische Städte Philipp gegen die Phoker zur Hilfe gerufen hätten, habe er »diese Gelegenheit freudig wahrgenommen, seine langgehegten Pläne gegen die Freiheit Griechenlands in die Tat umzusetzen.« Durch Intrigen und Bestechung zog Philipp laut Madison die Führer des Volkes in mehreren Städten auf seine Seite und brachte dann den Amphiktyonischen Rat unter seine Kontrolle. »Wäre Griechenland, so schrieb ein kluger Beobachter dieses Schicksals,[29] in einer engen Konföderation vereint gewesen und hätte diese Union aufrechterhalten, es hätte niemals die Ketten Makedoniens tragen müssen und vielleicht sogar eine Barriere gegen die gewaltigen Pläne Roms errichten können.«[30]

Ausführlich schilderte Madison anschließend die weiteren Konflikte zwischen den griechischen Stadtstaaten und Makedonien. So hätten auch die Nachfolger Philipps II. und Alexander des Großen »die Kunst der Spaltung bei den Achäern erprobt. Jede Stadt wurde dazu verführt, nur ihr eigenes Interesse zu sehen, und die Union wurde aufgelöst. Einige Städte unterstanden fortan der Tyrannei makedonischer Garnisonen, andere eigenen Tyrannen, die aus den inneren Unruhen hervorgegangen waren.« Zwar hätten »Scham und Unterdrückung« in Griechenland bald wieder »die Liebe zur Freiheit« geweckt, doch sei die Bildung eines machtvollen Achäischen Bundes an »Eifersucht und Neid« in Athen und Sparta gescheitert.

Nachdem die Achäer im Krieg gegen den spartanischen König Kleomenes wiederum Makedonien zur Hilfe gerufen hätten, mussten sie nach Madisons Worten feststellen, dass sich »ein siegreicher und mächtiger Verbündeter« häufig als »neuer Herr« erweise. »Alles, was sie durch äußerste Unterwürfigkeit von ihm erreichen konnten, war die Tolerierung der Ausübung ihrer eigenen Gesetze.« Nachdem Philipp V. »durch sein tyrannisches Verhalten neue Bündnisse unter den Griechen« provoziert habe, hätten sich auch die Ätoler und Athener dem Achäischen Bund angeschlossen und ebenfalls »das Banner des Widerstands« hochgehalten. »Trotz dieser Unterstützung glaubten sie, dieser Aufgabe nicht gewachsen zu sein, und griffen deshalb erneut auf das gefähr-

---

[28] Richard, S. 110.
[29] Hinweis auf Fortuné Berthélemy de Felice, Code de l'Humanité ou la Législation Universelle, 13 Bde. Yverdon 1778, zit. n. Die Federalist-Artikel, hg. v. A. und W. P. Adams, a.a.O., S. 102.
[30] Federalist, S. 102.

liche Mittel zurück, den Beistand ausländischer Truppen zu suchen. Die Römer, an die diese Aufforderung erging, nahmen sie bereitwillig an.«

Nach dem Sieg der Römer über Philipp V. habe es unter den Griechen neue Konflikte gegeben, die von den Römern weiter geschürt worden seien. »Kallikrates und andere Führer des Volkes wurden gedungene Werkzeuge zur Verführung ihrer Landsleute.« Voller Heimtücke habe Rom an den Stolz und den Freiheitsdrang der einzelnen griechischen Staaten appelliert und sie so vom Achäischen Bund weggelockt. »Durch solche List wurde diese Union, die letzte Hoffnung Griechenlands, die letzte Hoffnung der antiken Freiheit, in Stücke gerissen. Allseits verbreitete Schwäche und Verwirrung machten es den römischen Waffen leicht, die Zerstörung zu vollenden, die römische List und Tücke begonnen hatten. Der Achäische Bund wurde zerstückelt und Achaia in schwere Ketten gelegt, unter denen es noch heute stöhnt.« Madison schloss den Aufsatz mit der Bemerkung, das Schicksal des Achäischen Bundes beweise, »dass föderative Körperschaften eher zur Anarchie ihrer Mitglieder als zur Tyrannei ihrer Spitze neigen«.[31]

Alexander Hamilton (1755 – 1804), erster Finanzminister der Vereinigten Staaten, Hauptverfasser der Federalist-Artikel und einer der entschiedensten Befürworter einer starken Zentralregierung, erinnerte beim Ratifizierungskonvent in New York ebenfalls an den Untergang der griechischen Stadtstaaten: »Schwäche an der Spitze führte zu Widerstand bei den einzelnen Mitgliedern, und dies war der unmittelbare Auslöser für einen Bürgerkrieg. Es wurde militärische Hilfe von außen herbeigerufen, und schließlich hat eine fremde Macht ihre Freiheiten und ihren Namen vernichtet.« So wie Makedonien den Amphiktyonischen Bund unterworfen habe, hätten die Römer den Achäischen Bund besiegt.[32]

In seiner »Verteidigung der Verfassungen für die Regierung der Vereinigten Staaten« erwähnte auch John Adams (1735 – 1826), zweiter Präsident der Vereinigten Staaten, den Untergang des Achäischen Bundes: »So groß ist die Sehnsucht nach Unabhängigkeit, dass dieser kleine Commonwealth, oder der Zusammenschluss mehrerer Commonwealths, nicht zusammenhalten konnte.« Er forderte die Amerikaner auf, die von Plutarch berichtete Rede des Gründers des Achäischen Bundes, Aratos, zu beherzigen: »Denn kleine Städte können durch nichts anderes gerettet werden als durch ein dauerhaftes und gemeinsames Bündnis, verbunden durch gemeinsames Interesse. Und wie die Glieder eines Körpers durch gemeinsamen Austausch und gemeinsame Verbindung leben und atmen und nach einer Trennung vergehen und verrotten, so sind auch Städte dem Untergang geweiht, wenn sie voneinander getrennt werden, wie sie andererseits gerettet sind, wenn sie sich zu einem großen Körper verbinden.«[33] Laut Gustav Adolf Lehmann zeigt insbesondere die Auseinandersetzung mit dem Achäischen Bund in der amerikanischen Verfassungs-

---

[31] Federalist, S. 105.
[32] Zit n. Richard, S. 110.
[33] John Adams, A Defence of the Constitutions of Government of the United States of America, 1787-88, reprint, New York 1971, vol. 1, S. 296 ff. Zit. n. Richard, S. 109.

debatte »die überaus gründliche Vertrautheit mit der politisch-historischen Literatur und Welt des Altertums im gesamten Kreis der Führungsgestalten der Amerikanischen Revolution«. Dieses Wissen über die Antike habe »erheblich dazu beigetragen, politische Vorstellungen und Ideen anzuregen und ihre Rechtsfiguren auszuformen.«[34]

Parallelen zu Kissingers Vergleich finden sich auch in einem Aufsatz von John Dickinson (1732-1808) aus dem Jahr 1788. Dickinson wurde 1732 als Sohn einer wohlhabenden Farmerfamilie in Maryland geboren. 1753 ging er für vier Jahre nach England, wo er seine juristische Ausbildung abschloss. Nach seiner Rückkehr in die amerikanischen Kolonien wurde er 1757 in Philadelphia als Rechtsanwalt zugelassen. Ein führender Gegner der Besteuerung durch das britische Parlament, formulierte Dickinson 1765 eine »Deklaration der Rechte und Beschwerden« (Declaration of Rights and Grievances) der amerikanischen Kolonien. Zwei Jahre später veröffentlichte er die einflussreichen »Briefe eines Farmers in Pennsylvania an die Einwohner der Britischen Kolonien«, die 1767/68 in zahlreichen amerikanischen Zeitschriften publiziert wurden.

Dickinson war sowohl Mitglied des Kontinental-Kongresses, der am 4. Juli 1776 in Philadelphia die Unabhängigkeitserklärung der Vereinigten Staaten verkündete, als auch einer der 55 Delegierten des Verfassungsgebenden Konvents, der vom 25. Mai bis zum 17. September 1787 in der selben Stadt tagte. Als einige Einzelstaaten zögerten, die in Philadelphia beschlossene Verfassung zu ratifizieren, veröffentlichte Dickinson unter dem Pseudonym »Fabius« eine Reihe von Zeitungsartikeln, in denen er für das Vertragswerk warb. Das von ihm gewählte Pseudonym bezog sich auf den römischen Heerführer Fabius Maximus »Cunctator«, dessen langfristig angelegte Ermattungsstrategie im II. Punischen Krieg entscheidend zum Sieg Roms über Hannibal beitrug. Der von Plutarch gemeinsam mit Perikles porträtierte Fabius war auch Namensgeber für die 1883 in London gegründete »Fabian Society«, die Vorgänger-Organisation der britischen Labour Party.

Da einige amerikanische Staaten eine zu starke Stellung der Bundesregierung fürchteten, schrieb Dickinson/»Fabius« in seinem fünften Brief: »Haben die Delegierten zum Amphiktyonischen Bund oder zur Versammlung des Achäischen Bundes die Freiheit ihres Landes zerstört, indem sie eine Monarchie oder eine Aristokratie errichteten? Ganz im Gegenteil. Solange die einzelnen Staaten treu zu ihrem Bündnis standen, prosperierten sie.« Das Bündnis der griechischen Stadtstaaten sei jedoch zerstört worden »durch Streitereien, Konkurrenzkämpfe und Bürgerkriege, die geschickt und unablässig von solchen Fürsten angeheizt wurden, die sich davon einen Vorteil versprachen«. Dabei habe auch der Neid jener Griechen eine Rolle gespielt, die nicht zu dem Bund gehörten. So hätten sich die Ätoler nicht damit abfinden können, »dass die Achäer glorreiche Leistungen für die Fahne der Freiheit voll-

---

[34] Gustav Adolf Lehmann, Die Rezeption der achaiischen Bundesverfassung in der Verfassung der USA, in: Xenia, Konstanzer Althistorische Vorträge und Forschungen, Hg. v. Wolfgang Schuller, Heft 15, Antike in der Moderne, Konstanz 1985, S. 171 – 182, S. 182.

brachten, gefördert durch Tugend und geleitet von Weisheit. Auf diese Weise geschwächt, fielen sie alle, die Neider und die Beneideten, erst unter die Herrschaft Makedoniens und später Roms.« Dickinson forderte, jedermann solle »die ebenso düsteren wie lehrreichen Seiten ihrer traurigen Geschichte studieren, und er wird überzeugt sein: Falls irgendeine Nation diesen Eroberern der Welt hätte widerstehen können, hätte Griechenland, die Wiege der Republiken, diese ruhmvolle Leistung vollbracht. Voraussetzung dafür wäre gewesen, dass die einzelnen Staaten in einem Bund wie dem Achäischen vereinigt gewesen wären und ihre Verpflichtungen treu erfüllt hätten.«[35]

Die angeführten Beispiele zeigen, dass die Uneinigkeit des demokratischen Griechenland als Grund für die Unterwerfung durch Makedonien und Rom ein fester Topos der amerikanischen Antike-Rezeption ist. Dieser Topos war mit großer Wahrscheinlichkeit auch Kissinger bekannt. Sowohl die Federalist-Aufsätze als auch die Schriften von John Adams und John Dickinson gehören zu den grundlegenden Quellen der amerikanischen Verfassungsgeschichte, mit denen er spätestens in Harvard konfrontiert wurde.

Während die Gründerväter den Hinweis auf die Uneinigkeit Griechenlands auf eine innenpolitische Diskussion bezogen, übertrug Kissinger diese Analogie auf einen außenpolitischen Konflikt. Das Grundmuster der Argumentation ist allerdings identisch: Nur ein fester Zusammenschluss und gegenseitige Loyalität kann demokratische Gemeinwesen gegen eine äußere Gefahr schützen. Kissinger benutzt zum Teil sogar die gleichen Bilder wie Hamilton und Dickinson, wenn er etwa vor einem »Wettbewerbsdenken« innerhalb der westlichen Gemeinschaft warnt.

2) Die Unterwerfung Griechenlands durch Rom

Wenngleich Kissinger in seiner Rede sowohl von der Unterwerfung Griechenlands durch Rom als auch durch Makedonien sprach, ist es vor allem der Verlust der griechischen Freiheit durch Rom im zweiten Jahrhundert v. Chr., der seit dem Ersten Weltkrieg immer wieder mit dem Verhältnis zwischen Amerika und Europa im 20. Jahrhundert verglichen wurde. Deshalb und auch zum tieferen Verständnis von Kissingers Rede ist es angebracht, diesen Vorgang näher zu beleuchten.

Bereits Polybios hat mit Bewunderung festgestellt, dass innerhalb weniger Jahrzehnte »alle bekannten Teile der Welt unter die Herrschaft der Römer gekommen sind«.[36] Angesichts der militärischen Stärke und der politischen Handlungsbereitschaft Roms erscheint es als kaum vorstellbar, dass die Griechen der römischen Machtentfaltung dauerhaft hätten widerstehen können. Kissingers Bemerkung und die Vergleiche der amerikanischen Gründerväter

---

[35] Pamphlets on the Constitution of The United States. Published during its Discussion by the People 1787-1788, Edited with Notes and a Bibliography by Paul Leicester Ford, Brooklyn N.Y, 1888, S. 164 ff.
[36] Polyb. 3,1.

zielen allerdings auf die Frage, inwieweit die Griechen durch eigenes Verhalten zum dauerhaften Verlust ihrer Freiheit beigetragen haben.[37]

Bereits im Jahr 217 v. Chr. hielt der ätolische Stratege Agelaos eine geradezu prophetische Rede, in der er Griechen und Makedonen beschwor, angesichts der wachsenden Gefahr aus dem Westen ihre Konflikte zurückzustellen und sich fest zusammenzuschließen – so wie man sich beim Durchschreiten eines reißenden Stroms einander die Hände reiche.[38] Der ätolische Politiker benutzte in diesem Zusammenhang auch das Bild einer »Wolke im Westen«, die über Griechenland aufziehen werde.[39]

Zu diesem Zeitpunkt war noch nicht entschieden, wer in dem jahrzehntelangen Ringen zwischen Rom und Karthago schließlich die Oberhand behalten würde. Doch Agelaos ahnte, dass sich der Sieger nicht mit der Herrschaft über Italien und Sizilien zufrieden geben, sondern früher oder später nach Griechenland ausgreifen werde.[40] Wenn dies erst geschehen sei, werde man nur noch zu den Göttern beten können.[41] Die Rede des Agelaos zeigt, dass es in Griechenland schon früh ein Bewusstsein für die sich entwickelnde Bedrohung im Westen gab – es handelte sich, wie Kissinger richtig feststellt, tatsächlich um »eine absolut vorhersehbare Gefahr«. Doch wie alle späteren Versuche blieb auch dieser Appell an die Einheit und das gemeinsame Interesse der Griechen gegenüber einer äußeren Bedrohung fruchtlos.

Nicht aus Eroberungsdrang, sondern aus der Not heraus wurde zwei Jahre nach der Rede des Agelaos das Augenmerk des Senats auf die politische Situation im Osten gelenkt: 215 v. Chr., ein Jahr nach Cannae, verbündete sich der makedonische König Philipp V. mit Roms Todfeind Hannibal. Der Senat bemühte sich daraufhin um ein Bündnis mit dem Ätolischen Bund, das schließlich 212 oder 211 zustande kam. Wie ein erhaltenes Fragment zeigt, enthielt dieser römisch-ätolische Vertrag für die griechische Seite außerordentlich günstige Bestimmungen.[42] Dies hinderte die Ätoler jedoch nicht daran, im Jahr 205 die antimakedonische Koalition zu verlassen und mit Philipp einen Sonderfrieden zu schließen. Entgegen seiner sonstigen Gewohnheit erklärte sich Rom daraufhin ebenfalls zu einem Kompromissfrieden mit Philipp bereit.

Für den Senat brachte diese Erfahrungen des Ersten Makedonischen Krieges vor allem zwei Erkenntnisse: zum einen, dass von Makedonien Gefahr drohte, zum anderen, dass auf die griechischen Staaten, insbesondere den Ätolischen Bund, nur bedingt Verlass war. Wie der römisch-ätolische Bündnisvertrag zeigt, war Rom zu dieser Zeit jedoch noch nicht willens und in der Lage, in Griechenland einen beherrschenden Einfluss auszuüben.

---

[37] Für dieses Thema grundlegend: Jürgen Deininger, Der politische Widerstand gegen Rom in Griechenland 217-86 v. Chr., Berlin New York 1971. Umfangreiche Literaturangaben zu dem Thema bei: Jochen Bleicken, Geschichte der Römischen Republik, München 1999.
[38] Polyb. 5,104,1
[39] Polyb. 5,103,9-105,1.
[40] Polyb. 5,104,3.
[41] Polyb. 5,104,10.
[42] Text und Interpretation bei: Günther Klaffenbach, Der römisch-ätolische Bündnisvertrag vom Jahre 212 v. Chr., Sitzungsberichte der Deutschen Akademie der Wissenschaften, 1954, Nr.1.

Einige Jahre später hatte sich die Lage jedoch grundlegend gewandelt: Hannibal war besiegt, die tödliche Gefahr für Rom abgewendet. Zugleich hatten sich im Osten mit dem Vertrag – oder zumindest der Übereinkunft – zwischen Makedonien und Syrien zur Aufteilung der zahlreichen Außenbesitzungen des geschwächten Ptolemäerreiches die Machtverhältnisse erneut verschoben.[43] Das Gleichgewicht der Kräfte zwischen den drei Diadochenreichen, das auch den griechischen Stadtstaaten eine relative Unabhängigkeit verschaffte, drohte zu zerbrechen. Neben den Ptolemäern mussten vor allem die Mittelmächte Pergamon und Rhodos zu den Leidtragenden dieses makedonisch-seleukidischen Raubbündnisses werden.

Im Sommer 201 erschienen Gesandte aus Pergamon und Rhodos in Rom und baten dort um Unterstützung gegen die expansive Politik des makedonischen Königs Philipp V. Es war jene Mission, die James Madison im 18. Artikel der »Federalist Papers« zu der Bemerkung veranlasste, die Griechen hätten »erneut auf das gefährliche Mittel« zurückgegriffen, »den Beistand ausländischer Truppen zu suchen«.[44] Auch wenn der spätere US-Präsident schrieb, die Römer hätten diese Aufforderung »bereitwillig« angenommen, zögerte der Senat zunächst und beschloss erst im Jahr darauf, ein Heer in den Osten zu entsenden und damit erstmals direkt in Griechenland einzugreifen. Als politisches Ziel proklamierte Rom die Sicherung der griechischen Freiheit vor makedonischen Übergriffen. Mit diplomatischem Geschick gelang es T. Quinctius Flamininus, der ab 198 die Operationen leitete, den Ätolischen Bund sowie nahezu alle übrigen Griechen auf die Seite Roms zu ziehen. 197 wurde Philipp bei Kynoskephalai entscheidend geschlagen.

Nach diesem Sieg jedoch kam es zwischen Römern und Ätolern zu erheblichen Spannungen. Wie Polybios berichtet, schrieben sich die Ätoler »das Verdienst an dem Erfolg (über Philipp) allein zu und erfüllten ganz Griechenland mit phantastischen Erzählungen von ihren Heldentaten.«[45] Ihre Behauptung, »die Römer hätten Philipp niemals besiegen, ja nicht einmal den Boden Griechenlands betreten können, wenn sie nicht gewesen wären«, zeugt von einer erheblichen Fehleinschätzung der tatsächlichen Machtverhältnisse.

Als die Ätoler für ihren Beitrag zum Sieg über Philipp die Angliederung einiger südthessalischen Städte forderten,[46] machte Flamininus allerdings »unzweideutig klar, dass Rom fest entschlossen war, von sich aus das Maß des politischen Einflusses der Ätoler in Griechenland zu bestimmen, und dass es auch Mittel besaß, diesen Willen durchzusetzen«.[47] Mit dieser Zurücksetzung war, wie Polybios zutreffend schreibt, »der Same gesät, der sehr bald verderbenbringend aufgehen sollte; oder, um ein anderes Bild zu gebrauchen: es war der Funke, der bald den Krieg mit den Ätolern und Antiochos entzündete«.[48]

---

[43] Polyb. 3,2; 15,20
[44] Federalist, S. 104.
[45] Polyb. 18,34.
[46] Polyb. 18,38; Liv. 33,13,1-12.
[47] Deininger, S. 62.
[48] Polyb. 18,39.

Es ist umstritten, ob die griechische Staatenwelt nach Kynoskephalai die Möglichkeit hatte, ihre Unabhängigkeit zu wahren und die Katastrophe der folgenden Jahrzehnte zu vermeiden. So wirft Gustav Adolf Lehmann den Griechen vor, eine »Sternstunde« für die Sicherung ihrer Freiheit nicht genutzt und eine »große Chance für die politische Zukunft der hellenischen Welt ... auf das leichtfertigste verspielt« zu haben.[49] Deininger betont hingegen, dass Rom »nicht bereit war, Vorgänge in Griechenland hinzunehmen, die mit seinem eigenen politischen Willen in Widerspruch standen«. Die Unzufriedenheit und der wachsende Widerstand vor allem der Ätoler seien daher »die unvermeidlichen Folgen« des römischen »Hegemonieanspruches« gewesen. Doch auch Deininger muss einräumen, dass die ätolische Politik »am Ende völlig gescheitert ist«.[50]

Anders als die Ätoler reagierten die übrigen Griechen auf die römische Politik jedoch »hocherfreut und bester Zuversicht«, wie Polybios schreibt.[51] Auch nach Kynoskephalai hielt Rom offiziell an dem Ziel fest, dass »alle Griechen in Europa wie in Asien frei sein sollen und nach ihren eigenen Gesetzen leben«.[52] Ihren symbolischen Höhepunkt fand diese Politik mit der berühmten Freiheitserklärung des Flamininus bei den Isthmischen Spielen in Korinth 196. Dieses Ereignis, auf das die meisten Anwesenden »wie trunken vor Begeisterung«[53] reagierten, verschleierte jedoch die neue politische Grundkonstellation: Die Friedensregelung nach dem Zweiten Makedonischen Krieg konnte nur Bestand haben, wenn die Griechen bereit waren, gegenüber Rom loyal zu sein. Die Überzeugung vieler Griechen, dass Flamininus ihnen die Freiheit nicht nur von Makedonien, sondern auch von Rom selbst brachte, beruhte laut Deininger auf einem »tiefgreifenden Missverständnis«.[54] In Wirklichkeit hatte sich Griechenland nach Kynoskephalai zu einem römischen »Protektorat« entwickelt.

Im Gegensatz zu den übrigen Griechen wiederholten die Ätoler laut Polybios »bis zum Überdruss« die Behauptung, dass Hellas »nur den Herren tausche, von Befreiung der Griechen aber keine Rede sein könnte«.[55] Die ätolische Politik beruhte jedoch nicht auf einer nüchternen Analyse der machtpolitischen Gegebenheiten, sondern wurde von gekränkter Eitelkeit und fataler Selbstüberschätzung getrieben. Auch waren die Ätoler unfähig, ihre Konflikte mit den übrigen Griechen zu lösen und ein gemeinsames Bündnis gegen Rom zu schmieden.

Ein grelles Schlaglicht auf die innere Zerrissenheit der griechischen Welt warfen die römisch-griechischen Verhandlungen im Frühjahr 195 in Korinth. Dort war Flamininus mit seinen Verbündeten zusammengetroffen, um über

---

[49] Gustav Adolf Lehmann, Untersuchungen zur historischen Glaubwürdigkeit des Polybios, Münster 1967, S. 244.
[50] Deininger, S. 67.
[51] Polyb. 18,44.
[52] Ebenda.
[53] Polyb. 18,46.
[54] Deininger, S. 63.
[55] Polyb. 18,45.

den bevorstehenden Krieg gegen den spartanischem Tyrannen Nabis zu beraten.[56] Nachdem der Ätoler Alexandros Isios die Vorwürfe gegen die Römer wiederholt und sie zum Abzug aus Griechenland aufgefordert hatte, ergriff der achäische Stratege Aristainos das Wort und richtete scharfe Angriffe gegen die Ätoler: Sie hätten nur die Sprache mit den Griechen gemein, seien in ihrer ganzen sonstigen Kultur jedoch schlimmer als die Barbaren, »ja, wilde Tiere«.[57] Er forderte die Römer auf, Griechenland so zu ordnen, dass man künftig vor den Raubzügen der Ätoler sicher sei.

Genau dieses Verhalten der Griechen hatte Kissinger im Blick, als er die »Aufsplitterung« des Westens gegenüber einer Bedrohung kritisierte, die sich gegen alle Mitglieder der demokratischen Staatengemeinschaft richtete. Anstatt sich auf eine gemeinsame Strategie gegenüber Rom zu verständigen, versuchten auch die Griechen im 2. Jahrhundert v. Chr., »im Wettbewerb miteinander mit einer Situation fertig zu werden, für die es keine Wettbewerbslösung gibt«.

Noch verzichteten die Römer darauf, ihren Loyalitätsanspruch gegenüber den Griechen durch eine unmittelbare militärische Präsenz zu sichern. Im Spätsommer 194 verließ Flamininus zusammen mit den römischen Streitkräften Griechenland und kehrte zurück nach Rom. Doch die »verderbenbringende Saat«, von der Polybios schreibt, ging bereits zwei Jahre später auf: Die Ätoler forderten den Seleukiden-Herrscher Antiochos III. zur »Befreiung Griechenlands« auf und wählten ihn zu ihrem Strategen.[58]

Wie sehr das Verhalten der Ätoler von Selbstüberschätzung und Realitätsverlust geprägt war, zeigt das Verhalten ihres Strategen Damokritos: Als Flamininus von ihm den genauen Inhalt der Aufforderung an Antiochos erfahren wollte, verweigerte er dies mit dem brüskierenden Hinweis auf »dringende Amtsgeschäfte«. Er soll sogar hinzugefügt haben, dass er den Römern die Antwort demnächst in Italien übergeben werde, wenn er am Tiberufer sein Lager aufgeschlagen habe.[59] Trotz intensiver Bemühungen gelang es Antiochos jedoch nicht, weitere Teile Griechenlands zum Bündnis mit ihm zu bewegen. Die griechischen Stadtstaaten waren offenbar nur zu einer aktiven antirömischen Politik bereit, wenn sie »ihre partikularen Interessen direkt bedroht sahen«.[60]

Als Antiochos schließlich 192 nach Euböa übersetzte und sich bei Demetrias mit den Ätolern vereinigte, zögerte Rom nicht lang, die im Osten geschaffene Ordnung militärisch zu verteidigen. Das seleukidisch-ätolische Bündnis führte dazu, dass die römischen Legionen bereits wenige Jahre nach dem Rückzug des Flamininus nach Griechenland zurückkehrten. Antiochos wurde zunächst 191 bei den Thermopylen und ein Jahr später bei Magnesia entscheidend geschlagen. Damit war auch für die Ätoler eine Fortsetzung des Krieges gegen Rom sinnlos geworden.

---

[56] Liv. 34,22,4-24,7.
[57] Liv. 34,23,8-24,4.
[58] Liv. 35,33,8.
[59] Liv. 35,33,9.
[60] Deininger, S. 96.

Es erscheint als höchst fraglich, ob ein Sieg des Seleukidenherrschers über Rom zur »Befreiung« Griechenlands geführt hätte, wie dies von Antiochos verkündet und von den Ätolern erwartet wurde. Im Gegenteil: Anstelle der römischen wäre die griechische Staatenwelt in seleukidische Abhängigkeit geraten. Es verwundert, dass diese Frage – nach allem, was wir wissen – im Ätolischen Bund nicht diskutiert wurde. Auch Deininger weicht ihr erstaunlicherweise aus und lobt stattdessen den »großen ätolischen Versuch, das römische Protektorat über Griechenland zu beseitigen«.[61]

Nach dem römischen Sieg über Antiochos bei Magnesia lag nun nach den Worten von Polybios »für alle (Griechen) die Erfüllung aller Wünsche für die Zukunft in den Händen des Senats«.[62] Während der Ätolische Bund politisch entmachtet und auf sein Kernland reduziert wurde, erhielten Pergamon, Rhodos und der Achäische Bund einen teilweise erheblichen territorialen Zuwachs und wurden so von Rom für ihre Loyalität belohnt. Doch bei den Verhandlungen über die neue Friedensordnung in Rom zeigte sich erneut jene fatale Tendenz, die auch für die nächsten Jahrzehnte die griechisch-römischen Beziehungen prägen und schließlich zur Katastrophe von Pydna führen sollte: Die Griechen waren weiterhin nicht fähig, ihre internen Konflikte zu bereinigen oder zumindest zurückzustellen und trugen sie stattdessen offen vor den Römern aus.

So bezeichnete sich König Eumenes von Pergamon vor dem Senat zunächst unterwürfig als »Bittender«, der »die Entscheidung über sich und seine Brüder ganz in die Hände des Senats« legen wolle.[63] Anschließend kritisierte er die Politik von Rhodos und forderte Rom auf, den Wunsch der Rhodier nach Befreiung aller griechischen Städte in Kleinasien zurückzuweisen: »Denn wenn die Städte die Freiheit erhalten, wie die Rhodier fordern, wird ihre eigene Macht um ein Vielfaches wachsen, die unsere dagegen mehr oder weniger vernichtet. Denn sobald ihr erkennen lasst, dass ihr das Verlangen der Rhodier erfüllen wollt, wird die Idee der Freiheit und Autonomie nicht nur alle, die jetzt befreit werden sollen, sondern auch unsere bisherigen Untertanen von uns abziehen und sie den Rhodiern zuführen.«[64] Aus Kissingers Sicht wäre die Rede des Eumenes vor dem römischen Senat ein weiteres Beispiel für den Versuch der Griechen, »im Wettbewerb miteinander mit einer Situation fertig zu werden, für die es keine Wettbewerbslösung gibt«.

Der Achäer Kallikrates, gewissermaßen der Prototyp einer »ganz neuen Generation bedingungslos prorömischer Politiker im griechischen Mutterland,«[65] ging im Jahr 180 noch einen entscheidenden Schritt weiter: Anders als Eumenes oder der achäische Stratege Aristainos 195 in Korinth verlangte er von Rom keinen Beistand gegen äußere Gegner, sondern forderte den Senat zur direkten innenpolitischen Einmischung in den Achäischen Bund auf: »Die Römer

---
[61] Ebenda, S. 107 f.
[62] Polyb. 21,18.
[63] Ebenda.
[64] Polyb. 21,19.
[65] Deininger, S. 135.

IV. Historische Traditionen   165

seien selbst schuld, sagte er, dass ihnen die Griechen nicht gehorchten, sondern sich um ihre schriftlichen Verfügungen nicht kümmerten. Es gebe zur Zeit in allen demokratisch regierten Staaten zwei Parteien, von denen die eine dafür eintrete, den Weisungen der Römer zu folgen und weder ein Gesetz noch einen in Stein gehauenen Vertrag für vordringlicher zu halten als den Willen der Römer, eine zweite, die sich auf die Eide und Urkunden berufe und die Menge ermahne, diese nicht leichthin zu übertreten.« Er forderte den Senat auf, gegen diese Unabhängigkeitsbestrebungen »ein Zeichen seines Missfallens« zu geben. In diesem Fall, »würden die Politiker sofort umfallen und zur römischen Partei übergehen, und die Menge würde ihnen aus Angst folgen«.[66]

Selbst wenn das negative Bild des Kallikrates bei Polybios überzeichnet sein mag, so trägt sein Verhalten vor dem Senat Züge von Landesverrat. Als skrupelloser Politiker sah er die Chance, durch bedingungslosen Opportunismus gegenüber den allmächtigen Römern seine eigenes Fortkommen zu fördern. Kissingers Hinweis, dass das Verhalten gegenüber einer äußeren Bedrohung nicht nur eine politische, sondern auch eine moralische Frage sei, lässt sich auf Kallikrates übertragen.

Dass ein Politiker wie er im Achäischen Bund Erfolg haben konnte, zeigt allerdings, wie sehr sich die machtpolitischen Gegebenheiten mittlerweile zugunsten Roms verschoben hatten. Auch Polybios erkannte dies, doch verwies er nicht zu Unrecht darauf, dass es zu dieser Zeit durchaus noch möglich war, »bis zu einem gewissen Grade mit den Römern als Gleichberechtigte zu verhandeln«. Zumindest habe dies für solche Staaten gegolten, die Rom in den Kriegen mit Philipp und Antiochos die Treue gehalten hatten.[67]

In diesen Jahren gab es im Achäischen Bund eine aufschlussreiche Debatte über die Frage, inwieweit angesichts der erdrückenden Übermacht Roms überhaupt noch eine unabhängige griechische Politik möglich war. Die Diskussion zwischen Philopoimen und Aristainos ist das einzige Beispiel, »wo überhaupt eine tiefere, theoretische Reflexion über Sinn und Möglichkeiten eines Widerstands gegen Rom überliefert ist.«[68] Während Aristainos eine uneingeschränkt pro-römische Politik vertrat und sich dabei bewusst auch zu einem vorauseilenden Gehorsam bekannte, versuchte Philopoimen die relative Unabhängigkeit des Achäischen Bundes so weit und so lange wie möglich zu wahren. Nach seiner Überzeugung dürfe Griechenland die römischen Wünsche und Anweisungen nur befolgen, wenn sie »im Einklang mit den Gesetzen und dem Bündnisvertrag standen«.[69]

Auch Philopoimen, der als Vertreter eines »friedlichen Widerstands« gegen die römische Hegemonie gilt,[70] sagte voraus, »dass einmal für die Griechen die Zeit kommen werde, wo sie gezwungenermaßen alles tun müssten, was ihnen befohlen wird«.[71] Doch er forderte, diesen unvermeidlichen Prozess nicht

---

[66] Polyb. 24,11.
[67] Polyb. 24,12.
[68] Deininger, S. 111.
[69] Polyb. 24,13.
[70] Deininger, S. 108 ff.
[71] Polyb. 24,15

noch durch eigene Willfährigkeit zu beschleunigen, sondern stattdessen die relative Unabhängigkeit so lange wie möglich zu verteidigen. Wie Polybios verwies auch Philopoimen darauf, dass die Römer zumindest zu diesem Zeitpunkt noch »großen Wert darauf legen, ... die Eide, die Verträge und Treu und Glauben gegenüber ihren Bundesgenossen zu halten.«[72]

Aristainos vertrat hingegen den Standpunkt, man könne Rom nicht »zugleich mit Lanze und Heroldsstab« entgegentreten. Es gebe im Verhältnis zu der römischen Übermacht nur das harte Entweder-Oder zwischen Widerstand und bedingungslosem Gehorsam: »Daher solle man entweder nachweisen, dass wir imstande sind, den Gehorsam zu verweigern, oder, wenn man das nicht einmal zu behaupten wagt, bereitwillig allen Befehlen Folge leisten.«[73]

Diese Debatte und der Aufstieg des Kallikrates im Achäischen Bund zeigen, dass den Griechen nach dem Antiochos-Krieg allmählich ihre Lage als Untertanen einer nichtgriechischen Großmacht bewusst wurde. Doch auch zu diesem Zeitpunkt war die zersplitterte Staatenwelt Griechenlands weder willens noch in der Lage, sich gegenüber der nun nicht mehr zu ignorierenden Bedrohung durch Rom politisch zusammenzuschließen. Im Gegenteil: In den Jahren nach dem Antiochos-Krieg zog »eine nicht abreißende Kette von Gesandtschaften nach Rom, die den Senat immer tiefer auch in die banalsten Probleme der griechischen Staaten verstrickten«.[74] So schickten beispielsweise die Spartaner, die sich nach der Ermordung des Tyrannen Nabis 192 nur widerwillig dem Achäischen Bund angeschlossen hatten, nahezu ununterbrochen Gesandte nach Rom, um dort Beschwerden vorzubringen.

Auch Kissingers Warnung, dass außenpolitischer Machtverlust zu innenpolitischer Instabilität führt, ließe sich durch die Entwicklung im Ätolischen Bund nach dem Antiochos-Krieg belegen: In den 70er Jahren kam es dort zu bürgerkriegsähnlichen Unruhen, die 174 in dem Massaker von Hypata ihren grausigen Höhepunkt fanden.[75] Es ist in diesem Zusammenhang zweitrangig, ob die Unruhen unmittelbar oder nur mittelbar auf die Bestimmungen des Friedensvertrags von 189 zurückzuführen waren. Entscheidend ist vielmehr, dass die Ätoler nicht mehr die Kraft hatten, ihre inneren Konflikte ohne Eingreifen der Römer zu lösen.

Auch im übrigen Griechenland breitete sich immer stärker ein Gefühl der Unzufriedenheit und des gekränkten Stolzes aus. Ihren Bezugspunkt fand diese Stimmung in der Person des letzten Makedonen-Königs Perseus, der nach seiner Thronbesteigung 179 mit symbolischen Gesten an die große Vergangenheit seiner Vorgänger anzuknüpfen versuchte. Nachdem er dafür von Pergamon in Rom kritisiert worden war, ließ der Senat die zu Zugeständnissen bereiten makedonischen Gesandten gar nicht mehr zu Wort kommen und erklärte Makedonien stattdessen 171 kurzerhand den Krieg. Als Perseus in diesem Dritten Makedonischen Krieg überraschende Anfangserfolge erzielen

---
[72] Polyb. 24,14
[73] Ebenda.
[74] Dahlheim, Antike, S. 372
[75] Liv. 41,27,4; 42,2,2; 4,5; 5,7; 12,7; 40,7; Diod. 29,33.

konnte, schlug ihm fast überall in Griechenland große Sympathie entgegen.[76] Doch es war nur eine Frage der Zeit, bis sich die überlegene römische Militärmacht auch gegen diesen Gegner durchsetzen würde. Nach der Schlacht von Pydna 168 teilten die Römer Makedonien in vier Kleinstaaten auf. Neben vielen griechischen Städten, die mit Perseus wirklich oder angeblich sympathisiert hatten, wurden mit Rhodos und Pergamon auch jahrzehntelange Verbündeter Roms territorial und wirtschaftlich schwer bestraft. Der Senat verzieh ihnen nicht, dass sie zeitweilig versucht hatten, zwischen Rom und Perseus zu vermitteln.[77]

In welchem Maße von nun an die Machtlosigkeit der griechischen und kleinasiatischen Welt mit einer politischen Selbstaufgabe einherging, zeigt der bizarre Auftritt des bythinischen Königs Prusias 167 v. Chr. in Rom, über den sich schon Polybios empörte. Prusias trat römischen Gesandten in der Kleidung eines soeben freigelassenen Sklaven gegenüber und grüßte sie mit den Worten: Ihr seht in mir euren Freigelassenen, der alles, was bei euch Sitte ist, nachahmen, der euch ganz zu Diensten sein will. »Ein Ausspruch«, so Polybios, »wie man ihn sich würdeloser nicht leicht denken kann.« Als Prusias vor dem Senat erschien, »blieb er bescheiden an der Tür stehen, senkte beide Arme bis auf den Boden, warf sich vor den Versammelten nieder, küsste die Schwelle und sagte dazu: Seid gegrüßt, rettende Götter.«[78]

Bezeichnend für die innere Zerrüttung der griechischen Welt nach Pydna ist auch der Vergleich, den Polybios über die Verhältnisse auf Rhodos anstellt: »Die Rhodier verfielen in ihrer misslichen Lage auf seltsame Entschlüsse und Maßnahmen und kamen in einen Zustand wie Menschen, die an einer langwierigen Krankheit leiden. Denn wenn die gewissenhafte Befolgung der ärztlichen Vorschriften für die Behandlung der Krankheit keine Besserung herbeigeführt hat, hören sie in ihrer Ratlosigkeit und Verzweiflung notgedrungen auf den Rat von Opferpriestern und Wahrsagern oder versuchen es mit Zaubersprüchen und allen möglichen Amuletten ... Wenn das Vernünftige nicht hilft und man sich trotzdem vor die Notwendigkeit weiteren Handelns gestellt sieht, muss man es wohl oder übel auch mit dem Unvernünftigen versuchen. Da also die Rhodier in einen solchen Zustand geraten waren, taten sie, was man dann eben zu tun pflegt: den leitenden Beamten, den sie eben erst abgesetzt hatten, weil sie mit ihm unzufrieden waren, wählten sie wieder und taten anderes Widersinnige mehr.«[79] So beschrieb Polybios den inneren Zustand jenes Staates, der die Römer gemeinsam mit Pergamon mehr als vierzig Jahre zuvor zum erstenmal nach Griechenland gerufen und der jahrzehntelang zu ihren Günstlingen gehört hatte.

Nun waren in den griechischen Staaten genau jene Zustände eingetreten, vor denen Kissinger die Europäer während der Ölkrise warnte: der außenpolitischen Erpressbarkeit folgte das innenpolitische Chaos. Von der Zerrüttung

---

[76] Polyb. 27,9-10; Liv. 42,63,1-2.
[77] Deininger, S. 191 ff.
[78] Polyb. 30,19.
[79] Polyb. 23,17.

Griechenlands, wie sie Polybios für die 60-er und 50-er Jahre des zweiten Jahrhunderts beschreibt, war es nur noch ein kleiner Schritt bis zur endgültigen Unterwerfung 146 v. Chr.

Das letzte Aufbäumen der Griechen gegen die römische Herrschaft, der achäische Aufstand 147/46, trug Züge einer Verzweiflungstat und wurde vorwiegend von den Unterschichten getragen.[80] Obwohl Polybios die Führer dieser Erhebung sehr negativ beurteilt,[81] hat gerade dieser Aufstand das historische Bewusstsein der amerikanischen Gründerväter besonders angeregt. So schrieb James Madison über den Achäischen Bund in den »Federalist Papers« den häufig zitierten Satz, dieses Bündnis sei »die letzte Hoffnung Griechenlands, die letzte Hoffnung der antiken Freiheit« gewesen. Rom habe den Achäischen Bund schließlich »zerstückelt und Achaia in schwere Ketten gelegt, unter denen es noch heute stöhnt.«[82]

Doch das verzweifelte Auflehnen gegen die römische Übermacht hatte nie eine Chance auf Erfolg und endete mit der sinnlosen Zerstörung Korinths im Jahr 146, als auch Karthago in Flammen aufging. Polybios hat diesen Untergang der griechischen Freiheit mit einem eindrucksvollen Bild beschrieben: Römische Soldaten benutzten im zerstörten Korinth umgestürzte Götterbilder als Unterlage für ihr Würfelspiel.[83]

Es ist kaum vorstellbar, dass ein gemeinsamer Widerstand der griechischen Stadtstaaten gegen Rom ohne die Unterstützung zumindest eines der hellenistischen Großreiche zu irgendeinem Zeitpunkt Aussicht auf Erfolg gehabt hätte. Hätten die griechischem Bünde und Stadtstaaten gemeinsam mit Makedonien oder dem Seleukidenreich Rom besiegt, wäre dem jeweiligen hellenistischen Großreich unweigerlich die Vormacht in Hellas zugefallen. Ob dies für Griechenland langfristig größere Vorteile gebracht hätte, ist eine hypothetische Frage, doch bereits Polybios hätte im Zweifelsfall die römische Herrschaft trotz ihrer Exzesse der makedonischen vorgezogen.[84]

V. Der Verweis auf die Antike

Kissinger hielt seine Rede vor keinem politischen Gremium, sondern bei einem halb-privaten Anlass, der Zusammenkunft von Ehefrauen der Kongressmitglieder. Zwar beteuerte er auch in seinen Memoiren, er habe am 11. März 1974 nicht gewusst, dass sich auch Journalisten im Raum befanden und die Rede öffentlich bekannt werden würde, doch erscheint das Gegenteil als eher

---
[80] Deininger, S. 220 ff.
[81] Polyb. 38,11,7-8; 15,4; 18,4.
[82] Federalist, S. 105.
[83] Polyb. 39,2.
[84] Liv. 20,30,5; Polyb. 27,10,3; 30,6,6.

glaubwürdig.⁸⁵ Der eher unpolitische Rahmen der Veranstaltung bot dem US-Außenminister eine gute Gelegenheit, seiner aktuellen Verärgerung über die Europäer freien Lauf zu lassen, ohne dass seine Worte einen offiziellen Charakter erhielten. Hätte er sich vor einem Parlamentsausschuss oder in einer Pressekonferenz in dieser Schärfe geäußert, wären schwere diplomatische Verwicklungen die Folge gewesen. Die Frage, ob ihm seine Zuhörerinnen dabei in der Mehrzahl intellektuell folgen konnten, war vermutlich zweitrangig.

Der von ihm am 11. März 1974 gewählte Vergleich des Westens mit den griechischen Stadtstaaten enthielt eine doppelte Botschaft: zum einen den Appell an alle demokratischen Industrienationen, sich angesichts einer gemeinsamen Herausforderung politisch zusammenzuschließen. War Griechenland in der Antike durch Makedonien und Rom bedroht, so sah Kissinger jetzt für den Westen eine ähnliche Gefahr durch die arabischen Ölstaaten und die Sowjetunion. Doch neben dem Appell an die Einheit Westeuropas, Japans und Amerikas enthielt seine Rede auch ein Drohung: Wenn Europa sich den Wünschen der USA weiterhin widersetze und gegenüber der arabischen Welt eine eigenständige Politik verfolge, werde es das selbe Schicksal erleiden wie die griechischen Stadtstaaten. In diese Richtung zielte die zweimal wiederholte Bemerkung, dass Amerika einen Wettbewerb mit den Europäern gewinnen werde, »weil wir unendlich mehr Hilfsquellen zur Verfügung haben«.

Kissinger postulierte somit einen klaren Führungs- und Loyalitätsanspruch der Großmacht Amerika gegenüber den europäischen Mittelmächten. Zugleich warf er den Verbündeten vor, das wahre Ausmaß der Gefahr auf leichtsinnige Weise zu verkennen – ähnlich wie die Griechen gegenüber Makedonien und Rom oder die europäischen Regierungen am Vorabend des Ersten Weltkriegs. Immer wieder hatte Kissinger als Sicherheitsberater und Außenminister darauf hingewiesen, dass die politischen Einheit des Westens ein zentrales Ziel amerikanischer Außenpolitik sei. »Wir, Europa, Kanada und Amerika, haben nur zwei Möglichkeiten: zusammen schöpferisch oder getrennt unbedeutend zu sein«, sagte er in einer außenpolitischen Grundsatzrede in London im Dezember 1973. Die Energiekrise sei ein Problem, »das die Vereinigten Staaten allein nur mit großen Schwierigkeiten und Europa isoliert überhaupt nicht lösen könnte«.⁸⁶ Die Entscheidung der Europäer, allein mit den arabischen Ölstaaten zu verhandeln, empfand er daher als ärgerliche Überschätzung ihrer eigenen Möglichkeiten.

Dass Kissinger den Europäern in seiner Verärgerung das Beispiel der griechischen Stadtstaaten warnend vor Auge hielt, ist historisch durchaus plausibel. So ist auch Deininger überzeugt, dass in dem »angestammten Partikularismus« der griechischen Welt »die unmittelbare Hauptursache für ihr Versagen gegenüber Rom« zu finden ist.⁸⁷ »Vor allem der langdauernde, anscheinend

---

⁸⁵ Kissinger, Memoiren, Bd. 2, S. 1088.
⁸⁶ Henry Kissinger, Die erfolgreichste Partnerschaft in der Geschichte bewahren. Außenministers Kissingers Rede im Wortlaut, in: Frankfurter Allgemeine Zeitung, 21. Dezember 1973.
⁸⁷ Deininger, S. 268.

durch nichts zu beseitigende Gegensatz zwischen den beiden größten Bundesstaaten, Achaia und Aitolien, bewies auf das eindringlichste, dass sich allen neuen, über die alte Einzelpolis hinausführenden Staatsformen zum Trotz an diesem Hang zur Zersplitterung nur wenig geändert hatte. (. . .) Die Folge war, dass es niemals zu einer wirklichen politischen Kooperation auch nur der Gemeinwesen des griechischen Mutterlandes gegen Rom gekommen ist.«[88]

Diesen »Hang zur Zersplitterung« unter den griechischen Kleinstaaten führten auch die amerikanischen Gründerväter als warnendes Beispiel an, um für die Bildung einer starken Zentralgewalt zu werben. Zwischen der amerikanischen Verfassungsdiskussion im 18. Jahrhundert und den amerikanisch-europäischen Spannungen Anfang 1974 gab es allerdings einen bedeutsamen Unterschied, der von Kissinger auch klar benannt wurde: Galten die unabhängig gewordenen Kolonien im Prinzip als gleichberechtigte Partner, so waren die USA jedem einzelnen europäischen Staat militärisch, wirtschaftlich und von der Bevölkerungszahl her weit überlegen und leiteten daraus einen Führungsanspruch ab. Der Erfolg des amerikanischen Verfassungsmodells beruht ja gerade darauf, dass allen Bundesstaaten unabhängig von ihrer Größe gleiche Rechte und Pflichten zukommen. Das war und ist im amerikanisch-europäischen Verhältnis jedoch nicht der Fall.

Indem Willy Brandt und Klaus Harpprecht in der Rede Kissingers nur die »Verachtung des neuen Römers« (Brandt) wahrnahmen, der den Europäern das »Schicksal der Graeculi« (Harpprecht) zuweise, interpretierten sie seine Rede allerdings recht einseitig. Ohne Frage hatte Kissinger durch seine schroffe Wortwahl einer solchen Sichtweise Vorschub geleistet. Ein entscheidender Bestandteil seiner Rede war jedoch der mit dem Rückgriff in die Antike untermauerte Appell, der Westen müsse gegenüber äußeren Bedrohungen zusammenstehen. Dieser zentrale Aspekt von Kissingers Argumentation wurde in den Reaktionen von Brandt und Harpprecht völlig unterschlagen.

VI. DIE FEHLER DER GRIECHEN VERMEIDEN – »ROMS AUFSTIEG ZUR WELTMACHT« VON HANS ERICH STIER

Henry Kissinger richtete seine Warnung vor dem Schicksal der Griechen zu einem Zeitpunkt an die Europäer, als er deren Verhalten gegenüber der westlichen Führungsmacht als illoyal empfand. Die unbedingte Loyalität Europas gegenüber Amerika hatte 17 Jahre zuvor der deutsche Althistoriker und CDU-Politiker Hans Erich Stier eingefordert und den Europäern dabei ebenfalls das warnende Beispiel Griechenlands vor Augen geführt.

Im Vorwort seines 1957 erschienenen Buches »Roms Aufstieg zur Weltmacht und die griechische Welt« bezog er sich direkt auf die bereits erwähn-

---

[88] Ebenda, S. 269.

te Rede George Marshalls in Princeton zehn Jahre zuvor.[89] Für das Verständnis der aktuellen weltpolitischen Lage seien Kenntnisse über den Aufstieg Roms zur Weltmacht »wesentlicher vielleicht noch« als Kenntnisse über den Peloponnesischen Krieg, schrieb Stier.[90]

Der 1902 geborene und an der Universität Münster lehrende Geschichtsprofessor gehörte zu den Gründungsmitgliedern der CDU, für die er von 1947 bis 1970 im nordrhein-westfälischen Landtag saß. Er engagierte sich insbesondere in der Bildungs- und Kulturpolitik. Wie bereits im Vorwort angekündigt, zog Stier in seiner Darstellung immer wieder Parallelen zur aktuellen außenpolitischen Lage. Europa, so seine Grundthese, befinde sich nach dem Zweiten Weltkrieg in einer ähnlichen Situation wie Griechenland im zweiten vorchristlichen Jahrhundert, habe aber die Chance, gegenüber Amerika die Fehler zu vermeiden, die Griechenland im Verhältnis zu Rom gemacht habe.

Ähnlich wie sich damals die politische Macht vom alten Zentralgebiet Griechenland an die Ränder nach Rom, Karthago und die hellenistischen Großreiche verlagert habe, sei nun auch Europa als einstige »Herrin des Erdballs« abhängig geworden von »den Mächten der Peripherie, den Vereinigten Staaten von Amerika und Sowjetrussland«.[91] Inmitten einer »großräumig gewordenen Welt und der sie erfüllenden Spannungen lag Griechenland etwa so, wie heute Europa mit seiner ›Kleinstaaterei‹ unter den Weltmächten ringsum vegetiert«.[92]

Ähnlich wie Lehmann[93] argumentierte auch Stier, dass Griechenland nach dem Sieg Roms über Makedonien bei Kynoskephalai 197 v. Chr. die Chance zur dauerhaften Sicherung der eigenen Freiheit unter dem Schutze Roms verpasst habe. Die römische Republik habe damals den Nimbus einer Schutzmacht für die kleineren Staaten gewinnen können. »Sie erschien als starker Hort der Freiheit, nicht in ihren Reden, sondern mit der Tat.«[94] Nach Kynoskephalai seien die Römer ehrlich entschlossen gewesen, »für immer nach Hause zu gehen und sich am neuen Glanze der von den Wolken makedonischer Zwingherrschaft befreiten hellenischen Kultursonne zu wärmen«. Es habe damals die Möglichkeit für ein friedliches Neben- und Miteinander der Völker und Staaten der Kulturwelt gegeben, wie es dem Idealbild des Augustinus entspreche und in heutiger Zeit von der UNO angestrebt werde. »Aber Hellas versagte.«[95]

Nach Stiers Überzeugung enthält die Freiheitsrede des Flamininus in Korinth 196 v. Chr. eine Mahnung, die nach seinen Worten »über mehr als zwei Jahrtausende hinweg so unmittelbar für unsere eigene Zeit, für Europas Verhältnis zur neuen Weltmacht der Vereinigten Staaten von Amerika und die von diesen vertretene Freiheitspolitik passend erscheint«.[96] Flamininus habe die

---

[89] Vergl. S. 93-107.
[90] Hans Erich Stier, Roms Aufstieg zur Weltmacht und die griechische Welt, a.a.O., S. 6.
[91] Ebenda, S. 34.
[92] Ebenda, S. 51.
[93] Lehmann, Glaubwürdigkeit des Polybios, S. 244.
[94] Stier, S. 147.
[95] Ebenda, S. 199.
[96] Ebenda, S, 153.

Griechen aufgefordert, von der Freiheit maßvoll Gebrauch zu machen; im Übermaß genossen sei sie für die übrige Welt belastend und verlocke dazu, »sich haltlos selbst in den Abgrund zu stürzen«.[97]

Dass die Politik des römischen Philhellenismus schließlich gescheitert sei, falle allein in die Verantwortung Griechenlands. Die von den Römern nach Kynoskephalai in Hellas geschaffene »Ordnung strebte das auf freiheitlicher Basis erreichbare Mögliche an; wurde sie umgeworfen, so war das kein Beweis für Freiheit, sondern für deren Gegenteil, für Anarchie, die Vorstufe der Tyrannei«. Rom und insbesondere Flamininus habe den Griechen damals ein ähnliches Vertrauen entgegengebracht wie Amerika nach 1945 den Europäern »mit dem Marshallplan und anderen Hilfsaktionen.«[98]

Wer allein in der römischen Übermacht eine Bedrohung der griechischen Freiheit sehe, bediene sich des gleichen Arguments, »mit dem man in unseren Tagen die europäischen Völker gegen den entschlossenen Garanten ihrer Freiheit, die USA, aufzuwiegeln trachtet«. Nicht die Ungleichheit von Macht sei entscheidend, sondern der Wille, die Macht zu missbrauchen. Für die nach dem Antiochoskrieg 192 eingetretene Verschlechterung der römisch-griechischen Beziehungen, an deren Endpunkt die Zerstörung Korinths im Jahre 146 lag, tragen laut Stier allein die Ätoler und ihre Parteigänger in Hellas die Schuld, »nicht die Römer«, wie er betont.[99] Durch das Verhalten der Ätoler sei Misstrauen an Stelle von Idealismus zum beherrschenden Zug der römischen Außenpolitik gegenüber Griechenland geworden.[100]

Stier schloss sein Werk mit der erneuten Feststellung, »welche schlagenden Parallelen unsere Gegenwart zum Zeitalter der römischen Welteroberung, jedenfalls zu dessen erster Phase, aufweist«. Es drohe die Gefahr, dass die Europäer »in einer ganz ähnlichen Lage wie der des antiken Hellas nicht genug von der ganzen Schwere ihrer weltgeschichtlichen Verantwortung wissen bzw. wissen wollen und deshalb in ihr Schicksal hineinzustolpern drohen wie einst die Ätoler, Athener, Rhodier, Achäer etc.« In ihrem Schicksal liege eine »Warnung der Geschichte an Europa«.[101]

Die Arbeit Stiers aus dem Jahr 1957 zeigt, wie die Unterwerfung der griechischen Staatenwelt im zweiten Jahrhundert v. Chr. zu ganz unterschiedlichen historischen Analogien Anlass geben kann. 37 Jahre zuvor hatte Stiers Fachkollege Kahrstedt unter Eindruck des Versailler Vertrags die rücksichtslose Politik Roms gegenüber Griechenland als Vorläufer der aktuellen amerikanischen Politik gegenüber dem besiegten Deutschland interpretiert. Stier kam mit Blick auf den gleichen Zeitraum zu einem völlig anderen Ergebnis. Er kritisierte die Griechen wegen ihres renitenten Verhaltens gegenüber der römischen Großmacht und führte sie den Europäern als warnendes Beispiel vor Augen. Wiederum 17 Jahre später forderte Henry Kissinger die Europä-

---

[97] Ebenda, S. 150f.
[98] Ebenda, S. 148.
[99] Ebenda, S. 158f.
[100] Ebenda, S. 163.
[101] Ebenda, S. 201f.

er auf, aus dem gleichen historischen Vorgang die Lehre zu ziehen, dass sich die westliche Welt gegen Bedrohungen gemeinsam wehren müsse.

Stiers Ansatz, die antiken Quellen fast ausschließlich mit Blick auf die Gegenwart zu interpretieren, stieß in der Fachwelt auf Widerspruch. Der Althistoriker Hans Volkmann schrieb in seiner Rezension für die »Historische Zeitschrift«,[102] Stier trete dem Leser »als Politiker und als Forscher entgegen«. Die Suggestivkraft seiner Vergleiche könne freilich nicht darüber hinwegtäuschen, dass er »zwei letztlich unvergleichbare Zeiten« betrachte. In der Gegenwart gebe es die Konkurrenz zweier Ideologien, »die grundverschiedene Formen der gesellschaftlichen Ordnung vertreten und in alle Lebensbezirke des Einzelnen wie der Völker eingreifen«. Davon könne im zweiten Jahrhundert v. Chr. nicht die Rede sein. Damals sei es um die Frage gegangen, wie sich die griechischen Stadtstaaten außenpolitisch gegenüber Makedonien und Rom verhalten.

Volkmann lehnte auch Stiers These ab, der anfängliche Philhellenismus Roms habe nur auf echten Überzeugungen und nicht auch auf taktischen Überlegungen beruht. Unter Hinweis auf entsprechende Forschungen von Alfred Heuss, Ernst Badian und Franz Hampl schrieb Volkmann, die römische »Freiheitspolitik« in Griechenland sei auch stark von eigennützigen Motiven geprägt gewesen – zumal »die von Rom gegebene Ordnung der Freiheit von den ›freien‹ Hellenen nicht geändert werden konnte«. Des weiteren kritisierte Volkmann, dass Stier die Griechen »über Gebühr« verurteile und die historischen wie auch kulturellen Gründe für ihr Handeln nicht ausreichend würdige. Volkmann schloss seine Rezension mit der Bemerkung, Stier hätte in seinem »auf jeder Seite anregenden« Buch besser darauf verzichtet, seine politischen Ansichten mit überspitzten althistorischen Thesen zu untermauern, »die unseren Blick für die vielfältigen Kräfte einer umstrittenen Geschichtsperiode verengen können«.

Es ließe sich noch ergänzen, dass insbesondere die Bundesrepublik, an die sich Stiers Mahnung vor allem richtete, nach dem politisch-moralischen Bankrott der Nazi-Zeit eine völlig andere Interessen- und Bewusstseinslage gegenüber Amerika hatte als etwa die Ätoler in den Jahren nach 197 v. Chr., als sie gemeinsam mit Rom das mächtige Makedonien besiegt hatten.

Wie nicht zuletzt die von Stier zitierte Rede Marshalls in Princeton deutlich macht, konnten die Vereinigten Staaten nach 1947 in Europa vor allem deshalb als »wohltätige Großmacht« auftreten, weil eine solche Rolle auch mit ihrer globalen Interessenlage übereinstimmte. Mit Idealismus allein, wie er 196 v. Chr. den emotionalen Auftritt des Flamininus bei den Korinthischen Spielen prägte, wäre auch das Engagement Amerikas in Europa nicht dauerhaft aufrechtzuerhalten gewesen.

---

[102] Hans Volkmann, Rez. v. Stier, Roms Aufstieg zur Weltmacht, in: HZ 1961, Bd. 192, S. 375 – 377.

TROST BEI PERIKLES

Jimmy Carter und die Geiselkrise in Teheran

I. JIMMY CARTERS BILDUNGSHORIZONT

James »Jimmy« Earl Carter wurde am 1. Oktober 1924 in Plains im Süden Georgias als Sohn eines politisch konservativen Erdnussfarmers geboren. Von Kindheit an spielte Religion in seinem Leben eine wichtige Rolle. So schreibt sein Biograph Peter G. Bourne, dass Carter als Zehnjähriger durch sein Studium der Bibel und den regelmäßigen Besuch der Sonntagsschule mit der Geographie Palästinas sehr viel vertrauter gewesen sei als mit seiner eigenen Heimat Amerika.[1] Ähnlich wie bei Richard Nixon stammen auch Carters erste Kenntnisse über die Antike vermutlich aus seiner Beschäftigung mit der christlichen Religion.[2] Es gibt keine Hinweise darauf, dass sich Carter als Schüler und Student ansonsten mit diesem Thema auseinandergesetzt hätte. Als prägende Gestalt seiner Jugend nannte er in späteren Jahren immer wieder seine Englischlehrerin Julia Coleman, die er auch zu Beginn seiner Rede zur Amtseinführung als Präsident erwähnte. Sie förderte nicht nur seine Religiosität, sondern auch sein Interesse für Kunst, Musik und Literatur. Geschichte oder gar die Antike werden von Carters Biographen in diesem Zusammenhang nicht erwähnt.

Nach einem einjährigen Studium am Georgia Institute of Technology in Atlanta bewarb sich Carter 1943 erfolgreich um einen Studienplatz an der US-Marine-Akademie in Annapolis. Er strebte zunächst eine Karriere als Marine-Offizier an, kehrte jedoch nach dem Tod seines Vaters 1953 nach Plains zurück, um dort die Erdnussfarm weiterzuführen. Sein politisches Engagement wurde vor allem durch die Auseinandersetzungen um die Rassendiskriminierung im Süden der USA ausgelöst. Die Wahl des als moralisch integer geltenden Außenseiters aus dem Süden des Landes zum Präsidenten 1976 galt auch als Reaktion auf die Watergate-Affäre, die bei vielen Amerikanern zu einem tiefen Misstrauen gegen das politische Establishment geführt hatte.

---

[1] Peter G. Bourne, Jimmy Carter, New York 1997, S. 32. Zur Jugend Carters siehe auch: James Wooten, Dasher: The Roots and the Rising of Jimmy Carter, New York 1978.

[2] Es gibt auch eine weitere verblüffende Parallele zwischen Nixon und Carter: Beide begeisterten sich in ihrer Jugend für Tolstois »Krieg und Frieden«. Carter las das Buch drei Mal (Bourne, Carter, S. 41), Nixon bezeichnete sich als »Tolstoyist« (Ambrose, Nixon, S. 56).

II. Ohnmacht und Demütigung

Nach dem Sieg der islamischen Revolution im Iran Anfang 1979 verschlechterten sich die Beziehungen dieses Landes zu den USA auf dramatische Weise.[3] Die Vereinigten Staaten, die den gestürzten Schah Reza Pahlevi jahrzehntelang unterstützt hatten, waren Revolutionsführer Ajatollah Khomeini als »großer Satan« zutiefst verhasst. Nachdem sich Reza Pahlevi im Herbst 1979 zur medizinischen Behandlung nach Amerika begeben hatte, besetzten am 4. November 1979 iranische Studenten die US-Botschaft in Teheran, nahmen rund 100 Diplomaten als Geiseln und forderten die Auslieferung Pahlevis samt seines Vermögens sowie die Freigabe von eingefrorenen iranischen Konten. Rund die Hälfte der Botschaftsangehörigen wurde nach kurzer Zeit freigelassen, doch 53 blieben mit ausdrücklicher Billigung des Ajatollahs in der Gewalt der Geiselnehmer. »Der Gigant unter den Nationalstaaten der Welt schien gelähmt, gefesselt und gedemütigt. Im Zeitalter der Massenmedien wurde dieses Faktum allabendlich in den Nachrichten um den Globus verbreitet.«[4]

Nach dem Scheitern diplomatischer Vermittlungsversuche begann am 24. April 1980 auf Befehl von Präsident Carter eine militärische Aktion zur Befreiung der Geiseln. Sie scheiterte auf blamable Weise: Bei drei der ursprünglich acht Helikopter, mit denen das Befreiungskommando in die Nähe von Teheran gebracht werden sollte, traten beim Flug in den Iran wegen eines Sandsturms schwere technische Probleme auf. Nach Landung des Kommandos in der iranischen Wüste befahl Carter, das Unternehmen abzubrechen. Bei den Vorbereitungen zum Rückzug kollidierte einer der noch intakten Helikopter mit einem Transportjet der US-Luftwaffe, wobei acht Soldaten ums Leben kamen und drei weitere schwer verletzt wurden.

Die gescheiterte Geiselbefreiung, mit der die politische und militärische Hilflosigkeit Amerikas gegenüber den iranischen Machthabern auf demütigende Weise offenbar wurde, gilt als entscheidender Wendepunkt von Carters Regierungszeit.[5] Die Geiselkrise wurde zum beherrschenden Thema des Präsidentschaftswahlkampfes, den Ronald Reagan im November des gleichen Jahres triumphal gewann. Erst am Tag von Reagans Amtseinführung, am 20. Januar 1981, wurden die Geiseln nach 444 Tagen Gefangenschaft freigelassen.

---

[3] Zur amerikanischen Iran-Politik und zur Geiselkrise siehe: Warren Christopher u.a., American Hostages in Iran. The Conduct of a Crisis, Yale 1985. Christian Hacke, Zur Weltmacht verdammt. Die amerikanische Außenpolitik von J. F. Kennedy bis G. W. Bush, Bonn 2003, S. 246 – 286. Gary Sick, All Fall Down: America's Tragic Encounter With Iran, New York 1985.
[4] Hacke, Zur Weltmacht verdammt, S. 260.
[5] Vergl. Gebhard Schweigler, Jimmy Carter, 1977 – 1981. Der Außenseiter als Präsident, in: Heideking (Hg.), Die amerikanischen Präsidenten, S. 387 – 394.

III. Männer, die nach Ehre strebten: Trauerbotschaft vom 27. April 1980

Bei einer Trauerfeier für die Todesopfer der missglückten Geiselbefreiung im Iran verlas ein Luftwaffengeneral am 27. April 1980 im Football-Stadion von Niceville/ Florida folgende Botschaft von Präsident Carter: »Ich trauere mit Ihnen um die acht großartigen Männer, die im Dienste Amerikas starben. Als Trost in Ihrem Schmerz bleibt Ihnen die Erinnerung an ihre Leben. Diese Angehörigen der Luftwaffe waren Ihre Verwandten, Ihre Freunde und Ihre Kollegen, und den Dienst, den Sie Ihnen zu Lebzeiten leisteten, kann dabei helfen, in der Erinnerung und mit der Zeit die Wunden ihres Todes zu bedecken. Für mich und für ihr Land hinterließen sie ein ebenso wertvolles Geschenk: das Vermächtnis ihres tapferen Geistes. Es ist diese Eigenschaft, die Perikles vor rund 2500 Jahren an den Soldaten seiner Stadt hervorhob, als er sagte: ›Wenn Euch Athen groß erscheint, denkt daran, dass es diese Größe mutigen und pflichtbewussten Männern verdankt, Männern, die bei ihren Taten nach Ehre strebten.‹[6]

Diese Männer aus Ihrer Familie, aus der Familie Amerikas, handelten für die Ehre unserer Nation. Ihre Tapferkeit und ihre freiwillige Bereitschaft, große Gefahren in der Ausübung ihres Dienstes auf sich zu nehmen, adeln nicht nur sie, sondern uns alle. Ich bete mit Ihnen, in Erinnerung an diese Männer, für die Freiheit von 53 anderen Amerikanern im Iran – die Freiheit, für die unsere acht Brüder lebten, um sie zu verteidigen und für die sie starben, um sie wieder zu gewinnen. Und ich verpflichte mich, in Erinnerung an sie und für uns alle, auf das andere große Ziel, das ihrem tapferen Geiste würdig ist – das Ziel eines dauerhaften Friedens für ein freies Amerika.«[7]

IV. Historische Traditionen

1) Die Totenrede des Perikles

Das in Carters Trauerbotschaft genannte Zitat stammt aus der Totenrede des Perikles, die er Ende 431 v. Chr. bei der Trauerfeier für die athenischen Gefallenen im ersten Jahr des Peloponnesischen Krieges hielt.[8] Diese Ansprache gilt

---

[6] Thuk. II, 43.
[7] Rescue Attempt for American Hostages in Iran. Message for the Memorial Service for the Eight Airmen Who Died During the Operation, April 27, 1980, in: Jimmy Carter, Public Papers, 1980/81, Bd. I, S. 779 f.
[8] Thuk. II, 35 – 46. Zur Totenrede des Perikles siehe: Hermann Strasburger, Thukydides und die politische Selbstdarstellung der Athener, in: Hans Herter (Hg.), Thukydides, Wege der Forschung Bd. XCVIII, Darmstadt 1968, S. 498 – 530. John E. Ziolkowski, Thucydides and the tra-

als die berühmteste Totenrede der Weltgeschichte, vergleichbar allenfalls noch der »Gettysburg Address« Abraham Lincolns vom 19. November 1863. Wie bei allen von Thukydides überlieferten Ansprachen ist auch bei der Totenrede des Perikles zweifelhaft, ob sie in der vorliegenden Form gehalten wurde. Thukydides selbst hat die nicht ganz widerspruchsfreie Bemerkung gemacht, dass die Reden seines Geschichtswerkes vor allem jene Gedanken enthielten, die der Redner in der jeweiligen Situation hätte zum Ausdruck bringen müssen, auch wenn er sich dabei »so nah wie möglich am Sinn des tatsächliche Gesagten« orientiert habe.[9] Die Totenrede unterscheidet sich allerdings stilistisch und inhaltlich recht deutlich von den übrigen Reden bei Thukydides, so dass vermutlich weite Teile tatsächlich von Perikles stammen.[10] Laut Jacqueline de Romilly vermischen sich die Überzeugungen von Thukydides und Perikles gerade in der Totenrede »auf untrennbare Weise miteinander«.[11]

Die Tradition einer Totenrede auf die Gefallenen gab es in Athen seit dem Ende der Perserkriege 480/79.[12] Plutarch erwähnt, dass Perikles auch für die Gefallenen des Krieges gegen Samos im Jahr 439 eine solche Ansprache gehalten habe.[13] Ziel dieser Totenreden war es, die Opfer des Krieges zu rechtfertigen und ihnen einen höheren Sinn zu verleihen. In der von Carter zitierten Rede zu Beginn des Peloponnesischen Kriegs entwirft Perikles ein Idealbild der athenischen Gesellschaft und ihres politischen Systems, das er scharf vom Kriegsgegner Sparta abgrenzt. Für dieses demokratische Gemeinwesen hätten die Toten ihr Leben gegeben. Nach Hermann Strasburger unterscheidet sich diese Ansprache von anderen Totenreden, da Perikles in ihr »nicht die Verdienste Athens um die übrige Griechenwelt, sondern nur die Besonderheiten seines innerstaatlichen Lebens rühmt«. Anstelle der »Phrasen von panhellenischer Nächstenliebe, die sonst von den Lippen athenischer Redner troffen, werden die echten Antriebe der athenischen Tatkraft gezeigt: der berauschende Selbstgenuss der eigenen Kraft, der eigenen Volksbegabung und geistigen Freiheit«.[14]

Spätestens seit Mitte des fünften Jahrhunderts gab es in Athen ein stark ausgeprägtes »Bewusstsein von der eigenen Macht und dem ideellen wie materiellen Wert dieser Macht«. Die Athener hatten ihre politische Ordnung »als eine ihnen eigentümliche, mit keiner der vorhandenen vergleichbare und in jeder Hinsicht außergewöhnliche begriffen«, wie Jochen Bleicken schreibt.[15] Dieses Bewusstsein spricht auch aus der Leichenrede, in der Perikles Athen als »die hohe Schule für ganz Griechenland« preist.[16] Ohne Vorbild habe die Stadt

---

    dition of Funeral Speeches at Athens, New York 1981. Nicole Loraux, The Invention of Athens: The Funeral Oration in the Classical City, Harvard University Press 1986.
[9] Thuk. I, 22.
[10] H. F. Harding, The Speeches of Thucydides, Lawrence/Kansas 1973, S. 52.
[11] Jacqueline de Romilly, Thucydides and Athenian Imperialism, New York 1979, S. 136.
[12] Strasburger, S. 503.
[13] Plut. Perikles 8, 9. 28, 4.
[14] Strasburger, S. 522 f.
[15] Jochen Bleicken, Die athenische Demokratie, 4. Aufl., Paderborn 1995, S. 54 f.
[16] Thuk. II, 41.

aus eigener Kraft eine demokratische Verfassung entwickelt, die jedem Bürger die politische Mitwirkung garantiere. Toleranz, Weltoffenheit, Meinungsfreiheit und Geselligkeit seien ebenso Kennzeichen der athenischen Gesellschaft wie Gesetzestreue auch gegenüber den ungeschriebenen Regeln des menschlichen Zusammenlebens.[17] Die Demokratie ist laut Perikles nicht nur eine effektive Regierungsform, sondern hat auch positive Auswirkungen auf den Charakter der einzelnen Bürger. Daher müssten die athenischen Soldaten auch nicht durch besondere Härte und Strenge ausgebildet werden, sondern seien im Krieg schon aus ihrem eigenen Interesse heraus zu militärischen Höchstleistungen imstande.[18]

Zwischen dem von Perikles entworfenen Bild der athenischen Gesellschaft und dem Ideal der amerikanischen Demokratie – wie auch anderer westlicher Demokratien – gibt es erstaunliche Parallelen, so dass die Totenrede »seit jeher in den Vereinigten Staaten im Tonfall des Vorbildlichen zitiert« wird.[19] So ist auch in Amerika das Bewusstsein tief verwurzelt, dass die eigene demokratische Verfassung nicht nach fremdem Vorbild geformt wurde, sondern ihrerseits anderen Staaten als Modell galt. Sehr modern klingt Perikles auch, wenn er erklärt: »Unsere Verfassung heißt Demokratie, weil die Macht nicht in den Händen weniger liegt, sondern in denen des ganzen Volkes. Wenn bei Gericht private Konflikte geklärt werden müssen, ist jeder Bürger vor dem Gesetz gleich. Wenn es um die Besetzung öffentlicher Ämter geht, entscheidet nicht die Zugehörigkeit zu einer bestimmten Klasse, sondern allein die Fähigkeit.«[20]

Auch in modernen westlichen Demokratien gilt es als erstrebenswert, dass sich die Bürger »nicht nur für ihre eigenen Angelegenheiten, sondern auch für die Angelegenheiten des Staates interessieren«. Im Unterschied zu anderen Staaten werde in Athen nicht Desinteresse, sondern politisches Engagement der Bürger von der Gesellschaft honoriert. Insbesondere dem amerikanischen Ideal entspricht seine Feststellung, dass sich niemand dafür schämen müsse, arm zu sein. Schämen müsse man sich nur, wann man nichts gegen diese Armut unternehme.[21]

Nachdem er die Vorzüge der athenischen Demokratie und Gesellschaft ausführlich gewürdigt hat, stellt Perikles fest, dass die Stadt alles dieses »der Tüchtigkeit und dem Mut jener Männer« verdanke, die für die Stadt gefallen seien.[22] Diesen zentralen Gedanken seiner Rede wiederholte Perikles wenig später noch einmal in der von Carter zitierten Form. Er fuhr fort mit den Worten: »Auch wenn ihnen (den Männern, die Athen groß machten) ein Unternehmen misslang, waren sie nicht bereit, dem Vaterland ihre Tapferkeit vorzuenthalten, sondern legten ihm diese zu Füßen als das beste, was sie geben konnten.« Dieser Satz hätte auch auf die Situation nach der gescheiterten Gei-

---

[17] Thuk. II, 37-38.
[18] Thuk. II, 39.
[19] Urzidil, S. 19.
[20] Thuk. II, 37.
[21] Thuk. II, 40.
[22] Thuk. II, 42

selbefreiung im April 1980 gepasst, wurde von Carter aber nicht zitiert. »Sie opferten ihre Leben«, so Perikles weiter, »für die Stadt und für uns, und für sich selbst gewannen sie unsterblichen Ruhm und das großartigste Grabmahl. Nicht so sehr das Grabmahl, in dem sie beigesetzt wurden, sondern überall dort, wo ihr Ruhm in der Erinnerung der Menschen fortlebt und wo es einen Grund gibt, ihrer in Wort und Tat zu gedenken.«[23] Indem Perikles eine direkte Linie zieht zwischen den Qualitäten der athenischen Gesellschaft und den Verdiensten der Gefallenen für dieses Gemeinwesen, erhebt er die Toten zu Märtyrern für Freiheit, Gerechtigkeit und Demokratie. Dieses wollte auch Jimmy Carter mit seiner Trauerbotschaft für die Opfer der gescheiterten Geiselbefreiung im Iran zum Ausdruck bringen.

Thukydides hatte aber auch eine klare Vorstellung von den Gefährdungen, denen die athenische Gesellschaft und das politische System der Stadt ausgesetzt waren. Unmittelbar an die Leichenrede, in der das Idealbild dieser Gesellschaft gezeichnet wird, schließt sich die Schilderung der Pest in Athen an. Eindringlich beschreibt Thukydides, wie unter dem Eindruck der Seuche die elementarsten Regeln des menschlichen Zusammenlebens außer Kraft gesetzt werden.

2) Die Totenrede des Perikles bei anderen US-Präsidenten

Kein anderer antiker Text ist von amerikanische Präsidenten im 20. Jahrhundert so häufig zitiert worden wie die Totenrede des Perikles. Neben Jimmy Carter haben auch John F. Kennedy, Lyndon B. Johnson, Richard Nixon, Ronald Reagan und Bill Clinton Passagen daraus in ihren eigenen Reden verwendet.

Wenige Tage vor seiner Vereidigung als Präsident hielt Kennedy am 9. Januar 1961 vor dem Abgeordnetenhaus seines Heimatstaates Massachusetts eine Abschiedsrede. Er würdigte die demokratische Tradition dieses Staates, der immer seine Heimat bleiben werde, und sagte: »Das was Perikles über die Athener gesagt hat, trifft schon lange auf diese Gemeinschaft zu: ›Wir imitieren nichts, sondern sind ein Modell für andere‹[24] Und so kommt es, dass ich von diesem Staat zu dem hohen und einsamen Amt, das ich jetzt antreten werde, mehr mitnehmen werde als liebevolle Erinnerungen und feste Freundschaften.«[25]

Auch als Präsident zitierte Kennedy die Totenrede: In einer Fernsehsendung, mit der Geldspenden für das »National Cultural Center« – das heutige »John F. Kennedy Center« – in Washington D.C. eingeworben wurden, sagte er am 29. November 1962 zunächst, dass Kultur die Menschen miteinander verbinde, da Kunst keine nationalen Grenzen kenne und zeitlos sei. »An

---

[23] Thuk. II, 43.
[24] Thuk. II, 37.
[25] The City Upon a Hill, Address to the Massachusetts State Legislature, Boston/Mass., January 9, 1961, in: »Let The Word Go Forth«, The Speeches, Statements, and Writings of John F. Kennedy, Hg. v. Theodore C. Sorensen, New York 1988, S. 56 ff.

Aischylos und Plato erinnert man sich noch lange, nachdem die Triumphe des imperialen Athen vergangen sind.« Ähnliches gelte für Dante in Florenz und Goethe in Deutschland. Auch an Amerika werde man sich in Zukunft nicht wegen seiner politischen und militärischen Erfolge oder Misserfolge erinnern, sondern wegen seines Beitrages zur Kultur der Menschen. »Es war Perikles' größter Stolz, dass Athen die politische Schule von Hellas war«,[26] fuhr Kennedy fort. Auch Amerika müsse zu »einer der großen Schulen der Zivilisation werden«, um sich so die Dankbarkeit der Welt zu verdienen. Als große Demokratie habe Amerika eine besondere Verantwortung für die Künste. »Das reine Anhäufen von Reichtum und Macht ist Diktatoren ebenso möglich wie Demokraten. Doch die Freiheit allein kann Geist und Seele des Menschen befreien und in einer freien Gesellschaft zur größten Blüte bringen.«[27]

Knapp sechs Monate nach Kennedys Ermordung zitierte sein Nachfolger Lyndon B. Johnson bei der Enthüllung einer Plakette für den Bau des geplanten »John F. Kennedy Cultural Center« im Staat New York die gleiche Passage der Totenrede, die 1980 Jimmy Carter in seine Trauerbotschaft übernahm. Er benutzte allerdings eine etwas andere Übersetzung und ließ den letzten Halbsatz weg, wonach die gefallenen Männer, »bei ihren Taten nach Ehre strebten«. Johnson sagte am 9. Mai 1964, es mache ihm große Freude, dorthin zu kommen, wo das geplante Zentrum »als Würdigung für die Größe Amerikas gebaut werden solle und darüber nachzudenken, dass wir diesen Ruhm, der uns so teuer ist, einem mutigen Führer zu verdanken haben, der sich nie von seinen Pflichten ablenken ließ – John F. Kennedy. Perikles sagte: ›Wenn Euch Athen groß erscheint, denkt daran, dass es diese Größe mutigen und pflichtbewussten Männern verdankt.‹« Er habe Kennedy lange genug begleitet, um feststellen zu können, dass er seine Pflicht kannte und sie erfüllte.[28] Mit dem gleichen Zitat beendete Johnson auch ein halbes Jahr später eine Ansprache zum ersten Spatenstich des »John F. Kennedy Center for the Performing Arts« in Washington.[29]

Neben Kennedy und Johnson zitierten auch weitere amerikanische Präsidenten die Totenrede des Perikles: Richard Nixon in einer Botschaft an die amerikanischen Veteranen während des Vietnam-Kriegs 1971[30], Ronald Reagan in einer Rede zum »Veterans Day« 1988[31] und Bill Clinton bei drei verschiedenen Anlässen 1995 und 1999.[32]

---

[26] Thuk. II, 41.
[27] Remarks at a Closed-Circuit Television Broadcast on Behalf of the National Cultural Center, November 29, 1962, in: John F. Kennedy, Public Papers, 1962, Bd. II, S. 846 f. www.presidency.ucsb.edu/ws/index.php?pid=9033&st=&st1=
[28] Remarks at the Dedication of the John F. Kennedy Cultural Center at Mitchel Field, New York, May 9, 1964, in: Lyndon B. Johnson, Public Papers, 1963/64, Bd. I, S. 669 – 671. www.presidency.ucsb.edu/ws/index.php?pid=26240&st=&st1=
[29] Remarks at the Ground-Breaking Ceremony for the John F. Kennedy Center for the Performing Arts. December 2, 1964, in: Lyndon B. Johnson, Public Papers, 1963/64, Bd. II, S. 1624 – 1626. www.presidency.ucsb.edu/ws/index.php?pid=26736&st=&st1=
[30] Vergl. S. 189f.
[31] Vergl. S. 184-194.
[32] Vergl. S. 195-204.

3) Die »Gettysburg Address« von Abraham Lincoln

Die Totenrede des Perikles steht im Bewusstsein historisch gebildeter Amerikaner eng neben der berühmtesten Trauerrede der amerikanischen Geschichte, der »Gettysburg Address« Abraham Lincolns aus dem amerikanischen Bürgerkrieg.[33] So schreibt beispielsweise der Althistoriker John H. Finley in seiner Thukydides-Studie: »Der Zweck einer jeden solchen Rede muss es sein, den Grund für solch ein Opfer zu vermitteln, und in der Erreichung dieses Zwecks scheint der Totenrede (des Perikles) nichts gleich zu kommen mit Ausnahme der Gettysburg Address.«[34]

Am Schauplatz der Schlacht von Gettysburg, bei der vom 1. bis 3. Juli 1863 die Union des Nordens die Südstaaten besiegt und endgültig in die Defensive gedrängt hatte, weihte Präsident Lincoln am 19. November 1863 einen Gedenkfriedhof ein. Er hielt zu diesem Anlass eine kurze, nur 272 Wörter umfassende Ansprache. Ungleich knapper als die Totenrede des Perikles, ist auch Lincolns Ansprache von einem zentralen Gedanken geprägt: Die Soldaten fielen als Märtyrer für Freiheit und Demokratie, woraus sich eine Verpflichtung für die Überlebenden ergibt. Er beendete seine Ansprache mit der Aufforderung, »dass wir hier den unerschütterlichen Beschluss fassen, dass ihr Tod nicht umsonst gewesen sein soll – dass diese Nation mit Gottes Hilfe eine Wiedergeburt der Freiheit erleben soll – und dass die Regierung des Volkes durch das Volk und für das Volk nicht von der Erde weichen soll.«

Angesichts des beschämenden Ausgangs der Militäraktion in der iranischen Wüste hätte ein direkter Verweis Carters auf Lincoln von der amerikanischen Öffentlichkeit als anmaßend empfunden werden können. Insofern war es möglicherweise Carters Ziel, die Erinnerung an die »Gettysburg Address« atmosphärisch wach zu rufen, ohne sie direkt zu zitieren.

V. Der Verweis auf die Antike

Carters Trauerbotschaft vom 27. April 1980 hatte zwei Adressaten: zunächst die Hinterbliebenen der Opfer, darüber hinaus jedoch auch die gesamte amerikanische Öffentlichkeit. In seinen Memoiren nennt Carter den Tag der gescheiterten Geiselbefreiung »einen der schlimmsten Tage in meinem Leben«.[35] Vor der Begegnung mit Angehörigen der Opfer auf dem Militärfriedhof Ar-

---

[33] Address Delivered at the Dedication of the Cemetery at Gettysburg, Nov. 19 1863, in: The collected works of Abraham Lincoln, Bd. VI, Springfield/Illinois, 1953, S. 17 – 23. www.loc.gov/exhibits/gadd/ Vergl. Ekkehart Krippendorff (Hg.), Lincoln's Gettysburg Address. Hamburg 1994. Glenn W. Most, Perikles in Gettysburg (Rez. v. Krippendorff, Gettysburg Address), in: Frankfurter Allgemeine Zeitung, 21. November 1994, S. L 14.
[34] John H. Finley, Thucydides, University of Michigan Press 1967, S. 144.
[35] Jimmy Carter, Keeping Faith. Memoirs of a President, Fayetteville 1995, S. 524.

lington am 9. Mai 1980 habe er befürchtet, von ihnen für den Tod der Soldaten verantwortlich gemacht zu werden; dies sei zu seiner großen Erleichterung jedoch nicht der Fall gewesen.[36]

Die Situation, in der sich Carter auf Perikles und das antike Athen berief, war für ihn sowohl politisch als auch menschlich außerordentlich schwierig. Sein Rückgriff auf die Antike ist umso erstaunlicher, als ein Zitat dieser Art in Carters Rhetorik eine große Ausnahme darstellt. Der amerikanische Rhetorik-Professor Gaddis Smith vermutet, dass sich im Verhältnis zur Dauer seiner Amtzeit kein anderer US-Präsident so häufig öffentlich geäußert hat wie Carter. Zugleich sei seine Rhetorik durch eine auffallende »Armut an historischen und literarischen Bezügen« geprägt gewesen.[37] Auch in seinen wichtigen Reden war nicht Geschichte, sondern Religion der zentrale Bezugspunkt. Die zahlreichen Hinweise auf seinen christlichen Glauben verknüpfte Carter häufig mit persönlichen Erfahrungen und Begegnungen. Als Beispiel nannte Smith die Erwähnung von Carters Englisch-Lehrerin Julia Coleman gleich zu Beginn seiner Ansprache zur Amtseinführung am 20. Januar 1977. Carter sagte, sie habe ihm jene »innere und spirituelle Stärke« vermittelt, der die gesamte Nation bedürfe.[38]

Doch auf dem Höhepunkt der Krise seiner Präsidentschaft berief sich Carter entgegen seiner sonstigen Neigung nicht auf seinen christlichen Glauben oder persönliche Erfahrungen, sondern zitierte Perikles. Ob der Präsident selbst auf diese Idee kam, ist nicht mehr festzustellen; es erscheint aufgrund seines Bildungshintergrunds als eher unwahrscheinlich. Gaddis Smith hat darauf hingewiesen, dass es – anders als etwa bei Kennedy – angesichts der Fülle von Carters öffentlichen Erklärungen und den nicht immer klaren Kompetenzabgrenzungen in seiner Administration häufig unmöglich ist, den Urheber der jeweiligen Äußerung nachträglich zu identifizieren.[39] Entscheidend ist jedoch, dass es Carter zu diesem Zeitpunkt selbst als angemessen empfand, in diesen kurzen Text ein Zitat aus der Totenrede des Perikles aufzunehmen.

Mit diesem Verweis stellte Carter die Opfer der gescheiterten Geiselbefreiung in eine 2500-jährige Tradition von Demokratie und Freiheit. So wie das demokratische Athen der Antike seine Größe mutigen und pflichtbewussten Männern verdankt habe, hätten auch die gefallenen Soldaten »für die Ehre unserer Nation« gehandelt. Er ging davon aus, dass dieser Vergleich von den Angehörigen der gefallenen US-Soldaten als ehrenhaft empfunden würde. Carter muss sich dieser Wirkung sicher gewesen sein, denn er hätte in der für ihn höchst schwierigen Situation kaum das Risiko eingehen können, in einer direkten Botschaft an die Angehörigen der gefallenen Soldaten, die er einige Tage später selbst treffen sollte, einen als unpassend empfundenen Vergleich zu

---

[36] Ebenda, S. 532.
[37] Gaddis Smith, Carter's Political Rhetoric, in: Kenneth W. Thompson (Hg.), The Carter Presidency, Fourteen Intimate Perspectives of Jimmy Carter, Portraits of American Presidents Vol. VIII, University of Virginia 1990, S. 199–214, S. 203.
[38] Inaugural Address, January 20, 1977, in: Jimmy Carter, Public Papers, 1977, Bd. 1, S. 1. www.jimmycarterlibrary.org/documents/speeches/inaugadd.phtml
[39] Smith, Carter's Rhetoric, S. 200 u. 206.

benutzen. Das Bewusstsein dafür, dass es sich bei Perikles und dem antiken Athen um Vorbilder für Demokratie und Freiheit handelte, denen sich auch die Vereinigten Staaten verpflichtet fühlten, war offenbar zum Zeitpunkt von Carters Trauerbotschaft in der amerikanischen Gesellschaft noch tief verwurzelt.

»DAS GEHEIMNIS DER FREIHEIT IST MUT«

Ronald Reagan und der Kampf gegen den Kommunismus

I. Ronald Reagans Bildungshorizont

Ronald Reagan wurde am 6. Februar 1911 als Sohn eines Schuhhändlers in Tampico, Illinois, geboren und verbrachte seine Jugend in der Kleinstadt Dixon. Von 1928 bis 1932 besuchte er das Eureka-College in der gleichnamigen Stadt seines Heimatstaates. Auch wenn Reagan später immer wieder mit viel Sympathie über seine College-Zeit redete, bezog sich dies ausschließlich auf seine sportlichen und gesellschaftlichen Aktivitäten dort, nicht jedoch auf die Lehrinhalte. Auch in seinen beiden Autobiographien finden sich zwar zahlreiche Anekdoten aus seiner Zeit in Eureka, jedoch kein einziger Satz über den Unterrichtsstoff.[1] Die Bedeutung des griechischen Wortes Eureka war ihm allerdings bekannt, wie er in seinen Memoiren von 1990 schreibt.[2] Am College machte Reagan offenbar zum erstenmal die Erfahrung, welche positive Wirkung sein persönliches Auftreten auf andere Menschen ausüben konnte.[3] Er besuchte Kurse in Geschichte, Französisch, Rhetorik, Mathematik und Englischer Literatur, interessierte sich jedoch hauptsächlich für Sport, das Studententheater und College-Politik. Nach Auskunft von Mitschülern verfügte er über die Fähigkeit, kurz vor einer Prüfung intensiv zu lernen und auf diese Weise das Examen zu bestehen.[4]

Es gibt auch keinen Hinweis darauf, dass er sich bei seinen späteren Tätigkeiten als Sportreporter, Filmschauspieler oder Kommunikationsmitarbeiter der Firma General Electric näher mit der Antike beschäftigt hat. Sein Wissen über alte Geschichte hat sich daher wohl kaum von Kenntnissen anderer Durchschnittsamerikaner unterschieden, die ein College besucht haben.

Reagan wurde 1966 zum Gouverneur von Kalifornien und 1980 mit überwältigender Mehrheit zum Präsidenten der USA gewählt. Er gilt als Politiker, der sich mit Detailfragen kaum befasste, einige wenige Grundsätze allerdings konsequent verfolgte und während seiner achtjährigen Präsidentschaft funda-

---

[1] Ronald Reagan, An American Life, New York 1990. Ders. (with Richard G. Hubler), Where's the rest of me? The Autobiography of Ronald Reagan. New York 1981, Wiederauflage von 1965.
[2] Reagan, An American Life, S. 46.
[3] Lou Cannon, Reagan, New York 1982, S. 33 ff. Siehe auch Ders., President Reagan. The Role of a Lifetime, New York 1991. Anne Edwards, Early Reagan, New York 1987. Edmund Morris, Dutch. A Memoir of Ronald Reagan, New York 1999. William E. Pemberton, Exit with Honor: The Life and Presidency of Ronald Reagan, New York 1997.
[4] Cannon, 1982, S. 39.

mentale innen- und außenpolitische Veränderungen bewirkte. Wegen seines rhetorischen Talents und seines Geschicks im Umgang mit Massenmedien wurde er häufig als der »Große Kommunikator« bezeichnet.[5]

II. Reagans Kampf gegen den Kommunismus

1) Ost-West-Beziehungen

Seit seinem Amtsantritt im Januar 1981 betrieb Ronald Reagan eine betont antikommunistische Außenpolitik und veranlasste das größte Rüstungsprogramm der USA zu Friedenszeiten. Er reagierte damit auf die massive Aufrüstung der Sowjetunion aus den Vorjahren, verfolgte aber auch das Ziel, das kommunistische System durch militärtechnologischen und wirtschaftlichen Druck zu beseitigen.[6] 1982 forderte in einer Rede vor dem britischen Unterhaus einen »Marsch für Freiheit und Demokratie, der den Marxismus-Leninismus auf den Müllhaufen der Geschichte befördern wird«.[7]

Zu einem Testfall für das transatlantische Bündnis wurde 1983 die Stationierung von Mittelstreckenraketen, wie sie im Nato-Doppelbeschluss einige Jahre zuvor festgelegt worden war. Trotz erheblicher innenpolitischer Proteste, die vom Warschauer Pakt nach Kräften unterstützt wurden, hielten alle betroffenen Nato-Länder an der Umsetzung dieses Beschlusses fest. Im gleichen Jahr kündigte Reagan mit der »Strategic Defense Initiative« (SDI) ein Programm zur Stationierung eines weltraumgestützten Raketenabwehrsystems an. Zugleich verstärkte er die Bemühungen, die US-Streitkräfte mit »intelligenten« computergesteuerten Waffen auszustatten. Diese Entscheidungen führten in der sowjetischen Militärführung zu der Befürchtung, den neuen militärtechnologischen Herausforderungen nicht gewachsen zu sein.[8]

Unter Michail Gorbatschow trat ein grundlegender Wandel in den Ost-West-Beziehungen ein. 1987 erklärte sich die Sowjetunion im INF-Vertrag (Intermediate-Range Nuclear Forces Treaty) zum Abbau aller Mittelstreckenraketen in Europa bereit und akzeptierte damit die von Reagan stets geforderte »Null-Lösung«. Zwei Jahre später brach das kommunistische System in allen europäischen Ländern zusammen, und Ende 1991 löste sich auch die Sowjetunion auf. Die Vereinigten Staaten waren damit zur einzigen Weltmacht geworden.

---

[5] Vergl. Jeffrey K. Tulis, The Rhetorical Presidency, Princeton 1987, S. 189 – 202.
[6] Zur Reagan-Doktrin vergl. Hacke, Zur Weltmacht verdammt, S. 336 – 346.
[7] Ronald Reagan, Address to Members of the British Parliament, June 8, 1982, in: Ronald Reagan, Public Papers, 1982, Bd. I, S. 742 – 748. www.reagan.utexas.edu/resource/spcc-ches/1982/60882a.htm
[8] Vergl. Philip Zelikow; Condoleezza Rice, Germany Unified and Europe Transformed, Harvard University Press 1995, S. 9 ff.

2) NICARAGUA

Auch in Mittelamerika verfolgte Reagan einen harten antikommunistischen Kurs, wobei er die Souveränität der dortigen Kleinstaaten nur im Rahmen der außenpolitischen Interessen der USA respektierte.[9] So ließ er im Oktober 1983 die Karibik-Insel Grenada besetzen, um dort eine linksgerichtete Militärregierung zu beseitigen. Reagan bekannte sich auch offen zu dem Ziel, die sozialistische Regierung der Sandinisten in Nicaragua zu stürzen. Er begründete dies sowohl mit den Sicherheitsinteressen der USA als auch mit dem antidemokratischen Charakter der Sandinisten. Ihre Bekämpfung war zudem Teil seiner Strategie, die Sowjetunion global herauszufordern: »Überall in der Welt heute, auf der Werft von Danzig, auf den Hügeln von Nicaragua, in den Reisfeldern von Kambodscha, in den Bergen von Afghanistan, überall erschallt der Ruf nach Freiheit«, sagte er in einer Rede im Juni 1984.[10]

Bei seiner Nicaragua-Politik geriet Reagan allerdings immer wieder in Konflikt mit dem Kongress. Nachdem bekannt geworden war, dass die US-Marine völkerrechtswidrig nicaraguanische Häfen vermint hatten, untersagte das Parlament der Regierung zwischen 1983 und 1986 alle Aktivitäten gegen die Sandinisten. Zwar änderte der Kongress im Juni 1986 seine Haltung und gewährte den Contra-Rebellen 100 Millionen Dollar Militärhilfe. Im gleichen Jahr wurde jedoch Reagans Nicaragua-Politik durch die sogenannte Iran-Contra-Affäre diskreditiert. Zwei Jahre später beantragte er im Kongress erneut Militärhilfe für die Contras, die im Februar 1988 abgelehnt wurde. Im August dieses Jahres gewährte der Kongress den Rebellen schließlich rein humanitäre Hilfe.

III. MIT PERIKLES GEGEN DIE SANDINISTEN: REDE AM 7. MÄRZ 1988

Am 7. März 1988 hielt Ronald Reagan eine Rede vor der Jahresversammlung der »Veterans of Foreign Wars« in Washington D.C., die er zu einer grundsätzlichen Darstellung seiner Außen- und Sicherheitspolitik nutzte.[11] Die Rede gliederte sich in drei Teile: Nach einer Würdigung der Veteranen rechtfertigte Reagan ausführlich seine Politik der militärischen Stärke gegenüber der

---

[9] Vergl. Robert Kagan, A Twilight Struggle. American Power and Nicaragua 1977 – 1990, New York 1996. Zu Reagans Rhetorik gegenüber Nicaragua siehe: David Henry, Ronald Reagan and Aid to the Contras: An Analysis of the Rhetorical Presidency, in: Martin J. Medhurst; Thomas W. Benson (Hg.), Rhetorical Dimensions in Media, Dubuque / Iowa 1991.

[10] Address Before a Joint Session of the Irish National Parliament, June 4, 1984, in Ronald Reagan, Public Papers, 1984, Bd. I, S. 804 – 811, S. 811.

[11] Remarks at the Annual Conference of the Veterans of Foreign Wars, March 7, 1988, in: Ronald Reagan, Public Papers, 1988, Bd. I, S. 296 – 299.

Sowjetunion und warb anschließend für eine militärische Unterstützung der Contra-Rebellen in Nicaragua.

Reagan begrüßte die Kriegsteilnehmer als Männer, die »nicht nur für die Freiheit unserer Nation, sondern für die Freiheit von Völkern auf der ganzen Welt gekämpft haben«. Nach weiterem Lob für die Veteranen sagte Reagan, dass er gerade von einem Treffen mit den Führern der Nato-Länder in Europa zurückgekehrt sei und die Allianz im kommenden Jahr ihr vierzigjähriges Bestehen feiern werde. Die Leistung der Nato sei »einfach und historisch: 40 Jahre Freiheit und Demokratie in Westeuropa – und ohne dass irgendwo auf dem Kontinent Armeen aufeinander stießen. Seit dem Untergang Roms vor mehr als 1500 Jahren hat Europa nur wenige längere Perioden völligen Friedens erlebt. Amerikaner, darunter einige von Ihnen, haben mitgeholfen, diesen Frieden zu schützen und die Freiheit zu erhalten.« Wenn er von Friedensmarschierern in Europa und Amerika höre, denke er »an unsere jungen Männer und Frauen in Uniform. Sie sind die wirklichen Friedensmarschierer«.

Bei ihrem jüngsten Treffen habe die Nato einen der größten Erfolge ihrer Geschichte feiern können. Reagan erinnerte an die Geschichte des Nato-Doppelbeschlusses und sagte, er habe stets eine »Null-Lösung« für Mittelstreckenraketen in Europa gefordert, was von der sowjetischen Führung abgelehnt worden sei. Obwohl viele Nato-Führer nach Beginn der Stationierung von Mittelstreckenraketen der Nato »unter schweres politische Feuer« geraten seien und die Sowjetunion die Verhandlungen mit den USA abbrach, sei das Bündnis standhaft geblieben. Schließlich seien die Sowjets an den Verhandlungstisch zurückgekehrt, »und heute haben wir die Übereinkunft, die unsere Kritiker für unmöglich hielten: die Null-Lösung«. Diese Entwicklung habe bestätigt, was er selbst und die Veteranen »seit Jahren gesagt haben: der Weg zum Frieden führt über die Stärke Amerikas und der freien Welt.«

Reagan betonte, dass in dem INF-Vertrag über den Abbau aller Mittelstreckenraketen in Europa die bislang strengsten Überprüfungsmechanismen festgelegt worden seien, da er den Sowjets noch immer nicht vertraue. Es sei »verrückt«, dass die gleichen Leute, die die Stationierung der Raketen abgelehnt hätten, den Vertrag über die Null-Lösung nun als ihren Erfolg in Anspruch nähmen. Wenn man den Frieden weiter sichern wolle, bleibe die Antwort immer gleich: »Halten wir Amerika und seine Verbündeten stark.« Daher müssten die konventionellen und nuklearen Streitkräfte der USA in Europa weiter modernisiert und mit »intelligenten Waffen« ausgestattet werden. Die Weiterentwicklung des Raketenabwehrprojekts SDI biete Amerika die beste Garantie dafür, »dass sich die Sowjets an ihre Verpflichtungen bei der Abrüstung halten«.

Den folgenden Teil seiner Rede widmete Reagan der Situation in Mittelamerika und sagte, ein sowjetischer Stützpunkt auf dem amerikanischen Festland sei »eine Pistole, die auf das Herz Amerikas gerichtet ist.« Er berichtete den Veteranen von einem Kongress-Mitglied, das die weitere Unterstützung der »Freiheits-Kämpfer« in Nicaragua mit dem Argument abgelehnt habe, für jeden Dollar, den die USA den Contras zukommen lasse, würde die Sowjetunion den Sandinisten fünf Dollars geben. »Nun, wir sollten uns an etwas erinnern, was Perikles, der große Führer des alten Athen, sagte: ›Das Geheimnis der Freiheit ist Mut‹.« Reagan kritisierte, dass sich zu viele Gegner der »Hilfe für die Freiheitskämpfer« als Erben von Franklin D. Roosevelt bezeichneten, der Amerika in einen schicksalhaften Kampf geführt habe. Das gleiche gelte für Harry Truman, der Griechenland und die Türkei im Kampf gegen den Kommunismus unterstützt und die Nato gegründet habe. »Mut ist nicht gerade die Parole einiger Gegner der Contra-Hilfe.« Es könne in Nicaragua keine wirklichen Friedensverhandlungen geben, »wenn eine Seite Kampfhubschrauber und die andere Seite Verbandsmaterial hat.« Diese Bemerkung zielte auf die im August 1988 bestätigte Haltung der Kongressmehrheit, den Contras nur humanitäre Hilfe zu gewähren.

Reagan sagte abschließend, Amerika habe Millionen von Menschen die Hoffnung auf »Freiheit und ein besseres Leben« gegeben. Er berichtete von einem US-Soldaten, der während des Zweiten Weltkrieges mit seinem Flugzeug über dem Pazifik abgeschossen worden sei und dann den Mut gehabt habe, während des Absturzes seinen verwundeten Kameraden aus der Bibel vorzulesen. »Mut ist unser Markenzeichen, Freiheit und Demokratie unser Geschenk für die Menschheit«, wandelte er am Schluss der Rede das von ihm zuvor genannte Perikles-Zitat ab. Die Veteranen sollten mithelfen, dass dieses immer so bleibe.

IV. HISTORISCHE TRADITIONEN

1) PERIKLES / THUKYDIDES

Das von Reagan verwendete Perikles-Zitat stammt ebenfalls aus der Leichenrede, und zwar aus dem gleichen Abschnitt, aus dem auch Jimmy Carter 1980 das Zitat für seine Trauerbotschaft entnahm. Nachdem Perikles die Verdienste der gefallenen Athener gerühmt hat und feststellte, dass die Erinnerung an diese Männer ihr eigentliches Grabmahl sei, forderte er seine Zuhörer auf: »Nehmt sie euch zum Vorbild. Erkennt, dass Freiheit der Schlüssel zum Glück ist und Mut der Schlüssel zu Freiheit. Beugen wir uns nicht vor den Gefahren des Krieges.«[12]

Der Gedanke, dass Mut die Voraussetzung für Freiheit sei, taucht allerdings mehrfach bei Thukydides auf und wurde von ihm nicht nur auf die Athener bezogen. So ließ er beispielsweise auch den spartanischen Feldherrn Brasidas die Ansprache vor der Schlacht von Amphipolis im Jahre 422 v. Chr. mit den Worten beginnen, dass es das besondere Kennzeichen der Spartaner sei, die Freiheit stets durch ihren Mut verteidigt zu haben.[13]

---
[12] Thuk II, 43.
[13] Thuk V, 9.

2) Richard Nixon

Reagans Perikles-Zitat findet sich auch in einer Botschaft von Richard Nixon zum »Veterans Day« am 24. Oktober 1971.[14] Es ist durchaus üblich, dass Mitarbeiter von Politikern bei der Vorbereitung von Rede-Manuskripten die Ansprachen von Amtsvorgängern zu ähnlichen oder gleichen Anlässen zur Hand nehmen, um sich dadurch anregen zu lassen. Vermutlich war dies auch vor Reagans Auftritt bei den Veteranen im Frühjahr 1988 der Fall, so dass seine Mitarbeiter durch die Lektüre von Nixons Radio-Ansprache von 1971 auf das Thukydides-Zitat stießen und Reagan möglicherweise auf diesem Wege damit in Berührung kam.

Nixon begann die Radioansprache während des Vietnam-Kriegs mit der Bemerkung, Perikles habe die ersten athenischen Gefallenen des Peloponnesischen Krieges dadurch geehrt, dass er nicht über ihre Taten, sondern über Athen selbst gesprochen habe. »Er sprach über das Leben dort und die Menschen und den Ruhm Athens. Er sprach über die athenischen Krieger und über alles, für dessen Erhalt sie kämpften.«

Auch er wolle nun über die Ursprünge der Vereinigten Staaten sprechen, die von Menschen gegründet worden seien, die ihre gottgegebenen Rechte bewahren wollten: Leben, Freiheit und das Streben nach Glück. Nach diesem Zitat aus der Unabhängigkeitserklärung sagte Nixon, Amerika habe nie nach einem Imperium und stets nach Frieden gestrebt. »Während wir nach Frieden strebten, haben wir auch begriffen, dass der Frieden nur erhalten werden kann, wenn es ein Frieden in Freiheit ist. Wie Perikles selbst sagte, ist Freiheit der Schlüssel zum Glück und Mut der Schlüssel zur Freiheit.« Nixon schilderte im Folgenden seine Maßnahmen zur Wiedereingliederung der Veteranen des Vietnam-Krieges und rechtfertigte seine Entspannungspolitik mit China und der Sowjetunion.

Gegen Ende der Rede griff Nixon noch einmal auf die Antike zurück. Es gebe die Theorie, dass Nationen im Krieg erblühten. »Aber wenn wir in die Antike schauen, sehen wir, dass die alten durch Krieg erschaffenen Reiche versunken und die Früchte der Eroberung vergangen sind.« Vieles jedoch, was im Frieden erschaffen wurde, habe bis heute überdauert: »Alte Aquädukte, die einst Wasser zu den Städten brachten, alte Theater, wo die Menschen unterhalten und aufgeklärt wurden, die Literatur dieser Zeit bleibt, es gibt Kunstwerke, die uns noch immer mit ihrer Schönheit bezaubern, da sind Gesetze und Regierungsformen, die uns noch immer beeinflussen.« So könne man erkennen, was in antiken Gesellschaften dauerhaften Wert gehabt habe und was vergangen sei. In Amerika gebe es »eine Einigkeit in den Zielen, die unsere Menschen von den Alten (Griechen und Römern) unterscheidet«. Wofür Amerikaner zu sterben bereit seien, seien sie auch zu leben bereit. Während man anderswo den Frieden zur Vorbereitung des nächsten Krieges genutzt habe, strebe man in Amerika danach, ihn dauerhaft zu erhalten.

---

[14] Veterans Day Address, October 24, 1971, in: Richard Nixon, Public Papers, 1971, S. 1062–1064. www.presidency.ucsb.edu/ws/index.php?pid=3198&st=&st1=

Weil der Vietnam-Krieg von vielen Amerikanern nicht verstanden werde, hätten die Veteranen oft unter der Frustration zu leiden, die dieser Krieg bei ihren Landsleuten hervorrufe. Dies dürfe nicht toleriert werden, denn »eine Nation, die jene verdammt, die ihr dienen, wird selbst verdammt werden«. Zum Abschluss seiner Botschaft gab Nixon der Hoffnung Ausdruck, die Vietnam-Veteranen mögen die letzten Kriegsveteranen der amerikanischen Geschichte sein. Männer und Nationen müssten einen größeren Sinn im Frieden finden als jemals im Krieg.

V. Der Verweis auf die Antike

Es ist bemerkenswert, dass der nicht besonders geschichtskundige Reagan in der Rede vor den Veteranen gleich zweimal die Antike erwähnte. Eine plausible Erklärung dafür ist nicht offensichtlich. Der Präsident konnte sicher davon ausgehen, dass seine Zuhörer sowohl dem Militär als auch seiner Politik grundsätzlich positiv gegenüberstanden. Ziel der Ansprache war es, den Veteranen seine Sympathie zu versichern und bei ihnen auch für die Unterstützung seiner Politik zu werben, insbesondere gegenüber Nicaragua. Darüber hinaus empfand Reagan für die amerikanischen Kriegsteilnehmer offenbar auch eine starke persönliche Zuneigung. Einige Monate nach der Rede und kurz vor seinem Ausscheiden aus dem Amt ordnete er an, dem staatlichen »Department of Veterans Affairs« Kabinettsrang zu verleihen.

Mit seiner kurzen Bemerkung, die Nato habe Europa eine ähnlich lange Zeit des Friedens gesichert wie zur Zeit des Römischen Reiches, machte Reagan deutlich, dass eine über Jahrzehnte andauernde Periode des Friedens in Europa eine Ausnahme darstellt. In der Bemerkung kommt indirekt auch eine positive Bewertung des Römischen Reiches und seiner Militärmacht zum Ausdruck. Anders als etwa Kennedy 25 Jahre zuvor in seiner Friedensrede betonte Reagan vor den Veteranen nicht die freiheitseinschränkende, sondern die friedensstiftenden Rolle Roms. So wie die militärische Übermacht Roms die Voraussetzung für die »Pax Romana« war, sieht Reagan in der militärischen Stärke Amerikas und seiner Verbündeten die entscheidende Bedingung für den Erhalt des Friedens in Europa. Mit dieser auch vor den Veteranen mehrfach geäußerten Überzeugung steht Reagan in der Tradition Theodore Roosevelts, dessen Militärpolitik sich ebenfalls auf den Grundsatz des spätrömischen Militärschriftstellers Vegetius zurückführen lässt: »Si vis pacem, para bellum.«[15]

Wenngleich Roosevelt aufgrund seines Bildungshorizontes ungleich intensiver mit der Antike vertraut war als Reagan, kommen beide zu einer ähnlich positiven Bewertung des Römischen Reiches. Damit unterscheiden sich diese beiden Präsidenten der Republikanischen Partei sowohl von den Gründervä-

---

[15] Vegetius, Epitome rei militaris 3. Vergl. S. 50.

tern als auch von den Demokraten Franklin D. Roosevelt und John F. Kennedy, die in anderen historischen Situationen die freiheitseinschränkende Rolle des Römischen Kaiserreichs in der Geschichte betont hatten. War Kennedy 1963 unter dem Eindruck der Kuba-Krise zu der Überzeugung gelangt, dass die militärische Konfrontation mit der Sowjetunion durch eine Entspannungspolitik entschärft werden müsse, verfolgte Reagan das Ziel, die Sowjetunion durch eine forcierte Aufrüstung militärtechnologisch in die Knie zu zwingen. Wie Reagan in seiner Rede deutlich machte, galt für ihn die Bereitschaft der Sowjets zur »Null-Lösung« als ein erster großer Erfolg dieser Strategie. Die unterschiedliche Bewertung einer durch militärische Übermacht abgesicherten Friedensordnung durch Kennedy 1963 und Reagan 1988 spiegelte insofern auch eine weltpolitische Veränderung wider.

Das Perikles-Zitat über den Zusammenhang von Mut und Freiheit lieferte Reagan das Leitmotiv für den Schlussteil seiner Rede, die sich sowohl im Bezug auf Nicaragua als auch auf die Mission Amerikas in der Welt immer wieder um diese beiden Begriffe rankte, am Ende auch mit einer starken religiösen Komponente. Es war das Ziel Reagans, den innenpolitischen Gegnern seiner Nicaragua-Politik Feigheit und mangelnden Einsatz für die Freiheit vorzuwerfen und sie dadurch vor den Veteranen zu diskreditieren. Ansonsten griff Reagan vermutlich aus zwei Gründen auf das Thukydides-Zitat zurück: weil es ihm gefiel und um seine Zuhörer zu beeindrucken. Wie andere Präsidenten setzte auch Reagan voraus, dass die Erwähnung des Namens Perikles bei seinen Zuhörern eine positive Wirkung haben würde.

Beim Vergleich mit der Botschaft Nixons zum Veteranentag 1971, von der Reagan möglicherweise inspiriert wurde, wird eine deutliche Verflachung deutlich. Nixon erweckte in seiner Radiobotschaft zumindest den Eindruck, als kenne er die Totenrede des Perikles und zitierte sie wesentlich ausführlicher als Reagan. Mit der Gegenüberstellung von militärischen Leistungen der Griechen und Römer, die allesamt vergangen seien, zu den kulturellen Leistungen der Antike, die heute noch Bestand hätten, zeigte er eine recht differenziertes Geschichtsverständnis. Reagan hingegen erweckte nicht den Eindruck, als habe er die Totenrede selbst gelesen oder sich tiefer mit ihr auseinandergesetzt. Er beließ es vielmehr dabei, die Gegner seiner Nicaragua-Politik mit Hilfe des Begriffspaars »Freiheit« und »Mut« zu attackieren.

Deutlich wird auch eine unterschiedliche Bewertung militärischer Macht: Nixon musste mit dem Rückzug aus Vietnam das Scheitern einer Militärintervention eingestehen und verfolgte außerdem gegenüber den kommunistischen Großmächten Sowjetunion und China eine Entspannungspolitik. Vor diesem Hintergrund bewertete er die zivilen Leistungen der Antike weit höher als die militärischen. Reagan hingegen erzielte mit einer massiven Aufrüstungspolitik politische Erfolge und sah daher keinen Grund, die Bedeutung militärischer Macht gering zu bewerten.

Die Erwähnung von Perikles gerade im Zusammenhang mit seiner Mittelamerika-Politik ergab allerdings eine Parallele zwischen Athen und Amerika, die Reagan und seinen Zuhörern wohl kaum bewusst gewesen sein durfte. So wie Perikles gegenüber den kleineren Staaten Griechenlands eine unverhohlene Großmachtpolitik betrieb, die sich allein an den Sicherheitsinteressen Athens orientierte, ordnete auch Reagan die Souveränität Nicaraguas und anderer mittelamerikanischer Staaten den Interessen der Weltmacht USA unter.

VI. Gegen die Logik der Abschreckung »Pax Romana« von Klaus Wengst

1986 veröffentlichte Klaus Wengst, Professor für Neues Testament an der Ruhr-Universität Bochum, das Buch »Pax Romana – Anspruch und Wirklichkeit«.[16] In gewisser Weise ist das Buch eine vorgezogene Antwort auf Reagans Rede vor den Veteranen zwei Jahre später. Wo Reagan seine Politik der militärischen Stärke zumindest indirekt in die Tradition der »Pax Romana« stellte, übte der Bochumer Theologe mit Blick auf Rom fundamentale Kritik an dem Prinzip der militärischen Abschreckung und plädierte für einseitige Abrüstungsschritte des Westens. Bereits im Vorwort stellte Wengst klar, dass ihn nicht nur wissenschaftliches Interesse leite. Er hoffe, »dass dieses Buch über den engen Teil der theologisch Ausgebildeten hinaus dem christlichen Teil der Friedensbewegung hilfreich sein möge«.[17]

Einleitend bemerkte er, Jesus sei »in den Augen der römischen Provinzialverwaltung ein Aufrührer« und seine Kreuzigung »geradezu ein Akt der Sicherung des Friedens« gewesen. Daraus folge, dass Jesus ein anderes Friedensverständnis gehabt habe als Rom und dass seine »Praxis nicht der Pax Romana konform gelaufen sein kann.«[18] Ziel des Buches sei es, dieses christliche Friedensideal zu beschreiben und von der Realität des römischen, auf Gewalt und Eroberung beruhenden Friedens abzugrenzen.

Nachdem Wengst im ersten Teil des Buches zunächst zahlreiche nichtchristliche antike Zeugnisse über die »Pax Romana« zitiert und bewertet hat, konzentriert er sich im zweiten Teil auf Quellen christlicher Tradition. Im Sinne seines Vorsatzes, die Texte »nicht unbedingt im Sinne ihrer Verfasser« zu lesen,[19] kommt er zu einer sehr negativen Bewertung »der auf ›Blut und Leichen‹ beruhenden Pax Romana«.[20] Wenn sich antike Autoren, zumal aus den unterworfenen Ländern, wohlwollend über die römische Herrschaft äußerten, sei dies auf die Tatsache zurückzuführen, dass Rom »zwischen sich und den einheimischen Oberschichten – und da waren es vor allem die Spitzen der Ge-

---

[16] Klaus Wengst, Pax Romana, Anspruch und Wirklichkeit. Erfahrungen und Wahrnehmungen des Friedens bei Jesus und im Urchristentum, München 1986.
[17] Ebenda, S. 11.
[18] Ebenda, S. 14.
[19] Ebenda, S. 18.
[20] Ebenda, S. 26.

sellschaft – eine Interessengemeinschaft herzustellen« vermochte. So habe etwa der Grieche Aelius Aristides die politische Realität des Römischen Reiches »von oben« interpretiert und deshalb »in der römischen Herrschaft nicht die Herrschaft der Gewalt« erkannt. »Er ist auch nicht ihr Opfer; er profitiert von ihr. Aelius Aristides hat heute viele Namen.«[21] In abgeschwächter Form bezog Wengst diese Kritik auch auf Lukas, der sich durch sein romfreundliches Evangelium »die Eintrittskarte in die große Welt« habe erkaufen wollen.[22] Im Gegensatz zu Lukas habe der Evangelist Johannes Rom in seiner Apokalypse »als satanische Inkarnation« erkannt.[23]

Immer wieder stellte Wengst Bezüge zur Gegenwart her. So hätten Plinius und Aristides die Leistungen der Römer in den von ihnen eroberten Provinzen nur rühmen können, »weil sie nicht danach fragen, wer denn die Arbeit zur Umleitung von Flüssen und zum Bau von Brücken und Straßen und Kastellen verrichten muss«. So wie heute die Unterstützung von Ländern der Dritten Welt habe auch die von Rom erstellte Infrastruktur in den Provinzen allein den eigenen Bedürfnissen gedient. »Hätte es damals schon das Wort ›Entwicklungshilfe‹ gegeben, es wäre ebenso eine Euphemismus für Ausbeutung gewesen, wie es das heute weithin ist.«[24]

An anderer Stelle verlangte Wengst unter Berufung auf die Bergpredigt, »dass wir die Welt aus der Perspektive der Sowjetunion betrachten, ihre geschichtlichen Erfahrungen und gegenwärtigen Bedrohungen und Einkreisungsängste wahr- und ernstnehmen«. Da immer offensichtlicher werde, »dass die bisherige Auf- und Hochrüstungspolitik in die Sackgasse führt, dass Rüstung jetzt schon, ohne dass sie eingesetzt wird, tötet«, seien einseitige Abrüstungsschritte notwendig.

Auch im Schlusswort spannte er erneut den Bogen von der theologisch-historisch begründeten Ablehnung des Römischen Reiches zur aktuellen Unterstützung der Friedensbewegung. Er forderte seine Leser auf, »entlang der vom Kreuz Jesu gegebenen Perspektive in unsere Wirklichkeit hinein zu denken und zu handeln und dabei auch die eigene profitable Einbindung in den von einem Machtzentrum gesetzten Gewaltfrieden zu durchschauen«.[25]

In Anlehnung an Augustinus stellte er fest, dass die Christen »Gottes kommender Stadt« zugehörten und »voller Erwartung auf diese hin unterwegs im ungeschützten Raum« seien. »Mit der Festungsmentalität der Pax Romana haben Christen nichts zu schaffen.« Ganz im Duktus der Friedensbewegung beendete er sein Buch mit einem Plädoyer gegen »eine Sicherheitspolitik, die Gottes Schöpfung mit der Vernichtung bedroht« und »Sandkastenspiele, die in kühler Berechnung ›Megatote‹ und verseuchte und zerstörte Kontinente einkalkulieren«. Er forderte »den Auszug aus der Festung einer jetzt schon tödlichen Sicherheitspolitik«, da in ihr »Jesus nicht zu finden« sei.[26]

---

[21] Ebenda, S. 71.
[22] Ebenda, S. 127.
[23] Ebenda, S. 167.
[24] Ebenda, S. 43.
[25] Ebenda, S. 171.
[26] Ebenda, S. 173.

Wengst verfolgte das Ziel, eine historisch-theologische Analyse des Römischen Reiches mit einem pazifistischen Plädoyer für die Gegenwart zu verbinden – ein Versuch, der nur von einem »Autor mit überragendem Genie« gemeistert werden könnte, wie ein britischer Kritiker des Buches bemerkte. »Wengst ist nicht so ein Autor«.[27]

So wie die Veröffentlichungen von Ulrich Kahrstedt, Ekkehart Krippendorff und Hans Erich Stier zeigt auch das Buch von Klaus Wengst, dass fundierte Kenntnisse der Antike nicht vor fundamentalen politischen Fehleinschätzungen schützen können. Auch wenn man über den Anteil Ronald Reagans am Zusammenbruch des sowjetischen Imperiums unterschiedlicher Meinung sein kann, steht doch außer Frage, dass die Erwartungen und Voraussagen des historisch kaum gebildeten US-Präsidenten weitaus besser mit der Wirklichkeit übereinstimmten als die apokalyptischen Warnungen des historisch und theologisch hoch gebildeten Universitätsprofessors Klaus Wengst. Erneut bestätigt sich bei der Lektüre seines Buches »Pax Romana« die Erkenntnis, dass es hoch problematisch ist, historische Quellen und Entwicklungen der Antike vor allem im Hinblick auf aktuelle politische Auseinandersetzungen zu interpretieren. Dabei droht stets die Gefahr, weder der Vergangenheit noch der Gegenwart gerecht zu werden.

---

[27] R. P. C. Hanson, Rez. von Wengst, Pax Romana, in: The Classical Review 38, 1988, S. 441.

ERINNERUNG AN 2500 JAHRE DEMOKRATIE

Bill Clinton in Pearl Harbor, Athen und Washington

I. Bill Clintons Bildungshorizont

William »Bill« Clinton wurde am 19. August 1946 als Halbwaise in Hope, Arkansas, geboren. Er wuchs in schwierigen Familienverhältnissen auf; das Verhältnis zu seinem Stiefvater war wegen dessen Alkoholproblemen belastet. Der spätere Präsident »war jedoch ein ebenso ehrgeiziger wie erfolgreicher Schüler und gehörte während seiner gesamten Schulzeit stets zu den Klassenbesten.«[1] Er studierte an der renommierten Georgetown Universität und ging 1968 als Rhodes-Stipendiat an die Universität Oxford. 1970 kehrte er in die USA zurück, machte an der Yale Law School das Jura-Examen und begann 1974 in seinem Heimatstaat eine politische Karriere.

In einer Rede vor politischen und wirtschaftlichen Führern Griechenlands gab Clinton im November 1999 selbst Auskunft über seine Berührungspunkte mit der Antike. Der Präsident berichtete, dass er »am frühen Morgen, in Wind und Regen« auf die Akropolis gegangen sei, was bei ihm sowohl ein Gefühl der Ehrfurcht als auch der Vertrautheit ausgelöst habe, »vielleicht weil mir meine griechisch-amerikanischen Freunde die Umgebung so oft und so glühend beschrieben haben«. Clinton sagte weiter, er habe »als junger Mann die Geschichte Athens studiert und Plato und Aristoteles gelesen«. Amerika sei »von der Politik und Philosophie bis hin zur Architektur in jeder Beziehung inspiriert und beeinflusst von den alten Griechen.«[2] Im weiteren Verlauf der Rede erwähnt Clinton einen gewissen David Leopoulos aus Arkansas, der seit 45 Jahren sein bester Freund sei und ihm jede Woche eine E-Mail mit Informationen über Griechenland schicke.

Clinton hatte eine überdurchschnittlich hohe Zahl von griechischstämmigen Freunden und Beratern. Auch in seiner Rede in Athen sagte er, dass »die Gemeinschaft der Griechisch-Amerikaner in der Clinton-Administration überrepräsentiert« sei, was Amerika zugute komme. Neben seinem Stabschef John Podesta und seinem Chefredenschreiber Paul Glastris, der ihm auch beim

---

[1] Detlef Felken, Bill Clinton, 1993 –. Wende nach innen und Krise der Autorität, in: Heideking (Hg.), Die amerikanischen Präsidenten, S. 412 – 420. S. 413. Vergl auch: Charles F. Allen, Jonathan Portis, The Comeback Kid. The Life and Career of Bill Clinton, New York 1992. dt.: Bill Clinton. Eine Biographie, Berlin 1992. Meredith L. Oakley, On the Make. The Rise of Bill Clinton, Washington 1994.
[2] Remarks to Business and Community Leaders in Athens, November 20, 1999, in: Bill Clinton, Public Papers, 1999, Bd. II, S. 2120 – 2125.

Verfassen der aktuellen Rede geholfen habe, erwähnte Clinton noch weitere Mitarbeiter griechisch-amerikanischer Abstammung. Auch der Kommunikationsdirektor seiner beiden Präsidentschafts-Wahlkämpfe und langjährige Chefberater George Stephanopoulos war Sohn eines griechisch-orthodoxen Priesters.

II. WELTMACHT OHNE FEIND

Auch Bill Clinton hat als amerikanischer Präsident in mehreren Reden auf die Antike zurückgegriffen, um politische Ziele oder Ansichten mit historischer Anschauung zu füllen. Im Unterschied zu den meisten seiner Vorgänger im 20. Jahrhundert tat er dies jedoch nicht in Reden, die er in einer wichtigen außenpolitischen Entscheidungssituation hielt oder die sich auf grundsätzliche Weise mit der Stellung Amerikas in der Welt beschäftigten. Dies ist zum einen Zufall, zum anderen aber auch Folge der Tatsache, dass es an entsprechenden Anlässen fehlte. Denn Clintons Präsidentschaft von Januar 1993 bis Januar 2001 gilt als Zeitspanne, in der die Vereinigten Staaten mit keiner existenziellen außenpolitischen Herausforderung konfrontiert waren.[3] Die nukleare Bedrohung war nach dem Ende Kalten Krieges verschwunden, die terroristische Bedrohung zumindest subjektiv nicht von zentraler Bedeutung. Zwar waren die USA bereits während der Präsidentschaft Clintons mehrfach das Ziel islamistischer Terrorangriffe, die jedoch bei weitem nicht so verheerende Folgen hatten wie die Anschläge am 11. September 2001.

Weil eine existenzielle Bedrohung Amerikas fehlte, verstand Clinton Außenpolitik vor allem als Mittel zur Förderung amerikanischer Wirtschaftsinteressen. »An die Stelle von Raketen, die jeden Punkt der Erde erreichen konnten, waren Exporte getreten, die sowohl harte wie sanfte Macht verkörperten, vom Jumbo Jet bis zur Computer-Software, von CNN bis zu Finanzderivaten.«[4] Keine US-Regierung seit dem Zweiten Weltkrieg war nach Christian Hackes Einschätzung »so auf Wirtschaftsfragen fixiert wie die Clinton-Administration«.[5]

Nach jahrelangem Zögern entschloss sich Clinton allerdings zweimal zu Militärinterventionen im ehemaligen Jugoslawien. 1995 beendeten die USA den Bürgerkrieg in Bosnien-Herzegowina durch Bombenangriffe auf Stellungen der bosnischen Serben. Knapp vier Jahre später erzwangen sie im Frühjahr 1999 mit rund dreimonatigen Luftangriffen der Nato auf Rest-Jugoslawien

---

[3] Vergl. Hacke, Zur Weltmacht verdammt, S. 509 – 625. Detlef Junker, Power and Mission, Freiburg im Breisgau 2003, S. 129-150.
[4] Martin Walker, The President We Deserve. Bill Clinton: His Rise, Falls and Come Backs, New York 1996, S. 286 f.
[5] Hacke, Zur Weltmacht verdammt, S. 543.

den Rückzug serbischer Truppen aus der mehrheitlich von Albanern bewohnten Provinz Kosovo. Dieser Krieg, der mit der Verhinderung von »ethnischen Säuberungen« begründet wurde, war in Griechenland besonders umstritten, das Clinton im November des gleichen Jahres besuchte.

III. Bill Clinton über Perikles

1) Perikles und Pearl Harbor: Rede am 2. September 1995

a) Inhalt

Bill Clinton hat während seiner Präsidentschaft dreimal die Totenrede des Perikles zitiert oder auf sie verwiesen. Zum ersten Mal geschah dies am 2. September 1995 bei einer Gedenkveranstaltung in Pearl Harbor zum 50. Jahrestag der Beendigung des Zweiten Weltkrieges. Nach den Begrüßungsworten sagte er: »Heute vor fünfzig Jahren endete auf der anderen Seite des Pazifischen Ozeans der Krieg. Es war ein Krieg, der mit Rauch und Schrecken auf dem Kriegsschiff Arizona ausbrach und der mit Frieden und Ehre auf dem Kriegsschiff Missouri beendet wurde.« Sinn der Gedenkveranstaltung sei es, sowohl der gefallenen Männer und Frauen zu gedenken als auch die Verpflichtung für die Freiheit zu erneuern. »Vor mehr als 2000 Jahren hielt Perikles eine Trauerrede, in der er sagte, dass es die Taten seiner gefallenen Soldaten und nicht seine eigenen Worte seien, die als ihr Denkmal bleiben würden. Heute sagen wir das selbe über unsere geliebten Kriegstoten und Euch, ihre überlebenden Brüder und Schwestern, die an ihrer Seite dienten. Eure Taten im Pazifik werden der amerikanischen Marine für immer zur größten Ehre gereichen.«[6]

Im weiteren Verlauf seiner sehr patriotischen Rede lobte Clinton den Mut, die Kampfkraft und die Entschlossenheit der Veteranen im Krieg gegen Japan. »Im Pazifik war jedes Schiff ein Vorposten der Freiheit.« Nach dem Krieg hätten die Veteranen »die wohlhabendste Nation der Erde geschaffen. Sie haben ihre Vision über den ganzen Globus verbreitet und unsere Alliierten sowie unsere früheren Gegner wieder aufgebaut, den Kalten Krieg gewonnen und die Sache des Friedens und der Freiheit befördert«. Clinton beendete seine Rede mit der Feststellung, dass sich Amerika immer an die Taten und Opfer der Veteranen erinnern werde. Diese seien »so beständig wie Ebbe und Flut und so gewaltig wie dieser große Pazifische Ozean«.

---

[6] Remarks at a Wreath-Laying Ceremony Aboard the U.S.S. Carl Vinson in Pearl Harbor, Hawaii, September 2, 1995, in: Bill Clinton, Public Papers, 1995, Bd. II, S. 1284 – 1286. Die öffentlichen Äußerungen Clintons sind zu finden unter: www.access.gpo.gov/nara/pub-paps/srchpaps.html

b) Der Verweis auf die Antike

In der von Clinton wiedergegebenen Form hat sich Perikles in der Trauerrede nicht geäußert. Es gibt allenfalls zwei Passagen, in denen ein ähnlicher Gedanke zum Ausdruck kommt. So sagte Perikles zu Beginn der Rede, er hoffe, dass die Erinnerung an die Verdienste der Gefallenen nicht von der guten oder schlechten Qualität einer Rede beeinflusst werde.[7] An anderer Stelle stellte er fest, dass sich die Gefallenen durch ihre Taten das ehrenvollste Grab in der Erinnerung der Menschen verdient hätten.[8]

Sehr viel eindeutiger wird der von Clinton zitierte Gedanke hingegen in der »Gettysburg Address« von Abraham Lincoln zum Ausdruck gebracht: »Die Welt wird kaum bemerken und nicht lange im Gedächtnis behalten, was wir hier sagen, aber sie wird nie vergessen, was jene hier taten.«[9] Es liegt daher die Vermutung nahe, dass Clinton in seiner Rede zum 50. Jahrestag des Kriegsendes – bewusst oder unbewusst – den Inhalt der Trauerrede des Perikles und die »Gettysburg Address« Lincolns miteinander vermischte. Dies ist erstaunlich, da die Rede bei einem wichtigen offiziellen Anlass gehalten wurde und vermutlich längerfristig vorbereitet war.

Wie schon die Perikles-Zitate in anderen Reden zeigt jedoch auch der Hinweis Clintons 1995 in Pearl Harbor, dass amerikanische Präsidenten fest davon ausgingen, die Erwähnung des athenischen Staatsmannes würde bei ihren Zuhörern positive Assoziationen auslösen. Clintons Rede an die Veteranen richtete sich an eine heimische Zielgruppe und sollte ihr das Gefühl geben, für Werte wie Freiheit und Demokratie Opfer gebracht zu haben. Mit der Erwähnung von Perikles stellte er diese Opfer in eine 2500-jährige Tradition der Demokratie.

Ohne den Irrtum Clintons bei dem Verweis auf die Leichenrede überbewerten zu wollen, so zeigt doch auch dieses Beispiel die Austauschbarkeit antiker und sonstiger historischer Vorbilder. Die Formulierung, die Taten der gefallenen Soldaten und nicht seine eigenen Worte würden als Denkmal bleiben, gefiel ihm einfach – da war es zweitrangig, ob sie von Perikles oder Abraham Lincoln stammte. Genau so erklärte auch Ted Sorensen die Wahl von Kennedys Thukydides-Zitat in der Paulskirche: Es gefiel dem Präsidenten, und da war es gleichgültig, ob der historische Kontext zur aktuellen politischen Aussage passte.

2) MIT PERIKLES FÜR DEN KOSOVO-KRIEG: REDE AM 20. NOVEMBER 1999

a) Inhalt

Bei einem offiziellen Besuch in Athen zitierte Clinton am 20. November 1999 in der bereits erwähnten Ansprache vor hohen Repräsentanten der griechi-

---
[7] Thuk. II, 35.
[8] Thuk. II, 43.
[9] Abraham Lincoln, Address Delivered at the Dedication of the Cemetery at Gettysburg, a.a.O.

schen Gesellschaft erneut die Trauerrede des Perikles.[10] Nach den Eingangsbemerkungen über seinen Besuch auf der Akropolis und die engen Beziehungen zwischen Griechen und Amerikanern zitierte Clinton die Worte des englischen Dichters Percy Bysshe Shelley (1792–1822): »Wir sind alle Griechen.« Dies gelte »nicht wegen der Monumente und Erinnerungen, sondern weil das, was hier vor 2500 Jahren begann, jetzt nach all den blutigen Kämpfen des 20. Jahrhunderts überall auf der Welt angenommen wurde.« Zum ersten Mal in der Geschichte würde mehr als die Hälfte der Weltbevölkerung unter Regierungen leben, die sie selbst gewählt haben. Demokratie sei auch in der Gegenwart »noch immer der Schlüssel zum Aufbau einer besseren globalen Gesellschaft«.

Clinton fuhr fort, dass »auch eine andere große Bürgertugend ihre Wurzeln hier in Athen« habe: »Offenheit gegenüber kulturellen Unterschieden in unserer Mitte macht das Leben interessanter. Im Bericht des Thukydides über die berühmte Trauerrede erklärt Perikles: ›Athen ist offen für alle. Weder vertreiben wir den Fremden noch halten wir ihn fern von uns.‹[11] Zweieinhalbtausend Jahre später ist Griechenland noch immer offen für die Welt, und wir beten dafür, dass eines Tages überall auf der Welt jemand sagen wird: ›Wir halten den Fremden nicht fern von uns.‹« Er empfinde es als »ziemlich ironisch«, dass trotz der Globalisierung und des weltweiten Siegeszuges der Demokratie »die Welt noch immer vom ältesten menschlichen Übel gequält wird: der Furcht vor dem anderen, vor denen, die anders sind als wir«.

Clinton stellte fest, dass sich Griechen, Türken, Iren und er selbst in genetischer Hinsicht zu 99,9 Prozent glichen und warb so indirekt für ein besseres Verhältnis zwischen Griechen und Türken. Auch im weiteren Verlauf der Rede forderte Clinton zwei Mal wörtlich eine »echte Versöhnung zwischen Griechenland und der Türkei«[12] und widmete dem griechisch-türkischen Verhältnis viel Raum. Auch sprach er sich für eine EU-Mitgliedschaft der Türkei aus, die im Interesse Griechenlands liege.

Außerdem rechtfertigte er ausführlich den Kosovo-Krieg, über den es in Griechenland »noch viel Zorn und Schmerz« gebe. Er erwarte nicht, die Haltung vieler Griechen zu diesem Krieg ändern zu können, wolle aber seine eigene Meinung sagen. Der Krieg sei eine Auseinandersetzung für Demokratie und gegen eine rassistische Politik gewesen sei. »Ich glaube nicht, wir hätten zulassen können, dass ein ganzes Volk aus seiner Heimat vertrieben oder von der Erde ausgelöscht wird nur wegen seines ethnischen Erbes oder der Art und Weise, wie es Gott verehrt.«

Den letzten Teil seiner Rede widmete Clinton den griechisch-amerikanischen Beziehungen und einem Ausblick auf das Jahr 2004, in dem Athen die Olympischen Spiele ausrichtete. Alle Welt werde sehen, dass Griechenland dann die gleiche Aufgabe übernehmen werde wie in der Antike: »eine menschlichere Welt zu fördern«.

---

10 Remarks to Business and Community Leaders in Athens, a.a.O.
11 Thuk. II, 39.
12 Remarks to Business and Community Leaders in Athens, S. 2123 u. 2124.

b) Der Verweis auf die Antike

Das Perikles-Zitat stammt aus dem ersten Teil der Totenrede, in dem er ausführlich die Qualitäten der athenischen Gesellschaft lobte und scharf vom Kriegsgegner Sparta abgrenzte. Die entsprechende Passage Thuk. II, 39 beginnt mit der Bemerkung, dass sich Athen auch in Fragen militärischer Sicherheit von seinen Kriegsgegnern unterscheide. Nun folgt der von Clinton zitierte Satz, wonach Athen offen für die Welt sei und den Fremden weder vertreibe noch von sich fernhalte. Anschließend sagte Perikles, man nehme für diese Freizügigkeit sogar in Kauf, dass Fremde militärische Geheimnisse entdecken könnten. Als nächstes beschrieb er die Unterschiede in den Erziehungssystemen beider Kriegsgegner: Während die Spartaner von frühester Jugend an schärfstem militärischem Drill unterzogen würden, könnten die Athener frei von solchem Druck leben und seien dennoch in der Lage, sich gegen jede Bedrohung militärisch zu wehren.

Die Erwähnung von Perikles in der wichtigsten Rede, die Clinton bei seinem Besuch in Athen hielt, war zunächst eine Referenz an Griechenland und seine Geschichte. Ausländische Staatsgäste zitieren oder loben in ihren Reden häufig wichtige historische Persönlichkeiten des Gastlandes. Mit seinen Bemerkungen zur Bedeutung der griechischen Antike für Amerika ging Clinton jedoch über diese übliche Ehrerbietung gegenüber einem Gastgeber hinaus und machte deutlich, dass sich die Vereinigten Staaten in der 2500-jährigen Tradition der Demokratie sehen, die in Griechenland ihre Wurzeln hatte. Er griff damit den Gedanken auf, den auch Franklin D. Roosevelt 1940 in seiner Ansprache vor dem Grab des Unbekannten Soldaten zum Ausdruck gebracht hatte.[13]

Indem Clinton jenes Zitat aus der Totenrede wählte, in der Perikles die Weltoffenheit Athens pries, verband er das Bekenntnis zur demokratischen Tradition Griechenlands mit zwei aktuellen politischen Botschaften: dem Aufruf zur Versöhnung mit den türkischen Nachbarn und der Rechtfertigung des Kosovo-Krieges. Clinton führte mit Perikles den bekanntesten Repräsentanten der antiken griechischen Demokratie als Zeugen dafür an, dass die Ablehnung von Fremdenfeindlichkeit und Vertreibungen untrennbar mit der Demokratie verbunden ist. Diese Aussage verknüpfte er zunächst mit den griechisch-türkischen Beziehungen. So wie sich das antike Athen den Fremden gegenüber geöffnet habe, solle sich auch Griechenland einer Versöhnung mit seinem Nachbarland Türkei öffnen.

Zumindest indirekt nutzte er das Perikles-Zitat auch zur Rechtfertigung des Kosovo-Krieges. Denn in Clintons Charakterisierung erschien die Politik des damaligen jugoslawischen Präsidenten Milosevic im Kosovo als das genaue Gegenteil der Weltoffenheit und Toleranz, die Perikles vor 2500 Jahren für Athen in Anspruch genommen habe. Der prominenteste Staatsmann des antiken Athen wurde somit bei Clinton zum Zeugen für die Rechtfertigung eines Krieges, der im modernen Griechenland besonders umstritten war.

---

[13] Vergl. S. 75–90.

Anders als die Ansprache in Pearl Harbor vier Jahre zuvor legt das Perikles-Zitat in Athen die Vermutung nahe, dass Clinton die Trauerrede – möglicherweise zur Vorbereitung der Griechenlandreise – selbst gelesen hat. Dieser Eindruck wird dadurch bestätigt, dass er zwei Wochen später in völlig anderem Zusammenhang im Weißen Haus noch einmal diese Rede zitierte.

3) Perikles und die Werke des Geistes: Rede am 5. Dezember 1999

a) Inhalt

Knapp zwei Wochen nach seiner Rückkehr aus Griechenland zitierte Clinton zum drittenmal in einer öffentlichen Ansprache die Trauerrede des Perikles und zwar bei einer Preisverleihung des Kennedy-Centers für fünf herausragende Künstler wie den Schauspieler Sean Connery oder den Sänger Stevie Wonder.[14] Bei der Einrichtung handelt es sich um das ehemalige »National Cultural Center« in Washington, für das Kennedy 1962 ebenfalls mit einem Perikles-Zitat geworben hatte und das später nach seinem Gründer benannt wurde.[15]

Clinton berichtete den Künstlern von seiner Reise nach Athen und dem Besuch des Parthenon, das er eine »großartige, fast unglaubliche architektonische Schöpfung« nannte, »vor allem wenn man berücksichtigt, was zu seiner Verwirklichung getan werden musste und die Materialien und Werkzeuge, die zu dieser Zeit verfügbar waren«. Das Parthenon sei »die geistige Schöpfung des großen Staatsmannes Perikles« gewesen. »Perikles sagte seinen Soldaten im Peloponnesischen Krieg: ›Wir werden nicht ohne Zeugnis sein. Es gibt mächtige Monumente unserer Macht, die uns die Bewunderung der heutigen Zeit wie von künftigen Zeiten einbringen.‹«[16] Clinton fuhr fort, auch Amerika verfüge heute über »einzigartigen Wohlstand und militärische Macht«, und er glaube, dass für Amerika das selbe gelte wie »für das Athen des Perikles, dass die Monumente der Macht, die uns wirklich auszeichnen und unterstützen und die über die Zeiten hinweg fortdauern jene sind, die dem Geist und der Seele entspringen.« So wie er und seine Ehefrau sich an »die großen Philosophen und Theaterschriftsteller, die Historiker und Architekten des alten Griechenland« erinnerten, freuten sie sich, die fünf außergewöhnlichen Künstler begrüßen zu können, die ebenfalls »dauerhafte Denkmäler für spätere Zeitalter« hinterlassen hätten. Im weiteren Verlauf der Rede würdigte Clinton die Leistungen der einzelnen Künstler.

b) Der Verweis auf die Antike

Das von Clinton für den Empfang der Künstler ausgewählte Zitat, mit dem er die Bedeutung geistiger Werke betont, klingt im Originalzusammenhang

---

[14] Remarks at the Kennedy Center Honors Reception, December 5, 1999, in: Bill Clinton, Public Papers, 1999, Bd. II, S. 2209–2211.
[15] Vergl. S. 179f.
[16] Thuk. II, 41.

deutlich kriegerischer. In der entsprechenden Passage Thuk. II, 41 stellt Perikles zunächst fest, dass Athen die Schule für ganz Griechenland sei und seine Macht den von ihm zuvor geschilderten Qualitäten zu verdanken habe. Nur im Falle Athens müsse sich kein Angreifer für eine Niederlage schämen und könne sich kein Bürger darüber beklagen, von unfähigen Herrschern regiert zu werden. An dieser Stelle folgt die von Clinton zitierte Passage: »Wir werden nicht ohne Zeugnis sein. Es gibt mächtige Monumente unserer Macht, die uns die Bewunderung der heutigen Zeit wie von künftigen Zeiten einbringen.« Athen brauche nicht die Lobpreisungen eines Homer oder von jemand anderem, »der uns für den Moment erfreuen könnte, aber dessen Schilderungen hinter der Realität zurückfallen«. Denn der kühne Geist Athens habe der Stadt jedes Land und jedes Meer für ihre Unternehmungen eröffnet, »und überall haben wir, ob im Guten oder Schlechten, unvergängliche Erinnerungen hinterlassen.«

Bei dem Empfang der durch das Kennedy-Center ausgezeichneten Künstler im Weißen Haus handelte es sich um keinen politischen Termin im engeren Sinne. Die direkte Begegnung mit der griechischen Antike wenige Wochen zuvor hatte Clinton aber offenbar so beeindruckt, dass er die Begegnung mit den Künstlern dazu nutzte, noch einmal über seinen Besuch auf der Akropolis zu berichten, die historische Rolle des Perikles zu würdigen und sogar noch einmal aus dessen Leichenrede zu zitieren. Clintons Redenschreiber und vielleicht sogar der Präsident selbst hatten vor der Griechenland-Reise diese Rede des Perikles offenbar genau gelesen. Die Tatsache, dass Clinton zwei Wochen nach seiner Griechenland-Reise bei einem eher unpolitischen Anlass noch einmal recht ausführlich auf Perikles und das antike Athen zu sprechen kam, zeigt, dass sich auch der letzte amerikanische Präsident im 20. Jahrhundert dem antiken Griechenland emotional verbunden fühlte.

IV. HISTORISCHE TRADITION: ERINNERUNG AN KLEISTHENES

In seiner Rede in Athen 1999 bezeichnete Clinton die athenische Demokratie der Antike als Vorläufer der modernen amerikanischen Demokratie. Das Bewusstsein der Vereinigten Staaten, in der 2500-jährigen Tradition der Demokratie zu stehen, kam auch in einer Ausstellung zum Ausdruck, die im ersten Jahr von Clintons Präsidentschaft vom 15. Juni 1993 bis zum 2. Januar 1994 in der Rotunde des Nationalarchivs in Washington D.C. gezeigt wurde. Sie trug den Titel: »Die Geburt der Demokratie. Eine Ausstellung in Erinnerung an den 2500. Geburtstag der Demokratie«. Der Ausstellungsort hatte hohe symbolischen Bedeutung, denn in ihm werden die wichtigsten Nationaldokumente des Landes aufbewahrt: die Unabhängigkeitserklärung, die Verfassung und die Bill of Rights. Richard Nixon nannte das Nationalarchiv 1971 seine Lieblingsgebäude in der Hauptstadt und verglich seine Säulen mit denen auf der Akropolis und dem Forum in Rom.[16]

Anlass der Ausstellung war das 2500-jährige Jubiläum der kleisthenischen Phylenreform, die von Aristoteles auf das Jahr 508/07 v. Chr. datiert wurde.[17] Kleisthenes teilte die athenische Bevölkerung in zehn Phylen ein, die sich jeweils zu einem Drittel aus einem städtischen Gebiet, einem ländlichen Gebiet und einem Gebiet an der Küste zusammensetzten. Diese zehn Phylen wählten die Beamten sowie den neuen Rat, in den jede Phyle 50 Mann entsandte und »der als Rat der Fünfhundert eine große Zukunft haben sollte«. Die Reform entmachtete den Adel und verschaffte der Stadt »eine politische Repräsentation auf der Basis der Gleichheit der Athener«.[18] Nach Jochen Bleickens Überzeugung war Kleisthenes allerdings kein Demokrat.[19] Er habe die Reform vor allem durchgeführt, »um sich gegenüber seinen adligen Rivalen, die ihn nach dem Sturz der Tyrannis so bedrängt hatten, mit einer neuen Gefolgschaft zu behaupten«.[20] Doch schon Herodot, der die Phylenreform ebenfalls als Teil eines innerathenischen Machtkampfes beschrieb, bezeichnete Kleisthenes als den Mann, »der die Phylen in Athen schuf und die Demokratie einrichtete«.[21]

Im Ausstellungskatalog schrieb der Althistoriker Josiah Ober, dass das letzte Viertel des 20. Jahrhunderts als »Zeitalter der Demokratie« in die Geschichte eingehen werde. Es sei daher ein »sehr schöner Zufall«, dass der 2500. Geburtstag der Demokratie in das Jahr 1993 falle. Die »demokratische Revolution« des Kleisthenes 507 v. Chr. habe ähnlich tief greifende Folgen gehabt »wie die besser bekannten Revolutionen unseres Zeitalters – 1776, 1789, 1917 oder 1989«.[22] Ober zitierte ebenfalls die Totenrede des Perikles, und zwar jene Passagen, in denen er feststellt, dass sich Athen seine Verfassung ohne fremdes Vorbild gegeben habe und dass in der Stadt jeder einzelne Bürger aufgerufen sei, sich politisch zu engagieren. Die athenische Demokratie habe erstaunlich gut funktioniert und sei erst nach fast 200 Jahren 322 v. Chr. vom militärisch überlegenen Makedonien abgeschafft worden. »Bislang ist es nur den Vereinigten Staaten gelungen, Athens Rekord zu schlagen und eine unabhängige Demokratie länger zu erhalten.«[23] Ober verwies auch darauf, dass es grundlegende Unterschiede zwischen der antiken und der modernen Demokratie gebe.[24] Die Ausstellung solle mithelfen, Geschichte und Zukunft der Demokratie besser zu verstehen, »als Form der Regierung und als Form des Lebens«.

---

[16] Vergl. S. 136-146.
[17] Vergl. Bleicken, Athenische Demokratie, S. 42. Literaturhinweise zu Kleisthenes, S. 702 f.
[18] Ebenda, S. 44 f.
[19] Ebenda, S. 46.
[20] Ebenda, S. 42.
[21] Herodot V, 67 und VI, 131.
[22] Ober, Josiah; Hedrick, Charles W. (Hg.), The Birth of Democracy. An Exhibition Celebrating the 2500th Anniversary of Democracy at the National Archives, Washington D.C., June 15, 1993 – January 2, 1994 (Ausstellungskatalog), S. 1.
[23] Ebenda, S. 2.
[24] Zum Vergleich zwischen antiker und modernen Demokratie siehe Bleicken, Athenische Demokratie, S. 492 – 505.

Die Äußerungen von Bill Clinton in Athen und Pearl Harbor sowie die Ausstellung im Nationalarchiv in Washington D.C. zeigen, dass es in den amerikanischen Eliten auch zum Ende des 20. Jahrhunderts ein ausgeprägtes Bewusstsein dafür gab, in der 2500-jährigen Tradition der Demokratie zu stehen. Diese Überzeugung trug mit dazu bei, das eigene politische System auch historisch zu legitimieren und für sich für seine weltweite Verbreitung einzusetzen.

V. Plauderei über die Pax Romana: Rede am 6. Mai 1998

1) Inhalt

Am 6. Mai 1998 gab Präsident Clinton im Weißen Haus ein Staatsbankett zu Ehren des italienischen Ministerpräsidenten Romano Prodi. Clinton begann seine Ansprache mit den Worten, dass man heute Abend die gemeinsamen Bindungen zwischen beiden Ländern feiern wolle.[25] Sie begännen mit den Entdeckungen von Kolumbus und Vespucci, deren Büsten im Nachbarraum stünden. »Als die Gründer die Amerikanische Republik schufen, ließen sie sich von Rom inspirieren.« George Washington sei mit Cincinnatus verglichen worden, »dem römischen Helden, der seinen Pflug verließ, um dem Willen des Volkes zu folgen und sein Land zu retten«. Beide Männer, fügte Clinton scherzhaft hinzu, seien vielleicht die letzten gewesen, »die unsere Länder nur aufgrund des Volkswillens führten«.

Clinton erinnerte daran, dass die Gründerväter Cicero und Cato lasen, weil sie dort das »Versprechen einer demokratischen repräsentativen Regierung sahen«. Von der Architektur bis zu Namen wie »Kapitol« und »Senat« sei die neue Republik vom antiken Rom beeinflusst worden. Die Führer Amerikas seien in einer Toga porträtiert worden, wie die Büste von George Washington im Vorraum zeige. »Zum Glück haben wir diese Tradition dem 19. Jahrhundert überlassen.« Das Wortprotokoll vermerkt an dieser Stelle ebenso Gelächter wie bei seiner Bemerkung über Washington und Cincinnatus.

Im folgenden würdigte Clinton den Einfluss des modernen Italien auf Amerika und die politische Leistung seines Gastes. Italien sei eine »Kraft für Frieden und Sicherheit in seiner Region, auf dem Kontinent und der ganzen Welt, in Albanien, in Bosnien und im Kosovo.« Amerika sei stolz darauf, Italien zum Verbündeten zu haben, »und wir sind dankbar für die Bereitstellung unserer Militärbasen, um Europas hart erkämpften Frieden zu bewahren«. Die Freundschaft zwischen beiden Ländern werde im neuen Jahrtausend noch stärker werden. »So wie sich die Pax Romana weit durch

---

[25] Remarks at the State Dinner Honoring Prime Minister Romano Prodi of Italy, May 6, 1998, In: Bill Clinton, Public Papers, 1998, Bd. I, S. 709 f.

die antike Welt verbreitete, hoffen wir und arbeiten wir für den Frieden eines neuen Jahrtausends, der es mehr Menschen als je zuvor ermöglicht, ihre Träume in Sicherheit zu leben.« Abschließend zitierte Clinton das Motto des »Great Seal« der Vereinigten Staaten »E pluribus unum«, das von Amerikanern und Italienern gleichermaßen geschätzt werde.

2) Der Verweis auf die Antike

So wie Clinton in Athen den Einfluss der griechischen Antike auf die amerikanische Geschichte würdigte, lobte er gegenüber seinem italienischen Staatsgast die Bedeutung des antiken Rom für die Vereinigten Staaten. Zum einen ehrte er damit die jeweilige Nation, machte zum anderen aber auch deutlich, welch großen Einfluss die Antike auf die amerikanischen Gründerväter hatte. Seine Bemerkungen über Washington und Cincinnatus sowie die Porträts amerikanischer Präsidenten in einer Toga waren vor allem humorvoll gemeint, tiefere Bedeutung hatten sie nicht.

Nichts deutet auch darauf hin, dass Clinton mit seiner positiven Wertung der »Pax Romana« eine politische Botschaft verbinden wollte, etwa derart, dass auch Amerika durch militärische Überlegenheit eine weltweite Ordnung des Frieden erzwingen wolle. Zwar hatte Clinton wenige Sätze zuvor mit Bosnien und dem Kosovo zwei Regionen erwähnt, in denen ein Militäreinsatz der USA entweder kurz zurücklag oder kurz bevorstand. Da jedoch die gesamte Rede den Charakter einer lockeren Plauderei hatte, verwendete Clinton den Begriff »Pax Romana« offenbar nur, weil er damit bei seinem italienischen Staatsgast positive Assoziationen auslösen wollte.

Dieser Umgang mit der Antike mag dem Anlass angemessen gewesen sein. Er zeigt jedoch auch, dass aus Clintons Begeisterung für die architektonischen und politischen Leistungen zumindest der Griechen, die offenbar auch von persönlichen Freunden und Bekannten genährt wurde, keine vertiefte Auseinandersetzung mit der Antike erwuchs.

Dieser ebenso unverkrampfte wie oberflächliche Umgang mit der alten Geschichte zeigte sich beispielsweise auch bei einem Dinner zu Ehren des demokratischen Senators Robert Byrd aus South Carolina, der in seinen Reden sehr häufig auf die Antike Bezug nimmt.[26] Clinton sagte in seiner Laudatio scherzhaft, Byrd lese lieber Thukydides als dass er Tennis spiele und habe ihn selbst einmal »in eine Reihe gestellt mit den Jungs, die Cäsar um die Ecke brachten«.[27]

---

[26] Vergl.: Byrd, at 85, Fills the Forum With Romans and Wrath, New York Times, 20. November 2002.
[27] Remarks at a Dinner Honoring Senator Robert Byrd, July 17, 1994, in: Bill Clinton, Public Papers, 1994, S. 1260.

VI. ROM ALS VORBILD FÜR AMERIKA
GEORGE F. WILL UND ZBIGNIEW BRZEZINSNI

1) »WHEN ACTING AS ROME...« VON GEORGE F. WILL

Gegenüber Romano Prodi hat Bill Clinton 1998 nur auf spielerische Weise eine Parallele gezogen zwischen der Pax Romana und der weltweiten Friedensordnung, die er für die Zukunft anstrebe. Dass der Kosovo-Krieg, den Clinton in Athen auch unter Verweis auf ein Perikles-Zitat zu rechtfertigen suchte, zu tiefgründigeren Analogien zwischen Pax Romana und Pax Americana Anlass gab, zeigte ein Leitartikel, der wenige Tage vor Beginn der Nato-Luftangriffe im Nachrichtenmagazin »Newsweek« erschien. Der prominente US-Publizist und Pulitzer-Preisträger George F. Will erklärte darin das antike Rom zum Vorbild für eine weltweite Ordnungspolitik Amerikas.

Unter der Überschrift »Wenn man wie Rom handelt...« (»When acting as Rome...«) forderte er die Amerikaner und ihre Regierung auf, sich bei der Planung und Durchführung weltweiter Militäreinsätze am Vorbild der antiken Weltmacht zu orientieren und sich auf ein langfristiges Engagement in Krisengebieten wie dem ehemaligen Jugoslawien einzustellen.[28] Der Artikel trug die Unterzeile »Eine Pax Americana kann im Kosovo nicht aufrechterhalten werden, wenn die Nato auf eine ›Abzugs-Strategie‹ fixiert ist« und begann mit den Worten: »Wenn ihr wie Rom handelt, macht es Rom nach. Wenn die Vereinigten Staaten eine Pax Americana verfolgen und militärische Macht im Kosovo einsetzen, sollten sie klarmachen, dass sie keinen ›Zeitplan‹ für eine ›Abzugs-Strategie‹ (»Exit Strategy«)haben.«

Die meisten Amerikaner würden nach Wills Worten »auf die Ehre, Rom zu sein, lieber verzichten. Sie denken, dass die Kosten in keinem vernünftigen Verhältnis zu dem möglichen Nutzen stehen und dass imperiale Verpflichtungen, wie etwa die Verwaltung eines modernen Äquivalents zur Pax Romana, unvereinbar sind mit demokratischen Werten. Aber die US-Politik ist schon seit geraumer Zeit römisch.« Bereits mit Gründung der Nato 1949 hätten die USA begonnen, auf Konflikte nicht mehr nur zu reagieren, sondern ihnen vorzubeugen. Auf der Pariser Friedenskonferenz 1919 hätten sich die Vereinigten Staaten »in einem frühen Stadium ihrer Rolle als Rom« befunden und maßgeblich zur Schaffung eines jugoslawischen Staates beigetragen.

Die Verteidigung der Menschenrechte und des Selbstbestimmungsrechts der Völker reichen laut Will nicht aus, um einen Militäreinsatz der USA in Jugoslawien zu rechtfertigen. Die generelle Durchsetzung des Selbstbestimmungsrechts der Völker würde zum Chaos führen und die USA überfordern; allein die Selbstbestimmung für die Kurden würde zahlreiche Staaten destabilisieren. Zudem sei das Kosovo keineswegs das schlimmste »Killing Field« weltweit.

---

[28] George F. Will, When acting as Rome... A Pax Americana cannot be kept in Kosovo by a NATO focused on its »exit strategy«, Newsweek, March 1, 1999.

Das Kosovo liege jedoch in einer »geographischen und politischen Region, in der amerikanische Interessen nicht verneint werden könnten«. Dies gelte insbesondere, wenn Amerika Rom nachfolgen wolle, »jener Macht, deren Engagement gefordert ist, um das Maß von Unordnung in der Welt unter der Schwelle zu halten, die Frieden und Wohlstand gefährdet«. Wenn die Nato nicht in der Lage sei, »Massaker in der Mitte Europas zu stoppen, kann sie nicht mehr lange ein Instrument kollektiver Sicherheit sein gegen ... was?« Wenn man bedenke, »wie gut sich die Dinge in den vergangenen 50 Jahren auf dem Kontinent entwickelt haben, wo so viel schlecht lief in den 35 Jahren zuvor, wofür Amerika einen hohen Preis an Blut und Geld zahlen musste«, stelle sich die Frage, ob Amerika in Europa »eine steigende Welle der Anarchie riskieren« wolle.

Will bezweifelte, dass amerikanische Präzisionsbomben im Kosovo einen ähnlich schnellen Erfolg erzielen könnten wie vier Jahre zuvor in Bosnien. Doch selbst wenn dies der Fall sei, müssten sich die Amerikaner darauf einstellen, in beiden Regionen für lange Zeit militärisch präsent zu bleiben. »Rom ist nur Rom,« schloss Will seinen Leitartikel, »wenn seine Macht nicht zu zurückhaltend gebraucht wird und wenn die römischen Legionen nicht zu sehnsuchtsvoll nach Hause blicken.«

Der Beitrag zeigt, dass Ende der 90er Jahre die römische Macht- und Ordnungspolitik für einen prominenten US-Publizisten wie George F. Will zum Vorbild für die amerikanische Außenpolitik geworden war. Der offiziellen Begründung für den Kosovo-Krieg wie der Verhinderung eines Völkermords stellte er in einem führenden Medium der Vereinigten Staaten ein nüchternes, am römischen Vorbild orientiertes Machtkalkül gegenüber und lieferte so mit Rückgriff auf die Antike eine schlüssige Begründung für den bevorstehenden Militäreinsatz.

2) »Die einzige Weltmacht« von Zbigniew Brzezinski

1997 warf Zbigniew Brzezinski eine Frage wieder auf, die 1903 bereits Theodore Roosevelt gestellt hatte: Was wird Amerika als bleibendes Vermächtnis der Welt hinterlassen?[29] Seit John F. Kennedy beriet Brzezinski jeden US-Präsidenten der Demokratischen Partei und war von 1977 bis 1981 Sicherheitsberater von Präsident Carter. Sein Buch »Die einzige Weltmacht. Amerikas Strategie der Vorherrschaft« geht von der Grundthese aus, dass Anarchie und Chaos die einzige realistische Alternative zu Amerikas globaler Vorherrschaft seien. »Ganz in der Tradition des griechisch-römischen Historikers Polybios, der damals globale Stabilität mit römischer Vorherrschaft gleichsetzte, begründet Brzezinski für das 21. Jahrhundert eine entsprechende

---

[29] Zbigniew Brzezinski, The Grand Chessboard. American Primacy and its Geostrategic Imperatives, New York 1997. dt.: Die einzige Weltmacht. Amerikas Strategie der Vorherrschaft, Frankfurt/M. 1999, S. 299. Vergl. Sabine Feiner, Weltordnung durch US-Leadership? Die Konzeption Zbigniew K. Brzezinskis. Wiesbaden 2000.

Führungsrolle der USA«, beschrieb Christian Hacke diese Grundüberzeugung Brzezinskis.[30]

Der Fortbestand amerikanischer Hegemonie hängt laut Brzezinski davon ab, »wie lange und wie effektiv sie sich in Eurasien behaupten kann«.[31] Allein der Raum zwischen Lissabon und Wladiwostok einschließlich Japan habe für die USA zentrale strategische Bedeutung; andere Weltregionen wie Lateinamerika, Afrika oder Australien/Ozeanien seien demgegenüber zweitrangig. Gemeinsam mit einem geeinten Europa und einigen Verbündeten in Ostasien müsse Amerika versuchen, den fragmentierten und politisch unruhigen Süden Eurasiens zu befrieden und zu stabilisieren.

Auch wenn die Vorherrschaft der USA aller Voraussicht nach auf absehbare Zeit nicht angefochten werden könne, lehre die Geschichte, dass diese Hegemonie nicht ewig dauern werde. In diesem Zusammenhang verwies Brzezinski auf die Erfahrungen anderer Weltreiche, insbesondere Roms. Er lobte an Rom ähnliche Aspekte wie hundert Jahre zuvor Theodore Roosevelt. »Mit einem hoch entwickelten System politischer und wirtschaftlicher Organisation« habe es seine »imperiale Macht besonnen und gezielt« ausgeübt. Außerdem habe ein nach strategischen Gesichtspunkten angelegtes Verkehrsnetz die rasche Verlegung und Konzentration der römischen Militärmacht ermöglicht.[32]

Roms imperiale Macht beruhte laut Brzezinski indessen auch auf einem wichtigen psychologischen Sachverhalt: »Civis Romanus sum – ich bin römischer Bürger – war gewissermaßen ein Ehrentitel, Grund, stolz zu sein, und für viele ein hohes Ziel.« Mit Ausnahme Karthagos und des Partherreiches sei die Welt außerhalb der römischen Grenzen »weitgehend unzivilisiert, schlecht organisiert, zumeist nur zu sporadischen Angriffen fähig und kulturell klar unterlegen« gewesen.

Den Untergang Roms führte Brzezinski im Wesentlichen auf drei Faktoren zurück: »Erstens wurde das Reich zu groß, um von einem einzigen Zentrum aus regiert zu werden, und die Aufteilung in eine westliche und eine östliche Hälfte zerstörte automatisch die Monopolstellung seiner Macht.« Dieser Gedanke findet sich nahezu identisch bei Edward Gibbon.[33] Des weiteren habe »die längere Phase kaiserlicher Hybris gleichzeitig einen kulturellen Hedonismus« hervorgebracht, »der der politischen Elite nach und nach den Willen zu imperialer Größe nahm«. Mit dieser These greift Brzezinski einen klassischen Dekadenz-Gedanken auf. Als dritten Grund für den Niedergang führte er an, die anhaltende Inflation habe von Bewohnern des Reiches soziale Opfer verlangt, zu denen diese nicht mehr bereit waren. »Das Zusammenwirken von kulturellem Niedergang, politischer Teilung und Inflation machte Rom sogar gegenüber den Barbarenvölkern in seiner unmittelbaren Nachbarschaft wehrlos.«

---

[30] Christian Hacke, Brzezinskis großes Gemälde der USA (Rez. von Feiner, Weltordnung), in: Das Parlament, Beilage »Aus Politik und Zeitgeschichte«, 14. Januar 2003.
[31] Brzezinski, Weltmacht, S. 53.
[32] Ebenda, S. 26 ff.
[33] Gibbon, Bd. V, S. 320.

Zumindest im gesellschaftlichen Hedonismus sah Brzezinski Parallelen zwischen der amerikanischen Gegenwart und der Spätphase Roms. Das kulturelle Leben in den USA stehe »mehr und mehr im Zeichen der Massenunterhaltung, in der persönlicher Hedonismus und gesellschaftlicher Eskapismus die Themen bestimmen«. Es gebe daher in »den einsichtigeren Kreisen der westlichen Gesellschaft eine gewisse Zukunftsangst, vielleicht auch Pessimismus«. Indirekt sprach Brzezinski eine weitere Parallele zwischen dem Untergang Roms und der aktuellen Situation der USA an: »Da Amerikas Gesellschaft in steigendem Maße multikulturelle Züge annimmt, dürfte, außer in Fällen einer wirklich massiven und unmittelbaren Bedrohung von außen, ein Konsens über außenpolitische Fragen zunehmend schwerer herzustellen sein.« Auch in der Diskussion über den Untergang Roms spielt die mangelnde Assimilationsfähigkeit des späten Kaiserreiches eine wichtige Rolle.

Das Buch zeigte erneut, welche prägende Wirkung die maßgeblich durch Edward Gibbon vermittelte Erfahrung des Untergang Roms auch in jüngster Zeit noch hat. Die Erkenntnis, dass Rom unterging und daher auch Amerika nicht auf ewig die einzige Weltmacht bleiben werde, ist der zentrale Ausgangspunkt für Brzezinskis Fragestellung, wie Amerika in der verbleibenden Zeitspanne als Weltmacht die Geschichte prägen müsse.

Mit Brzezinskis Buch schloss sich ein Kreis: Hatte Theodore Roosevelt drei Jahre nach Beginn des 20. Jahrhunderts die Amerikaner unter Berufung auf Rom aufgefordert, der Welt »einen unauslöschlichen Stempel« aufzudrücken, so bemühte sich Brzezinski drei Jahre vor Ende des Jahrhunderts ebenfalls unter Berufung auf Rom um eine Antwort auf die Frage, wie diese Prägung der Welt durch Amerika aussehen könnte. Beiden Politikern hatte Rom eine klare Vorstellung von historischer Größe vermittelt – und auch ein Bewusstsein dafür, dass die Zeit selbst der größten Machtentfaltung begrenzt ist.

K. ZUSAMMENFASSUNG

An wichtigen Wegmarken amerikanischer Außenpolitik im 20. Jahrhundert haben Präsidenten und Außenminister der USA Bezüge zur Antike hergestellt. Der Aufstieg und Untergang Roms spielte dabei ebenso eine Rolle wie die Gefährdung der Demokratie im Peloponnesischen Krieg oder die Unterwerfung der griechischen Stadtstaaten durch Makedonien und Rom.

Im Vergleich mit den Bezügen anderer Präsidenten zur Antike wird die Ausnahmestellung Theodore Roosevelts deutlich. Während seiner Jugend hatte er Europa sowie den Nahen Osten bereist und war von früh an mit der europäischen Geschichte vertraut. Seine umfassende historische Bildung versetzte ihn in die Lage, die kommende Weltmachtstellung der Vereinigten Staaten bereits zu Beginn des 20. Jahrhunderts klar zu erkennen und daraus konkrete Schlüsse für seine Politik zu ziehen. In drei Reden rund um den 100. Jahrestag des »Louisiana Purchase« von 1803 zog er mehrfach Vergleiche zwischen den USA, dem antiken Griechenland und dem antiken Rom. Es gelang ihm, politische Grundüberzeugungen und historische Analogien mit den Erwartungen und Interessen seiner Zuhörer zu verknüpfen, ohne dabei die Geschichte zu verfälschen oder in beliebige Oberflächlichkeit abzurutschen.

Vor jeweils unterschiedlichem Publikum – einem Straßenbau-Kongress in St. Louis, den Gästen der Ausstellungseröffnung zum »Louisiana Purchase« ebenfalls in St. Louis sowie bei einer Großkundgebung in San Francisco – zeigte er auf überzeugende Weise Parallelen und Unterschiede zwischen dem antiken Griechenland, dem antiken Rom und den Vereinigten Staaten auf. Mehrfach brachte er seine Überzeugung zum Ausdruck, dass Amerika ähnlich wie Rom einen »unauslöschlichen Stempel« in der Geschichte der Menschheit hinterlassen werde, dabei allerdings die Fehler der antiken Weltmacht vermeiden müsse.

Aus seiner Sicht hatte die einzigartige Form der Expansion der USA – die Bildung selbst regierter Einzelstaaten mit fester Bindung an den Gesamtstaat – die Grundlage für die kommende Weltmachtsstellung geschaffen, da dabei die Fehlentwicklungen der griechischen und römischen Kolonisierung vermieden worden seien: zum einen die übertriebene Autonomie der Neugründungen Griechenlands, zum anderen die zu starke Zentralisierung Roms. Unter Bezug auf Rom nannte Roosevelt auch Kriterien für historische Größe, so etwa militärische Stärke, die Beherrschung der Meere, der Bau guter Verkehrswege oder die Fähigkeit zu guter Verwaltung. Aus diesen Überzeugungen heraus, die durch den Rückgriff auf die Antike bestätigt wurden, traf Roosevelt konkrete politische Entscheidungen, so etwa die forcierte Aufrüstung der Marine, den Bau des Panamakanals oder die Beteiligung der USA an der Schlichtung internationaler Konflikte. Seine Kenntnisse der Antike trugen mit dazu bei, dass er die weltpolitische Rolle seines Landes »mit einem intellektuellen Niveau sah, das von keinem anderen amerikanischen Präsidenten erreicht wurde«, wie Henry Kissinger feststellte.

Auch Franklin D. Roosevelt verfügte über Kenntnisse der Antike, die auf seine Kindheit und Jugend zurückgingen. In seiner Nominierungsrede zur Annahme der dritten Präsidentschaftskandidatur im Mai 1940 charakterisierte er die ägyptischen Pharaonen auf ähnliche Weise, wie er dies bereits als neunjähriger Junge in einem Schulaufsatz getan hatte. Roosevelt verglich in dieser Ansprache die modernen Diktatoren Europas und Asiens mit den Pharaonen Ägyptens, den Prokonsuln Roms, den Feudalherren Europas und dem »Eroberer Napoleon«.

Zahlreiche Bezüge zur Antike enthielt eine Rede Roosevelts kurz nach seiner zweiten Wiederwahl zum Waffenstillstandstag am 11. November 1940. Bereits Ort und Anlass erinnerten an antike Leichenreden: Am klassizistischen Grab des Unbekannten Soldaten auf dem Soldatenfriedhof Arlington nahe der Hauptstadt Washington wandte er sich an die Nation, um die Opfer des vergangenen Weltkriegs zu ehren. Er nutzte die Rede jedoch auch dazu, die Opfer eines neuen Waffengangs zu rechtfertigen, der ihm im November 1940 als nahezu unausweichlich erschien. Roosevelt stellte die Rede unter das auf Vergil zurück gehende Motto des US-Staatswappens »Novus Ordo Seclorum« und entwarf darin ein geschichtsphilosophisches Modell mit vier weltgeschichtlichen Epochen und einer dunklen Zwischenzeit: das antike Griechenland und das antike Rom, dem eine »dunkle Zeit« bis zum Jahr 1000 gefolgt sei. Die Zeit vom Jahrtausendwechsel bis zur amerikanischen Unabhängigkeitserklärung stellte laut Roosevelt das dritte weltgeschichtliche Zeitalter dar, dem das vierte Zeitalter seit 1776 folgte, »in dem wir dank Gott noch immer leben«. Indem sich die USA gegen die modernen Diktaturen in Europa und Asien zur Wehr setzten, kämpften sie nach Roosevelts Überzeugung auch für die Bewahrung zivilisatorischer und demokratischer Errungenschaften, die bis in die Antike zurück reichten. Gegen Roosevelts Periodisierung lässt sich einwenden, dass das Jahr 1000 als etwas willkürliche Zäsur erscheint und auch das Jahr 1776 nur mit Vorbehalten als Beginn einer neuen Zeitalters gesehen werden kann. Gleichwohl zeigt sich in seiner Rede eine tiefgründige Auseinandersetzung mit weltgeschichtlichen Entwicklungen. Roosevelts historisches Bewusstsein, das sich auch aus Kenntnissen der alten und mittelalterlichen Geschichte Europas speiste, war eine Voraussetzung für das starke Selbstvertrauen, mit dem dieser amerikanische Präsident den totalitären Herausforderungen seiner Amtszeit entgegen trat.

Auf ganz unterschiedliche Weise haben Theodore Roosevelt und Franklin D. Roosevelt aus ihrer Kenntnis der Antike Schlussfolgerungen für die politische Situation der Gegenwart gezogen. Für ihre Nachfolger trifft dieses nicht mehr zu. Besonders deutlich wird dies bei einem Vergleich der oben zitierten Rede Franklin D. Roosevelts mit zwei Ansprachen von Harry S. Truman. Roosevelts Gedanke, dass es Parallelen zwischen modernen Diktatoren und Gewaltherrschern anderer Epochen gebe, kehrte auf fast schon karikierende Weise in zwei Reden seines Nachfolgers wieder. Hatte Roosevelt eine zwar eigenwillige, aber doch ernst zu nehmende Geschichtsphilosophie entwickelt, setzte Truman 1951 auf schlichte Weise Hitler, Stalin und Mussolini mit den Tarquiniern und den Königen von Sparta gleich. In einer anderen Rede zur gleichen Zeit verglich er unter Anspielung auf den Korea-Krieg die Mongolen mit Xerxes und Hannibal. Bemerkenswert ist an diesen Reden allerdings, dass Truman offenbar davon ausging, die Könige aus der Frühzeit Roms oder der Herrscher Persiens seien seinen Zuhörern ein Begriff.

George Marshalls Hinweis auf den Peloponnesischen Krieg in einer Rede kurz vor Verkündung der Truman-Doktrin und des Hilfsprogramms für Europa ist zu knapp, als dass sich daraus gesicherte Erkenntnisse über seine Verhältnis zur Antike ableiten ließen. Vermutlich hat er die Erwähnung dieses historischen Ereignisses spontan in den Text eingefügt, da er kurz vor der Rede von einer Anfrage der britischen Regierung zur Übernahme ihrer Verpflichtungen in Griechenland und der Türkei durch die USA erfahren hatte. Die Erwähnung des Peloponnesischen Kriegs durch Marshall in einer wichtigen Entscheidungssituation – dem Kurswechsel von der Kooperation zur Konfrontation mit Stalin – lenkt jedoch den Blick auf die Auseinandersetzung der amerikanischen Gründerväter mit dem 30-jährigen Krieg zwischen Athen und Sparta. Sie sahen diesen Krieg vor allem als Beispiel für die Gefährdung der Demokratie. Unter diesem Blickwinkel ergeben sich verblüffende Parallelen zu dem Vormachtstreben der Sowjetunion in Ost- und Mitteleuropa, das Marshall seit dem Frühjahr 1947 einzudämmen versuchte.

Handelte es sich bei Marshalls Hinweis auf den Peloponnesischen Krieg um eine vermutlich spontane und nicht weiter ausgeführte Bemerkung, so waren John F. Kennedys Bezüge zur Antike wohl geplant. Er hatte als Politiker von früh an das Ziel verfolgt, seine Zuhörer durch möglichst geschliffene und geistreiche Formulierungen zu beeindrucken. Bei keinem seiner Hinweise ist jedoch erkennbar, dass dem jeweiligen Zitat eine tiefer gehende Auseinandersetzung mit dem jeweiligen Thema zu Grunde lag. Ihm ging es vor allem um die rhetorische Wirkung. Neben Literatur, Philosophie und Religion lieferte ihm auch die Antike dazu das nötige Material. Dabei herrschte oft eine gewisse Beliebigkeit, wie insbesondere das Thukydides-Zitat aus Kennedys Paulskirchen-Rede zeigt. Entscheidend für die Verwendung dieses Zitates war offenbar die Tatsache, dass es »gut klang« und Kennedy seine Zuhörer mit der Erwähnung des griechischen Historikers beeindrucken wollte – mit Erfolg, wie die Reaktion seiner Gastgeber zeigte. Dabei war es offenbar belanglos, dass der historische Hintergrund des Zitats – eine propagandistische Verzerrung spartanischer Uneinigkeit durch Perikles – nicht zum Inhalt von Kennedys Rede passte. Andererseits gelang Kennedy jedoch am Tag nach der Paulskirchen-Rede mit der Abwandlung des Satzes »Civis Romanus sum« zu »Ich bin Berliner« eine brillante rhetorische Leistung, die bis heute sein Bild nicht nur in Deutschland prägt.

Auch Richard Nixon stellte in öffentlichen Reden Bezüge zur Antike her. Sein Hinweis auf den Untergang Griechenlands und Roms vor Chefredakteuren des Mittleren Westens bildete den Schlusspunkt eines längeren Vortrags über die Weltmachtrolle der USA vor dem Hintergrund des Rückzugs aus Vietnam. Die offenbar von Edward Gibbon, Oswald Spengler und Arnold Toynbee inspirierte Untergangsvision, der Nixon im Juli 1971 huldigte, zeigte ebenfalls ein eher oberflächliches Verständnis der Antike. Gedanklich stellte er die Ruinen des Forums in Rom und der Akropolis in Athen den Säulen des Nationalarchivs in Washington gegenüber und äußerte die Überzeugung, dass die »Gesundheit« Amerikas einen Niedergang, wie ihn das antike Griechenland und das Römische Reich erleben mussten, verhindern würde. Es ist jedoch nicht auszuschließen, dass Nixons Grundsatzentscheidung zum Rückzug aus Vietnam zumindest unbewusst von der Erkenntnis Edward Gibbons beeinflusst war, dass ein Weltreich an seiner Überdehnung zugrunde gehen kann.

Ein differenzierteres Verständnis der alten Geschichte als in der Rede vor den Chefredakteuren zeigte Nixons Radio-Ansprache zum »Veterans Day« wenige Monate später. Der Präsident zitierte darin die Totenrede des Perikles und führte Beispiele aus der Antike als Beleg dafür an, dass Werke des Friedens von größerer Dauer und größerem Wert seien als die Erfolge des Krieges: Aquädukte und Theater etwa oder Kunstwerke und demokratische Regierungsformen. In der Rede zeigt sich eine Friedenssehnsucht, die mit dem Rückgriff auf die Antike illustriert wurde. Diese Skepsis gegenüber kriegerischen Lösungen spiegelte Nixons Überzeugung wider, dass der Konflikt in Vietnam mit militärischen Mitteln nicht zu gewinnen war.

Auch Henry Kissinger zog 1974 auf dem Höhepunkt der Öl-Krise einen schlüssigen Vergleich mit dem antiken Griechenland, der ohne gewisse grundlegende Kenntnisse der Antike nicht möglich gewesen wäre. Mit seiner Warnung, die Europäer könnten das selbe Schicksal erleiden wie die griechischen Stadtstaaten gegenüber den Bedrohungen durch Makedonien und Rom, sandte er in einer halboffiziellen Ansprache eine doppelte Botschaft aus. Zum einen appellierte er an die Europäer, angesichts der Bedrohungen durch die Sowjetunion und die arabischen Ölländer die Einheit des Westens nicht zu gefährden. Indirekt erinnerte er die Europäer mit diesem Vergleich aber auch an die Übermacht Amerikas, die jener Roms in der Antike entsprach.

Kissingers Äußerung war vermutlich von den amerikanischen Gründervätern beeinflusst. In der amerikanischen Verfassungsdiskussion hatten sie die Unterwerfung der griechischen Stadtstaaten erst durch Makedonien und später durch Rom mehrfach als Beispiel dafür angeführt, dass sich demokratische Gemeinwesen gegen Bedrohungen von außen fest zusammenschließen müssten. Bei einem halboffiziellen Anlass geäußert, hatte die Bemerkung des amerikanischen Außenministers beträchtliche Langzeitwirkung. So schrieb Willy Brandt in seinen Memoiren, Kissinger habe »manchmal mit der Verachtung des neuen Römers für die hellenischen Kleinstaaten« auf Europa geblickt.

In der schwersten Krise seiner Präsidentschaft nach dem Scheitern der Geiselbefreiung im Iran im April 1980 zitierte Jimmy Carter entgegen seiner sonstigen Gewohnheit keinen religiösen Text, sondern griff auf die Leichenrede des Perikles zurück. In seiner Trauerbotschaft an die Angehörigen der Opfer zitierte er eine Passage, in der Perikles die Athener daran erinnerte, dass die Stadt ihre Größe »mutigen und pflichtbewussten Männern verdankt, Männern, die bei ihren Taten nach Ehre strebten«. Carter ging offenbar davon aus, dass dieser Vergleich mit den Soldaten Athens von den Hinterbliebenen der gefallenen US-Soldaten als passend und ehrenhaft empfunden würde. Kein anderer antiker Text ist von amerikanischen Präsidenten im 20. Jahrhundert so häufig zitiert worden wie die Trauerrede des Perikles.

Ronald Reagan verwendete 1988 in einer Ansprache vor Veteranen das gleiche Zitat aus der Trauerrede, das schon Richard Nixon in einer Radiobotschaft zum »Veterans Day« 1971 verwendet hatte. Der Satz über den Zusammenhang von Mut und Freiheit lieferte Reagan das Leitmotiv für den Schlussteil seiner Rede, die sich sowohl im Bezug auf Nicaragua als auch auf die Mission Amerikas in der Welt immer wieder um diese beiden Begriffe rankte. So warf er den Gegnern einer militärischen Unterstützung für die Contra-Rebellen Feigheit und mangelnden Einsatz für die Freiheit vor. Während Nixon in seiner Radiobotschaft zumindest den Eindruck erweckt hatte, er kenne sowohl die Totenrede des Perikles als auch einige Grundtatsachen der alten Geschichte, beließ es Reagan dabei, die Gegner seiner Nicaragua-Politik unter Verweis auf das von Perikles übernommene Begriffspaar »Freiheit« und »Mut« zu diskreditieren.

Auch Bill Clinton zitierte die Leichenrede 1995 zum 50. Jahrestag des Endes des Zweiten Weltkriegs auf eine Weise, die den Eindruck nahe legte, er kenne sie nicht. Denn die von Clinton Perikles zugeschriebene Aussage stammt aus der »Gettysburg Address« Abraham Lincolns von 1863 und nicht aus der Leichenrede. Zur Vorbereitung seiner Griechenland-Reise im November 1999 setzte sich Clinton aber offenbar intensiver mit der Leichenrede des Perikles auseinander und zitierte in Athen eine geschickt ausgewählte Passage. Indirekt rechtfertigte er damit den wenige Monate zurückliegenden Kosovo-Krieg und warb auch für ein besseres Verhältnis zwischen Griechenland und der Türkei. Auch seine Begeisterung nach einem morgendlichen Besuch der Akropolis erscheint als authentisch.

Gewisse Grundüberzeugungen zur Antike sind bei führenden amerikanischen Politikern in unterschiedlicher Form immer wieder anzutreffen. Die Auffassung etwa, dass die griechischen Stadtstaaten an ihrer Uneinigkeit und mangelnden Wehrhaftigkeit zu Grunde gegangen seien. Sowohl Theodore Roosevelt als auch Richard Nixon und Henry Kissinger äußerten die Überzeugung, dass die Vereinigten Staaten aus den Fehlern und Mängeln der antiken Hochkulturen gelernt und daraus die richtigen Schlüsse gezogen hätten.

Bei aller Unterschiedlichkeit des Zugangs haben die intellektuell anspruchsvolleren Äußerungen Theodore Roosevelts, Franklin D. Roosevelts und Henry Kissingers eines gemeinsam: einen eher skeptischen, distanzierten Blick auf die Antike, der keine eindeutige Vorbildfunktion zugemessen wird. In dieser Haltung spiegelt sich auch das besondere amerikanische Bewusstsein wider, mit dem eigenen politischen und wirtschaftlichen System der Freiheit selbst Vorbild für die gesamte Menschheit zu sein. Besonders deutlich zum Ausdruck kommt diese Auffassung in der Rede, die Franklin D. Roosevelt am Waffenstillstandstag 1940 unter dem Motto »Novus Ordo Seclorum« hielt.

Die gemeinsamen Wurzeln in der europäischen Antike bilden noch immer eine Bande zwischen Europa und Amerika. Wenn die Erinnerung daran immer mehr verblasst, wird auch das Bewusstsein für die gemeinsame Herkunft schwächer. Doch gerade die jüngste Welle von Analogien zwischen Rom und Amerika könnte dazu führen, dass die Erinnerung an jene weit zurück liegende Zeit wieder stärker wird, in der Vieles von dem begann, was Europa und Amerika bis heute noch immer vom Rest der Welt unterscheidet.

LITERATUR

(Die Internet-Adressen sollen das schnelle Auffinden eines Textes ermöglichen. Für den dauerhaften Bestand der Web-Adressen kann naturgemäß keine Garantie übernommen werden.)

I. QUELLEN

1) Amerikanische Präsidenten und Außenminister

Carter, Jimmy, Rescue Attempt for American Hostages in Iran. Message for the Memorial Service for the Eight Airmen Who Died During the Operation, April 27, 1980, in: Jimmy Carter, Public Papers, 1980/81, Bd. I, S. 779 f. (Public Papers im folgenden: PP)
Clinton, Bill, Remarks to Business and Community Leaders in Athens, November 20, 1999, in: PP, 1999, Bd. II, S. 2120 – 2125. Die öffentlichen Äußerungen Clintons sind zu finden unter: www.access.gpo.gov/nara/pubpaps/srchpaps.html
Ders., Remarks at a Dinner Honoring Senator Robert Byrd, July 17, 1994, in: PP, 1994, Bd. I, S. 1259 – 1261.
Ders., Remarks at the Kennedy Center Honors Reception, December 5, 1999, in: PP, 1999, Bd. II, S. 2209 – 2211.
Ders., Remarks at the State Dinner Honoring Prime Minister Romano Prodi of Italy, May 6, 1998, in: PP, 1998, Bd. I, S. 709 f.
Ders., Remarks at a Wreath-Laying Ceremony Aboard the U.S.S. Carl Vinson in Pearl Harbor, Hawaii, September 2, 1995, in: PP, 1995, Bd. II, S. 1284 – 1286.
Eisenhower, Dwight D., Address in Detroit at the National Automobile Show Industry Dinner, October 17, 1960. In: PP, 1960, S. 769 – 776.
Johnson, Lyndon B., Remarks at the Dedication of the John F. Kennedy Cultural Center at Mitchel Field, New York, May 9, 1964, in: PP, 1963/64, Bd. I, S. 669 – 671.
Ders., Remarks at the Ground-Breaking Ceremony for the John F. Kennedy Center for the Performing Arts, December 2, 1964, in: PP, 1963/64, Bd. II, S. 1624 – 1626.
Kennedy, John F., Address in the Assembly Hall at the Paulskirche in Frankfurt, June 25, 1963, in: PP, 1963, S. 516 – 521. www.geocities.com/CapitolHill/4035/paulsk.htm
Ders., The City Upon a Hill, Address to the Massachusetts State Legislature, Boston/Mass., January 9, 1961, in: „Let The Word Go Forth", The Speeches, Statements, and Writings of John F. Kennedy, Hg. v. Theodore C. Sorensen, New York 1988, S. 56 ff.
Ders., Commencement Address at American University in Washington, June 10, 1963, in: PP, 1963, S. 459 – 464. www.jfklibrary.org/j061063.htm
Ders., Remarks at a Closed-Circuit Television Broadcast on Behalf of the National Cultural Center, November 29, 1962, in: PP, 1962, Bd. II, S. 846 f.
Ders., Remarks in New Orleans at a Civic Reception, May 4, 1962, in: PP, 1962, S. 362. www.presidency.ucsb.edu/ws/index.php?pid=8634&st=&st1=
Ders., Remarks in the Rudolph Wilde Platz, Berlin, June 26, 1963, in: PP, 1963, S. 524 f.

www.presidency.ucsb.edu/ws/index.php?pid=9307&st=&st1=
Kissinger Calls Allies' Cooperation Biggest Problem, in: New York Times, 12. März 1974.
Marshall, George C., World Order and Security – Youth's Responsibilities. By The Secretary of State, in: Department of State Bulletin, March 2, 1947, S. 390 f.
Nixon, Richard, Remarks to Midwestern News Media Executives Attending a Briefing on Domestic Policy in Kansas City, Missouri, July 6, 1971. In: PP, 1971, S. 802 – 813.
www.presidency.ucsb.edu/ws/index.php?pid=3069&st=&st1=
Ders., Veterans Day Address, October 24, 1971, in: PP, 1971, S. 1062 – 1064.
www.presidency.ucsb.edu/ws/index.php?pid=3198&st=&st1=
Reagan, Ronald, Remarks at the Annual Conference of the Veterans of Foreign Wars, March 7, 1988, in: PP, 1988, Bd. I, S. 296 – 299.
Roosevelt, Franklin D., Address on Armistice Day, Arlington National Cemetery, November 11, 1940, in: PP, 1940, S. 567 – 571.
www.presidency.ucsb.edu/ws/index.php?pid=15898&st=&st1=
Ders., The President Accepts the Nomination for a Third Term, Radio Address to the Democratic National Convention in Chicago, Illinois, from the White House, Washington, D.C. July 19, 1940, at 12:25 a.m., in: PP, 1940, S. 293 – 303.
www.presidency.ucsb.edu/ws/index.php?pid=15980&st=&st1=
Roosevelt, Theodore, At the Dedication Ceremonies of the Louisiana Purchase Exhibition, St. Louis, April 30, 1903, in: Presidential Addresses and State Papers of Theodore Roosevelt, Part 1, Repr. New York 1970, S. 341 – 348. www.theodore-roosevelt.com/trlouisexpospeech.html
Ders., At Mechanics' Pavilion, San Francisco, Cal., May 13, 1903. in: Presidential Addresses and State Papers of Theodore Roosevelt, Part 1, Reprint New York 1970, S. 390 – 397.
Ders., At Odeon Hall, St. Louis, Mo., before the National and International Good Roads Convention, April 29, 1903, in: Presidential Addresses and State Papers of Theodore Roosevelt, Part 1, Reprint New York 1970, S. 336 – 341.
Ders., To Arthur Balfour, in: Theodore Roosevelt and his Time. Shown in his own Letters, Hg. v. Joseph Bucklin Bishop, New York 1920, S. 104 – 110.
Truman, Harry S., Remarks at a Buffet Supper for Democratic Members of Congress, January 11, 1951, in: PP, 1951, S. 24 – 25.
Ders., Remarks at a Dinner of the Society of Business Magazine Editors, January 19, 1951, in: PP, 1951, S. 115 – 117.

2) Wissenschaftler und Publizisten

Adam, Adela M., Philip alias Hitler, in: Greece & Rome, Vol. X, No. 30, May 1941, S. 105 – 113.
Balfour, Arthur James, Decadence, in: Ders., Essays speculative an political, London 1920, S. 3 – 52.
Brzezinski, Zbigniew, The Grand Chessboard. American Primary and its Geostrategic Imperatives, New York 1997, dt.: Die einzige Weltmacht. Amerikas Strategie der Vorherrschaft, Frankfurt/M. 1999.
Cramer, Frederick H., Demosthenes Redivivus, in: Foreign Affairs, Vol. 19, No. 3, April 1941, S. 530 – 550.
Kahrstedt, Ulrich, Pax Americana. Eine historische Betrachtung am Wendepunkte der europäischen Geschichte, München 1920.

Krippendorff, Ekkehart, Die amerikanischen Strategie, Frankfurt/M. 1970.
Mann, Thomas, Betrachtungen eines Unpolitischen, Neuauflage Frankfurt/M. 1959.
McIlwain, Charles Howard, Our Heritage from the Law of Rome, in: Foreign Affairs, Vol. 19, No. 3, April 1941, S. 597 – 608.
Meinecke, Friedrich, Weltgeschichtliche Parallelen unserer Lage, in: Ders., Nach der Revolution. Geschichtliche Betrachtungen über unsere Lage, München Berlin 1919, S. 72 – 106.
Naumann, Friedrich, Kriegschronik, in: Die Hilfe, Nr. 20, 15. Mai 1919, S. 241 – 243.
Simmel, Georg, an Hermann Graf Keyserling, in: Ders., Das individuelle Gesetz. Hg. v. Michael Landmann. Frankfurt/M. 1987, S. 242 – 244.
Steel, Ronald, Pax Americana, New York 1967.
Stier, Hans Erich, Roms Aufstieg zur Weltmacht und die griechische Welt, Köln 1957.
Toynbee, Arnold J., America and the world revolution. Public lectures delivered at the University of Pennsylvania, Spring 1961, London 1962. dt.: Die Zukunft des Westens, München 1964.
Troeltsch, Ernst, Spektator-Briefe. Aufsätze über die deutsche Revolution und die Weltpolitik 1918/22. Mit einem Geleitwort von Friedrich Meinecke, Tübingen 1924.
Tüngel, Richard, 1648 – 1948, in: Die Zeit, 27. März 1947.
Wengst, Klaus, Pax Romana, Anspruch und Wirklichkeit. Erfahrungen und Wahrnehmungen des Friedens bei Jesus und im Urchristentum, München 1986.
Will, George F., When acting as Rome . . . A Pax Americana cannot be kept in Kosovo by a NATO focused on its „exit strategy", Newsweek, March 1, 1999.

II. Antike

1) Quellen

Aelius Aristides, Die Romrede, hg., übers. u. komm. v. Richard Klein, Darmstadt 1981/83.
Aristophanes, Der Frieden, hg. u. übers. v. Christoph Jungk, Stuttgart 1989.
Augustus, Meine Taten, hg. u. übers. v. Ekkehard Weber, 6. Aufl., München 1999.
Cicero, Sämtliche Reden, übers. v. Manfred Fuhrmann, 7 Bde., Zürich Stuttgart 1970 ff.
Demosthenes, The Loeb Classic Library, 7 Bde., griech.-engl., hg u. übers. v. J. H. Vince u.a., London 1930 – 1949.
Herodot, Historien, übers. v. Walter Marg, Zürich München 1983.
Livius, Römische Geschichte, Buch 21 – 26 u. 31 – 41, lat.-dt., hg v. Josef Feix und Hans Jürgen Hillen, München 1977 – 1986.
Das Neue Testament Deutsch (NTD), Neues Göttinger Bibelwerk, Göttingen 1978.
Plutarch, Große Griechen und Römer, eingel. u. übers. v. Konrat Ziegler, 6 Bde., Zürich Stuttgart 1954 – 1965.
Polybios, Geschichte, eingel. u. übers. von Hans Drexler, 2 Bde., Zürich Stuttgart 1961/63.
Tacitus, Annalen, hg. v. Erich Heller, München 2002.
Ders., Historien, hg. v. Joseph Borst, München 1977.
Ders., Das Leben des Julius Agricola, hg. v. Rudolf Till, lat./dt., 3. Aufl., Darmstadt 1979.
Thukydides, Geschichte des Peloponnesischen Krieges, hg. und übers. v. Georg Peter Landmann, Zürich München 1976.

Vergil, Aeneis, lat./dt., hg. v. Johannes Götte, 6. Aufl., München 1983.
Ders., Eklogen, lat./dt., übers. v. Goetz von Preczow, Basel 1938.

2) Darstellungen

Bleicken, Jochen, Augustus, Berlin 1998.
Ders., Die athenische Demokratie, Paderborn 1995.
Ders., Geschichte der Römischen Republik, München 1988.
Bringmann, Klaus, Alkibiades und der Sturz der athenischem Demokratie, in: Uwe Schultz (Hg.), Große Verschwörungen. Staatsstreich und Tyrannensturz von der Antike bis zur Gegenwart, München 1998, S. 19 – 32.
Brunt, Peter A., Reflections on British and Roman Imperialism, in: Ders., Roman Imperial Themes, Oxford 1990, S. 110 – 133.
Buchner, Edmund, Die Sonnenuhr des Augustus, Mainz 1982.
Christ, Karl, Geschichte der römischen Kaiserzeit von Augustus bis zu Konstantin, München 1995.
Ders. (Hg.), Der Untergang des Römischen Reiches, Darmstadt 1970.
Clauss, Manfred, Perikles, in: Große Gestalten der griechischen Antike, München 1999, S. 327 – 337
Dahlheim, Werner, Die Antike. Griechenland und Rom von den Anfängen bis zur Expansion des Islam. Paderborn 1994.
Ders., Geschichte der Römischen Kaiserzeit, München 2003.
Ders., An der Wiege Europas. Städtische Freiheit im antiken Rom, Frankfurt/M. 1999.
Deininger, Jochen, Der politische Widerstand gegen Rom in Griechenland 217 – 86 v. Chr., Berlin 1971.
Fuchs, Harald, Augustin und der antike Friedensgedanke, Berlin 1926.
Ders., Der geistige Widerstand gegen Rom in der antiken Welt, Berlin 1938.
Gibbon, Edward, The History of the Decline and Fall of the Roman Empire, London 1776 – 1788. dt.: Verfall und Untergang des römischen Imperiums. Bis zum Ende des Reiches im Westen, 6 Bde., München 2003.
Gruen, Erich S., Augustus and the Ideology of War and Peace, in: Winkes, Rudolf (Hg.), The Age of Augustus, Providence Louvain-la-Neuve 1985, S. 51 – 72.
Heuss, Alfred, Die Römer: eine Bilanz, in: Büchner, Karl (Hg.), Latein und Europa, Traditionen und Renaissancen, Stuttgart 1978, S. 313 – 339.
Ders., Römische Geschichte, Neuausgabe Paderborn 1998.
Hölkeskamp, Karl-Joachim u.a. (Hg.), Sinn (in) der Antike. Orientierungssysteme, Leitbilder und Wertkonzepte im Altertum, Mainz 2003.
Klein, Richard, Der Streit um den Victoria-Altar, Darmstadt 1972.
Lehmann, Gustav Adolf, Untersuchungen zur historischen Glaubwürdigkeit des Polybios, Münster 1967.
Maier, Franz Georg, Die Verwandlung der Mittelmeerwelt, Frankfurt/M. 1968.
Meier, Christian, Athen. Ein Neubeginn der Weltgeschichte, Berlin 1993.
Mommsen, Theodor, Römische Geschichte, 5. Aufl. Berlin 1904.
Schulz, Raimund, Athen und Sparta, Darmstadt 2003.
Strasburger, Hermann, Thukydides und die politische Selbstdarstellung der Athener, in: Hans Herter (Hg.), Thukydides, Wege der Forschung Bd. XCVIII, Darmstadt 1968, S. 498 – 530.
Timpe, Dieter, Die politische Wirklichkeit und ihre Folgen, in: Büchner, Karl (Hg.), Latein und Europa, Traditionen und Renaissancen, Stuttgart 1978, S. 47 – 83.

Vogt, Joseph, Vom Reichsgedanken der Römer, Leipzig 1942.
Walser, Gerold, Rom, das Reich und die fremden Völker in der Geschichtsschreibung der frühen Kaiserzeit. Studien zur Glaubwürdigkeit des Tacitus, Baden-Baden 1951.
Worthington, Ian (Hg.), Demosthenes: Statesman and Orator, London New York 2000.
Ziolkowski, John E., Thucydides and the tradition of Funeral Speeches at Athens, New York 1981.

3) Antike-Rezeption

Bender, Peter, Weltmacht Amerika. Das neue Rom, Stuttgart 2003.
Bolgar, Robert R., Classical Influence in European Culture (1500 – 1870), 3 Bde., Cambridge 1971 – 1979.
Clemenceau, Georges, Démosthène, Paris 1926, dt.: Demosthenes, Basel 1926.
Dahlheim, Werner, Ratlose Erben: Die Erinnerung an die Antike und die Zukunft Europas, in: Peter Kneissl; Volker Losemann (Hg.), Imperium Romanum. Studien zu Geschichte und Rezeption, Festschrift für Karl Christ zum 75. Geburtstag, Stuttgart 1998, S. 105 – 122.
Ders., Verwehte Spuren. Die Wurzeln des modernen Europa, in: Deutsche Akademie für Sprache und Dichtung, Jahrbuch 1997, S. 111 – 122.
Demandt, Alexander, Der Fall Roms. Die Auflösung des Römischen Reiches im Urteil der Nachwelt, München 1984.
Gummere, Richard M., The American Colonial Mind and the Classical Tradition: Essays in Comparative Culture, Cambridge/Mass. 1963.
Haase, Wolfgang; Reinhold, Meyer (Hg.), The Classical Tradition and the Americas, Bd. I: European Images and the Classical Tradition, Berlin New York 1994.
Hofmann, Heinz, Die Geburt Amerikas aus dem Geist der Antike, in: International Journal of the Classical Tradition, Bd. 1, Spring 1995, S. 15 – 47.
Lehmann, Gustav Adolf, Die Rezeption der achäischen Bundesverfassung in der Verfassung der USA, in: Wolfgang Schuller (Hg.), Antike in der Moderne, Konstanz 1985, S. 171 – 182.
Meier, Christian, Von der „Pax Romana" zur „Pax Americana", in: Pax Americana?, Hg. von der Alfred Herrhausen Gesellschaft für Internationalen Dialog, München Zürich 1998, S. 95 – 124.
Morris, Ian; Raaflaub, Kurt A. (Hg.), Democracy 2500 – Questions and Challenges. Archaeological Institute of America. Colloquia and Conference Papers Nr. 2, Dubuque / Iowa 1997.
Mossé, Claude, L'Antiquité dans la revolution francaise, Paris 1989.
Nippel, Wilfried, Antike und moderne Freiheit, in: Ferne und Nähe der Antike. Beiträge zu den Künsten und Wissenschaften der Moderne, hg. v. Walter Jens und Bernd Seidensticker, Berlin New York 2003, S. 49 – 68.
Ders., Republik, Kleinstaat, Bürgergemeinde. Der antike Stadtstaat in der neuzeitlichen Theorie, in: Peter Blickle (Hg.), Theorien kommunaler Ordnung in Europa, München 1996, S. 225 – 247.
Ders., Mischverfassungstheorie und Verfassungsrealität in Antike und früher Neuzeit, Stuttgart 1980.
Ober, Josiah; Hedrick, Charles W. (Hg.), The Birth of Democracy. An Exhibition Celebrating the 2500th Anniversary of Democracy at the National Archives, Washington D.C., June 15th, 1993 – January 2[nd,] 1994 (Ausstellungskatalog).

Parker, Harold T., The Cult of Antiquity and the French Revolutionaries. A Study in the Development of the Revolutionary Spirit, Chicago 1937.
Rahe, Paul A., Republics Ancient and Modern: Classical Republicanism and the American Revolution, Chapel Hill 1992.
Reinhold, Meyer, Classica Americana. The Greek and Roman Heritage in the United States, Detroit 1984.
Richard, Carl J., The Founders and the Classics. Greece, Rome, and the American Enlightenment, Cambridge/Mass. London 1994.
Rufin, Jean-Christophe, L'empire et les nouveaux barbares, Paris 1991. dt.: Das Reich und die neuen Barbaren, Berlin 1993.
Schuller, Wolfgang (Hg.), Antike in der Moderne, (Xenia, Heft 15), Konstanz 1985.
Schulze, Hagen, Die Wiederkehr der Antike. Renaissancen und der Zusammenhang der europäischen Geschichte, in: Thomas Nipperdey (Hg.), Weltbürgerkrieg der Ideologien. Antworten an Ernst Nolte, Festschrift zum 70. Geburtstag, Frankfurt 1993, S. 361 – 383.
Ders., Die Identität Europas und die Wiederkehr der Antike. Bonn 1999. www.zei.de/download/zei_dp/dp_c34_schulze.pdf
Sellers, Mortimer N.S., American Republicanism. Roman Ideology in the United States Constitution, New York 1994.
Solomon, Jon, The Ancient World in the Cinema, New York 1978 (ND 2001).
Straub, Johannes, Imperium et Libertas. Eine Tacitus-Reminiszenz im politischen Programm Disraelis, in: Spiegel der Geschichte, Festgabe für Max Braubach zum 10. April 1964, Münster 1964, S. 52 – 68.
Stupperich, Reinhard (Hg.), Lebendige Antike. Rezeptionen der Antike in Politik, Kunst und Wissenschaft der Neuzeit. Kolloquium für Wolfgang Schiering. Mannheim 1995.
Urzidil, Johannes, Amerika und die Antike, Zürich Stuttgart 1964.
Vance, William L., America's Rome, 2 Bde., Yale University Press 1989.
Walther, Gerrit, Adel und Antike. Zur politischen Bedeutung gelehrter Kultur für die Führungselite der Frühen Neuzeit, in: HZ 1998, Bd. 266, Heft 1, S. 359 – 385.
Wiltshire, Susan Ford, Greece, Rome and the Bill of Rights, London 1992.

III. Amerikanische Geschichte

1) Quellen / Bibliographien

The Adams-Jefferson Letters, The Complete Correspondence Between Thomas Jefferson and Abigail and John Adams, hg. v. Lester J. Cappon, Chapel Hill 1959.
Adams, Angela; Adams, Willi Paul (Hg.), Die Entstehung der Vereinigten Staaten und ihrer Verfassung (Dokumente 1754 – 1791), Münster 1995.
Adams, John, Works, hg. v. Charles F. Adams, Boston 1850 – 56.
The Federalist Papers, hg. v. Clinton Rossiter, New York 1961. Dt.: Die Federalist-Artikel, hg., übers., eingel. u. komm. von Angela und Willi Paul Adams, Paderborn 1994.
Ford, Paul Leicester (Hg.), Pamphlets on the Constitution of the United States, Published during its Discussion by the People 1787 – 1788, Brooklyn 1888.
Goetsch, Paul, Presidential Rhetoric and Communication since F.D. Roosevelt: An Annotated Bibliography, Tübingen 1993.
Lincoln, Abraham, Address Delivered at the Dedication of the Cemetery at Gettysburg, Nov. 19 1863, in: The collected works of Abraham Lincoln, Bd. VI, Spring-

field / Ill., 1953, S. 17 - 23. www.loc.gov/exhibits/gadd/ Dt.: Gettysburg Address 1863, mit einem Essay von Ekkehart Krippendorff, Hamburg 1994.
The Poetry of Robert Frost, hg. von Edward Connery Lathem, London 1971.
The Life and Correspondence of George Mason, hg. v. Kate M. Rowland, New York 1964.
Writings of Thomas Jefferson, hg. v. Albert E. Bergh, 1905.

2) Darstellungen

Adams, Willi Paul, Die USA im 20. Jahrhundert, München 2000.
Angermann, Erich, Die Vereinigten Staaten seit 1917, 9. Aufl., München 1995.
Berg, Peter, Deutschland und Amerika 1918 - 1929. Über das deutsche Amerikabild der zwanziger Jahre, Lübeck Hamburg 1963.
Campbell, Karlyn Kohrs; Jamieson, Kathleen Hall, Deeds Done in Words: Presidential Rhetoric and the Genres of Governance, Chicago 1990.
Daum, Andreas W., Kennedy in Berlin. Politik, Kultur und Emotionen im Kalten Krieg, Paderborn 2003.
Ellis, Joseph J., Sie schufen Amerika. Die Gründergeneration von John Adams bis George Washington, München 2002.
Hacke, Christian, Die Ära Nixon-Kissinger 1969 - 1974. Konservative Reform der Weltpolitik, Stuttgart 1983.
Ders., Zur Weltmacht verdammt. Die amerikanische Außenpolitik von J. F. Kennedy bis G. W. Bush, Bonn 2003.
Harpprecht, Klaus, Der fremde Freund, Amerika: Eine innere Geschichte, Stuttgart 1982.
Junker, Detlef, Power and Mission. Was Amerika antreibt, Freiburg im Breisgau 2003.
Liska, George, Career of Empire. America and Imperial Expansion over Land and Sea, Baltimore London 1978.
Ders., Imperial America, The International Politics of Primacy, Baltimore 1967.
Pax Americana?, hg. von der Alfred Herrhausen Gesellschaft für internationalen Dialog, München / Zürich 1998.
Smith, Gaddis, Carter's Political Rhetoric, in: Kenneth W. Thompson (Hg.), The Carter Presidency, Fourteen Intimate Perspectives of Jimmy Carter, Portraits of American Presidents Vol. VIII, University of Virginia 1990, S. 199 - 214.
Tulis, Jeffrey K., The Rhetorical Presidency, Princeton 1987.
Windt, Theodore O., Presidents and Protesters. Political Rhetoric in the 1960s, Tuscaloosa 1990.

3) Biographien

(Umfassende Literaturangaben zu den Biographien amerikanischer Präsidenten finden sich bei: *Heideking, Jürgen (Hg.)*, Die amerikanischen Präsidenten. 41 historische Portraits von George Washington bis Bill Clinton, München 1995.)
Cooke, Jacob E., Alexander Hamilton, New York 1982.
Dallek, Robert, An Unfinished Life. John F. Kennedy, Boston New York London 2003.
Graubard, Stephen R., Kissinger. Portrait of a Mind, New York 1973, dt.: Kissinger, Zwischenbilanz einer Karriere, Hamburg 1974.
Isaacson, Walter, Kissinger. A Biography, New York 1992.
McDonald, Forrest, Alexander Hamilton. A Biography, New York 1979.

Pemberton, William E., Exit with Honor: The Life and Presidency of Ronald Reagan, New York 1997.
Pogue, Forrest C., George C. Marshall, 4 Bde., New York 1963 – 1987.
Stoler, Mark A., George C. Marshall. Soldier Statesman of the American Century, Boston 1989.
Thompson, Lawrence; Winnick, R. H., Robert Frost. A Biography, New York 1981.

4) Memoiren / Autobiographien

Carter, Jimmy, Keeping Faith. Memoirs of a President, Fayetteville 1995.
Kennan, George F., Memoiren eines Diplomaten, München 1971.
Kissinger, Henry A., The White House Years, Boston 1979. dt.: Memoiren, Bd. 2, 1973 – 1974, München 1982.
Roosevelt, Theodore, An Autobiography, New York 1913. dt.: Aus meinem Leben, Leipzig 1914.

IV. Allgemeine Geschichte, Politik und Geschichtsphilosophie

1) Darstellungen

Arendt, Hannah, Fragwürdige Traditionsbestände im politischen Denken der Gegenwart, Frankfurt/M. 1957.
Dies., On Revolution, New York 1963. dt.: Über die Revolution, München 1974.
Kennedy, Paul, Aufstieg und Fall der großen Mächte, Frankfurt/M. 1987.
Kissinger, Henry, Diplomacy, New York 1994.
Pitz, Ernst, Der Untergang des Mittelalters. Die Erfassung der geschichtlichen Grundlagen Europas in der politisch-historischen Literatur des 16. bis 18. Jahrhunderts, Berlin 1987.
Schöllgen, Gregor, Geschichte der Weltpolitik von Hitler bis Gorbatschow, München 1996.
Schulze, Hagen, Staat und Nation in der europäischen Geschichte, München 1994.
Spengler, Oswald, Der Untergang des Abendlandes. Umrisse einer Morphologie der Weltgeschichte, 2 Bde., München 1918/22.
Toynbee, Arnold J., A Study of History, 12 Bde., London 1934 – 1961, dt.: Der Gang der Weltgeschichte, München 1974.

2) Biographien

Horne, Alistair, Macmillan, 1894 – 1956, Vol. I of the Official Biography, London 1988.
Pemeberton, W. Baring, Lord Palmerston, London 1954.
Young, Kenneth, Arthur James Balfour, London 1963.

3) Memoiren / Autobiographien

Brandt, Willy, Begegnungen und Einsichten. Die Jahre 1960 – 1975, Hamburg 1976.
Harpprecht, Klaus, Im Kanzleramt. Tagebuch der Jahre mit Willy Brandt, Reinbek 2000.
Nehru, Jawaharlal, An Autobiography, London 1948. dt.: Indiens Weg zur Freiheit, Berlin 1957.

PERSONENREGISTER

Acheson, Dean (amerik. Politiker) 98
Adam, Adela M. (brit. Historikerin) 89, 90
Adams, Brooks (amerik. Historiker) 38
Adams, John 19, 20, 22, 46, 81, 102, 135, 157, 159
Adams, John Quincy 20, 26, 38, 81
Adenauer, Konrad 125
Aelius Aristides (griech. Redner) 193
Aeschines (athen. Politiker) 90
Agelaos (ätolischer Politiker) 160
Agricola (G. Julius, röm. Feldherr) 116
Aischylos (griech. Dichter) 180
Aitken, Jonathan (amerik. Autor) 136
d'Alembert, Jean Lerond (frz. Enzyklopädist) 19
Alexander der Große 34, 56, 156
Alexander I. (russ. Zar) 92
Alexandros Isios (ätolischer Politiker) 163
Ambrosius (Bischof von Mailand) 120
Antiochos III. (seleukid. König) 163-166, 172
Antoninus Pius (röm. Kaiser) 22, 52
Aratos (achäischer Politiker) 157
Arendt, Hannah 18, 82
Aristainos (achäischer Politiker) 163-166
Aristophanes 124
Aristoteles 108, 109, 149, 195
Aspasia (Lebensgefährtin des Perikles) 100
Attlee, Clement (brit. Politiker) 94
Augustinus (Kirchenvater) 61, 171, 193
Augustus (Octavian) 25, 29, 30, 35, 80, 115

Babeuf, Gracchus (frz. Revolutionär) 24
Badian, Ernst (österr.-amerik. Historiker) 173
Bahr, Egon 114
Baker, James A. (amerik. Politiker) 31
Balfour, Arthur James (brit. Politiker) **51-54**, 57-64, 117, 145
Bender, Peter (dt. Publizist) 16, 33
Bleicken, Jochen (dt. Historiker) 35, 105, 177, 203
Boethius (röm. Politiker und Philosoph) 17
Bourne, Peter G. (amerik. Autor) 174
Brandt, Willy 114, 125, 145, 151, 154, 170, 213
Brasidas (spart. Feldherr) 188
Breschnew, Leonid 154
Bringmann, Klaus (dt. Historiker) 103
Brunt, Peter A. (brit. Historiker) 46, 62, 119
Brutus (L. Junius, Gründer der röm. Republik) 20, 21
Brutus (M. Junius, Cäsar-Attentäter) 22

Brzezinski, Zbigniew **207-209**
Burckhardt, Jakob (Schweizer Historiker) 67
Burr, Aaron (amerik. Politiker) 100
Burridge, Brian (brit. General) 34
Burton, Richard 28
Bush, George W. 29, 36
Byrd, Robert (amerik. Senator) 205

Calgacus (britannischer Stammesführer) 116, 117
Camillus (M. Furius, röm. Politiker) 21
Canetti, Elias 29
Carter, Jimmy 14, **174-183**, 207, 213
Cäsar (G. Julius) 22, 27, 29, 35, 109, 116, 205
Castlereagh, Lord (brit. Politiker) 150
Castro, Fidel 110
Cato (M. Porcius, röm. Politiker) 22, 204
Catullus (G. Valerius, röm. Dichter) 21
Chamberlain, Neville 119
Chou en-Lai (chin. Politiker) 154
Chruschtschow, Nikita 111, 112, 143
Cicero (M. Tullius) 17, 19, 20, 22, 50, 81, 126, 204
Cincinnatus (T. Quinctius, röm. Feldherr) 21, 204, 205
Claudius (röm. Kaiser) 133
Clay, Lucius D. 125
Clemenceau, Georges 73, 88
Clinton, Bill 14, 179, 180, **195-205**, 214
Coleman, Julia (Lehrerin Carters) 174
Commager, Henry Steele (amerik. Historiker) 146
Commodus (röm. Kaiser) 22, 58
Connery, Sean 201
Coulanges, Fustel de (frz. Historiker) 25
Cramer, Frederick H. (dt.-amerik. Historiker) 86, **88-90**
Crassus (M. Licinius, röm. Feldherr) 35
Cromer, Lord (brit. Autor und Politiker) 61
Crossman, Richard (brit. Offizier u. Politiker) 133

Damokritos (ätolischer Politiker) 163
Dante Alighieri 180
Dareios I. (pers. König) 103
Daum, Andreas W. (dt. Historiker) 126, 128
David, Jacques-Louis (frz. Maler) 21
Davis, Kenneth S. (amerik. Historiker) 76
Deininger, Jürgen (dt. Historiker) 162, 164
Demandt, Alexander (dt. Historiker) 60

Personenregister

Demosthenes 73, 86, 88-90
Desmoulins, Camille (frz. Revolutionär) 21
Dickinson, John (amerik. Gründervater) 46, 135, 158, 159
Dilke, Charles (brit. Autor u. Politiker) 117
Diokletian (röm. Kaiser) 21
Dionysios (griech. Gott) 22
Disraeli, Benjamin (brit. Politiker) 117
Domitian (röm. Kaiser) 58
Dostojewski, Fjodor 66
Drerup, Engelbert (dt. Historiker) 73, 88
Droysen, Johann Gustav (dt. Historiker) 73, 88
Dschingis Khan 57

Eisenhower, Dwight D. 14, 133, **142-144**, 145
Eumenes (König von Pergamon) 164

Fabius Maximus »Cunctator« (röm. Feldherr) 158
Fanon, Frantz (karib.-frz. Schriftsteller) 31
Finley, John H. (amerik. Historiker) 181
Flamininus (T. Quinctius, röm. Feldherr) 132, 161-163, 171-173
Fortescue, John (engl. Rechtsgelehrter) 87
Franklin, Benjamin 81
Franks, Tommy (amerik. General) 34
Friedrich I. Barbarossa 17
Frost, Robert (amerik. Dichter) 109, 110
Fuchs, Harald (dt. Historiker) 116

Gandhi, Mahatma 118
Gauland, Alexander (dt. Publizist) 32
Gerstenmaier, Eugen (dt. Politiker) 125
Gibbon, Edward (brit. Historiker) 39, 46, 52, 55, **57-60**, 62, 140, 208, 209, 212, 213
Gladstone, William (brit. Politiker) 117
Glastris, Paul (Redenschreiber Clintons) 195
Goethe, Johann Wolfgang von 122-124, 130, 180
von der Goltz, Colmar (preuß. General) 93
Gorbatschow, Michail 185
Gratian (röm. Kaiser) 120
Graubard, Stephen F. (amerik. Historiker) 149

Hacke, Christian (dt. Historiker) 32, 150, 196, 208
Hadrian 35, 56, 63
Hamilton, Alexander (amerik. Gründervater) 20, 21, 46, 99-102, 157, 159
Hampl, Franz (österr. Historiker) 173
Hannibal 91, 92, 160, 212
Harding, Warren G. (amerik. Präsident) 73
Harpprecht, Klaus (Berater Brandts, Publizist) 110, 145, 154, 170
Herakles 48
Herodot (griech. Historiker) 39, 203

Herrhausen, Alfred 31
Hesiod (griech. Dichter) 22
Heuss, Alfred (dt. Historiker) 34, 173
Hitler, Adolf 26, 72, 77, 85, 86, 89, 92, 211
Hobbes, Thomas (engl. Philosoph) 109
Homer 81, 149

Isokrates (griech. Historiker) 19, 22

Jaeger, Werner (dt.-amerik. Historiker) 88
Janus (röm. Gott des Anfangs, der Tore etc.) 115
Jay, John (»Federalist«-Autor) 20, 99
Jefferson, Thomas 22, 23, 81, 102
Jesus 192, 193
Jobert, Michel (frz. Außenminister) 151
Joffe, Josef (dt. Publizist) 32
Johannes (Evangelist) 193
Johnson, Lyndon B. 179, 180
Jupiter 141

Kahrstedt, Ulrich (dt. Historiker) **71-74**, 88, 148, 172, 194
Kallikrates (achäischer Politiker) 157, 164-166
Kant, Immanuel 149
Kaplan, Robert (amerik. Autor) 32
Kapp, Wolfgang (dt. Politiker) 73
Karl der Große 17, 60, 84
Karl I. (engl. König) 92
Karl Martell 91
Kennan, George F. (amerik. Diplomat) 95
Kennedy, John F. 14, 27, **108-130**, 179, 180, 190, 191, 198, 201, 207, 212
Kennedy, Joseph 108
Kennedy, Rose Fitzgerald 108
Keyserling, Hermann Graf von (dt. Philosoph) 67
Khomeini, Ruholla (iran. Ajatollah) 31, 175
Kissinger, Henry 14, 51, 137, 146, **149-173**, 210, 213, 214
Kleisthenes (Begründer d. athen. Demokratie) 203
Kleomenes (spart. König) 156
Kleopatra 27, 28
Kolumbus, Christoph 204
Konstantin (röm. Kaiser) 25
Kraemer, Fritz (Mentor Kissingers) 149, 150
Krippendorff, Ekkehart (dt. Politologe) **146-148**, 194
Kubrick, Stanley 27

Latrobe, Benjamin Henry (amerik. Architekt) 23
Lee, Arthur (brit. Politiker und Diplomat) 54
Lehmann, Gustav Adolf (dt. Historiker) 157, 162, 171

Leopoulos, David (Freund Clintons) 195
LeRoy, Mervyn (amerik. Regisseur) 27
Liebknecht, Karl 25
Lincoln, Abraham 88, 140, 177, 181, 198, 214
Liska, George (amerik. Politologe) 146
Livius (röm. Historiker) 15, 20, 21, 50
Locke, John (engl. Philosoph) 109
Lucas, Charles (brit. Publizist) 61
Ludwig XIV. (frz. König) 92
Ludwig XV. (frz. König) 143
Lukas (Evangelist) 126, 193
Luxemburg, Rosa 25

MacArthur, Douglas (amerik. General) 90
Macaulay, Thomas (brit. Historiker) 39
Macmillan, Harold (brit. Politiker) **133**, 134, 143
Madison, James (amerik. Gründervater u. Präsident) 46, 99, 101, 102, 155, 161, 168
Mankiewicz, Joseph L. (amerik. Regisseur) 28
Mann, Golo 48
Mann, Thomas **66**
Marcus Antonius 28, 35, 80, 115
Mark Aurel 52, 55, 115
Marrou, Henri-Irénée (frz. Historiker) 60
Marshall, George C. 14, **93-107**, 120, 121, 130, 132, 142, 170, 173, 212
Mason, George (amerik. Gründervater) 99, 135
McIlwain, Charles H. (amerik. Historiker) **86-88**
McKinley, William (amerik. Präsident) 38, 39
Meier, Christian (dt. Historiker) 31
Meinecke, Friedrich (dt. Historiker) 65, **69-71**,
Metternich, Klemens Fürst von 30, 150
Milosevic, Slobodan 200
Milot, Charles Francois Xavier (frz. Historiker) 101
Mohammed 56, 60
Mommsen, Theodor 39, 53, 70, 117, 141
Montesquieu, Charles-Louis de Secondat 58, 59
Mussolini, Benito 25, 85, 92, 211

Nabis (spart. Tyrann) 163, 166
Napoleon I. 24, 76, 211
Naumann, Friedrich (dt. Politiker u. Theologe) **68**, 69
Nehru, Jawaharlal 118, 120, 129
Nero 22, 27
Niebuhr, Georg Barthold (dt. Historiker) 24
Nike (griech. Siegesgöttin) 28
Nixon, Richard 14, **136-146**, 151, 174, 179, 180, 189, 190, 203, 212

Ober, Josiah (amerik. Historiker) 203
Octavia (Schwester des Augustus) 80

Pacifico, Don (brit. Geschäftsmann) 127
Pahlevi, Reza (iran. Schah) 175
Palladio, Andrea (ital. Architekt) 27
Palmerston, Lord (brit. Politiker) 117, 127, 128, 134
Parker, Harold T. (amerik. Historiker) 15, 16
Paulus 126-129
Peisandros (athen. Offizier) 103, 104, 106
Perikles 14, 88, 100, 101, 123, 124, 149, 176-181, 188, 197-201, 213, 214
Perrault, Charles (frz. Schriftsteller) 18
Perseus (maked. König) 166, 167
Pershing, John J. (amerik. General) 94
Phidias (griech. Bildhauer) 101
Philipp II. (maked. König) 86, 88-90, 156
Philipp V. (maked. König) 156, 157, 160, 161, 165
Philokrates (athen. Politiker) 88
Philopoimen (achäischer Politiker) 165, 166
Phraates IV. (parthischer König) 35
Piganiol, André (frz. Historiker) 47
Pirenne, Henri (belg. Historiker) 60
Plato 46, 108, 109, 180, 195
Plinius der Ältere (röm. Schriftsteller) 193
Plutarch (griech. Historiker) 15, 20, 101, 157, 177
Podesta, John (Stabschef Clintons) 195
Pogue, Charles C. (amerik. Historiker) 93
Polybios (griech. Historiker) 29, 30, 59, 72, 159-168, 207
Pompeius Magnus (röm. Feldherr) 35
Pompidou, Georges 151
Prodi, Romano (ital. Politiker) 204, 206
Prusias (bythinischer König) 167
Publilius Syrus (röm. Autor) 50
Publius Valerius (Gründer der röm. Republik) 20

Quisling, Vidkun (norweg. Politiker) 90

Rahe, Paul A. (amerik. Historiker) 16, 20
Ranke, Leopold von 39
Reagan, Ronald 14, 175, 179, 180, **184-194**, 214
Reinhold, Meyer (amerik. Historiker) 16
Rice, Condoleezza 36
Richard, Carl J. (amerik. Historiker) 16
Robespierre, Maximilien de 15, 21
Romilly, Jacqueline de (frz. Historikerin) 177
Roosevelt, Franklin D. 14, 27, 28, **75-86**, 90, 97, 121, 130, 188, 191, 200, 211, 214
Roosevelt, Theodore 14, 26, 27, **37-65**, 70, 73, 75, 97, 117, 121, 130, 144, 145, 155, 190, 208-211, 214
Rostovtzeff, Michail (russ.-amerik. Historiker) 47
Rousseau, Jean-Jacques 109
Rufin, Jean-Christophe (frz. Autor) 28, 29

Sadat, Anwar al 154
Saddam Hussein 34
Saint-Just, Louis Antoine (frz. Revolutionär) 15
Salisbury, Lord (Robert Cecil, brit. Politiker) 52, 128
Sallust (röm. Historiker) 15, 20, 59
Sandoz, Jeanne (Erzieherin von FDR) 75
Schmidt, Helmut 32
Schnabel, Franz (dt. Historiker) 24
Schröder, Gerhard 32
Schulze, Hagen (dt. Historiker) 18, 26
Scipio Aemilianus (Cornelius, röm. Feldherr) 29
Scott, Ridley (amerik. Regisseur) 27
Seeley, Robert (brit. Autor) 117
Selim (osman. Sultan) 57
Shakespeare, William 76
Shelley, Percy Bysshe (engl. Dichter) 199
Sibylle von Kyme (röm. Prophetin) 80
Simmel, Georg (dt. Soziologe) **66-68**
Smith, Gaddis (amerik. Rhetorik-Professor) 182
Smith, Paul S. (Lehrer von Nixon) 136
Sommer, Michael (dt. Historiker) 34
Sorensen, Theodore (Berater von JFK) 109, 111, 114, 118, 125, 129, 130, 198
Spartakus 25, 27
Spengler, Oswald 84, 141, 142, 146, 149, 212
Stalin, Josef 26, 92, 94, 95, 211
Steel, Ronald (amerik. Politologe) 131, **133-135**
Stephanopoulos, George (Berater Clintons) 196
Stier, Hans Erich (dt. Historiker) 98, **170-173**, 194
Strasburger, Hermann (dt. Historiker) 177
Sulla (L. Cornelius, röm. Feldherr u. Politiker) 21
Symmachus (röm. Stadtpräfekt) 119

Tacitus 14, 15, 20, 39, 116, 119, 120, 129, 130
Tarquinius Superbus (letzter röm. König) 20
Taylor, Liz 28
Thomson, Charles (amerik. Politiker) 81

Thukydides 14, 39, 100 - 107, 122-124, 129, 130, 134, 150, 177, 179, 188-190, 199, 200, 202, 205, 212
Timpe, Dieter (dt. Historiker) 58, 144
Titus (röm. Kaiser) 22
Toynbee, Arnold J. (brit. Historiker) **130 - 132**, 134, 135, 141, 142, 146, 149, 212
Trajan 22, 34, 35, 55
Troeltsch, Ernst (dt. Politiker und Theologe) 69
Truman, Harry S. 14, **90-92**, 95, 106, 188, 211, 212
Tüngel, Richard (dt. Publizist) 97, 98, 106, 107

Udall, Stewart L. (amerik. Politiker) 109
Urzidil, Johannes (dt.-böhm. Schriftsteller) 27

Valens (röm. Kaiser) 56, 63
Valentinian II. (röm. Kaiser) 119, 120
Vegetius (Flavius, röm. Militärschriftsteller) 50, 190
Vergil 19, 28, 80-83, 109
Verres (röm. Statthalter) 126
Vespucci, Amerigo 204
Victoria (röm. Siegesgöttin) 120
Vogt, Joseph (dt. Historiker) 43
Volkmann, Hans (dt. Historiker) 173

Walser, Gerold (Schweizer Historiker) 117
Washington, George 21, 40, 85, 96, 98, 99, 204, 205
Weber, Max 69
Wengst, Klaus (dt. Theologe) **192-194**
Wilamowitz-Moellendorff, Ulrich von (dt. Historiker) 141
Wild, Payson (Lehrer von JFK) 108
Will, George F. (amerik. Publizist) **206, 207**
Wilson, Woodrow 14, 73
Wonder, Stevie 201
Wyler, William (amerik. Regisseur) 27

Xenophon 19
Xerxes (pers. König) 91, 92, 101, 212

Young, Kenneth (brit. Historiker) 57